専修大学松戸中学校

所在地	〒271-8585 千葉県松戸市上本郷2-3621
電　話	047-362-9102
ホームページ	https://www.senshu-u-matsudo.ed.jp/
交通案内	JR常磐線「北松戸駅」より徒歩約10分 新京成線「松戸新田駅」より徒歩約15分

くわしい情報は
ジへ

トピックス

★2025年度の第3回入試では，2つの選抜方法（入試A／入試B）から選択制で実施します。
★高入生とは原則，別クラス。学校行事や課外活動は一緒になる。

創立年 平成12年　男女共学　高校募集あり

応募状況

年度	募集数	応募数	受験数	合格数	倍率
2024	①100名	男 911名	877名	389名	2.3倍
		女 555名	536名	227名	2.4倍
	② 30名	男 622名	354名	82名	4.3倍
		女 406名	250名	48名	5.2倍
	③ 20名	男 396名	103名	28名	3.7倍
		女 251名	70名	13名	5.4倍
2023	①100名	男 962名	933名	373名	2.5倍
		女 601名	587名	236名	2.5倍
	② 30名	男 618名	401名	80名	5.0倍
		女 431名	271名	46名	5.9倍
	③ 20名	男 380名	113名	26名	4.3倍
		女 264名	77名	23名	3.3倍

2025年度入試情報

・試験日程・試験科目：
第１回　2025年１月20日　４科
第２回　2025年１月26日（帰国生含む）　４科
※帰国生のみ面接を実施。
第３回　2025年２月３日
入試Ａ　４科
入試Ｂ　２科（国算）・自己PR・面接

学校説明会等日程（※予定）

体験授業【要予約】　※４年生以上対象
７月７日
［理科実験体験授業］［英会話体験授業］
９:30～／11:00～／13:00～／14:30～
テーマ別説明会【要予約】
７月７日
［グローバル教育］９:30～／13:00～
［教科学習］11:00～／14:30～
中学校見学会【要予約】
７月13日・14日
９:30～／11:00～／13:00～／14:30～
文化祭【予約不要】
９月14日　９:00～15:30
９月15日　９:00～15:00
中学校説明会【要予約】
10月５日　10:00～12:00
11月３日／12月14日　13:30～15:30
１月５日（ダイジェスト版）
・時間は14:00～15:00。説明会の参加がはじめての６年生対象です。

2024年春の主な他大学合格実績

＜国公立大学・大学校＞
東京大，京都大，東北大，北海道大，筑波大，東京外国語大，千葉大，埼玉大，電気通信大，お茶の水女子大，東京学芸大，防衛大，東京都立大
＜私立大学＞
慶應義塾大，早稲田大，上智大，国際基督教大，東京理科大，明治大，青山学院大，立教大，中央大，法政大，学習院大，順天堂大，昭和大

編集部注―本書の内容は2024年6月現在のものであり，変更されている場合があります。正確な情報は，学校のホームページ等で必ずご確認ください。

算数 出題傾向＆対策

◆基本データ(2024年度１回)

試験時間／満点	50分／100点
問題構成	・大問数…７題 計算１題(４問)／応用小問１題(５問)／応用問題５題 ・小問数…20問
解答形式	解答のみを記入する形式。必要な単位などはあらかじめ印刷されている。
実際の問題用紙	Ｂ５サイズ，小冊子形式
実際の解答用紙	Ｂ５サイズ

◆出題傾向と内容

▶過去３年の出題率トップ３
１位：四則計算・逆算16％　２位：辺の比と面積の比８％　３位：角度・面積・長さ６％
▶今年の出題率トップ３
１位：四則計算・逆算17％　２位：計算のくふう，角度・面積・長さなど８％

１題めは計算問題で，四則計算，逆算が出題されます。２題めは応用小問の集合題で，単位の計算のほか，数の性質，濃度，場合の数，つるかめ算，速さ，角度，面積，体積，相当算などが出されます。３題め以降は応用問題で，図形分野，表とグラフ，数の性質，規則性，場合の数，条件の整理，特殊算などから複合的に出題されています。

１，２題めで総小問数の半分近くを占めているので，これらの問題を確実にクリアし，３題め以降でどれだけ得点を上積みできるかが合格のカギとなりそうです。

◆対策～合格点を取るには？～

まず正確で速い計算力を養うことが第一です。計算力は短期間で身につくものではなく，練習を続けることにより，しだいに力がついてくるものです。毎日，自分で量を決めて，それを確実にこなしていきましょう。

次に，条件を整理し，解答への手順を見通す力を養うようにしましょう。基本例題を中心として，はば広い分野の問題に数多くあたることが好結果を生みます。数列や規則性，速さの問題などは，ある程度数をこなして解き方のパターンをつかむことと，ものごとを筋道立てて考えることが大切です。

分野 ＼ 年度		2024		2023		2022	
		1回	2回	1回	2回	1回	2回
計算	四則計算・逆算	●	●	●	●	◎	●
	計算のくふう	○	◎	○		◎	
	単位の計算	○	○	○	○	○	○
和と差	和差算・分配算		○				
	消去算						
	つるかめ算	○		○	○	○	○
	平均とのべ						
	過不足算・差集め算						
	集まり						
	年齢算						
割合と比	割合と比						
	正比例と反比例						
	還元算・相当算	○				○	
	比の性質					○	◎
	倍数算						
	売買損益					○	
	濃度					○	
	仕事算			○		○	
	ニュートン算		○				
速さ	速さ			○			
	旅人算		○	○			○
	通過算	○					
	流水算						
	時計算					○	
	速さと比	○			○		
図形	角度・面積・長さ	◎	○		○	○	◎
	辺の比と面積の比・相似			◎	○	◎	○
	体積・表面積	◎		○		○	○
	水の深さと体積			○	○		
	展開図						
	構成・分割	○	◎		◎	○	○
	図形・点の移動	○		○			○
表とグラフ			○				○
数の性質	約数と倍数		○				
	N進法						
	約束記号・文字式						
	整数・小数・分数の性質	○			◎		○
規則性	植木算			○	○		
	周期算		○	○		○	○
	数列	○					
	方陣算						
	図形と規則						
場合の数		○	○		◎		●
調べ・推理・条件の整理		○	○	○	○	○	
その他							

※　○印はその分野の問題が１題，◎印は２題，●印は３題以上出題されたことをしめします。

社会 出題傾向＆対策

◆基本データ(2024年度1回)

試験時間／満点	30分／50点
問題構成	・大問数…５題 ・小問数…41問
解答形式	記号選択と適語の記入(漢字指定あり)がほとんどだが，短文記述も数問ある。
実際の問題用紙	Ｂ５サイズ，小冊子形式
実際の解答用紙	Ｂ５サイズ

分野 ＼ 年度			2024		2023		2022	
			1回	2回	1回	2回	1回	2回
日本の地理		地図の見方	○	○	○	○	○	○
		国土・自然・気候	○	○	○	○	○	★
		資源						
		農林水産業	○	○	○	○	○	
		工業	○	○	○	○	○	○
		交通・通信・貿易		○			○	
		人口・生活・文化		○	○	○		
		各地方の特色	○	○	★		★	○
		地理総合	★	★		★		
世界の地理			○					
日本の歴史	時代	原始～古代	○	○	○	○	○	○
		中世～近世	○	○	○	○	○	○
		近代～現代	○	○	○	○	○	○
	テーマ	政治・法律史					★	★
		産業・経済史						
		文化・宗教史			★		★	
		外交・戦争史		★	★			
		歴史総合	★	★		★		★
世界の歴史								
政治		憲法	○		○	○	○	○
		国会・内閣・裁判所	○	○	○	★	○	○
		地方自治	○	○		○	○	○
		経済		○				
		生活と福祉		○			○	
		国際関係・国際政治	★					★
		政治総合		★	★		★	
環境問題			○		○			○
時事問題			○	○	○		○	
世界遺産			○		○		○	
複数分野総合			★	★	★	★	★	★

※　原始～古代…平安時代以前，中世～近世…鎌倉時代～江戸時代，近代～現代…明治時代以降
※　★印は大問の中心となる分野をしめします。

◆出題傾向と内容

地理分野，歴史分野，政治分野からバランスよく出題されています。また，各分野のはば広いことがらを問う総合問題形式の出題もよく見られます。

●**地理**…日本の国土，各地域の気候，都道府県の特色，貿易，農業・水産業，工業などが出されています。また，資料の読み取りが数多く出題されており，地形図の読み取りについても取り上げられています。

●**歴史**…史料または説明文を読んで答えるもの，説明文中の語句について内容を問うものなどが出題されています。内容的には，各時代の文化や政治をテーマとするものなどが出題されており，大まかな歴史の流れをつかんでいるかどうかがためされています。

●**政治**…憲法，三権のしくみ，基本的人権，地方自治などが出題されています。ほかに，SDGsをはじめとする日本と世界の結びつき，国際連合をはじめとする国際機関などについてもよく取り上げられています。

◆対策～合格点を取るには？～

全分野に共通することとして，形式面では，①基礎的知識としての数字(地理では，国土の面積，歴史では，重要なできごとが起こった年，政治では，重要事項を規定した憲法の条文の番号など)にかかわる問題，②地名，人名，憲法上の用語などを漢字で書く問題，③基本的な資料の空所を補充させる問題などに慣れておくことが必要です。内容面では，基本的事項はもちろんのこと，時事とからめたものや，日本と諸外国との関係まで視野を広げ，整理しておきましょう。

地理分野については，ふだんから地図に親しんでおき，学習した地名は必ず地図で確認し，白地図の上におもな平野，山脈，火山帯，川，都市などを書きこめるようにしておきましょう。

歴史分野については，歴史の流れを大まかにとらえる姿勢が大切です。そのためには，つねに年表を見ながら勉強する態度を，日ごろから身につけておくべきです。重要な事件が起こった年の前後の流れを理解するなど，単純に暗記するだけでなく，くふうして覚えていきましょう。

政治分野については，日本国憲法が中心になります。主権，戦争の放棄，基本的人権，三権分立などの各事項を教科書で理解するほか，憲法の条文を確認しておくとよいでしょう。

理科　出題傾向＆対策

◆基本データ(2024年度1回)

試験時間／満点	30分／50点
問題構成	・大問数…５題 ・小問数…24問
解答形式	記号選択と適語・数値の記入がほとんどだが，図をかいて答える問題も見られる。
実際の問題用紙	Ｂ５サイズ，小冊子形式
実際の解答用紙	Ｂ５サイズ

分野＼年度		2024		2023		2022	
		1回	2回	1回	2回	1回	2回
生命	植物	○	★	★	○		
	動物		○			★	★
	人体	★			★		
	生物と環境						
	季節と生物					○	○
	生命総合						
物質	物質のすがた						○
	気体の性質	★					
	水溶液の性質	○	★		○	★	○
	ものの溶け方			★	★	○	○
	金属の性質						
	ものの燃え方						
	物質総合						★
エネルギー	てこ・滑車・輪軸						
	ばねののび方	★					
	ふりこ・物体の運動					★	
	浮力と密度・圧力						
	光の進み方	○	★			○	
	ものの温まり方			○			
	音の伝わり方		○	★	○		
	電気回路				★		★
	磁石・電磁石						○
	エネルギー総合						
地球	地球・月・太陽系		★			★	
	星と星座	★		★	○	○	
	風・雲と天候	○		○	★	○	
	気温・地温・湿度						
	流水のはたらき・地層と岩石		○				★
	火山・地震						
	地球総合						
実験器具				○			
観察							
環境問題							○
時事問題		○	○	○	○	○	○
複数分野総合		★	★	★	★	★	★

※　★印は大問の中心となる分野をしめします。

◆出題傾向と内容

各分野からまんべんなく出題されています。また，最初の大問は小問集合で，基礎的な知識や時事的な内容が問われます。

●生命…ヒトの血液環境，アブラナの芽ばえ，顕微鏡，植物の種子のつくり，生物の冬越し，カブトムシ，昆虫の行動を調べる実験，カボチャの花のつくり，ヒトの肺のつくりとはたらき，植物の開花条件などが出題されています。

●物質…気体の性質，中和の計算問題，ものの溶け方，物質の分類，水溶液の性質と気体の発生などが取り上げられています。実験器具に関する問いも見られます。

●エネルギー…ばね，光の三原色，物体の温度と体積，物体の運動，電気回路，とつレンズを通過する光，音の速さと気温の関係，電磁石などが出されています。

●地球…星座早見，恒星の色と明るさ(絶対等級)，太陽・地球・月の動き，月と潮の満ち干，流れる水のはたらき，天気の変化などが出題されています。

◆対策～合格点を取るには？～

各分野からまんべんなく出題されていますから，基本的な知識をはやいうちに身につけ，そのうえで問題集で演習をくり返しながら実力アップをめざしましょう。

「生命」は，身につけなければならない基本知識の多い分野ですが，楽しみながら確実に学習する心がけが大切です。

「物質」では，気体や水溶液，金属などの性質に重点をおいて学習してください。そのさい，中和反応や濃度など，表やグラフをもとに計算する問題にも積極的に取り組んでください。

「エネルギー」は，力と運動を中心に，磁石，電気回路，音，光などの出題が予想される単元ですから，学習計画から外すことのないようにしましょう。

「地球」では，太陽・月・地球の動き，季節と星座の動き，天気と気温・湿度の変化，地層のでき方などが重要なポイントです。

なお，環境問題や身近な自然現象に日ごろから注意をはらうことや，テレビの科学番組，新聞・雑誌の科学に関する記事，読書などを通じて多くのことを知るのも大切です。

国語　出題傾向＆対策

◆基本データ（2024年度１回）

試験時間／満点	50分／100点
問題構成	・大問数…３題 文章読解題２題／知識問題１題 ・小問数…37問
解答形式	記号選択，適語・適文の書きぬきが大半をしめているが，記述問題も数問出題されている。
実際の問題用紙	Ｂ５サイズ，小冊子形式
実際の解答用紙	Ｂ４サイズ

◆出題傾向と内容

▶近年の出典情報（著者名）
説明文：小川仁志　鎌田浩毅　河合隼雄
小　説：草野たき　村上雅郁　瀬尾まいこ

●読解問題…取り上げられる文章のジャンルは小説・物語文と説明文・論説文がほとんどで，どちらも小学校高学年向きの文章です。出題内容を見ると，小説・物語文では，場面や登場人物の動作・行動・人物像・性格などの理解とからめて心情を問うもの，説明文・論説文では，内容や主張の理解をふくめ，論の展開を正しく理解できているかをためすものが中心です。

●知識問題…独立した大問として漢字の読み書き，読解問題の中で慣用表現，助詞助動詞の識別，熟語の知識，対義語，漢字の部首と画数，文の組み立てなどが出題されています。

◆対策～合格点を取るには？～

　入試で正しい答えを出せるようにするためには，なるべく多くの読解問題にあたり，出題内容や出題形式に慣れることが大切です。問題集に取り組むさいは，指示語の内容や接続語に注意しながら，文章がどのように展開しているかを読み取るように気をつけましょう。また，答え合わせをした後は，漢字の部首と画数やことばの意味を辞書で調べてまとめるのはもちろん，正解した設問でも解説をしっかり読んで解答の道すじをきちんと理解し，本番で自信を持って答えられるようにしておきましょう。

　知識問題については，分野ごとに短期間に集中して覚えるのが効果的です。ただし，漢字は毎日少しずつ学習するとよいでしょう。

分野＼年度			2024		2023		2022	
			1回	2回	1回	2回	1回	2回
読	文章の種類	説明文・論説文	★	★	★	★	★	★
		小説・物語・伝記	★	★	★	★	★	★
		随筆・紀行・日記						
		会話・戯曲						
		詩						
		短歌・俳句						
解	内容の分類	主題・要旨	○	○	○	○	○	○
		内容理解	○	○	○	○	○	○
		文脈・段落構成	○	○				○
		指示語・接続語	○	○	○	○	○	○
		その他	○	○	○	○	○	○
知	漢字	漢字の読み	○	○	○	○	○	○
		漢字の書き取り	○	○	○	○	○	○
		部首・画数・筆順	○	○	○	○	○	○
	語句	語句の意味	○	○	○	○	○	○
		かなづかい						
		熟語	○	○	○	○	○	○
		慣用句・ことわざ	○	○				○
	文法	文の組み立て	○	○	○	○	○	○
		品詞・用法	○	○	○	○	○	○
		敬語						
識	形式・技法							
	文学作品の知識							
	その他							○
	知識総合							
表現	作文							
	短文記述							
	その他							
放送問題								

※　★印は大問の中心となる分野をしめします。

2024 年度 専修大学松戸中学校

【算　数】〈第１回試験〉（50分）〈満点：100点〉

1　次の□にあてはまる数を求めなさい。

(1)　$\left(\dfrac{5}{6}+2\dfrac{2}{9}\right)\times\dfrac{15}{22}=\square$

(2)　$(3.9+1.9\times3)\div1.5=\square$

(3)　$\left(\dfrac{5}{7}-\square\times\dfrac{2}{3}\right)\times\dfrac{7}{12}=\dfrac{1}{15}$

(4)　$\dfrac{1}{2}+\dfrac{1}{6}+\dfrac{1}{12}+\dfrac{1}{20}+\dfrac{1}{30}+\cdots\cdots+\dfrac{1}{\square}=\dfrac{9}{10}$

2　次の□にあてはまる数を求めなさい。

(1)　$(80\text{cm}+0.4\text{m})\div4=\square\text{cm}$

(2)　持っているお金の$\dfrac{1}{3}$より40円多いお金を使ったところ，80円残りました。はじめに持っていたお金は□円です。

(3)　３で割ると１あまり，４で割ると２あまる整数があります。このような整数のうち，最も大きい２けたの整数は□です。

(4)　100ｇあたり250円のぶた肉と100ｇあたり400円の牛肉を合わせて500ｇ買ったところ，100ｇあたりの値段が316円になりました。このとき，買ったぶた肉の重さは□ｇです。

(5)　右の図は，正九角形の中に直線を１本引いたものです。

この図で，角アの大きさは［　　　］度です。

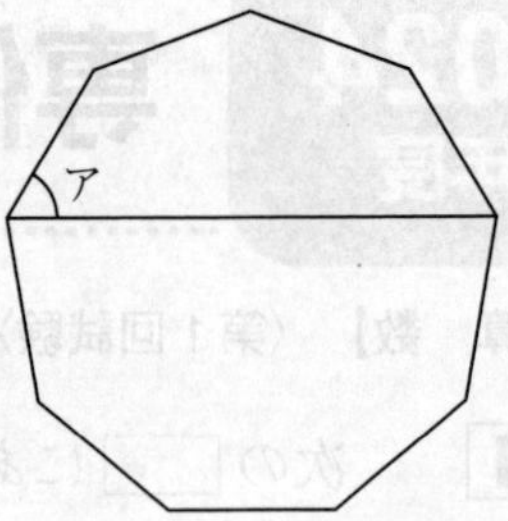

3　右の図のように，１辺の長さが12cm の立方体があります。この立方体の頂点Ａから３つの点Ｐ，Ｑ，Ｒが同時に出発し，点Ｐは毎秒１cm の速さで辺 AB 上を，点Ｑは毎秒２cm の速さで辺 AD 上を，点Ｒは毎秒３cm の速さで辺 AE 上を往復します。

このとき，次の各問いに答えなさい。

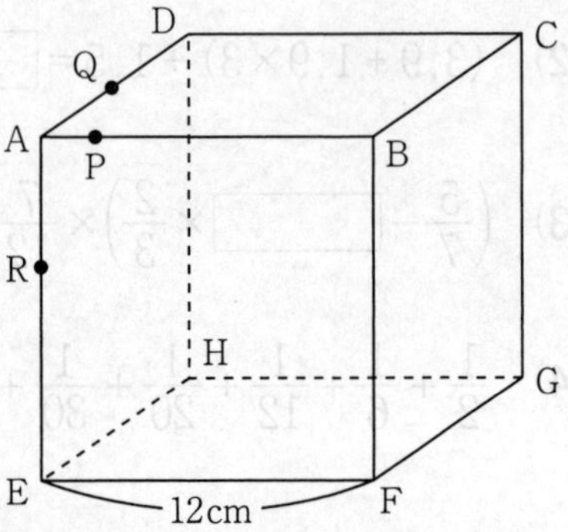

(1)　出発してから３秒後に，３つの点Ｐ，Ｑ，Ｒを通る平面で立方体を切断します。このとき，頂点Ａをふくむ方の立体の体積は何 cm^3 ですか。

(2)　出発してから６秒後に，３つの点Ｐ，Ｑ，Ｒを通る平面で立方体を切断します。このとき，頂点Ａをふくむ方の立体の表面積は何 cm^2 ですか。

4　右の図のように，たての長さが６cm，横の長さが８cm の長方形 ABCD があります。この長方形の内側に，３つの頂点Ａ，Ｂ，Ｃを中心とするおうぎ形をかきました。それぞれのおうぎ形は，３つの点Ｐ，Ｑ，Ｒで接しています。

このとき，次の各問いに答えなさい。ただし，円周率は3.14とします。

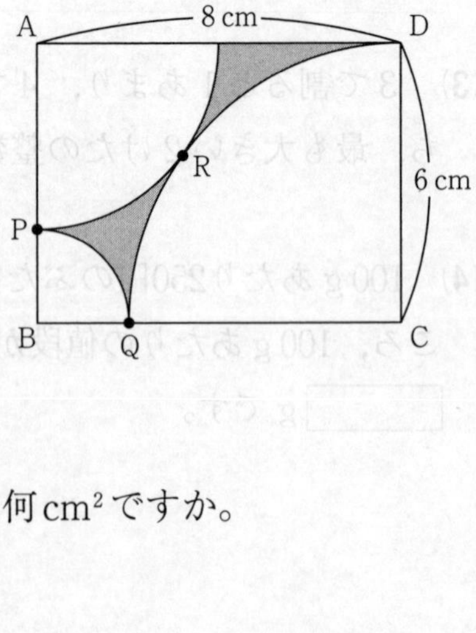

(1)　AC を直径とする円をかいたとき，その円の面積は何 cm^2 ですか。

(2)　かげをつけた部分の面積の合計は何 cm^2 ですか。

5　ある条件にしたがって，１から９までの整数をすべて使って，たてと横に３個ずつ並べた９個のマスに１つずつ入れます。

このとき，次の各問いに答えなさい。

⑴　１と５と９の位置が右のように決まっているとき，たて，横，ななめに並ぶ３個のマスの和がすべて等しくなるような整数の入れ方は，全部で何通りありますか。

	1	
	5	
	9	

⑵　１と５と９の位置が右のように決まっているとき，横に並んだ数は右の方が大きく，たてに並んだ数は下の方が大きくなるような整数の入れ方は，全部で何通りありますか。

1		
	5	
		9

6　ある電車が一定の速さで走っていて，太郎君はこの電車の先頭に乗っています。この電車が，電車の長さの14倍の長さのトンネルを通過するとき，電車がトンネルの中に完全にかくれている時間は１分５秒でした。また，太郎君は，自分の体がトンネルに入るのと同時に電車の後方に向かって一定の速さで歩き始め，それから２分25秒後に，電車の最後尾《さいこうび》に着きました。このときの電車の最後尾はトンネルの出口から1680ｍはなれていました。

このとき，次の各問いに答えなさい。

⑴　電車の速さは，太郎君が歩く速さの何倍ですか。

⑵　電車の速さは毎秒何ｍですか。

⑶　太郎君の体がトンネルから出たとき，太郎君は電車の先頭から何ｍのところを歩いていましたか。

7 右の図は，あるきまりにしたがって整数を並べ，奇数《きすう》段目の整数を○で囲んだものです。この図を見て，Ｔ先生とＭさんが会話をしています。

１段目　①
２段目　2　3　4
３段目　⑤ ⑥ ⑦ ⑧ ⑨
４段目　10　11　12　13　14　15　16
５段目　⑰ ⑱ ⑲ ⑳ ㉑ ㉒ ㉓ ㉔ ㉕
⋮

Ｔ先生：Ｍさん，この図を見て気がつくことはありませんか？

Ｍさん：どの段も，最後の数は同じ数を２個かけた整数になっています。

Ｔ先生：そうですね。そのような数のことを「平方数」といいますが，「各段の和」と「平方数」の関係について，気がつくことはありませんか？
はじめは，○で囲んだ段だけに注目してください。

Ｍさん：１段目の和は（　　），３段目の和は（　　），５段目の和は（　　）です。
１段目と３段目の合計は［　ア　］，１段目と３段目と５段目の合計は［　イ　］で，どちらも平方数です。

Ｔ先生：その通りです。そのようになる理由を説明します。
各段には奇数個の整数が並んでいますから，
各段の和は，
　（真ん中の数）×（個数）
で求めることができます。すると，１段目の和と３段目の和の合計は，右の図の太線で囲んだ正方形と長方形の面積の合計になります。

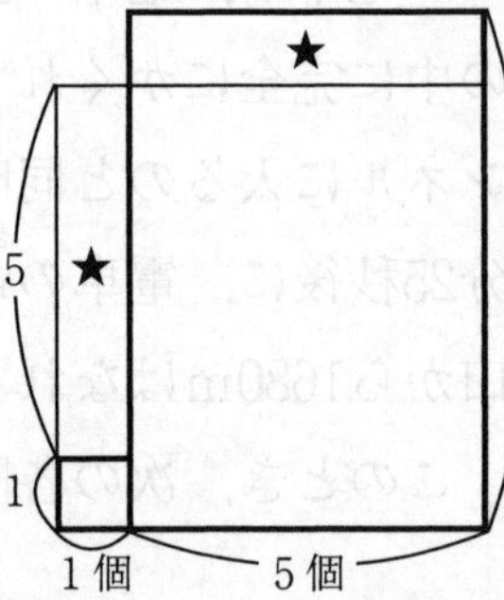

この図で★の部分は合同ですから，太線で囲んだ部分の面積は，１辺の長さが６の正方形の面積と等しくなります。
この６というのは，１段目と３段目の個数の合計と同じです。続いて，１辺の長さが６の正方形に，５段目の和を表す長方形を並べると，……。

Ｍさん：面白そうですね。続きは自分でやってみることにします。

Ｔ先生：偶数《ぐうすう》段目についても，同じような性質がありますよ。

このとき，次の各問いに答えなさい。

⑴　［ア］，［イ］にあてはまる数の組み合わせとして正しいものを下のＡ～Ｉの中から選び，記号で答えなさい。

記号	A	B	C	D	E	F	G	H	I
［ア］	1	1	1	9	9	9	36	36	36
［イ］	9	36	225	36	225	289	169	225	361

⑵　10段目まで並べたとき，○で囲まれていない整数をすべて加えると，和はいくつになりますか。

【社　会】〈第１回試験〉（30分）〈満点：50点〉

1　次の２万５千分の１の地形図を見て，あとの問いに答えなさい。

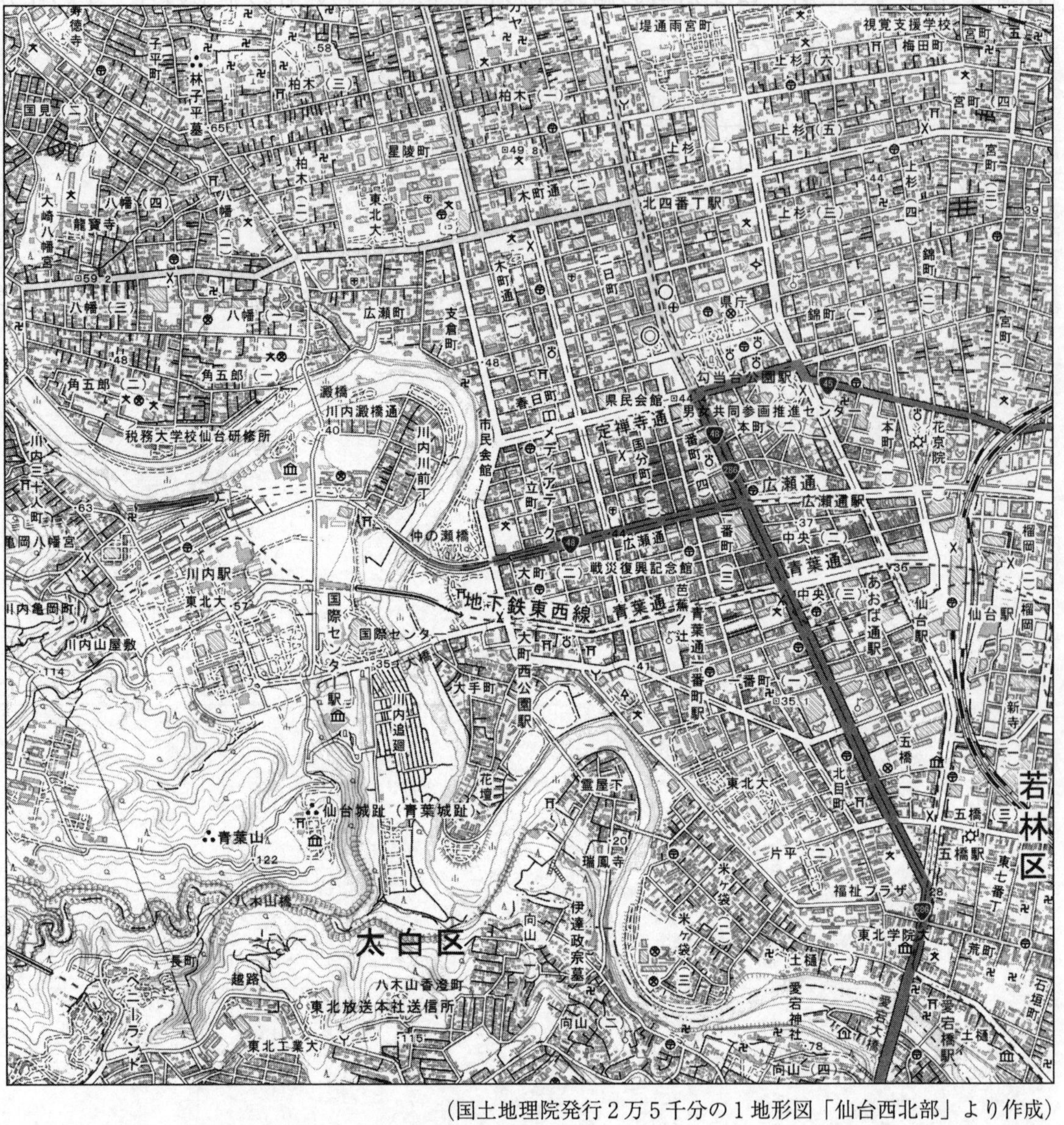

（国土地理院発行２万５千分の１地形図「仙台西北部」より作成）

⑴　地形図の南東にある「愛宕《あたご》大橋」付近に見られる地図記号として正しくないものを次から１つ選び，記号で答えなさい。

ア　郵便局　　**イ**　老人ホーム　　**ウ**　寺院　　**エ**　図書館

⑵　「県民会館」から「国際センター駅」まで，地形図上で約５cmあります。実際の距離《きょり》は約何mになりますか。算用数字で答えなさい。

⑶　この地形図から読み取れる内容として正しいものを次から１つ選び，記号で答えなさい。

ア　「仙台城趾《じょうし》」と「県庁」付近の標高の差は，約120mである。

イ　「地下鉄東西線」は，河川を越えるさいに地上へ出て，橋を渡《わた》っている。

ウ　地形図中を流れる河川の沿岸部には，果樹園が多く見られる。

エ　JR「仙台駅」から「青葉通」を西に進むと，通り沿いの右側に消防署がある。

⑷　この地形図は仙台市の中心部とその周辺を示しています。仙台市について述べた文として正しくないものを次から１つ選び，記号で答えなさい。

ア　東北地方で唯一《ゆいいつ》の政令指定都市であり，人口が100万人を超《こ》える都市でもある。

イ　神社仏閣や武家屋敷《やしき》を囲む緑など，人々が長い歳月をかけて育ててきた緑豊かな街並みを称《しょう》して「杜《もり》の都」とよばれる。

ウ　古くから学都（学問の都）として知られ，現在でも「東北大学」をはじめとした多様な教育機関が集まっている。

エ　毎年８月上旬《じょうじゅん》に開催《かいさい》される「花笠まつり」は，東北四大祭りの１つである。

⑸　仙台市は宮城県中央部に広がる仙台平野の中心都市です。仙台平野は，稲作に適した気候と豊かな水資源をいかし，全国有数の米どころとして知られています。この平野を流れる河川として正しいものを次から１つ選び，記号で答えなさい。

ア　北上川　　**イ**　雄物《おもの》川　　**ウ**　最上《もがみ》川　　**エ**　石狩川

⑹　仙台市は伊達《だて》氏を藩主とする仙台藩の城下町として発展しました。江戸時代の大名と根拠《こんきょ》地とした城下町の組み合わせとして正しいものを次から１つ選び，記号で答えなさい。

ア　上杉氏―鹿児島　　**イ**　毛利氏―萩

ウ　前田氏―高知　　**エ**　島津氏―金沢

⑺　仙台市の北東に隣接《りんせつ》する多賀城市には，かつて陸奥国の国府と鎮守《ちんじゅ》府が置かれていました。多賀城が設置されたのは724年とされています。その当時の都の名称を，漢字で答えなさい。

(8) 地形図中の裁判所（⍋）は，高等・地方・家庭裁判所などの合同庁舎です。このうち，高等裁判所について述べた文として正しいものを次から１つ選び，記号で答えなさい。

ア　仙台市をふくめて全国に10か所置かれている。

イ　裁判員裁判における第一審が行われる。

ウ　裁判官は内閣によって任命される。

エ　裁判官は国民審査の対象となる。

(9) 地形図中の「県庁」では県知事が，市役所（◎）では市長が働いています。県知事と市長に共通することがらとして正しくないものを次から１つ選び，記号で答えなさい。

ア　住民の直接選挙によって選ばれる。

イ　住民からのリコール（解職請求）の対象とされる。

ウ　議会から不信任決議を受けた場合，議会を解散することができる。

エ　任期は４年で，被《ひ》選挙権は満30歳以上である。

2　次のＡ～Ｈは，日本の各地方の最高峰《ほう》(最も高い山)について述べたものです。これを読んで，あとの問いに答えなさい。

Ａ　北海道の最高峰(標高2291m)であるこの山は，大雪山系の主峰である。大雪山は火山であるが，ここ3000年間で噴火《ふんか》活動(水蒸気噴火を除く)は起きていない。

Ｂ　東北地方の最高峰(標高2356m)であるこの山は，福島県の南西部，新潟県や群馬県との県境近くに位置する。山ろくには尾瀬《おぜ》沼や尾瀬ヶ原などがあり，付近一帯は2007年，日光国立公園から独立する形で，尾瀬国立公園となった。

Ｃ　関東地方の最高峰(標高2578m)であるこの山は，群馬県と栃木県の県境に位置している。活火山であり，過去に何度も水蒸気噴火が起こっている。

Ｄ　中部地方の最高峰(標高3776m)であり，日本の最高峰でもある。古代から霊峰《れいほう》とされ，信仰《しんこう》の対象であり，多くの芸術作品の題材ともなってきたことから，2013年に周辺の自然地形や文化財などとともに世界文化遺産に登録された。

Ｅ　近畿地方の最高峰(標高1915m)であるこの山は，周辺の山々とともに「大峰山」とよばれることもある。修験道の霊場の１つであり，2004年に登録された「［　　　］の霊場と参詣道《さんけいみち》」の構成資産の１つとなっている。

Ｆ　中国地方の最高峰(標高1729m)であるこの山は，その雄大《ゆうだい》な山容から「伯耆《ほうき》富士」ともよばれ，鳥取県のシンボルにもなっている。火山ではあるが，最後の噴火は約２万年前とされ，活火山としてはあつかわれていない。

Ｇ　四国地方の最高峰(標高1982m)であるこの山は，西日本の最高峰でもある。古くから信仰の対象とされ，山岳《さんがく》仏教や修験道の修行の場とされてきた。

Ｈ　九州地方の最高峰(標高1936m)であるこの山は，［　　　］の中央部に位置している。地殻《ちかく》変動による隆起《りゅうき》によってできた山であり，火山ではない。森林帯など豊かな自然にめぐまれ，山域は1993年，白神山地とともに日本で最初に世界自然遺産に登録された。

(1)　Ａの山の西に広がる盆地で行われる農業のようすについて述べた文として正しいものを次から１つ選び，記号で答えなさい。

ア　火山灰地の総合開発が進められ，牧畜がさかんになった。

イ　水はけのよい土地にめぐまれ，全国有数の茶の産地として知られる。

ウ　寒さに強い稲をつくる品種改良などが行われたことで，稲作がさかんである。

エ　水はけのよい扇状地《せんじょうち》を中心として，果樹栽培《さいばい》がさかんである。

(2)　Ｂの山の山ろくを水源とする伊南《いな》川は，北に流れて只見《ただみ》川と合流し，さらに北で□川に合流し，西に向きを変えて新潟県に入り，日本海に注いでいます。かつて流域で公害病の新潟水俣《みなまた》病が発生したことでも知られる，□にあてはまる河川の名称を，漢字で答えなさい。

(3)　Ｃの文中の下線部について，右のグラフはある農産物の収穫量《しゅうかくりょう》の都道府県別割合を示したものです。この農産物を次から１つ選び，記号で答えなさい。

ア　いちご　　　　　**イ**　こんにゃくいも

ウ　らっかせい　　　**エ**　キャベツ

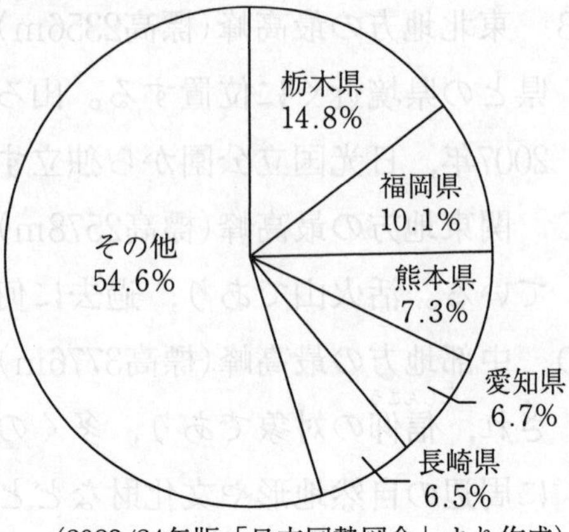

(2023/24年版「日本国勢図会」より作成)

(4)　Ｄの山の西側には，日本三大急流の１つとして知られる河川が流れています。この河川の河口部に位置する都市でさかんな工業を次から１つ選び，記号で答えなさい。

ア　セメント工業　　　**イ**　製紙・パルプ工業

ウ　精密機械工業　　　**エ**　造船業

(5)　Ｅの文中の□にあてはまる山地の名称を，漢字で答えなさい。

(6)　Ｆの下線部について，右の雨温図は鳥取県の県庁所在地のものです。この都市で冬の降水量が多くなる理由について述べた次の文中の□にあてはまる言葉を，「中国山地」という語句を用いて20字前後で答えなさい。

冬の北西の□，多くの雪を降らせるため。

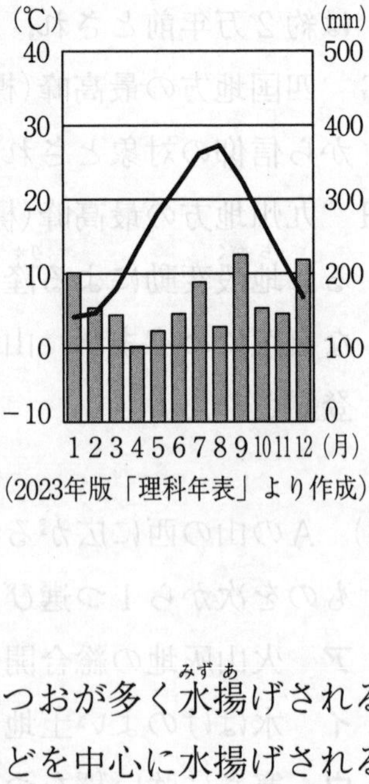

(2023年版「理科年表」より作成)

(7)　Ｇの山は愛媛県中央部に位置しています。愛媛県西部の沿岸部のようすについて述べた文として正しいものを次から１つ選び，記号で答えなさい。

ア　遠浅の海岸が広がり，のりの養殖《ようしょく》がさかんである。

イ　遠洋漁業の基地となっている漁港があり，まぐろやかつおが多く水揚《みずあ》げされる。

ウ　水揚げ量日本一をほこる漁港があり，いわしやさばなどを中心に水揚げされる。

エ　リアス海岸が広がり，はまちや真珠《しんじゅ》などの養殖がさかんである。

(8)　Ｈの文中の□にあてはまる島の名称を，漢字で答えなさい。

3 次のＡ～Ｈの事件や戦乱は，いずれも時代の変わり目に起きた重要なできごとです。これを読んで，あとの問いに答えなさい。

Ａ　中大兄皇子らが蘇我氏を倒《たお》したこのできごとをきっかけとして，天皇を中心とした中央集権国家の建設が進められることとなった。

Ｂ　政治の実権を取り戻《もど》そうとした［　①　］は，執権［　②　］の打倒《だとう》を全国の武士によびかけたが，応じる者は少なく，幕府軍の前に敗れた。これをきっかけに，幕府の支配が西日本にもおよぶようになった。

Ｃ　有力な守護大名どうしの対立に将軍足利義政の跡継《あとつ》ぎをめぐる争いなどが結びつき，戦乱となった。11年におよぶ京都での戦いが終わってからも，戦乱は全国に広がり，各地で大名や武士らが領地をめぐって争う戦国時代となった。

Ｄ　徳川家康率いる東軍と，石田三成ら豊臣方の西軍の間で起きたこの戦いは，東軍の勝利に終わり，３年後，家康は征夷《せいい》大将軍となって江戸に幕府を開いた。

Ｅ　アメリカ東インド艦隊《かんたい》司令長官であったペリーは，浦賀に来航して開国を求める大統領の親書を幕府に提出。翌年，再び来航したペリーとの間で幕府は日米和親条約を結んだ。これにより，200年以上続いた鎖国が終わることとなった。

Ｆ　新政府の改革に不満を持つ鹿児島の士族たちは，西郷隆盛を指導者として反乱を起こしたが，徴兵《ちょうへい》令によって整備された政府軍の前に敗れた。これにより各地で起きていた士族の反乱は終わり，以後は言論で政府を批判する動きが広まることとなった。

Ｇ　1936年，陸軍の一部の部隊が反乱を起こし，首相官邸《かんてい》や私邸を襲《おそ》って大臣らを殺《さっ》傷《しょう》したほか，警視庁や新聞社などを占拠《せんきょ》した。反乱は鎮圧されたが，以後，軍部の発言力がいっそう強まり，翌37年，日本は中国との全面戦争に突入《とつにゅう》することになった。

Ｈ　1973年に起きた第４次中東戦争をきっかけに，アラブの産油国が原油価格の大幅《おおはば》な引き上げを行ったことから，世界の経済が混乱に陥《おちい》った。石油危機(オイルショック)とよばれるこのできごとをきっかけに，日本の高度経済成長も終わりをむかえることとなった。

(1)　Ａのできごとのさい，初めての元号として「大化」が定められました。以後，元号はできごとやその時代の文化の名称などにも用いられることになりました。元号とは関係のないものを次から１つ選び，記号で答えなさい。

ア　壬申の乱　　**イ**　天平文化　　**ウ**　平治の乱　　**エ**　弘安の役

(2)　Ｂの文中の ① ， ② にあてはまる人物の組み合わせとして正しいものを次から１つ選び，記号で答えなさい。

ア　①　後白河上皇　②　北条義時　　**イ**　①　後白河上皇　②　北条泰時

ウ　①　後鳥羽上皇　②　北条義時　　**エ**　①　後鳥羽上皇　②　北条泰時

(3)　Ｃの時代に生まれた文化には，現在まで続いているものもあります。この時代の文化として正しくないものを次から１つ選び，記号で答えなさい。

ア　武士たちの間で能が好まれ，狂言《きょうげん》も演じられるようになった。

イ　雪舟により，日本風の水墨画《すいぼくが》が大成された。

ウ　茶の湯や生け花が生まれ，さまざまな階層の人々の間に広まっていった。

エ　都市では歌舞伎《かぶき》が演じられ，町人たちの間で人気を集めた。

(4)　Ｄの戦いが起きた場所は，現在のどの都道府県にあたりますか。その都道府県名を，漢字で答えなさい。

(5)　Ｅのできごとのさい，「泰平《たいへい》の　眠りをさます　上喜撰《じょうきせん》　たった四杯《しはい》で　夜も眠れず」という，幕府のうろたえぶりを風刺《ふうし》した歌が詠《よ》まれました。このような歌は何とよばれますか。正しいものを次から１つ選び，記号で答えなさい。

ア　連歌　　**イ**　狂歌　　**ウ**　川柳　　**エ**　俳諧《はいかい》

(6)　Ｆのできごとの前後に起きた次の**ア**～**エ**のできごとを年代の古い順に並べかえ，記号で答えなさい。

ア　内閣制度が創設された。　　**イ**　立憲改進党が結成された。

ウ　民撰《みんせん》議院設立建白書が出された。　　**エ**　国会開設の詔《みことのり》が出された。

(7)　Ｇの文中の下線部の事件の名称を答えなさい。

(8)　Ｈの文中の下線部の時期のできごととして正しくないものを次から１つ選び，記号で答えなさい。

ア　国民所得倍増計画が発表された。　　**イ**　大阪で万国博覧会が開かれた。

ウ　日中平和友好条約が調印された。　　**エ**　日韓基本条約が調印された。

4　住居や建築の歴史について述べた次の文を読んで，あとの問いに答えなさい。

日本の歴史上，最も古い住居といえるのは，(あ)縄文時代につくられるようになった竪穴《たてあな》住居である。地表を50cmほど掘《ほ》り下げ，掘立柱を立て，梁《はり》や桁《けた》を渡し，植物の枝や葉などで屋根をふいたこの建築物は，一般《いっぱん》の住居としては奈良時代ごろまで用いられたとされている。弥生時代には，地面を掘り下げない平地式の住居が登場したほか，(い)高床の建物もつくられるようになった。東南アジアに起源を持つとされるこの建築様式は，当初は身分の高い者の住居や穀物を収める倉庫などに用いられたが，湿度の高い日本の風土に合っていたことから，一般の住居にも取り入れられるようになったとされる。やがて，大型の建物もつくられるようになり，平安時代には(う)寝殿《しんでん》造が生まれた。この様式で建てられた貴族の邸宅には，壁《かべ》や仕切りがほとんどなく，用《よう》途《と》に応じて屏風《びょうぶ》や几帳《きちょう》で部屋を仕切り，畳《たたみ》も必要な場所にだけ敷いた。(え)鎌倉時代に武士の住居として広まった武家造も，寝殿造を簡素化したものといえる。

室町時代に生まれた書院造は，(お)禅《ぜん》宗の僧の書斎《しょさい》の形式から生まれたものと考えられており，障子《しょうじ》や襖《ふすま》で部屋を仕切り，畳を敷きつめ，床の間を設けることなどを特徴としたもので，現代の和風建築のもととなった。戦国時代以降，大名たちが築いた大規模な(か)城の内部にもその様式は取り入れられた。また，江戸時代に広まった数寄屋《すきや》造り（「数寄屋」とは茶室のこと）もその流れをくむものであり，都市部につくられた「町屋」とよばれる町人の店舗《てんぽ》兼住宅にもその影響《えいきょう》は見られる。

明治時代になると，文明開化の流れにともない，レンガ造りなど(き)西洋式の建物がつくられるようになった。ただし，それらは「和洋折衷《せっちゅう》」とでもよばれるようなもので，政府高官らが建てた自宅も，客間や応接間は洋間で，生活する部屋は和室というものが多く，(く)大正時代にはそうした住宅が一般家庭でも見られるようになった。

第二次世界大戦後は，特に都市部で住宅不足を補《おぎな》うため，鉄筋コンクリート製の集合住宅が多くつくられるようになり，現在は高層マンションもさかんに建てられている。また，一般の住宅も，あらかじめ工場でつくった部材を現場で組み立てる「プレハブ式」のものが増えている。

(1)　下線部㋐について，この時代の遺物として最も適切なものを次から１つ選び，記号で答えなさい。

ア　埴輪　　**イ**　石包丁　　**ウ**　銅鏡　　**エ**　土偶

(2)　下線部㋑について，校倉《あぜくら》造でつくられた正倉院(東大寺)も，基本的にはこの様式で築かれています。この建造物に収められていた宝物《ほうもつ》として正しくないものを次から１つ選び，記号で答えなさい。

ア

イ

ウ

エ

(3)　下線部㋒について，この様式が取り入れられている厳島《いつくしま》神社は，平安時代末に□が一族の繁栄《はんえい》を願い，航海の守り神として厚く信仰したことでも知られています。□にあてはまる人物名を，漢字で答えなさい。

(4)　下線部㋓について，この時代に起きた次の**ア**～**エ**のできごとを年代の古い順に並べかえ，記号で答えなさい。

ア　御成敗式目が制定された。　　**イ**　永仁の徳政令が出された。

ウ　文永の役が起きた。　　**エ**　源氏の将軍が３代で途絶えた。

(5)　下線部㋔について，禅宗にあてはまる宗派とその開祖の組み合わせとして正しいものを次から１つ選び，記号で答えなさい。

ア　曹洞宗―道元　　**イ**　臨済宗―法然

ウ　浄土真宗―親鸞　　**エ**　浄土宗―栄西

(6)　下線部㋕について，日本には江戸時代およびそれ以前につくられ，今も残る城が12あり(これを「現存12天守」という)，そのうち５つは国宝に指定されています。右の写真は，そのうちの１つで，譜代大名の井伊氏の居城であったことで知られています。この城を次から１つ選び，記号で答えなさい。

ア　犬山城　　**イ**　松本城　　**ウ**　彦根城　　**エ**　姫路城

(7) 下線部(き)について，この時代につくられた代表的な洋館として知られるのは，外務卿《きょう》(のちの外務大臣)の井上馨《かおる》が東京・日比谷につくらせた国際社交場です。外国の公使や大使などを招いて舞《ぶ》踏《とう》会や音楽会が開かれたこの建物の名称を，漢字で答えなさい。

(8) 下線部(く)について，この時代のできごととして正しくないものを次から1つ選び，記号で答えなさい。

ア シベリア出兵が行われた。　　**イ** 青鞜《せいとう》社が結成された。

ウ 全国水平社がつくられた。　　**エ** 関東大震災《しんさい》が起きた。

5 次の文を読んで，あとの問いに答えなさい。

2023年5月19～21日，[①]市で，(あ)G7とよばれる7か国の首脳とEU（欧州連合)の代表らが出席する，第49回主要国首脳会議が開かれた。[②]ともよばれるこの会議は，1975年，石油危機による世界的不況の打開策について話し合うためにフランスのランブイエで6か国(G6)が参加して第1回の会議が開かれて以降，毎年開かれている(2020年はコロナ禍《か》により中止)。1976年からはカナダが参加してG7となり，1998年からはロシアが正式に参加してG8となったが，2014年にクリミア併合《へいごう》を行ったことからロシアが除外され，再びG7となった。開催国(議長国でもある)は持ち回りであり，日本でもこれまでに，東京で3回，「九州・沖縄」「洞爺《とうや》湖」「伊《い》勢《せ》・志《し》摩《ま》」で各1回，開かれている。

今回の会議では，G7とEU代表による会合のほか，ブラジルやインド，韓国などの招待国8か国の首脳，(い)国際連合や(う)世界保健機関などの招待国際機関の代表，さらにゲスト国として招かれた(え)ウクライナのゼレンスキー大統領らも参加した拡大会議も開かれた。3日間にわたる会合では，ロシアによるウクライナ侵攻《しんこう》，台湾への圧力を強める中国の動き，(お)気候変動や食料問題など，世界が直面するさまざまな課題について話し合いが行われた。最終日には議長である(か)岸田首相により首脳宣言が発表されたが，そこでは，「法の支配に基づく自由で開かれた国際秩序《ちつじょ》を強化する」ことや「ウクライナ支援を継続する」こと，「現実的なアプローチを通して核兵器のない世界の実現に取り組む」こと，「グローバルサウスとよばれる新興国や途上国に対し，各国の事情を考慮《こうりょ》しながら支援する」ことなどが方針として打ち出された。

(1)　文中の［①］にあてはまる都市名を答えなさい。

(2)　文中の［②］にあてはまる語句を，カタカナで答えなさい。

(3)　下線部㋐について，G7にあてはまらない国を次から１つ選び，記号で答えなさい。

ア　アメリカ　　イ　ドイツ　　ウ　オーストラリア　　エ　イタリア

(4)　下線部㋑について，今回の会合にも参加した現在の国連事務総長を次から１人選び，記号で答えなさい。

ア　ブトロス・ガリ　　イ　コフィ・アナン

ウ　潘基文《パンギムン》　　エ　アントニオ・グテーレス

(5)　下線部㋒について，この組織の英語の略称を次から１つ選び，記号で答えなさい。

ア　WTO　　イ　WHO

ウ　UNHCR　　エ　IMF

(6)　下線部㋓について，この国の位置を右の地図中のア～エから１つ選び，記号で答えなさい。

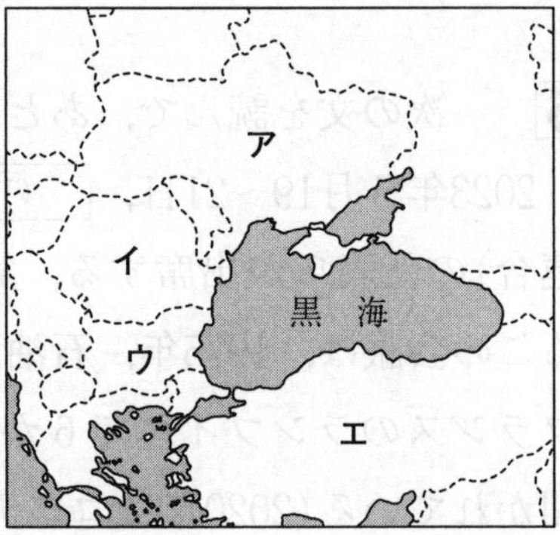

(7)　下線部㋔について，地球温暖化や気候変動に関する国際会議として，「国連気候変動枠組《わくぐみ》条約締約国会議(COP)」が1995年以降毎年開かれています。この会議について述べた次の文のうち，下線部ア～エには正しくないものが１つふくまれています。その記号を選び，答えなさい。

> 1997年に開催されたCOP３では，先進国に温室効果ガスの削減《さくげん》を義務づけた ア京都議定書が採択された。その後，すべての国に排出《はいしゅつ》削減の努力を求める新たな枠組みとして，2015年に行われたCOP21で イパリ協定が採択された。この協定では，ウ産業革命以前に比べて平均気温上昇を２℃未満に保つとともに，1.5℃未満に抑えることも努力目標とされた。また，2020年には，エイギリスがこの協定から離脱したが，政権交代によって方針が変更されたことから，翌21年に復帰をはたした。

(8)　下線部㋕について，内閣総理大臣の指名と任命について，次の［　　］にあてはまる言葉を15字前後で答えなさい。

> 内閣総理大臣は，［　　　　　　　　］。

【理　科】〈第１回試験〉(30分)〈満点：50点〉

1　次の問いに答えなさい。答えは，それぞれの**ア**～**エ**から最も適切なものを１つずつ選び，記号で答えなさい。

(1)　台風による被害《ひがい》として考えられるのはどれですか。

ア　液状化　　**イ**　津波《つなみ》　　**ウ**　高潮　　**エ**　サンゴの白化

(2)　次のうち，アブラナの芽生えのようすを表しているのはどれですか。

ア　　**イ**　　**ウ**　　**エ**

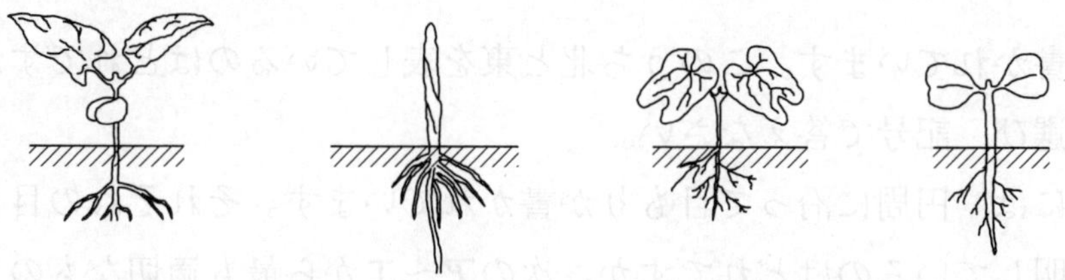

(3)　ある体積の塩酸に，水酸化ナトリウム水溶液《すいようえき》を一定量ずつ加えていき，水を蒸発させて残る固体の重さをはかります。この結果を，横軸《じく》に水酸化ナトリウム水溶液の体積，たて軸に残った固体の重さをとってグラフに表すと，どのようになりますか。

ア　　**イ**　　**ウ**　　**エ**

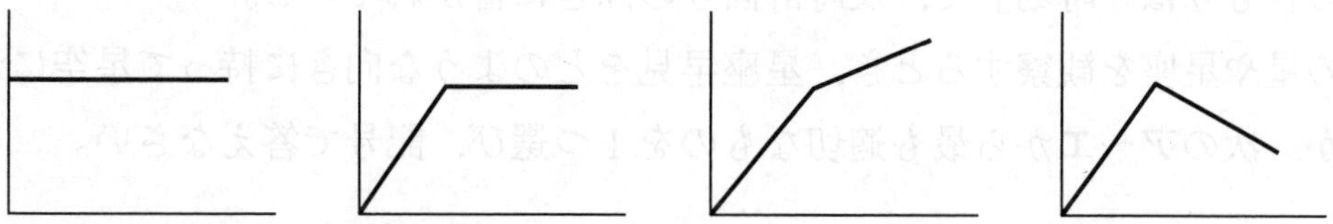

(4)　「光の三原色」の組み合わせとして，正しいのはどれですか。

ア　青色，緑色，黄色　　**イ**　赤色，青色，緑色

ウ　赤色，青色，黄色　　**エ**　赤色，白色，黄色

(5)　2023年６月１日から，ある２種の動物が「条件付特定外来生物」に指定され，野外への放出や売買が禁止されました。その動物の１つはアカミミガメ(ミドリガメ)ですが，もう１つは何ですか。

ア　アメリカザリガニ　　**イ**　ブラックバス

ウ　ヒアリ　　**エ**　セアカゴケグモ

2　右の図のような星座早見を使い，千葉県のある場所である日に，夜空に見える星や星座を観察しました。これについて，次の問いに答えなさい。

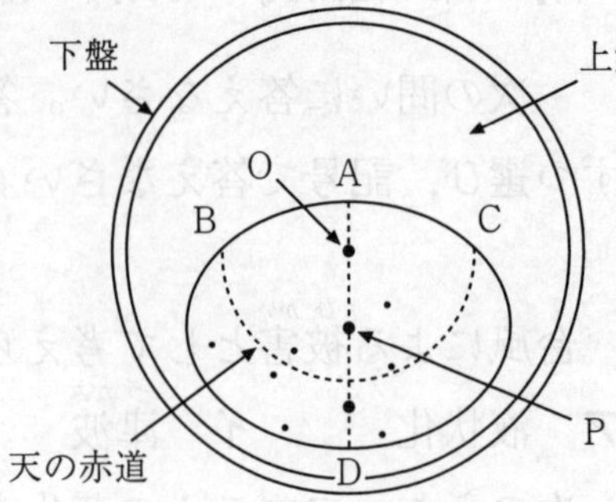

星座早見

(1)　点Oは，星座早見の上盤《ばん》，下盤の回転の中心で，ある星の位置を表します。この星の名前は何といいますか。

(2)　A～Dには方位が書かれています。このうち北と東を表しているのはどれですか。A～Dからそれぞれ選び，記号で答えなさい。

(3)　上盤と下盤のふちには，円周に沿って目もりが書かれています。それぞれの目もりについて正しく説明しているのはどれですか。次の**ア**～**エ**から最も適切なものを１つ選び，記号で答えなさい。

ア　上盤の目もりは「月と日付け」で，時計回りの向きに書かれている。

イ　下盤の目もりは「月と日付け」で，反時計回りの向きに書かれている。

ウ　下盤の目もりは「時刻」で，時計回りの向きに書かれている。

エ　上盤の目もりは「時刻」で，反時計回りの向きに書かれている。

(4)　南の空の星や星座を観察するとき，星座早見をどのような向きに持って星空にかざしますか。次の**ア**～**エ**から最も適切なものを１つ選び，記号で答えなさい。

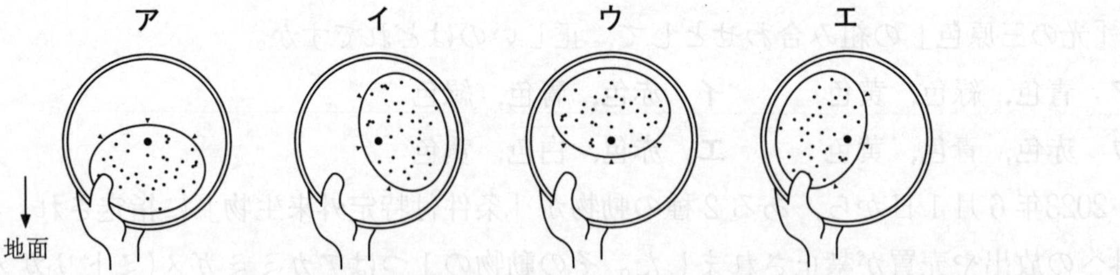

(5)　星座早見の点Pは，窓の中の中央の位置を示しています。点Pは何を表していますか。次の**ア**～**エ**から最も適切なものを１つ選び，記号で答えなさい。

ア　真東からのぼる星が南中する位置　　**イ**　天の北極

ウ　春分の日に太陽が南中する位置　　**エ**　天頂(頭の真上)

3 右の図１のＡ～Ｄは，正面から見たヒトの心臓の４つの部屋を表しています。また，右下の図２のＸとＹは，正面から見たヒトの器官，ａ～ｈは器官につながる血管を表しています。これについて，次の問いに答えなさい。

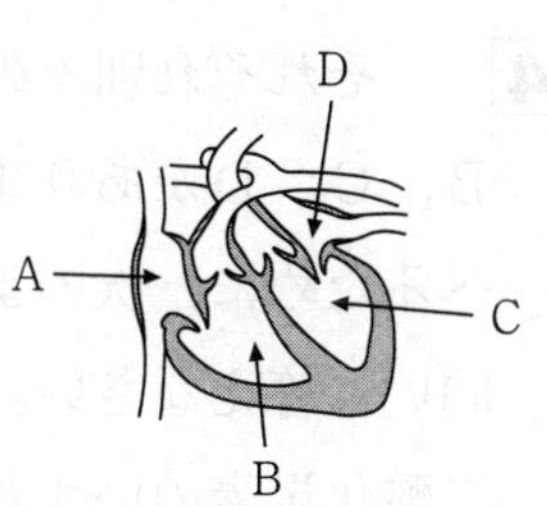

図１

(1) 図１で，全身からもどってきた血液が最初に入る部屋はどれですか。Ａ～Ｄから最も適切なものを１つ選び，記号で答えなさい。

(2) 図１で，部屋の壁《かべ》の筋肉がほかの部屋よりも厚くなっているのはどこですか。Ａ～Ｄから最も適切なものを１つ選び，記号で答えなさい。また，その部屋の筋肉がほかより厚くなっているのはなぜですか。その理由を簡単に説明しなさい。

(3) 図２で，Ｘ，Ｙの器官の名前の正しい組み合わせはどれですか。次の**ア**～**エ**から最も適切なものを１つ選び，記号で答えなさい。

ア Ｘ…脳　　Ｙ…胃
イ Ｘ…脳　　Ｙ…かん臓
ウ Ｘ…肺　　Ｙ…胃
エ Ｘ…肺　　Ｙ…かん臓

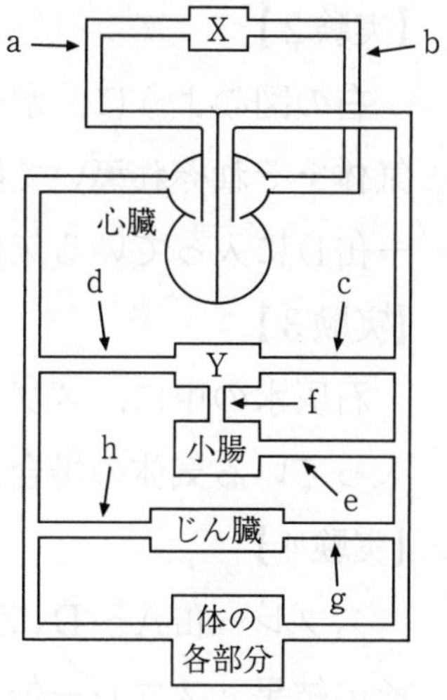

図２

(4) 図２で，酸素を最も多く含《ふく》む血液が流れている血管はどれですか。ａ～ｈから最も適切なものを１つ選び，記号で答えなさい。

(5) 図２で，各血管を流れる血液について，正しく述べているのはどれですか。次の**ア**～**エ**から最も適切なものを１つ選び，記号で答えなさい。

ア ａを流れる血液は，ｂを流れる血液よりも栄養分を多く含む。
イ ｃを流れる血液は，ｄを流れる血液よりも栄養分を多く含む。
ウ ｅを流れる血液は，ｆを流れる血液よりも二酸化炭素以外の不要物を多く含む。
エ ｇを流れる血液は，ｈを流れる血液よりも二酸化炭素以外の不要物を多く含む。

4　それぞれ別々の気体が１種類ずつ入った，同じ大きさの４本のスプレー缶《かん》Ａ，Ｂ，Ｃ，Ｄがあります。それぞれのスプレー缶に入っている気体が何であるかを調べるために，次のような【実験１】～【実験４】を行いました。これについて，あとの問いに答えなさい。ただし，４種類の気体は，水素，酸素，ちっ素，アンモニア，二酸化炭素のいずれかであることがわかっています。また，Ａ～Ｄのスプレー缶は，気体を除いた部分の重さがすべて同じで，はじめは同じ温度・圧力で同じ体積の気体が入っているものとします。

【実験１】

気体の入ったスプレー缶の重さをそれぞれはかった。その結果，スプレー缶Ａが最も重く，スプレー缶Ｃが最も軽かった。

【実験２】

右の図のように，水を満たした試験管に，スプレー缶の気体をそれぞれ導いて同じ時間集めた。その結果，スプレー缶Ｄに入っている気体はほとんど集まらなかった。

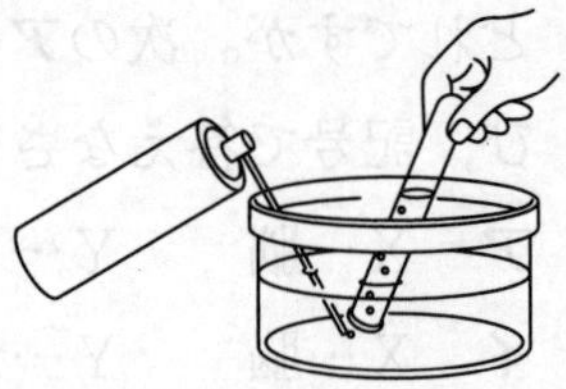

【実験３】

石灰水の中に，スプレー缶の気体をそれぞれ導いた。その結果，スプレー缶Ａに入っている気体の場合だけ石灰水が白くにごった。

【実験４】

スプレー缶Ａ～Ｄに入っている気体を，重さを無視できる風船につめて飛ばした。その結果，スプレー缶Ａに入っている気体の風船はすぐに下に落ちた。スプレー缶ＣとＤに入っている気体の風船はすぐに上昇《じょうしょう》した。スプレー缶Ｂに入っている気体の風船は，ゆっくりと下に落ちた。

(1)　スプレー缶Ａ，Ｃに入っている気体は何ですか。それぞれ名前を答えなさい。

(2)　【実験２】でスプレー缶Ｄに入っている気体が試験管にほとんど集まらなかったのはなぜですか。簡単に説明しなさい。

(3)　スプレー缶Ｃに入っている気体と同じ気体が発生するのはどれですか。次の**ア**～**エ**から最も適切なものを１つ選び，記号で答えなさい。

ア　石灰石に塩酸を加える。

イ　二酸化マンガンに過酸化水素水を加える。

ウ　アルミニウムに水酸化ナトリウム水溶液を加えて加熱する。

エ　アンモニア水を加熱する。

(4)　４本のスプレー缶に入っている気体が何であるかは，【実験１】から【実験４】のうち２つだけを組み合わせてもわかります。その組み合わせはどれですか。次の**ア**～**エ**から最も適切なものを１つ選び，記号で答えなさい。

ア【実験１】と【実験２】　　**イ**【実験１】と【実験３】

ウ【実験２】と【実験４】　　**エ**【実験３】と【実験４】

5　ばねＰおよびばねＱにいろいろな重さのおもりをつるし，ばねの長さをはかる実験を行いました。下の表は，その結果の一部をそれぞれ表したものです。これについて，あとの問いに答えなさい。ただし，ばねはのびきることなく，いつも同じ性質を保つものとします。

表

おもりの重さ(g)	20	60	100	140
ばねＰの長さ(cm)	25	35	45	55
ばねＱの長さ(cm)	32.5	37.5	42.5	47.5

(1)　横軸におもりの重さ，たて軸にばねの長さをとった解答らんのグラフに，表からばねＰの値を読み取って，黒丸印(●)を４個かきなさい。なお，解答らんのグラフには，ばねＱについてのグラフがかかれています。

(2)　ばねＰに160ｇのおもりをつるしたとき，のびは何cmですか。

(3)　ばねＱの自然の長さ(おもりをつるさないときの長さ)は，何cmですか。

(4)　下の図１のように，重さを考えなくてよい棒の両はしをばねＰ，ばねＱでつるし，棒の中央におもりＸをつるしたところ，棒が水平になってつりあいました。おもりＸの重さは何ｇですか。

(5)　下の図２のように，ばねＰとばねＱをつなぎ，かっ車を通して両はしに同じ重さのおもりＹをつるして，ばねを水平につりあわせたところ，ＰとＱを合わせた長さが65cmになりました。おもりＹの重さは何ｇですか。

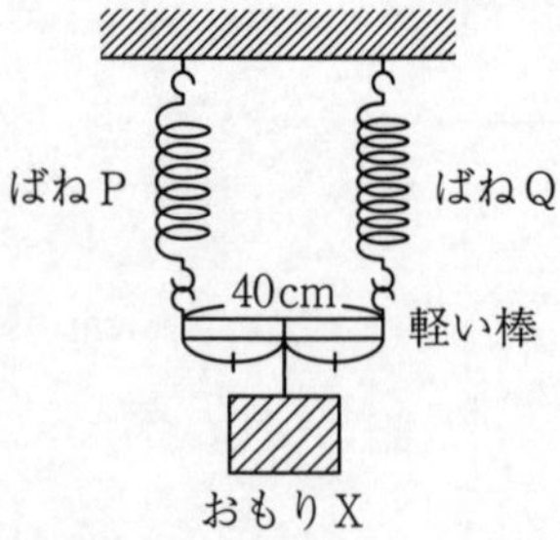

図１

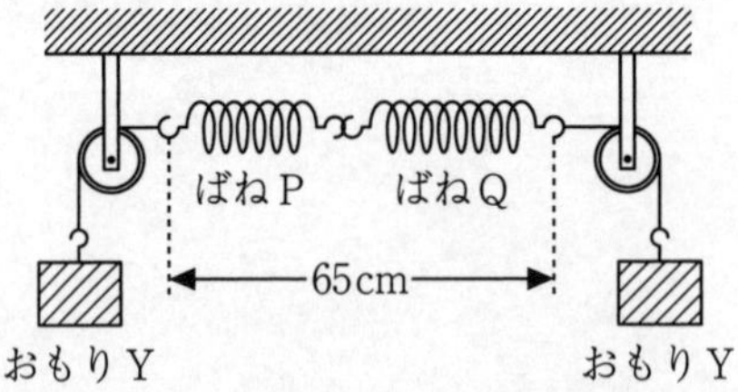

図２

ついては受け入れるしかないと考えることで、「前向きに変わる」とは、相手と自分との違いに合わせて、自分が変わっていきながら関係を築いていくことである。

オ 「後ろ向きに変わる」も「前向きに変わる」も、自分を変化させようとする点では共通していて、他者との対立を避けて相手に服従することで人間関係を築いていくことである。

問十二 ――⑥「いまの時代は、そうした性格があらゆる場面において求められているような気がしてならない」とありますが、筆者がこのように述べる理由として、最も適切なものを次から一つ選び、記号で答えなさい。

ア あらかじめ前提することなどできない正しい価値観を追求すべきだという空気が、いまだにあるから。

イ 不条理なことが増え、人々が対立しがちな世の中では、他者とうまくやっていくための対話が必要だから。

ウ 不確実な時代にあっては、相手の意見に合わせることなく、前に進んでいく態度が求められるから。

エ 尖った性格が求められた時代が終わって、人々が対立することを奨励されることもなくなったから。

オ 人間関係を築く目的が他者を倒すことだけではなく、他者とうまくやっていくことでもあるから。

問十三 ――⑦「一緒に、コロコロと転がっていけばいい」とありますが、「一緒に、コロコロと転がって」いくとは具体的にはどうすることですか。「柔軟」・「関係」という二つの言葉を使って、三十字以上四十字以内で説明しなさい。

問十四 この文章で筆者が述べている内容に合うものを次から一つ選び、記号で答えなさい。

ア 周囲との関係が往々にしてうまくいかないのは、人間が心を持つ存在で、形のない心が行動の主導権を握っているからであり、現在の心の持ち方を否定して、理性に基づいて行動することが関係の改善には必要である。

イ 自己肯定感を持つ状態を維持するためには、チャレンジとスキルのバランスを正しく設定することが必要であり、うまく自分の心をコントロールしながら高い目標を常に設定し、その達成に努力し続けることが大切である。

ウ 人が意図せず相手を困らせてしまうのは、それぞれの人が生まれ育った環境によって形成されている性質を無意識のうちに高めようとする言動をとってしまい、相手よりも上位に立とうとするからである。

エ 自分が正しいと思い込んでいる他者とつき合うときに必要なのは、相手を説得しても変わらない石のような存在として受けとめることであり、自分のモノサシで相手を測らなければ、関係性は自然に改善されていく。

オ 対立することが求められた時代が終わって対話の時代になり、相手に合わせて自分が変われば、相手も変えられるし、否定的な色合いを持った「人間関係」という言葉の意味も変えられるはずである。

ろう」とありますが、この内容についての説明として、最も適切なものを次から一つ選び、記号で答えなさい。

ア　グローバル規模での黒船とは、コロナ禍によって人々が退屈な自粛生活を強いられたということであり、その結果、経済活動が停滞し新自由主義的な世界が否定され、生き生きと日々を過ごせるようになったということである。

イ　グローバル規模での黒船とは、フロー体験やトランス・ヒューマニズムのような新しい考え方が人々に浸透《しんとう》したということであり、その結果、高揚感や自己肯定感に満ちた人生を人々が希求するようになったということである。

ウ　グローバル規模での黒船とは、コロナ禍によって人々が退屈な自粛生活を強いられたということであり、その結果、働き方や既存の世の中の仕組みを見直すことになり誰もが自分と向き合う時間を持てたということである。

エ　グローバル規模での黒船とは、フロー体験やトランス・ヒューマニズムのような新しい考え方が人々に浸透したということであり、その結果、競争して勝つだけが人生ではないという意識を人々が持ち始めたということである。

オ　グローバル規模での黒船とは、コロナ禍によって人々が退屈な自粛生活を強いられたということであり、その結果、アメリカからの圧力で導入された新自由主義が否定され、人々が自信を持ち始めたということである。

問九　――③「自分の飛びやすいハードル」とありますが、どのようなハードルということですか。その説明として、最も適切なものを次から一つ選び、記号で答えなさい。

ア　自分の趣味や好みに合わせ飛ぶこと自体を楽しむことができるように設定したハードル。

イ　ハードルを越える喜びを実感することを目的に実力以下のレベルに設定されたハードル。

ウ　自分の技量などよりも高いものの多少努力をすれば越えることができる程度のハードル。

エ　自分の目標達成に向けてあえて自分の力量を無視して非常に高めに設定されたハードル。

オ　自分の自己肯定感を満足させる目的で何度でも飛び越えることができる程度のハードル。

問十　――④「人間関係」とありますが、この言葉を筆者はどのように解釈していますか。文章中から二十九字で探し、初めと終わりの五字ずつを抜き出して書きなさい。

問十一　――⑤「後ろ向きに変わるか、前向きに変わるか、である」とありますが、この内容についての説明として、最も適切なものを次から一つ選び、記号で答えなさい。

ア　「後ろ向きに変わる」とは、相手のどうしようもない部分に関しては無視することで、「前向きに変わる」とは、相手と自分の差を意識して、異なるところをはっきりさせて関係を新たに築きあげていくことである。

イ　「後ろ向きに変わる」も「前向きに変わる」も、相手も自分と同じ人間だから理解し合えるはずだという前提に立って、自分の意見を相手に合わせながら関係を築きあげていくことである。

ウ　「後ろ向きに変わる」とは、相手の意見に自分の意見をすり合わせていくことで、「前向きに変わる」とは、相手も自分と同じように変わることができるという確信を持って関係を築きあげていくことである。

エ　「後ろ向きに変わる」とは、相手のどうしようもない部分に

*マインドコントロール＝自己あるいは他者の意思で感情や思考などを変化させたり抑制したりすること。

*新自由主義＝政府などによる規制の最小化と自由競争を重んじる考え方。

*トランス・マインド＝心の持ち方を変えること。

*ネガティヴ＝否定的。

*マウントを取ろう＝相手よりも自分の方が立場が上であることを見せつける言動をし、自分の優位性を示そうとすること。

*性＝持って生まれた性質や宿命。

*ベクトル＝ここでは、方向性。

*日和見主義＝形勢をうかがって有利な方につこうとする態度をとること。

*右顧左眄＝周囲の情勢や他者の意見を気にして、なかなか決断ができないこと。

*ヒルズ族＝東京の港区にある六本木ヒルズ内のマンションに住むベンチャー企業《きぎょう》の経営者や芸能人、モデルなど。若くて裕福《ゆうふく》な人が多く、華やかな生活ぶりが注目された。

*証左＝事実の裏づけとなる証拠《しょうこ》。

問一 [1]～[5]にあてはまる言葉として、最も適切なものを次から一つずつ選び、それぞれ記号で答えなさい。

ア たとえば　**イ** だから　**ウ** つまり
エ なぜなら　**オ** もし　**カ** しかも
キ あるいは　**ク** しかし

問二 ――A「達成」について、次の各問いに答えなさい。

Ⅰ 「達」という漢字の総画数を漢数字で答えなさい。

Ⅱ 「成」という漢字について、次の黒く塗った部分は何画目に書きますか。漢数字で答えなさい。

問三 ――B「られる」と意味・用法が同じものを次から一つ選び、記号で答えなさい。

ア 先生が教室に来られる前に席に着いていましょう。
イ 午前五時半ならば自力で起きられると思います。
ウ そこはかとなく秋の気配が感じられるようになった。
エ 他人から一人前と見られるように成長したい。
オ 駅前に新しい商業施設《しせつ》が建てられる予定です。

問四 ――C「とってしまうのである」の主語を、一文節で抜き出して書きなさい。

問五 ――D「状況に合わせてコロコロと変わればいい」とありますが、このような状態を表す四字熟語を次から一つ選び、記号で答えなさい。

ア 臨機応変　**イ** 右往左往　**ウ** 南船北馬
エ 心機一転　**オ** 試行錯誤

問六 次の一文は文章中の【ア】～【オ】のどの部分に入るのが適切ですか。一つ選び、記号で答えなさい。

それほど、人間同士の関係というのは厄介なものだということである。

問七 ――①「そんなこと」とありますが、どのようなことですか。文章中の言葉を使って、三十五字以上四十五字以内で説明しなさい。

問八 ――②「グローバル規模での黒船がやってきたといっていいだ

や、正確にいうと、他者は変わらないのだから、自分が勝手にすり合わせを行うということだ。これには、ドイツの哲学者ディルタイの生の哲学が参考になる。彼は人生における体験を重視した哲学者である。私たちは体験を通して、自分の価値観をテストすることになる。人と意見がぶつかる、というのもその一環だ。自分のモノサシを、他者のそれと突き合わせることで初めて、違いが明らかになる。そうやって他者を理解していくわけである。

ここで気づくのは、ショーペンハウアー的態度もディルタイ的態度も、＊ベクトルは違う方向を向いていても、共通している点があるということである。

前者は、あきらめという後ろ向きな態度であるように見えて、しかし自分の他者に対する見方を変えようとしている。後者は、すり合わせという前向きな態度でもって、やはり自分を変えようとしているのである。

したがって、いずれも自分を変えようとしている点では共通している。考えてみれば、これは当然のことで、他者が変わらないなら、変えられないなら、自分が変わるしかない。その方法が若干異なるだけなのである。

⑤後ろ向きに変わるか、前向きに変わるか、である。

私自身は後ろ向きでも前向きでも、どちらでもいいと思っている。というよりも、D状況に合わせてコロコロと変わればいいのだ。前後に転がってもいい。コロコロと態度を変えるというと、なんだか悪いことのように聞こえるが、そうともいえない。

もともとコロコロという表現は、丸いものが転がるさまからきている。丸いから転がるのだ。これを性格に当てはめると、とたんにいい意味になる。人間が丸くなったとか、丸い人だとか——。それは性格の面での柔軟《じゅうなん》性を指しているはずだ。

世の中に不条理なことが増え、人々がギスギスしてくると、なおさら対立しがちになる。そんななかで「人間関係」をうまく築き上げていくためには、自分が丸くなるのが最善なのである。＊日和見《ひよりみ》主義といわれようと、＊右顧左眄《うこさべん》といわれようと、それすら気にしないのが丸い性格である。

⑥いまの時代は、そうした性格があらゆる場面において求められているような気がしてならない。たとえば、２０００年代の＊ヒルズ族のように、尖《とが》った性格が求められた時代とは前提が異なっているからである。そんな尖った性格が求められた時代には、人々は対立することを奨励《しょうれい》さえされた。ディベートをするスキルが求められていたのは、その＊証左だろう。

おそらくその背景には、正しい価値観が予《あらかじ》め前提されていて、それを追求すべきだとする空気があったのだと思う。でも、いまはそうではない。正しい価値観など予め前提することはできないのだ。

この不確実な時代にあっては、むしろ相手の意見に合わせつつ、共に前に進んでいく柔軟な態度が求められるのだ。[5]、ディベートよりも対話の時代だといわれるのである。

そして対話には、尖った性格よりも丸い性格が求められる。目的は他者を倒《たお》すことではなく、他者とうまくやっていくことだからである。

⑦一緒に、コロコロと転がっていけばいい。そういえば、コロコロという語は、笑い声が響《ひび》くさまを形容するものでもある。他者は変えられないが、自分が変わることで、ネガティヴなニュアンスを帯びた「人間関係」という言葉の意味も変えられるはずだ。コロコロと笑いながら、共に進んでいく関係を意味する言葉として。

（小川仁志《おがわひとし》「不条理を乗り越える　希望の哲学」による）

＊トランス・ヒューマニズム＝科学技術などを積極的に活用して人間の身体などの生物学的限界を超《こ》えようとする考え方。

うまくいかないとか、家族や友人ともめたとか、そういう理由からであることが多い。

私たちは無人島に住んでいるわけではないのだから、独りで物事が完結することなどほとんどない。そうすると、なにをするにしても自分以外の他者が絡《から》んでくる。その他者のせいで、自分の思った通りに物事が進まない事態が発生するのだ。それがイライラしたり、落ち込んだりする原因になる。そういう状況を「人間関係」と呼ぶのだ。人間関係がどうなのか具体的にいわなくても、この四文字で状況がわかってしまう。【オ】

そう、私たちが日ごろ、この言葉を使うときは、特別な意味を込めている。単純に人間同士の関係性のことをいっているわけではないのである。特別な意味、基本的には＊ネガティヴな意味を込めているといっていい。

コントロールすることのできない他者に、苦しめられている関係である。とはいえ、他者の方は、必ずしも相手を困らせてやろうと思っているわけではない。これもまた、私の体験に基《もと》づくのだが、ある日突然、会議における私の態度の悪さに対して出席者から苦情が寄せられたことがあった。よもや、自分が誰かを困らせているなどとは思ってもいなかった私は、思わずハッとした。会議を取りまとめていた私は、ただ単に結論を統一しようとしていたのだが、それが人の意見を軽視し、抑《おさ》えつけているととられたのである。もちろん、そんなつもりは毛頭なかったにもかかわらず……。

私たちは、自分が正しいと思うことを普通に発言し、行動しているだけで、それが誰かにとっての「人間関係」の原因になってしまっていることがあるということだ。このことをうまく説明しているのは、フランスの社会学者ブルデューによるハビトゥスという概念だろう。

彼《かれ》は、この言葉を傾向《けいこう》性という意味で使っている。簡単にいうと、人が生まれ育った環境によって形成される性質のようなものである。誰もが自分のハビトゥスを有しているので、知らず知らずのうちに、そのハビトゥスの価値を高めるような言動をＣとってしまうのである、と。

［２］、私は関西で生まれ育ち、社会人になってからはずっと非関西圏《けん》で生活している。するとやはり、無意識のうちについ関西を讃《たた》えるような言動をとってしまっているのだ。

ブルデューにいわせると、それは象徴闘争《しょうちょうとうそう》という行為《こうい》であって、ある種やむを得ないものである。いま風の言葉でいうなら、＊マウントを取ろうとしてしまうのが、生き物である人間の＊性《さが》なのだろう。

問題は、自分が正しいと思い込んでいる他者と、どう付き合っていけばいいかである。これには二つの態度が考えられるだろう。

一つはペシミズム（悲観主義、厭世《えんせい》観）的な態度である。［３］、あきらめるということである。ドイツの哲学《てつがく》者ショーペンハウアーがペシミズムの典型なのだが、彼は人間関係についても、細心と寛容《かんよう》を使い分けよ、と説いている。いわば、よく観察して、相手のどうしようもない部分については受け入れるしかないということである。

それが、簡単にできれば苦労しないのだが、ショーペンハウアーはトレーニングすることは可能だという。石を相手に話しかけろというのだ。たしかに石にいくら話しかけても、説得しても、態度が変わることはない。石とはそういう存在だ。ある意味で、他者とは石と同じように、変えることのできない存在だからといいたいのだろう。

たしかに、このトレーニングは役に立ちそうである。

私たちは相手も同じ人間だから、きっとわかるはずと思い込んでいる。［４］、人間は変わりうるという前提が、そもそも間違っているのである。相手は石だと思えば、見方も違ってくるはずだ。

もう一つの態度は、他者とすり合わせを行うというものである。いかつての私もそうだった。プライドが高く、常に高い目標を設定してしまっていた。実力がそれに見合えばいいのだが、努力の少ない割には無理な目標設定をして、さらにたちが悪いことには、そのこと自体に満足を覚えていたのだ。

ところが、①そんなことでは、いつまでたっても目標をA達成することができない。労せずして有名になろうとしたり、労せずして司法試験に合格しようとしたりしていたのだが、その結果、私が手にしたのは挫《ざ》折《せつ》の二文字だけだった。やがて自己肯定《こうてい》感を喪失《そうしつ》し、気づけば引きこもりになっていた。

1 あの時、ハンガリー出身の思想家チクセントミハイのフロー体験の概念《がいねん》を知っていたら、少しは違う行動をとっていただろう。フロー体験とは、自分がやっていることに没入《ぼつにゅう》することで、高揚《こうよう》感を得Bられる状態である。ある意味それは、自己肯定感を持つ状態を維持《いじ》することだといえる。【ア】

そのためには、チャレンジとスキルのバランスがとれている状態を保つ必要がある。そうすれば、日常的に没頭できるはずだ。無理なことをして挫折してばかりだと、チャレンジするのが嫌《いや》になってしまう。簡単すぎるのもよくない。ちょっと頑張れば越えられるハードルを、いかに設定できるかがカギを握る。

常に、そんなちょうどいいハードルを設定できれば、フロー体験を味わい続けることが可能になり、自己肯定感に満ちた人生を送れるというわけである。【イ】

結局、人が自己肯定感を持って生きていくためには、＊トランス・ヒューマニズムのように身体ばかり変えようとしてもだめで、心を変えていく必要があるのだ。でも、だからといって＊マインドコントロールを勧《すす》めているわけではない。

むしろ、うまく自分の心をコントロールできる環境《かんきょう》を整えることで、自然に自己肯定感を高めていこう、といいたいのだ。あたかも自然を見ることで、心が洗われたり、落ち着いたりするように、自分にとって快適な環境に身を置くということである。

過酷《かこく》な環境に身を置く必要はまったくない。＊新自由主義的な世界では、それが求められたのかもしれないが、過剰《かじょう》な競争を肯定することによって、自己肯定感は反比例的に損《そこ》なわれていった。

したがって今後は、＊トランス・マインドのスタンスで、上手に人生のハードルを設定していくべきなのだ。幸か不幸かコロナ禍《か》で経済活動は停滞《ていたい》した。やがてまた再開するのだろうが、少なくとも、働き方をはじめ既存《きそん》の世の中の仕組みを見直す機会にはなった。【ウ】

競争して勝つだけが人生ではない。それよりも生き生きと日々を過ごすことの方が大事だ。そのことに多くの人たちが気づき始めている。誰《だれ》もが立ち止まって、自分に向き合う時間を持てたのだから、あの退屈《たいくつ》な自粛《じしゅく》生活も無駄《むだ》ではなかったといっていいだろう。ただでさえ変わるためには、アメリカからの圧力という黒船が必要なこの国に、外からの圧力のせいで重い腰《こし》を上げざるを得ないという意味においては、②グローバル規模での黒船がやってきたといっていいだろう。

さて、あなたはどのように今後の目標（ハードル）を設定するだろうか？

以前のように高いハードルを、しかも同じ数だけ並べる必要はまったくない。③自分の飛びやすいハードルを、飛び越えることが喜びにつながるようなハードルを並べればいいのだ。いま、ようやく自信を持って生きられる世界が訪れようとしている。胸を張って生きていこうではないか。あなたはそのままで十分素晴らしいのだから。【エ】

そもそも人が悩む場合、その多くは④人間関係に原因がある。というか、これは私の実感でもある。

なぜ、イライラするのか、なぜ、落ち込むのか……。それは仕事がさら悔やむことになったところ。

問十 ――⑥「海斗は思いきって、自分の心の奥深くで眠らせつづけてきた、パンドラの箱を開けることにした」とありますが、具体的にはどうすることにしたというのですか。次の文の［　］にあてはまる言葉を、三十字以上四十字以内で書きなさい。

●健吾と倫太郎に対して、［　　　　　］ことにした。

問十一 ――⑦「二人には感謝の気持ちでいっぱいだった」とありますが、なぜですか。最も適切なものを次から一つ選び、記号で答えなさい。

ア 健吾と倫太郎と話をし、また、自分の希望していることを聞いてもらえたことで、未来への具体的な目標をはっきりさせることができたから。

イ 健吾と倫太郎が、大それた自分の理想をいっさい否定しなかったばかりか共感してくれ、三人で同じ高校を目指すようになったのが心強かったから。

ウ 健吾と倫太郎がそばにいてくれたことで父さんときちんと向き合うことができたうえ、二人とも自分と同じような経験をしており、より絆《きずな》が深まったから。

エ 健吾と倫太郎が親身になって話を聞いてくれたおかげで、自己主張をしたがっていた自分の本心に気づくことができ、目標が定まったから。

オ 健吾と倫太郎に自分の希望を話したことで進むべき道が見つかったのにもかかわらず、それは父さんのおかげだと優《やさ》しく気づかってくれたから。

問十二 この文章の表現について説明したものとして、最も適切なものを次から一つ選び、記号で答えなさい。

ア 「サイテー」「ヤベー」「スゲー」「マジ」などのくだけた表現を多用することで、ともすると重くなりがちな「家族関係」「友人関係」という物語のテーマに明るさをもたらし、読者が最後まで読み切ることができるよう配慮《はいりょ》している。

イ 全体的に「……」を多く盛り込むことで、描《えが》かれていない部分を読者に想像させ、解釈《かいしゃく》の自由度を上げるとともに、親との付き合い方に悩《なや》む「海斗」「健吾」「倫太郎」の重苦しく複雑な心情も同時に表現し、文学性を高めている。

ウ 「今度は、黙ってあきらめたりしないからな」「本当はどうしたいのか、ちゃんと自己主張しないと、あとで後悔するということだ……」のように、「海斗」の内面を直接描くことで前向きになっていくその気持ちをわかりやすく表現している。

エ 前半部分は「海斗」の父さんの話、後半部分は「海斗」自身の話で展開するといったように、同じ家族でありながら、これから先の両者の行くすえについて明暗をはっきり描き分けることで、物語の輪郭《りんかく》をはっきりさせる工夫《くふう》をしている。

オ 文章全体を通じ、基本的には「海斗」の視点から物語が展開しているが、ところどころにさしはさまれている過去を描いた場面では、「父さん」の視点から物語を進めることで、「父さん」の人物像や価値観などをとらえやすくしている。

三

次の文章を読んで、あとの問いに答えなさい。問いの中で字数に指定のあるときは、特に指示がないかぎり、句読点や符号もその字数に含めます。

人間が厄介《やっかい》なのは、心を持つ存在だという部分にある。しかも、形のない心の方が主導権を握《にぎ》っている。心の持ち方を変えないことには、先に進めないケースが多々ある。

ウ　父さんに対して「サイテー」と責めたあと、それは自分にもあてはまることに気づいたが、家族を養う大切な義務を投げ出した父さんだけを責めようと思い直し、「大人失格」という表現にしたということ。

エ　父さんに対して「サイテー」となじってはみたものの、投げやりなこの表現は、親に養われている立場の自分が吐いていい言葉ではないと思い直し、「大人失格」という改まった場で用いる表現に直したということ。

オ　父さんに対して「サイテー」という言葉をぶつけてはみたが、自分も父さん同様、大切なことから逃げた立場にあると思い直し、後ろめたさもあって「大人失格」と柔《やわ》らかな表現に改めたということ。

問七　――③「母さんがくれた家族のままでいさせてもらえるチャンス」とありますが、何をすることで「家族のままでいさせてもらえる」というのですか。文章中の言葉を使って、四十五字以上五十五字以内で説明しなさい。

問八　――④「心の中で、絶対に頑張れよと繰り返しながら、両手をあげて大きく手を振る父さんの姿を、ただ見つめることしかできなかった」とありますが、このときの「海斗」の気持ちを説明したものとして、最も適切なものを次から一つ選び、記号で答えなさい。

ア　父さんが心の底から生き方を変えたいと思っていることを理解し、応援《おうえん》する決意は固まったものの、また一から技術や知識を学ぼうともがく父さんの姿がやはりあわれで、つらい気持ちになっている。

イ　父さんの真剣《しんけん》な思いは理解でき、応援したいという気持ちが生まれてきた一方、これまで尊敬していた父さんとは違い、本当の姿を見せている今の父さんとのずれを自分の中で消化しきれずにいる。

ウ　パン職人になりたいという父さんの決意がゆるぎないことは理解でき、好きにさせてあげたいという思いは持てたが、父さんのことを許すことはできず、反発するような気持ちを強くしている。

エ　父さんが自分の生き方を変えようとしていることに好感が持て、父さんの頑張りを支持したいと思ったが、健吾や倫太郎がいるので、素直に自分の気持ちを表現するのを恥ずかしく思っている。

オ　家族のことをかえりみず夢を追い求めようとする父さんのことが許せず、もっと責めたいと思ったものの、父さんの決意が変わらないことを実感し、どうでもいいと投げやりな気持ちになっている。

問九　――⑤「なんか、うちの父さんと、どっか似てる……」とありますが、「倫太郎」のどのような点が「海斗」の父さんと似ているというのですか。最も適切なものを次から一つ選び、記号で答えなさい。

ア　自分がどのように生きたいのかを考えあぐねていて、生き方の方向性を見失っているところ。

イ　周囲からの期待をうらぎってでも、自分で選択《せんたく》した道を歩いていきたいと思っているところ。

ウ　親や周囲から期待されて育ち、その期待に応えることができるほどには優秀であったところ。

エ　親の期待に対して反発することができず、自己主張をすることを禁じられてしまったところ。

オ　自己主張せず周囲からの評価ばかり気にしてきたために、今だけど、そんなことは恥ずかしくて、とても言えなかった。

⑦二人には感謝の気持ちでいっぱいだったけれど、そのあとはもう、健吾が雑木林で聞こえたつもりになっている妖怪の声のこととか、佐々木さんの服装や髪型《かみがた》の話とかを、ポツポツ話しながら、再び電車を乗り継《つ》いで、自分たちの住む街へと帰っていったのだった。

（草野《くさの》たき「マイブラザー」による）

＊佐々木くん＝海斗の父親とともに、修業先のパン屋に住みこみで働いている人。

＊総也＝海斗の弟。五歳の保育園児。

＊同窓会のとき、総也が暴れてる＝保育園の同窓会に誘《さそ》われた海斗は、あえて弟の総也を連れていき、場を混乱させることで、話を聞いたり現状を聞かれたりするのを避《さ》けていた。

＊パンドラの箱＝ギリシア神話の中に出てくる、開けると不幸や災いとなるようなことが起こるといわれている箱。

＊彩音＝海斗たちと保育園で一緒だった幼なじみ。

問一 [1]～[5]にあてはまる言葉として、最も適切なものを次から一つずつ選び、それぞれ記号で答えなさい。

ア うるさそうに　**イ** 嬉《うれ》しそうに
ウ 気まずそうに　**エ** いそがしそうに
オ 必死に　**カ** 安直に
キ 丁寧《ていねい》に　**ク** 密《ひそ》かに

問二 ――A「地味」の対義語を、漢字二字で書きなさい。

問三 ――B「当然」、C「改札」と熟語の組み立てが同じものを次から一つずつ選び、それぞれ記号で答えなさい。

ア 健康　**イ** 是非　**ウ** 頭痛　**エ** 点火
オ 対岸　**カ** 知的　**キ** 不満　**ク** 大卒

問四 ――D「烙印を押される」、E「顔をしかめて」の意味として、最も適切なものをあとから一つずつ選び、記号で答えなさい。

D「烙印を押される」
ア ぬぐい去ることのできない汚名《おめい》を受ける
イ その人の性格や品物のよさが保証される
ウ 事実ではない情報を世の中に広められる
エ 一方的な決めつけから仲間外れにされる
オ ほかよりも劣《おと》っていると憐《あわ》れみを受ける

E「顔をしかめて」
ア 迷惑《めいわく》そうな表情で　**イ** 面白《おもしろ》そうな表情で
ウ 得意そうな表情で　**エ** 不快そうな表情で
オ 意外そうな表情で

問五 ――①「ずっと自分が尊敬してきた父さん」とありますが、どのような存在だったのですか。次の文の[Ⅰ]・[Ⅱ]にあてはまる言葉を指定字数に合わせて、文章中から抜き出して書きなさい。

● [Ⅰ（九字）]をつとめ、一家の[Ⅱ（二字）]として家族を養ってきた偉大《いだい》な存在。

問六 ――②「父さんと自分では立場が違うと思いなおして、言葉を替えてみる」とありますが、どのようなことですか。最も適切なものを次から一つ選び、記号で答えなさい。

ア 父さんに対して「サイテー」と言ってみたが、もう中学生である自分がこんな子どもじみた言い方をするのは恥ずかしいと思い直し、「大人失格」というきちんとした表現に改めたということ。

イ 父さんに対して「サイテー」と言い批判したものの、親を責めてもよい立場にある自分が言う言葉としては手ぬるいのではないかと思い直し、「大人失格」という強い言葉で突《つ》き放したということ。

ているチームと英語で意見を闘《たたか》わせるわけ」

「はあ？　英語で？　よその国の人になりきって？　日本代表じゃダメなわけ？」

驚く健吾に、今度は倫太郎が説明をはじめた。

「だって、国連だからさ。いろんな国が集まって議論しなきゃ意味ないじゃん。うちの国ではこんな対策をとってて、でも、こんな問題もあるんですって、その国の代表として議論しなきゃならないから、担当になった国について調べあげないとその国の人として話せないし、だから準備もスゲー大変だし……海斗、マジであれやりたいの？」

倫太郎がＥ顔をしかめて聞く。

「うん、だから塾《じゅく》はやめても、英会話教室だけはどうしてもやめられなかったんだ」

そうなのだ。中学受験はやめても模擬国連への夢だけはどうしても捨てられなくて、それで英会話教室だけはつづけてきたのだ。

「だから彩音の学園祭で、おまえが模擬国連を手伝わされてるって聞いて、うらやましかったよ」

海斗はあのとき感じた、猛烈《もうれつ》な嫉妬《しっと》心を思いだす。

「倫太郎はディベート部ではないの？」

すると、倫太郎は首を大きく横に振って言った。

「オレは違うよ。うちの兄ちゃんがディベート部だったから、それで顧問《こもん》の先生に目をつけられててさ。あのときも先生に見つかっちゃって、手伝いさせられてたんだけど、なにが楽しくてあんなことやってるのか、オレにはまったく理解できないよ」

「オレも……今聞いても、そんなことしてなにが楽しいのか全然わかんねーわ」

健吾もうんざりした声を出してうなずく。

「だけど……」

倫太郎がつづけた。

「模擬国連やりたいなら、やっぱりうちの高校に行くのがベストだと思う。うちの高校のディベート部は、世界大会に出たことある先輩《せんぱい》もいるしな」

「そう、それを目指したい」

海斗は自分で言いながら、こんなにハッキリと自分の希望を口にしたのは、いつ以来だろうと思った。

そして、希望を口にするだけで、こんなに気持ちが弾《はず》むものなのかと驚くばかりだった。

うまくいくか、いかないかなんて、わからない。

それでも、やりたい！　やってみたい！　あきらめたくない！

いろんな国の大使になりきって、国際問題を議論してみたい！

そう心に決めると、不思議と父さんのことなんて、どうでもいいと思えた。

だって、高校生になるまで、もう三年ないのだ。迷ってる暇《ひま》はない。今すぐ猛勉強を開始して、清開学園に入れる学力をつけなければならない。

「海斗、良かったな」

倫太郎がしみじみと言った。

「お父さんから話を聞いたおかげで、前に進めそうじゃん」

「そうかな……」

海斗はあいまいにうなずきながら、それは違うとはっきりと思っていた。

父さんから話を聞いたからじゃない。

倫太郎と健吾といっしょに来たからだ。

こうして二人に、話を聞いてもらえたから、ずっと蓋《ふた》をしていた本心を導きだすことができたのだ。

「だからさ」
そこで倫太郎がむくりと顔をあげて言った。
「わがままって、言ってもいいんだよな」
海斗は、その言葉にドキリとした。
「ちゃんと自己主張していかないと、海斗のお父さんみたいに、大人になってから、歩きたい道はここじゃなかったって気づいて、後悔《こうかい》するってことだよな……」
それって……。
海斗はゆっくりと、思いを巡《めぐ》らせた。
本当はどうしたいのか、ちゃんと自己主張しないと、あとで後悔するということだ……。
あとになって、進みたい道を歩けなかったのは、会社をやめた父さんのせいだと言い訳しても、その責任は自己主張してこなかった自分にあるということだ。
そうだ。もう父さんのせいにするのはやめよう。
自分はまだ中学生だ。
エリートだとか、そうじゃないとかにとらわれずに、どんな道に進むか、なにをしたいのか、自由に選んでいいのだ。
「オレ……」
そこで海斗の心は、大きく動いた。
「高校、おまえのとこ目指すわ。清開《せいかい》学園目指す」
「はあ? どうしたんだよ、急に」
倫太郎はあまりの急展開に戸惑《とまど》っているようだったけど、海斗はつづけた。
「いや、受験をあきらめたとこからやりなおさないと、オレも、ヤベーことになるなって思ってさ」
⑥海斗は思いきって、自分の心の奥深《おく》くで眠《ねむ》らせつづけてきた、＊パンドラの箱を開けることにした。
「オレ、実は清開学園に入ったら、ディベート部に入りたかったんだよ」
「ディベート部……」
倫太郎がぼんやりと繰り返す。
「五年生の秋に、清開の学園祭見に行ったとき、高校生の模擬《もぎ》国連の映像が流れててさ。絶対にこの部活に入って、高校生になったら模擬国連に参加したいって、[5]決めてたんだよ」
それは、将来どんな病気でも治す薬を開発する人になりたいという夢より、はるかに強い希望だった。
あの頃、大人になってからの夢を語るのは簡単だった。その夢はまだまだ遠い未来だし、いくらでも変更《へんこう》は可能だという気楽さもあった。
だけど、清開学園のディベート部に入って、高校生になったら模擬国連に出たいという夢は、あまりに具体的で、かつ近すぎる未来で、恥《は》ずかしくて口にできなかったのだ。
「ちょっと～!」
そこに健吾が怒《おこ》ったような口調で、割り込んできた。
「オレ、全然話が見えないんですけど! 模擬国連ってなに? ＊彩《あや》音《ね》の学園祭でもその言葉聞いたぞ!」
健吾が聞き慣れないのは、当然だった。
「模擬国連っていうのはさ。ニセモノの国連会議を開催《かいさい》して、各チームでその国の大使になりきって、決まったテーマにそって議論するんだよ」
実は海斗もくわしく知っているわけではなかったけど、わかる範囲《はんい》で説明を試みた。
「例えばその会議のテーマが【子どもの貧困】で、自分のチームが【ノルウェー】だったら、ノルウェーの大使として、他の国を担当しすると、健吾がしみじみとした声で言った。

「仕方ないって、あきらめるしかないことってあるよなー」

足の故障でサッカーをあきらめた健吾に言われると、その言葉は説得力があった。

それでも、電車が空いてることをいいことに、海斗から思わず大きな声が出る。

「ああ、オレ、なんでもっとまともな親から生まれてこなかったんだろうなー」

違う家に生まれてきたら、こんなことにはならなかったのに……。

「やってらんねーわー」

声に出してみると、仕方ないという気持ちがさらに増して、気分が少し軽くなった。

すると、倫太郎も声を大きくして言った。

「そうだよなー。オレもあの家じゃなかったらって思うわー」

「なんだよ、倫太郎も親に不満かよ」

健吾が驚《おどろ》くと、倫太郎は大きくうなずいた。

「だって、父さんも兄ちゃんも優秀《ゆうしゅう》で、うちの学校からするりといい大学入ってさ。オレだけ、すでに中学でつまずいて、落ちこぼれてて……スゲー居心地《いごこち》悪いよ」

「いい中学に行ってるだけでもスゲーのになあ」

「それだけじゃ納得してもらえないからさ。家にいて、自分はこの家の住人としてふさわしくないって思いながら生活する毎日は、正直地《じ》獄《ごく》だよ」

「優等生じゃないと、許されないわけ？」

「許されないっていうか、家の中がそれが当たり前って空気だからなあ」

「それは……息苦しいな」

健吾が納得すると、倫太郎は大きくうなずいてつづけた。

「オレさ、＊同窓会のとき、総也が暴《あば》れてるの見て、うらやましかったんだ」

倫太郎は窓の外をぼんやりと眺めてつづけた。

「オレ、物心ついたときから、どう評価されるかばっかり考えてたからさ。わがまま言って、こいつはダメなやつだってＤ烙印《らくいん》を押《お》されるのが怖《こわ》くて、あんな風に暴れて自分を通すことってなかったなあってさ」

すると、健吾が大きくうなずいた。

「たしかにあいつは、自由だ。自由すぎる。わがままな自分が格好悪いとか、情けないとか、そういう発想がまったくない」

「そう、それだよ。どう思われるかまったく気にしてないんだよな。オレもあんな風に自己主張できてたら、今頃《ごろ》、こんな風に迷子《まいご》になってなかっただろうなあ」

「それって……」

海斗は倫太郎の話を聞いて、ふと思った。

「⑤なんか、うちの父さんと、どっか似てる……」

「海斗のお父さんとオレが似てる？　なんで？」

倫太郎の疑問に、海斗はさっき父さんから聞かされた話をした。おじいちゃんが納得してくれる道ばかりを選んでしまった結果、こんなことになってしまったと……。

「じゃあもし、オレが海斗のお父さんみたいに優秀なままだったら、親が死んで初めて、本当に歩きたい道は違ってたって、気づくことになったかもしれないってことか……」

倫太郎はそう言うと、腕組《うでぐ》みをしてうつむいた。

「本当はお笑い芸人になりたかったとか、気づいちゃうのかもな」

そんな倫太郎の肩《かた》に手を置いて、健吾が楽しげにささやく。

「海斗、ヤベーよ。妖怪《ようかい》いたよ、妖怪！」

健吾が、興奮ぎみで話す。

「だからあれは違うって」

倫太郎が呆《あき》れて、首を横に振る。

「だって、変な音聞こえたし」

「あれは風の音だろ」

「イヤ、あれは風じゃない。妖怪の叫《さけ》び声だね」

海斗は健吾と倫太郎のどうでもいい話を聞きながら、さっきの父さんの姿を思いだしていた。

[2] 自分をわかってもらおうとするその姿は哀《あわ》れだったけれど、ごまかしたり、格好つけたりするところが一ミリもなかった。

ウソがなかった。

あれが、本当の父さんの姿なのだ。

大きな会社で研究者だったその姿は、もう過去のものなのだ。

その事実はがっかりだったけど、受け入れる覚悟《かくご》は持てた。

海斗はそれだけでも、来て良かったと思った。

「じゃあ、気をつけて帰ってね」

再び、佐々木さんが運転する車に、三人は乗り込《こ》んだ。

「たくさんお土産《みやげ》ありがとうございます」

父さんがお土産用に用意してくれたパンをそれぞれが受け取ると、倫太郎が [3] お礼を言った。

「おじさんがパン屋開いたら、オレ、一番に買いに行くからね」

健吾に言われて、父さんが [4] うなずく。

「じゃあ、行くぞ」

佐々木さんの言葉を合図に、車が出発する。

それでも海斗はそのあと、最後まで言葉を交わすどころか、その姿をまともに見ることができなかった。

絶対に頑張ってくれよ。

本当はそう言いたい気持ちがあったけど、海斗は、二人が後ろを振り向いて手を振っているのを横目に、バックミラーに映る父さんの姿を見ることしかできなかった。

④心の中で、絶対に頑張れよと繰《く》り返しながら、両手をあげて大きく手を振る父さんの姿を、ただ見つめることしかできなかった。

佐々木さんに駅まで送ってもらうと、タイミング良く電車が到着《とうちゃく》する時間だった。

C改札を抜《ぬ》けるとすぐに電車が来て、三人は急いで乗り込むと、座席に横一列に並んで座《すわ》った。

窓越《ご》しに見える遠くに連なる山々や、広々とした畑や、ゆっくりと流れる川の景色をぼんやりと眺《なが》めながら、海斗は大きく息を吐《は》いた。

「聞きたいことは、聞けた？」

そのタイミングで、まんなかに座っている倫太郎に聞かれる。

「えっ、うん……まあな……」

畑のあぜ道を白い軽トラックが一台ゆっくりと走っていく様子を見ながら、海斗はぼんやりとうなずいた。

「いろいろ納得《なっとく》できた？」

「……うーん」

海斗は大きく首をかしげて考えた。

「納得っていうか、仕方ないって感じかな」

おじいちゃんが望んでいる道をただただ進んで、ここまで来てしまった。だから今から、やりなおす。

その事実を受け入れる代わり、自分も父さんのせいにしないで、好きな道を進ませてもらおうじゃないかと心が決まったという程度だ。

「そうだよなー」

おじいちゃんが死ななきゃ本当にやりたいことに気づけなかった不幸な男を、自分は父親に持ったのだ。

「父さんはずっと、おじいちゃんの言いなりの、中身がからっぽな子どもでしかなかったんだ。年齢《ねんれい》は大人なのに、子どものまま生きてきてしまったんだ」

自分の父親は、年齢は大人なのに、子どものまま生きてきてしまった哀《かな》しい男。

その事実を、受け入れるしかない。

それに……。

自分だって父さんのせいにして、中学受験から逃《に》げたようなものだし……。

「サイテーだな」

父さんを責めるように言いながら、その言葉が自分にもはねかえってくる。

「うん……サイテーだ」

「大人失格だよ」

だけど②父さんと自分では立場が違うと思いなおして、言葉を替《か》えてみる。

「うん、父さんもそう思うよ。大人失格だ。家族の大黒柱として頑張らなきゃならないのに、それを投げだしてるんだ。父親としても、夫としても失格だよ。だから、本当なら、母さんに離婚《りこん》されてB当然なんだ」

そう、当然。

「だけど母さん、ダメだって言うんだ。人生は何歳《なんさい》からでもやりなおせるってところを、私と子どもたちに見せてほしいって。それが自分で自分の人生を選んでこなかった大人としての役目だって……」

人生は何歳からでもやりなおせる、その姿を見せる……?

「父さん、今さ。生まれて初めて、生きてるって実感できてるんだ。生きてるのが、楽しいんだ。そうしたらさ。父さんの人生に、母さんやおまえたちがいてくれることのありがたみが、やっと実感できるようになったんだ」

だったら……。

「だから今は、③母さんがくれた家族のままでいさせてもらえるチャンスを、絶対に手放したくないって思ってる」

やりなおすその姿を、見せてもらおうじゃないか。

「父さんはこの通りダメなやつだし、許されないことをしてるってわかってる。だけど、いつか、家族として、父親としてもう一度、受け入れてもらえるようになりたいんだ」

パン屋のクマじーさんみたいな地味な生活で、満足する姿を見せてもらおうじゃないか。

「絶対に頑張るから。母さんにも海斗にも＊総也《そうや》にも、新しい父さんを見ていてほしい」

もう、見て見ぬふりはしないからな。

そして、オレだって自分で選んだ道を、進ませてもらうからな。

今度は、黙《だま》ってあきらめたりしないからな。

そう心に決めると、もう、質問したいことはなかった。

「そろそろ、帰るわ……」

「そっか……」

父さんは[1]うなずくと、立ち上がって言った。

「じゃあ、＊佐々木《ささき》くんに駅まで送ってもらうよう、お願いしてくるよ」

父さんがお店の中に戻《もど》っていく。

海斗は携帯《けいたい》で健吾に電話して、帰るから戻ってくるように伝えた。

やがて、雑木林の中から、健吾と倫太郎が現れた。

2024年度

専修大学松戸中学校

【国　語】〈第一回試験〉（五〇分）〈満点：一〇〇点〉

一　次の――線の漢字の読みをひらがなで書き、――線のカタカナは漢字に直して書きなさい。

①　周囲の状況《じょうきょう》に注意を払う。
②　外来生物が繁殖する被害《ひがい》が拡大する。
③　新聞の縮刷版を資料に用いる。
④　為替の値動きに注目する。
⑤　落ち着くために大きく息をスう。
⑥　雨がハゲしく降り出す。
⑦　トトウを組んで行動を起こす。
⑧　討論会でネツベンを振《ふ》るう。
⑨　フンマツの風邪《かぜ》薬を服用する。
⑩　船で湖をユウランする。

二　次の文章を読んで、あとの問いに答えなさい。問いの中で字数に指定のあるときは、特に指示がないかぎり、句読点や符号《ふごう》もその字数に含《ふく》めます。

> 中学校二年生の海斗《かいと》は、パン職人になりたいと言って仕事をやめて修業を始めた父親に反発し、私立中学校の受験をやめてしまい、現在は公立の中学校に通っている。ある日、海斗は保育園が一緒《いっしょ》だった友だちの健吾《けんご》や倫太郎《りんたろう》をともない、父親が住みこみでパン職人の修業をしているパン屋を訪《たず》ねてみた。

「父さんさ、この本のクマじーさんみたいに、毎日、朝起きて、パンを焼いて、それを人に食べてもらう。そういう仕事というか、生活がしたいって気づいたんだ」

そんなＡ地味な毎日に、憧《あこが》れたというのか？

「毎日食べても飽《あ》きなくて、おいしくて、朝起きて、あのお店のパンを食べたら、一日頑張《がんば》れそうだって思ってもらえるようなパンをつくりたいんだ」

ああ、全然違《ちが》う。①ずっと自分が尊敬してきた父さんと違う。

まあ、いい……。

それが父さんの本心だとしてもだ。

「それって、大人としてどうなの？」

なんで、そこで家族のことを考えなかったのか。

「親のくせに、自分の夢とか追っていいわけ？　なんのために仕事してるかわかんなくなったって、家族養うためじゃないの？　それじゃダメなわけ？　普通《ふつう》に考えて、おかしいよ。非常識だよ」

どうして父親として、家族を養うことが一番大事だという発想にならなかったのか。

海斗はそれこそが、腹立たしかった。

親として、大人として、ありえないと思うのは、そこなのだ。

「父さんもそう思うよ」

すると、父さんは素直《すなお》にそれを認めた。

「大人として、親として、ダメなやつだ。父さんは普通じゃないよ。ほんと、非常識だよ」

ダメなやつだ……。

そう、素直に認められると、もう、攻撃《こうげき》する余地はなかった。

「だって、自分の人生なのに、ずっとおじいちゃんが喜ぶかどうかで、大事なことを決めてきてしまったからね」

2024年度 専修大学松戸中学校 ▶解説と解答

算　数 ＜第１回試験＞（50分）＜満点：100点＞

解　答

1 (1)　$2\frac{1}{12}$　(2)　6.4　(3)　$\frac{9}{10}$　(4)　90　**2** (1)　30　(2)　180　(3)　94　(4)　280　(5)　60　**3** (1)　27cm^3　(2)　144cm^2　**4** (1)　78.5cm^2　(2)　4.04cm^2　**5** (1)　２通り　(2)　18通り　**6** (1)　29倍　(2)　毎秒24m　(3)　60m　**7** (1)　H　(2)　3025

解　説

1　四則計算，逆算，計算のくふう

(1)　$\left(\frac{5}{6}+2\frac{2}{9}\right)\times\frac{15}{22}=\left(\frac{15}{18}+2\frac{4}{18}\right)\times\frac{15}{22}=2\frac{19}{18}\times\frac{15}{22}=\frac{55}{18}\times\frac{15}{22}=\frac{25}{12}=2\frac{1}{12}$

(2)　$(3.9+1.9\times3)\div1.5=(3.9+5.7)\div1.5=9.6\div1.5=6.4$

(3)　$\left(\frac{5}{7}-\square\times\frac{2}{3}\right)\times\frac{7}{12}=\frac{1}{15}$より，$\frac{5}{7}-\square\times\frac{2}{3}=\frac{1}{15}\div\frac{7}{12}=\frac{1}{15}\times\frac{12}{7}=\frac{4}{35}$，$\square\times\frac{2}{3}=\frac{5}{7}-\frac{4}{35}=\frac{25}{35}-\frac{4}{35}=\frac{21}{35}=\frac{3}{5}$　よって，$\square=\frac{3}{5}\div\frac{2}{3}=\frac{3}{5}\times\frac{3}{2}=\frac{9}{10}$

(4)　$\frac{1}{N\times(N+1)}=\frac{1}{N}-\frac{1}{N+1}$であることを利用すると，$\frac{1}{2}+\frac{1}{6}+\frac{1}{12}+\frac{1}{20}+\frac{1}{30}+\cdots+\frac{1}{\square}=\frac{1}{1\times2}+\frac{1}{2\times3}+\frac{1}{3\times4}+\frac{1}{4\times5}+\frac{1}{5\times6}+\cdots+\frac{1}{\triangle\times(\triangle+1)}=\frac{1}{1}-\frac{1}{2}+\frac{1}{2}-\frac{1}{3}+\frac{1}{3}-\frac{1}{4}+\frac{1}{4}-\frac{1}{5}+\frac{1}{5}-\frac{1}{6}+\cdots+\frac{1}{\triangle}-\frac{1}{\triangle+1}=\frac{1}{1}-\frac{1}{\triangle+1}=\frac{9}{10}$となるから，$\frac{1}{\triangle+1}=1-\frac{9}{10}=\frac{1}{10}$より，$\triangle=10-1=9$とわかる。よって，$\square=9\times(9+1)=90$と求められる。

2　単位の計算，相当算，整数の性質，つるかめ算，角度

(1)　１m＝100cmより，(80cm＋0.4m)÷４＝(80cm＋40cm)÷４＝120cm÷４＝30cmとなる。

(2)　はじめに持っていたお金を１として図に表すと，右の図１のようになる。よって，$1-\frac{1}{3}=\frac{2}{3}$にあたる金額が，40＋80＝120(円)だから，(はじめに持っていたお金)×$\frac{2}{3}$＝120(円)より，はじめに持っていたお金は，120÷$\frac{2}{3}$＝180(円)と求められる。

図１

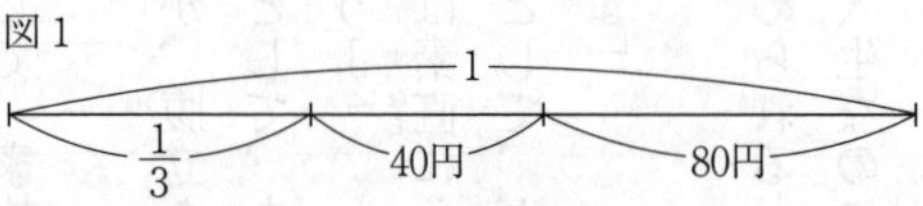

(3)　３で割ると１あまる数は，３の倍数よりも，３－１＝２小さい数と考えることができる。同様に，４で割ると２あまる数は，４の倍数よりも，４－２＝２小さい数になる。したがって，両方に共通する数は，３と４の公倍数よりも２小さい数である。また，３と４の最小公倍数は12なので，このような数は12の倍数よりも２小さい数である。よって，99÷12＝８あまり３より，２けたで最も大きい数は，12×８－２＝94と求められる。

(4)　ぶた肉１ｇあたりの値段は，250÷100＝2.5(円)，牛肉１ｇあたりの値段は，400÷100＝４(円)である。また，これらを合わせた500ｇの代金は，316×(500÷100)＝1580(円)だから，下の図２のようにまとめることができる。牛肉だけを500ｇ買ったとすると，４×500＝2000(円)となり，実際よりも，2000－1580＝420(円)高くなる。牛肉のかわりにぶた肉を買うと，１ｇあたり，４－2.5＝1.5(円)安くなるので，買ったぶた肉の重さは，420÷1.5＝280(ｇ)とわかる。

図２

ぶた肉(１ｇあたり2.5円)
牛肉　(１ｇあたり４円)
合わせて500ｇで1580円

(5)　N角形の内角の和は，180×(N－２)(度)で求められるから，九角形の内角の和は，180×(９－２)＝1260(度)であり，正九角形の１つの内角は，1260÷９＝140(度)とわかる。したがって，右の図３のようになる。また，図３でかげをつけた五角形の内角の和は，180×(５－２)＝540(度)なので，角アと角イの大きさの和は，540－140×３＝120(度)とわかる。さらに，この五角形は線対称《たいしょう》な図形だから，角アと角イの大きさは等しい。よって，角アの大きさは，120÷２＝60(度)と求められる。

図３

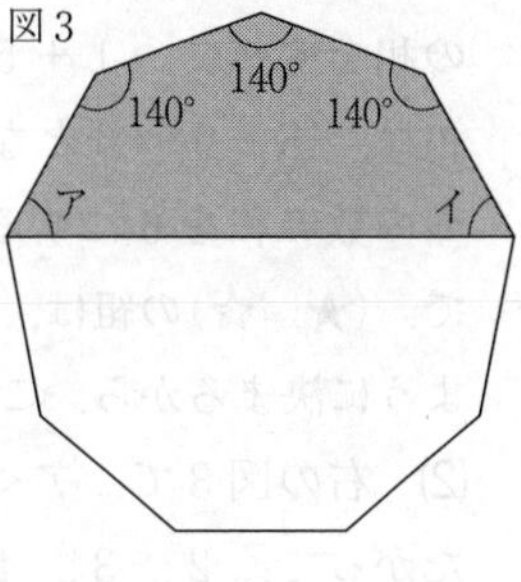

3　立体図形―図形上の点の移動，分割，体積，表面積

(1)　３点Ｐ，Ｑ，Ｒが３秒間で動く長さはそれぞれ，１×３＝３(cm)，２×３＝６(cm)，３×３＝９(cm)だから，３秒後には下の図１のようになる。よって，頂点Ａをふくむ方の立体は三角すいＱ－ＡＲＰなので，その体積は，９×３÷２×６÷３＝27(cm³)とわかる。

図１

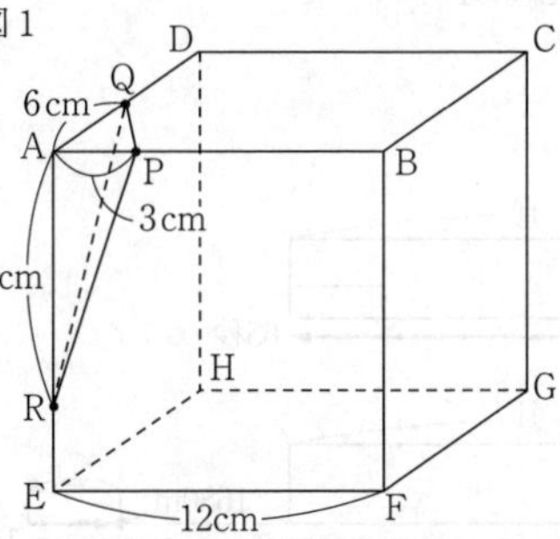

図２

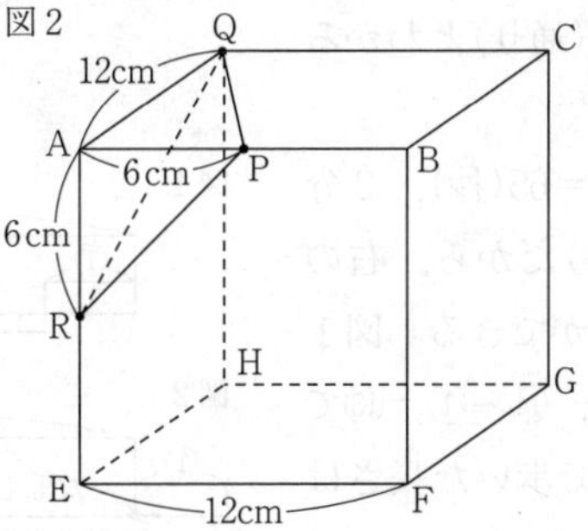

図３

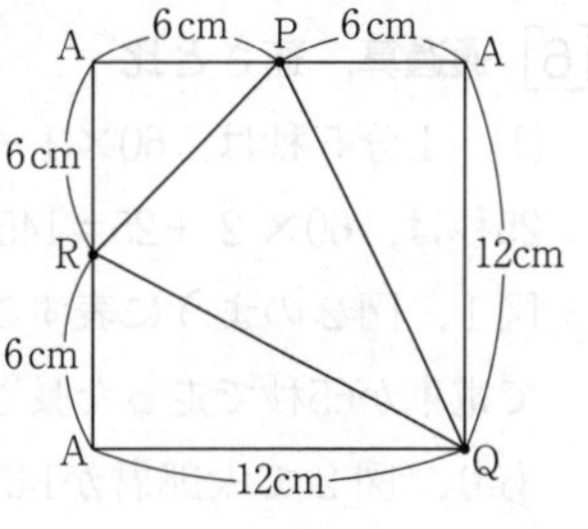

(2)　３点Ｐ，Ｑ，Ｒが６秒間で動く長さはそれぞれ，１×６＝６(cm)，２×６＝12(cm)，３×６＝18(cm)であり，12×２－18＝６(cm)より，６秒後には上の図２のようになる。したがって，頂点Ａをふくむ方の立体は三角すいＱ－ＡＲＰであり，この三角すいの展開図は上の図３のような正方形になる。よって，この三角すいの表面積は，12×12＝144(cm²)と求められる。

4　平面図形―面積

(1)　右の図で，ＣＲとＣＱの長さはＣＤの長さと等しく６cmである。すると，ＢＱとＢＰの長さは，８－６＝２(cm)になるから，ＡＰの長さは，６－２＝４(cm)とわかる。したがって，ＡＲの長さも４cmなので，ＡＣの長さは，４＋６＝10(cm)と求められる。よって，ＡＣを直径とする円の半径は，10÷２＝５(cm)だから，この円の面積は，５×５×3.14＝78.5(cm²)になる。

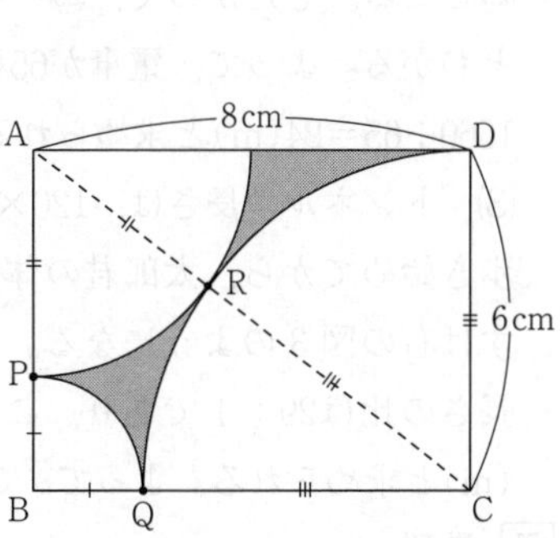

(2)　長方形ＡＢＣＤの面積は，６×８＝48(cm²)である。また，

３つのおうぎ形の面積の和は，$6\times6\times3.14\times\frac{90}{360}+2\times2\times3.14\times\frac{90}{360}+4\times4\times3.14\times\frac{90}{360}=(9+1+4)\times3.14=14\times3.14=43.96$(cm²)なので，かげをつけた部分の面積の合計は，$48-43.96=4.04$(cm²)と求められる。

5 条件の整理，場合の数

⑴　右の図１で，たて，横，ななめに並ぶ３個のマスの和をすべて，１＋５＋９＝15にするから，★と☆の和は，15－９＝６となる。また，残りの数を使って２つの数の和を６にする組み合わせは，２と４だけなので，(★，☆)の組は，(２，４)，(４，２)の２つの場合が考えられる。どちらの場合も上の図２のように決まるから，このような入れ方は２通りである。

図１

	1	
	5	
★	9	☆

図２

6	1	8
7	5	3
2	9	4

8	1	6
3	5	7
4	9	2

⑵　右の図３で，ア＜イ＜ウ，エ＜オ＜カとなる。したがって，２，３，４，６，７，８の中から３個を選び，選んだ整数を小さい順にア，イ，ウに入れ，残りの３個の整数を小さい順にエ，オ，カに入れることによって，１つの入れ方ができる。ただし，このとき，右上の図４のように２，３，４を選んでウに４が入る場合と，６，７，８を選んでアに６が入る場合(カに４が入る場合)だけは条件に合わない。また，６個の整数の中から３個を選ぶ方法は全部で，$\frac{6\times5\times4}{3\times2\times1}=20$(通り)あるので，条件に合う入れ方は，20－２＝18(通り)とわかる。

図３

1	ア	イ
エ	5	ウ
オ	カ	9

図４

1	2	3
6	5	4
7	8	9

1	6	7
2	5	8
3	4	9

6 通過算，速さと比

⑴　１分５秒は，60×１＋５＝65(秒)，２分25秒は，60×２＋25＝145(秒)だから，右の図１，図２のように表すことができる。図１で電車が65秒で走った長さは，⑭－①＝⑬であり，図２で太郎君が145秒で歩いた長さは①である。このとき，時間の比は，65：145＝13：29なので，電車と太郎君の速さの比は，$\frac{1}{13}:\frac{1}{29}=29:1$とわかる。よって，電車の速さは太郎君の速さの，29÷１＝29(倍)である。

図１

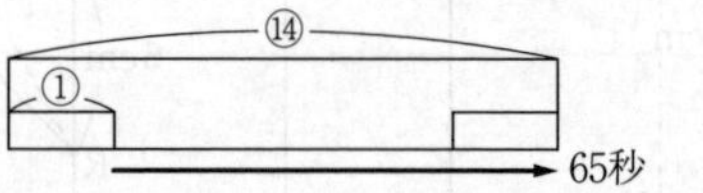

図２

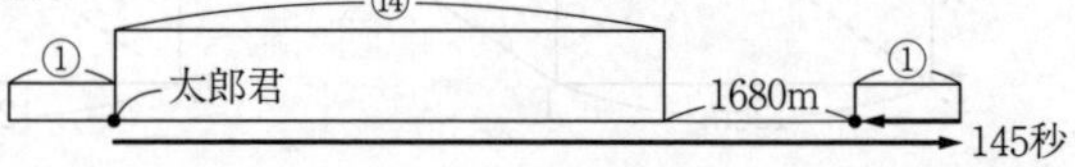

⑵　図１と図２で電車が走った長さの比も13：29だから，図２で電車が走った長さは，⑬$\times\frac{29}{13}$＝㉙となる。したがって，㉙－(⑭＋①)＝⑭にあたる長さが1680mなので，①＝1680÷14＝120(m)とわかる。よって，電車が65秒で走った長さは，120×13＝1560(m)だから，電車の速さは毎秒，1560÷65＝24(m)と求められる。

⑶　トンネルの長さは，120×14＝1680(m)なので，太郎君が歩き始めてから，太郎君の体がトンネルから出るまでのようすは右の図３のようになる。図３で，電車と太郎君が進んだ長さの比は29：１であり，この差が1680mだから，比の１にあたる長さは，1680÷(29－１)＝60(m)と求められる。よって，このとき太郎君は電車の先頭から60mのところを歩いている。

図３

7 数列

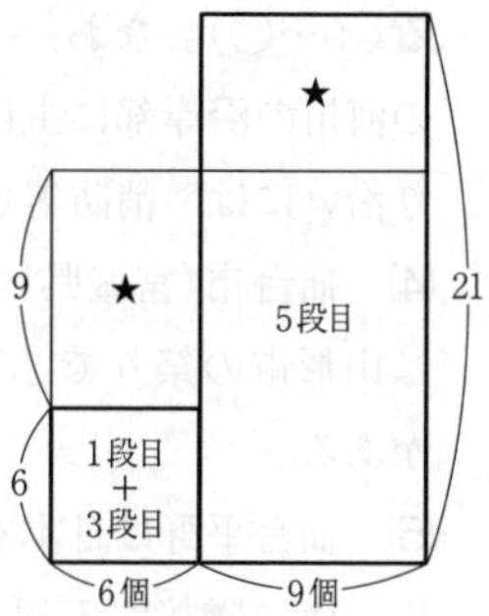

(1)　T先生の発言から，１段目と３段目の合計は，６×６＝36(…ア)となることがわかる。次に，T先生の発言の続き(１辺の長さが６の正方形に，５段目の和を表す長方形を並べること)について考える。５段目には17～25の９個の奇数《きすう》が並んでいて，その真ん中の数は21だから，５段目の和は，たての長さが21，横の長さが９の長方形の面積で表すことができる。すると，１段目，３段目，５段目の合計は，右の図の太線で囲んだ部分の面積と等しくなる。また，この図で★の部分は合同なので，この面積は１辺の長さが，６＋９＝15の正方形の面積と等しくなる(この15は，１段目，３段目，５段目の個数の合計と一致《いっち》する)。よって，１段目と３段目と５段目の合計は，15×15＝225(…イ)と求められるから，正しい組み合わせはHである。

(2)　はじめに，10段目の最後の整数は，10×10＝100なので，10段目まで並べたときのすべての整数の合計は，１＋２＋…＋100＝(１＋100)×100÷２＝5050とわかる。次に，(1)の考え方を利用して，○で囲まれた１段目，３段目，５段目，７段目，９段目の合計を求める。奇数段目に並んでいる整数の個数は４個ずつ増えるから，１段目，３段目，５段目，７段目，９段目の個数の合計は，１＋５＋９＋13＋17＝９×５＝45(個)である。よって，○で囲まれた１段目，３段目，５段目，７段目，９段目の合計は，45×45＝2025と求められるので，○で囲まれていない整数の合計は，5050－2025＝3025とわかる。

社　会　＜第１回試験＞（30分）＜満点：50点＞

解　答

1 (1)　エ　(2)　1250　(3)　イ　(4)　エ　(5)　ア　(6)　イ　(7)　平城京　(8)　ウ　(9)　エ　**2** (1)　ウ　(2)　阿賀野　(3)　ア　(4)　イ　(5)　紀伊　(6)　(例)　季節風が中国山地にぶつかって雲をつくり　(7)　エ　(8)　屋久島　**3** (1)　ア　(2)　ウ　(3)　エ　(4)　岐阜県　(5)　イ　(6)　ウ→エ→イ→ア　(7)　二・二六　(8)　ウ　**4** (1)　エ　(2)　ウ　(3)　平清盛　(4)　エ→ア→ウ→イ　(5)　ア　(6)　ウ　(7)　鹿鳴館　(8)　イ　**5** (1)　広島　(2)　サミット　(3)　ウ　(4)　エ　(5)　イ　(6)　ア　(7)　エ　(8)　(例)　国会が指名し，天皇が任命する

解　説

1　**地形図を題材とした問題**

(1)　地図中の「愛宕《あたご》大橋」付近には，郵便局(〶)・老人ホーム(⌂)・寺院(卍)・博物館(⌂)などはあるが，図書館(□)はない(エ…×)。

(2)　地形図上の実際の距離《きょり》は，(地形図上の長さ)×(縮尺の分母)で求められる。この地形図の縮尺は25000分の１なので，地形図上で約５cmの長さの実際の距離は，５×25000＝125000(cm)＝1250(m)となる。

(3)　通常，地下鉄は地下を通るので，その路線は破線(----)で表される。しかし，「地下鉄東西線」は川(広瀬川)を越える部分が実線で表されているので，地上に出て橋を渡っていることがわか

る(イ…○)。なお，アの「仙台城址《じょうし》」付近は122m，「県庁」付近は44mで，その差は約80m。ウの河川の沿岸部に主に広がっているのは果樹園(♁)ではなく荒《あれ》地(ılı)である。エの「青葉通」の通り沿いには，消防署(Y)はない。

(4)　仙台市(宮城県)では，毎年８月上旬に「七夕まつり」が開催《かいさい》される(エ…×)。「花笠まつり」は山形市の祭りで，東北四大祭りにはこのほか，青森市の「ねぶた祭」・秋田市の「竿燈《かんとう》まつり」がある。

(5)　仙台平野は日本有数の米どころとして知られるが，この平野には北に隣接する岩手県から北上川，南に隣接する福島県から阿武隈《あぶくま》川が流れ，仙台湾に注ぐ(ア…○)。なお，イの雄物《おもの》川は秋田県，ウの最上《もがみ》川は山形県，エの石狩《いしかり》川は北海道を流れる。

(6)　江戸時代，毛利氏は長州藩(山口県)の萩《はぎ》を居城とした(イ…○)。なお，アの上杉氏は米沢《よねざわ》藩(山形県)，ウの前田氏は加賀藩(石川県)など，エの島津氏は薩摩《さつま》藩(鹿児島県)などの藩主である。

(7)　710年に元明天皇が藤原京(奈良県橿原《かしはら》市)から平城京(奈良市)に遷《せん》都し，784年に桓武天皇によって長岡京へ移るまで都として栄えた。なお，平城宮跡は1998年に「古都奈良の文化財」の構成資産の１つとしてユネスコ(国連教育科学文化機関)の世界文化遺産に登録された。

(8)　高等裁判所の裁判官は，内閣が任命する(ウ…○)。なお，高等裁判所は東京，大阪，名古屋，広島，福岡，仙台，札幌，高松の８か所に置かれている(ア…×)。裁判員裁判の第一審が行われるのは地方裁判所であり(イ…×)，国民審査の対象になるのは最高裁判所の裁判官である(エ…×)。

(9)　県知事も市長も任期は４年であるが，被選挙権は県知事が満30歳以上，市長が満25歳以上である(エ…×)。

2　日本の各地方の山をもとにした問題

(1)　Ａの山は北海道の最高峰《ほう》の大雪山《たいせつざん》系・旭岳《あさひだけ》(2291m)であり，北海道の中央部に位置する。この山の西側にある上川盆地《ぼんち》は，品種改良によって開発された寒さに強い稲が普及したことで北海道有数の稲作地帯となった(ウ…○)。なお，アは根釧《こんせん》台地(北海道)，イは牧ノ原台地(静岡県)，エは甲府《こうふ》盆地(山梨県)などについての説明である。

(2)　Ｂの山は東北地方最高峰の燧ヶ岳《ひうちがたけ》(標高2356m)であり，福島県南西部に位置する。この山のふもとを水源とする伊南《いな》川は只見《ただみ》川と合流し，新潟県に入ってからは阿賀野川と名称が変わり，新潟市で日本海に注ぐ。阿賀野川下流域では，1965年に有機水銀を原因とする第二(新潟)水俣《みなまた》病の患者が確認された。

(3)　Ｃの山は関東地方最高峰である白根《しらね》山(標高2578m)であり，栃木・群馬県境に位置する。栃木県はいちごの収穫《しゅうかく》量が全国一で，以下福岡・熊本・愛知・長崎の各県が続く(2021年)。

(4)　Ｄの山は中部地方最高峰の富士山(標高3776m)であり，山梨・静岡県境に位置する。日本の最高峰でもあり，2013年に「富士山―信仰の対象と芸術の源泉」として世界文化遺産に登録された。山の西側には富士川が流れており，下流域の富士市や富士宮市(静岡県)では，製紙・パルプ工業が発達している。なお，富士川は最上川(山形県)，球磨《くま》川(熊本県)とともに「日本三大急流」に数えられている。

(5)　Ｅの山は近畿地方最高峰の大峰山《おおみねさん》系・八経ヶ岳《はっきょうがたけ》(標高1915m)であり，八剣山《はっけんざん》とも呼ばれ奈良県南部に位置する。この山のある紀伊山地は，古くから霊場として知られ，参詣道《さんけいみち》とともに2004年に世界文化遺産に登録されている。

(6)　Ｆの山は中国地方最高峰の大山《だいせん》(標高1729m)であり，鳥取県西部に位置し，「伯耆《ほうき》富士」とも呼ばれる。県庁所在地の鳥取市は日本海側の気候で，冬に降水量(積雪量)が多い。これは，冬に北西の季節風が日本海上を通過するさいに水分をふくみ，背後の中国山地を越えるときに雲が発生し，その水分を雨や雪として降らせるからである。

(7)　Ｇの山は四国地方最高峰の石鎚山《いしづちさん》(標高1982m)であり，愛媛県中央部に位置する。西部の宇和海沿岸はリアス海岸で，真珠やはまち，まだいなどの養殖がさかんである(エ…○)。なお，アは九州の有明海沿岸，イは焼津《やいづ》港(静岡県)，ウは銚子《ちょうし》港(千葉県)のことである。

(8)　Ｈの山は九州地方最高峰の宮之浦岳《みやのうらだけ》(標高1936m)であり，鹿児島県の屋久島に位置する。屋久島は樹齢の長い杉の原生林があることで知られ，世界自然遺産に登録されている。

3　各時代の事件や戦乱を題材とした問題

(1)　Ａは乙巳《いっし》の変(645年)で，中大兄《なかのおおえの》皇子(後の天智天皇)と中臣鎌足らが蘇我氏をほろぼした。このとき初の年号として「大化」が定められたため，この事件の後に始まった政治改革は「大化の改新」と呼ばれる。アの壬申の乱(672年)とは，天智天皇の死後に起こった皇位をめぐる戦いで，これに勝利した天智天皇の弟である大海人《おおあまの》皇子が天武天皇となった。この「壬申」は「乙巳」と同様，年号ではなく，十干《じっかん》と十二支を用いた60年を周期とする年代表記法である。なお，イの「天平」は奈良時代，ウの「平治」は平安時代，エの「弘安」は鎌倉時代に用いられた年号である。

(2)　Ｂは承久の乱(1221年)のことで，後鳥羽《ごとば》上皇(…①)が鎌倉幕府から政治の実権を取りもどそうとして起こした。上皇は幕府の第２代執権北条義時(…②)を倒《たお》すことを呼びかけた(ウ…○)。なお，後白河上皇は後鳥羽上皇の祖父，北条泰時は第３代執権である。

(3)　Ｃは応仁の乱(1467～77年)のことで，室町幕府第８代将軍足利義政の跡継《あとつ》ぎ問題を原因として起こった。応仁の乱をきっかけに戦国大名が割拠《かっきょ》する戦国時代に入った。歌舞伎《かぶき》は安土桃山時代に出雲阿国《いずものおくに》の「歌舞伎踊り」をもとにして，江戸時代に大成された(エ…×)。

(4)　Ｄは関ヶ原の戦い(1600年)のことで，徳川家康が豊臣方の石田三成を破り，これをきっかけに政権が豊臣氏から徳川氏に移った。関ケ原は，岐阜県南西部の滋賀県にほど近い場所にある。

(5)　Ｅは黒船来航(1853年)のことで，翌年に江戸幕府はアメリカ使節ペリーと日米和親条約を結び，開国に踏《ふ》み切った。黒船来航時の幕府のありさまは，ペリー艦隊《かんたい》の蒸気船を上喜撰《じょうきせん》(高級なお茶)にかけた狂歌で詠《よ》まれた(イ…○)。狂歌とは五・七・五・七・七の31音で，その時代の政治や社会を風刺《ふうし》するなどおかしみのある歌を指す。なお，アの連歌は短歌の上の句と下の句をそれぞれ別の人が詠む遊び，ウの川柳《せんりゅう》は俳句と同様の17音で社会を風刺するような詩，エの俳諧《はいかい》は俳句のことである。

(6)　Ｆは西南戦争(1877年)のことである。鹿児島県の士族が西郷隆盛を推《お》し立てて反乱を起こしたが，徴兵制度で編成された政府軍に敗れ，隆盛は自殺した。アは1885年(内閣制度の創設)，イは1882年(立憲改進党の結成)，ウは1874年(民撰議院設立建白書の提出)，エは1881年(国会開設の詔《みことのり》)のことなので，年代の古い順に，ウ→エ→イ→アとなる。

(7)　Ｇは二・二六事件(1936年)のことで，陸軍青年将校らが起こしたクーデター(政変)未遂《みすい》である。この事件によって大蔵大臣の高橋是清《これきよ》や内大臣の斎藤実《まこと》が暗殺された。

(8)　Ｈの第４次中東戦争(1973年)をきっかけに第１次石油危機(オイルショック)が起こり，1950年代後半から始まる高度経済成長が終わりを告げたが，日中平和友好条約の調印は1978年のことである(ウ…×)。なお，アの「国民所得倍増計画」の発表は1960年，イの大阪での万国博覧会の開催は1970年，エの日韓基本条約の調印は1965年で，いずれも高度経済成長期の出来事である。

4 住宅や建築を題材とした問題

⑴ 土偶は縄文時代につくられた土人形で，まじないに用いられたと推定される(エ…○)。なお，アのはにわは古墳時代，イの石包丁とウの銅鏡は弥生時代以降に使用された道具である。

⑵ 地球儀は，戦国時代の南蛮貿易により西洋からもたらされたものである(ウ…×)。なお，アはペルシャ風水差し，イは五絃《ごげん》琵琶，ウはペルシャ製グラスでいずれも８世紀ごろに大陸から伝わってきたものである。東大寺正倉院にはこれらのほかにも，聖武天皇や光明皇后ゆかりの品をはじめ多くの宝物が収納されている。

⑶ 厳島神社(広島県)は航海や海上の守護神をまつった神社で，平安時代末に平清盛が厚く信仰したことで知られる。清盛は平治の乱(1159年)で源義朝を破り，1167年に武士として初めて太政《だいじょう》大臣に就任し，政治の実権を握《にぎ》った。

⑷ アは1232年，イは1297年，ウは1274年，エは1219年のことなので，年代の古い順に，エ→ア→ウ→イとなる。

⑸ 禅宗には，道元が開いた曹洞《そうとう》宗や栄西《えいさい》が開いた臨済《りんざい》宗がある。よって，組み合わせはアになる。なお，法然は浄土宗，親鸞《しんらん》は浄土真宗を開いたが，これらは禅宗ではない。

⑹ 写真は彦根城(滋賀県)の天守閣であり，江戸時代に井伊家の居城であった。なお，「現存12天守」とは弘前《ひろさき》城(青森県)・松本城(長野県)・丸岡城(福井県)・犬山城(愛知県)・彦根城・姫路城(兵庫県)・松江城(島根県)・備中松山城(岡山県)・丸亀城(香川県)・松山城と宇和島城(愛媛県)・高知城(高知県)である。このうち，松本城・犬山城・彦根城・姫路城・松江城の天守が国宝に指定されている。

⑺ 鹿鳴館は明治政府の外務卿《きょう》であった井上馨《かおる》の欧化政策の一環として東京日比谷に建設された国際社交場で，イギリス人コンドルの設計により1883年に建てられた。幕末に江戸幕府が欧米諸国と結んだ不平等条約の改正を目的とし，外国の大使や公使，商人を招いて舞踏会が連日行われたという。結局これらは成功せず，1890年からは華族会館として使用された。

⑻ 青鞜《せいとう》社の結成は1911年なので，明治時代末のことである(イ…×)。なお，アのシベリア出兵は1918～22年，ウの全国水平社の結成は1922年，エの関東大震災の発生は1923年である。

5 Ｇ７サミットを題材とした問題

⑴，⑵ 2023年５月，広島市でＧ７サミット(主要国首脳会議)が開かれた。参加国はフランス・アメリカ・イギリス・ドイツ・日本・イタリア・カナダの７か国で，EU(ヨーロッパ連合)の代表者も参加する。毎年１回，開催地は参加国の持ち回りで決まるが，この年は日本が議長国であった。

⑶ ⑴，⑵の解説により，ウのオーストラリアが当てはまらない。

⑷ 今回の会議には，「グローバルサウス」と呼ばれる新興国や途上国など８か国の首脳や国連のアントニオ・グテーレス事務総長が招待され，ロシアの侵攻を受けているウクライナのゼレンスキー大統領もゲストとして出席した。なお，アのブトロス・ガリ(エジプト)，イのコフィ・アナン(ガーナ)，ウの潘基文《パンギムン》(韓国)は，歴代の国連事務総長の名前である。

⑸ 世界保健機関は，世界の人々の健康増進や伝染病対策などを行う国連の専門機関であり，略称はWHOである(イ…○)。なお，アのWTOは世界貿易機関，ウのUNHCRは国連難民高等弁務官事

務所，エのIMFは国際通貨基金の略称。

(6)　ウクライナ(首都キーウ)は，東ヨーロッパの黒海北部に位置する(ア…○)。なお，イはルーマニア，ウはブルガリア，エはトルコである。

(7)　2015年に採択《さいたく》された「パリ協定」について，中国(中華人民共和国)に次いで２番目に地球温暖化の原因となる温室効果ガスを排出しているアメリカは，トランプ政権のときに離脱《りだつ》し，国際的な非難を浴びた。その後，バイデン大統領が就任すると，協定に復帰した(エ…×)。

(8)　日本国憲法第67条により「内閣総理大臣は，国会議員の中から国会の議決で，これを指名する」とあり，また第６条により「天皇は，国会の指名に基《もとづ》いて，内閣総理大臣を任命する」とある。

理　科　＜第１回試験＞（30分）＜満点：50点＞

解　答

1 (1) ウ　(2) エ　(3) ウ　(4) イ　(5) ア　2 (1) 北極星　(2) **北** A　**東** B　(3) エ　(4) ア　(5) エ　3 (1) A　(2) C／(例)　全身に血液を送り出すため。　(3) エ　(4) b　(5) エ　4 (1) **A**　二酸化炭素　**C**　水素　(2) (例)　(Dに入っていた気体は)水にとけやすいから。　(3) ウ　(4) ウ　5 (1) 解説の図を参照のこと。　(2) 40cm　(3) 30cm　(4) 160ｇ　(5) 40ｇ

解　説

1　小問集合

(1)　台風が接近して気圧が低くなるとともに，風によって海水がふき寄せられることで，海面が上昇《じょうしょう》する現象を高潮という。なお，液状化，津波《つなみ》は地震《じしん》によって起こる現象，サンゴの白化は温暖化による海水温の上昇によって起こる現象である。

(2)　アブラナの子葉は２枚で，エのような形をしている。なお，アはダイズやインゲンマメなど，イはイネのような単子葉類，ウはアサガオの発芽のようすを表している。

(3)　塩酸にとけている塩化水素は気体なので，塩酸の水を蒸発させても固体は残らない。塩酸に水酸化ナトリウム水溶液《すいようえき》を加えると，中和して食塩ができるので，加えた水酸化ナトリウム水溶液の体積がふえるのにともなって，残った固体の重さもふえる。塩酸と水酸化ナトリウム水溶液が完全に中和したあと，さらに水酸化ナトリウム水溶液を加えてから水を蒸発させると，食塩だけでなく水酸化ナトリウム水溶液にとけていた水酸化ナトリウムも残るので，ウのようなグラフになる。

(4)　赤色，青色，緑色を光の三原色といい，この三色の光の強度を変えて重ね合わせることで，ほぼすべての色を表すことができる。

(5)　2023年６月１日より，アカミミガメ(ミドリガメ)とアメリカザリガニが条件付特定外来生物に指定され，池や川などの野外に放したり，売買したりすることが禁止された。ただし，捕獲《ほかく》や飼育などは今まで通り行うことができる。

2　星座早見についての問題

(1)　星座早見の中心にある点Oは北極星を表している。北極星は真北の空にあってほとんど動かない星で，北半球で用いられる星座早見では回転の中心になっている。

(2)　北極星があるＡが北になるので，Ｄは南になる。また，星座早見は空にかざして使うので，一《いっ》般《ぱん》の地図とは東西が反対になっており，Ｂは東，Ｃは西となる。

(3)　上盤《ばん》の目もりには反時計回りの向きに時刻が書かれており，下盤の目もりには時計回りの向きに月と日付けが書かれている。そのようになっていることで，上盤（もしくは下盤）を時刻が進む方向に回したときに，窓の中の星が東（Ｂ）から西（Ｃ）に動く。

(4)　南の空の星や星座を観察するときには，アのように星座早見の南の位置（Ｄ）を下に向けて持ち，空にかざす。

(5)　星座早見の窓の中は空全体を表しており，点Ｐは空の中央，つまり観察者の頭の真上（天頂）を表している。

３　心臓と血液の循環《じゅんかん》についての問題

(1)　全身からもどってきた血液はＡの右心房《しんぼう》に入る。その後，血液はＢの右心室，肺動脈，肺，肺静脈と流れ，Ｄの左心房，Ｃの左心室を通って，全身へ流れ出ていく。

(2)　Ｃの左心室は全身に血液を送り出すので，最も大きな力が必要である。そのため，Ｃの壁《かべ》の筋肉が最も厚くなっている。

(3)　Ｘは，Ｂの右心室から送り出された血液が通るので，肺である。また，小腸と血管ｆでつながっているＹはかん臓であり，小腸で吸収された栄養分の一部は，かん臓にたくわえられる。

(4)　肺で血液から二酸化炭素を放出し，酸素を取り入れている。よって，肺（Ｘ）を通った直後のｂを流れる血液が，酸素を最も多く含《ふく》む。

(5)　血液がじん臓を通るときに，二酸化炭素以外の不要物がこし取られるので，ｇを流れる血液は，ｈを流れる血液よりも二酸化炭素以外の不要物を多く含んでいる。

４　気体の性質についての問題

(1)，(2)　実験２で，スプレー缶Ｄに入っている気体が水を満たした試験管に集まらなかったのは，この気体が水にとけたためだと考えられる。このことから，スプレー缶Ｄに入っている気体は，水にとけやすいアンモニアとわかる。すると，実験１から，スプレー缶Ｃに入っている気体はスプレー缶Ｄに入っているアンモニアより軽いので，最も軽い気体である水素だとわかる。また，実験３から，石灰水を白くにごらせたスプレー缶Ａに入っている気体は二酸化炭素だとわかる。

(3)　スプレー缶Ｃに入っている気体は水素で，アルミニウムに水酸化ナトリウム水溶液を加えることで発生する。なお，アは二酸化炭素，イは酸素，エはアンモニアが発生する。

(4)　実験４より，重さの無視できる風船がすぐに上昇したスプレー缶Ｃ，Ｄに入っている気体は空気よりも軽い水素またはアンモニア，風船がゆっくりと下に落ちたスプレー缶Ｂに入っている気体は空気よりわずかに重い酸素，風船がすぐに落ちたスプレー缶Ａに入っている気体は空気より重い二酸化炭素とわかる。さらに，実験２の結果からスプレー缶Ｄに入っている気体がアンモニアとわかるので，スプレー缶Ｃに入っている気体が水素と決まる。したがって，ウが選べる。なお，ちっ素は空気とほぼ同じ重さ（ほんのわずかに軽いだけ）なので，ちっ素を入れた重さを無視できる風船はほとんど動かないと考えられる。

５　ばねについての問題

(1)　表の４つの値を読み取り，横軸《じく》におもりの重さ，たて軸にばねＰの長さをとり，●をかくと右

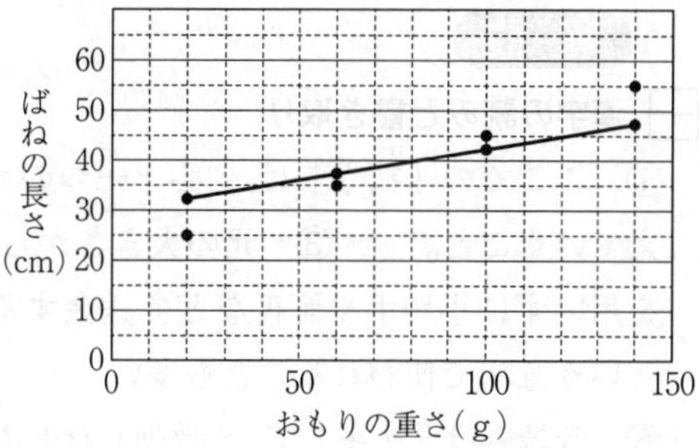

図のようになる。

⑵　表より，ばねＰにかかる重さが，60－20＝40(ｇ)重くなると，ばねＰののびは，35－25＝10(cm)大きくなる。よって，ばねＰに160ｇの重さがかかったときののびは，$10\times\frac{160}{40}$＝40(cm)となる。

⑶　表より，ばねＱにかかる重さが，60－20＝40(ｇ)重くなると，ばねＱののびは，37.5－32.5＝５(cm)大きくなる。すると，ばねＱに20ｇのおもりをつるしているときののびは，$5\times\frac{20}{40}$＝2.5(cm)なので，ばねＱの自然の長さ(おもりをつるさないときの長さ)は，32.5－2.5＝30(cm)とわかる。

⑷　図１のばねＰ，ばねＱには，おもりＸの重さが半分ずつかかっており，このとき２本のばねの長さが等しくなっている。⑴でかいた４個の●を直線で結ぶと，80ｇのおもりをつるしたとき，ばねＰ，ばねＱの長さがどちらも40cmになることがわかる。つまり，図１のばねＰ，ばねＱにはそれぞれ80ｇの重さがかかっているので，おもりＸの重さは，80×２＝160(ｇ)と求められる。

⑸　ばねＰの自然の長さは，$25-10\times\frac{20}{40}$＝20(cm)とわかる。ばねＰ，ばねＱを直列につないだばねを１本のばねとして考えると，このばねの自然の長さは，20＋30＝50(cm)，このばねに40ｇのおもりをつるしたときののびは，10＋５＝15(cm)なので，このときの全体の長さは，50＋15＝65(cm)となる。よって，おもりＹの重さは40ｇとわかる。

国　語　＜第１回試験＞（50分）＜満点：100点＞

解　答

□一　①　はら(う)　②　はんしょく　③　しゅくさつ　④　かわせ　⑤〜⑩　下記を参照のこと。　□二　問１　１　ウ　２　オ　３　キ　４　イ　５　ク　問２　派手　問３　Ｂ　カ　Ｃ　エ　問４　Ｄ　ア　Ｅ　エ　問５　Ⅰ　大きな会社で研究者　Ⅱ　大黒柱　問６　ウ　問７　(例)　自分で選んだ道をつらぬき，人生は何歳からでもやりなおせるというところを，母さんと子どもたちに見せること。　問８　イ　問９　オ　問10　(例)　清開学園のディベート部に入り，模擬国連に出たいという夢を持っていたと告白する　問11　ア　問12　ウ　□三　問１　１　オ　２　ア　３　ウ　４　ク　５　イ　問２　Ⅰ　十二(画)　Ⅱ　一(画目)　問３　イ　問４　誰もが　問５　ア　問６　オ　問７　(例)　努力の少ない割には無理な目標設定をして，目標設定自体に満足を覚えてしまうこと。　問８　ウ　問９　ウ　問10　コントロー〜ている関係　問11　エ　問12　イ　問13　(例)　相手の意見に合わせつつ，柔軟な態度で共に前に進んでいく関係を築くこと。　問14　ウ

●漢字の書き取り

□一　⑤　吸(う)　⑥　激(しく)　⑦　徒党　⑧　熱弁　⑨　粉末　⑩　遊覧

解　説

一　漢字の読みと書き取り

①　ここでの「払《はら》う」は，“心を一つのものに向ける”という意味。　②　動物や植物が育ち増えていくこと。　③　元の大きさから小さく縮めて印刷した印刷物。　④　「為替《かわせ》」は，現金を用いずに小切手や証書などで送金すること。現在は，“二つの国の異なる通貨を交換《こうかん》すること”という意味で使われることも多い。　⑤　音読みは「キュウ」で，「呼吸」などの熟語がある。　⑥　音読みは「ゲキ」で，「激動」などの熟語がある。　⑦　「徒党を組む」は，“同じ目的を持った仲間が団結する”という意味。　⑧　熱のこもった弁論。　⑨　細かい粉状のもの。　⑩　見物して回ること。

二　出典：草野《くさの》たき『マイブラザー』。

中学生の海斗《かいと》は，住みこみでパン職人の修業をしている父親のところを訪ね，会社をやめたことなどを非難するが，話を聞いて父を受け入れる覚悟《かくご》を持つ。

問１　**１**　父さんは，「新しい父さんを見ていてほしい」などと，自分の気持ちを率直《そっちょく》に話したが，海斗が「そろそろ，帰るわ」とそっけない返事をしたので，打ち解けられなかったと感じ，「気まずそうに」うなずいたと考えられる。　**２**　海斗に責められても，それを受け入れたうえで「自分をわかってもらおうとする」父さんのようすなので，「必死に」が合う。　**３**　倫太郎《りんたろう》は，父さんがくれたお土産《みやげ》用のパンを受け取って，「たくさんお土産ありがとうございます」と「丁寧《ていねい》に」お礼を言っている。　**４**　直前の健吾《けんご》の言葉は，父さんにとっては嬉《うれ》しい内容なので，「嬉しそうに」うなずいた，とするのがよい。　**５**　海斗が直前で語っている，清開《せいかい》学園のディベート部に入って模擬《もぎ》国連に参加するという夢は，ぼう線⑥にあるように「自分の心の奥《おく》深くで眠《ねむ》らせつづけてきた」ものなので，「密《ひそ》かに」がよい。

問２　「地味」は，はなやかさがなく目立たないさま。反対の意味の言葉は，“はなやかで人目を引くさま”という意味の「派手」である。

問３　**B**「当然」は，後の漢字が前の漢字に意味を加えたり調子を整えたりする働きなので，同じ組み立てなのは「知的」。　**C**「改札」は，前の漢字が表す動作の目的を後の漢字が示している熟語なので，同じ組み立てなのは「点火」である。

問４　**D**「烙印《らくいん》を押《お》される」は，“元にもどせないような悪い評判を受ける”という意味。　**E**「顔をしかめる」は，まゆの辺りにしわを寄せていやな気持ちを表すさま。

問５　Ⅰ，Ⅱ　父さんの話を聞いて別れた後，空らん２の後の部分，海斗が父さんの姿を受け入れようとしている場面で，父さんの「過去」は「大きな会社で研究者」だったと書かれている。また，「家族を養ってきた」ことについては，ぼう線②の直後で，「家族の大黒柱」と表現されている。

問６　海斗は，自分の発した「サイテーだな」という言葉が，「父さんのせいにして，中学受験から逃《に》げた」「自分にもはねかえってくる」と思ったので，「大人失格」という言葉に替《か》えることで，家族を養うという大事なことから逃げた父さんだけを責めようと思ったのである。

問７　海斗の母さんは父さんに，「人生は何歳《なんさい》からでもやりなおせる」というところを「私と子どもたちに見せてほしい」，それが「自分で自分の人生を選んでこなかった大人としての役目だ」と言っている。自分で選んだ道をつらぬく姿を見せるべきだという理由で，母さんは父さんと家族のままでいる，つまり離婚《りこん》しなかったのである。

問８　帰りの電車の中で，「いろいろ納得《なっとく》できた？」という倫太郎の質問に，海斗は「仕方ないって感じかな」と答えている。父さんに対して「絶対に頑張《がんば》ってくれよ」という思いは持っているが，今の父さんの姿が以前の父さんとは違《ちが》いすぎるので，心から認めることはできないのである。

問９　海斗の父さんは「おじいちゃんが納得してくれる道ばかりを選んで」しまい，後悔《こうかい》している。倫太郎も，家族からの評価を気にして「自己主張」してこなかったために息苦しく，「迷子」になってしまったことを悔《く》やんでいるのである。

問10　海斗は，清開学園のディベート部に入って模擬国連に参加したいという夢を持っていたが，その夢は「あまりに具体的で，かつ近すぎる未来」のことなので「恥《は》ずかしくて口にできなかった」。しかし，倫太郎や健吾と話すうちに，自分の進む道は「自由に選んでいいのだ」という強い思いにつき動かされ，自分の夢を倫太郎と健吾に思いきって打ち明けることにしたのである。

問11　海斗は，倫太郎と健吾に話を聞いてもらえたことで，「ずっと蓋《ふた》をしていた本心を導きだすこと」ができ，さらに具体的な目標に向かって努力しようという気持ちになれたので，感謝している。

問12　実際に交わされる会話と並行して，「もう父さんのせいにするのはやめよう」，「それでも，やりたい！」など，その場面で海斗がどう思ったのかということも書かれている。父さんを非難する気持ちが，「頑張ってくれよ」と変化したことや，目標を口にすることで海斗の気持ちが前向きになっていく過程が，読者に伝わるように表現されているので，ウがふさわしい。

三　**出典：小川仁志《おがわひとし》『不条理を乗り越《こ》える―希望の哲学《てつがく》』**。心を持つ存在である人間が，コロナ禍《か》を経た今の社会で，どのように生きていくべきかということについて述べられている。

問１　**１**　後に「概念《がいねん》を知っていたら」とあるので，これと呼応してあることを仮定する場合に使う「もし」が合う。　**２**　前では，人間は「知らず知らずのうちに」自分の「ハビトゥスの価値を高めるような言動をとってしまう」とあり，後では，「関西で生まれ育」った「私」自身が無意識にとってしまう言動が述べられている。よって，具体的な例をあげるときに用いる「たとえば」が入る。　**３**　前であげた「ペシミズム(悲観主義，厭世《えんせい》観)的な態度」を，後で「あきらめるということ」と言いかえているので，“要するに”という意味の「つまり」が合う。　**４**　前の部分で筆者は，「相手も同じ人間だから，きっとわかるはずと思い込《こ》んでいる」と述べ，後では，「人間は変わりうるという前提が，そもそも間違っている」と述べているので，前のことがらを受けて，それに反する内容を述べるときに用いる「しかし」が入る。　**５**　前の部分で筆者は，現在のような「不確実な時代」では，「相手の意見に合わせつつ，共に前に進んでいく柔軟《じゅうなん》な態度が求められる」と述べ，後では，「ディベートよりも対話の時代だといわれる」と述べているので，前のことがらを理由・原因として，後にその結果をつなげるときに用いる「だから」が入る。

問２　Ⅰ　「達」は，部首の「辶」が三画，それ以外の部分が九画で，総画数は十二画。　Ⅱ　「成」の筆順は，「丿」→「厂」→「万」→「戊」→「成」→「成」で，総画数は六画。

問３　二重ぼう線Ｂ「得られる」の「られる」は，「〜できる」という可能の意味を表すので，イが同じ。なお，アは尊敬の意味，ウは自然にそうなるという意味(自発)，エ，オは人から何かをされるという意味(受身)である。

問４　「知らず知らずのうちに」，「ハビトゥスの〜言動をとってしまう」のは，自分のハビトゥスを有している「誰《だれ》もが」である。

問５　アの「臨機応変」は，“その場に応じて適切な行動をとること”という意味なので，「状況《じょうきょう》に合わせて」変わるという状態を表すといえる。

問６　もどす文では「人間同士の関係」は「厄介《やっかい》」だと述べられている。文の最初に「それほど」とあるので，その前の部分に，厄介な「人間同士の関係」について述べられているところを探す。【オ】に入れると，「自分以外の他者」のせいで「自分の思った通りに物事が進まない事態が発生」し，「イライラしたり，落ち込んだりする原因になる」状況を「『人間関係』と呼ぶ」とした後，これが「厄介」なのだと述べる流れになり，文意が通る。

問７　直前の段落の内容に注目する。かつての「私」は，プライドが高く，「努力の少ない割には無理な目標設定を」し，「そのこと自体に満足を覚えていた」。だから，いつまでたっても目標を達成することができなかったのである。

問８　ぼう線②をふくむ文から，「黒船」とは，日本が変わるためにかつて必要だった「アメリカからの圧力」のたとえだが，「グローバル規模での黒船」とは，さらに世界的な「外からの圧力」を指すとわかる。この前の部分で，世界的な「コロナ禍」で経済活動が停滞《ていたい》し，「働き方をはじめ既存《きそん》の世の中の仕組みを見直す機会」になったこと，「退屈《たいくつ》な自粛《じしゅく》生活」によって，「誰もが立ち止まって，自分に向き合う時間を持てた」ことが説明されているので，ウが合う。

問９　前後に注目すると，「以前のように高いハードル」ではなく，「飛び越えることが喜びにつながるようなハードル」だとわかる。高すぎると飛び越えることができないし，低すぎると飛び越える喜びが感じられないので，ウがふさわしい。

問10　問６でみたように，「人間関係」という言葉は，ここでは「厄介な」関係を表している。【オ】の後で，この言葉を使うときは「ネガティヴな意味」をこめていて，それは「コントロールすることのできない他者に，苦しめられている関係」だと述べられている。

問11　空らん３の前の段落から，他者とのつき合い方についての二つの態度が述べられている。一つは，「あきらめる」，つまり，「よく観察して，相手のどうしようもない部分については受け入れるしかない」という「後ろ向きな態度」である。もう一つは，「他者とすり合わせを行う」，これは他者に対して「自分」がすり合わせるという「前向きな態度」である。よって，エが合う。

問12　直前の段落に注目する。「不条理なことが増え，人々がギスギスして」くる世の中では，人間と人間が「対立しがちになる」ので，「『人間関係』をうまく築き上げていくためには」，あらゆる場面において「丸い性格」が求められていると述べられている。よって，イがよい。

問13「コロコロ」という表現は，二重ぼう線Ｄの後の段落で，「丸いから転がる」ことを性格にあてはめると「いい意味」になり，「性格の面での柔軟性」を指すと説明されている。また，空らん５の前で，現代では「相手の意見に合わせ」て「共に前に進んでいく柔軟な態度が求められ」，「丸い性格が求められる」とある。そして，ぼう線⑦の後で，「コロコロ」と笑うことで，「人間関係」という言葉を「共に進んでいく関係を意味する」ものに変えられると述べられている。よって，「柔軟な態度」，「共に進んでいく関係」という内容をおさえてまとめるとよい。

問14　二重ぼう線Ｃの前で，「自分が正しいと思うことを普通《ふつう》に発言し，行動しているだけ」なのに，誰かを困らせてしまうことがあるが，それは，誰もが自分の「ハビトゥスを有して」いて，その「ハビトゥスの価値を高めるような言動をとってしまう」からだと述べられている。その内容がウと合う。

Dr.福井の 入試に勝つ！脳とからだのウルトラ科学

右の脳は10倍以上も覚えられる！

手や足，目，耳に左右があるように，脳にも左右がある。脳の左側，つまり左脳は，文字を読み書きしたり計算したりするときに働く。つまり，みんなはおもに左脳で勉強していることになる。一方，右側の脳，つまり右脳は，音楽を聞き取ったり写真や絵を見分けたりする。

となると，受験勉強に右脳は必要なさそうだが，そんなことはない。実は，右脳は左脳の10倍以上も暗記できるんだ。これを利用しない手はない！　つまり，必要なことがらを写真や絵などで覚えてしまおうというわけだ。

この右脳を活用した勉強法は，図版が数多く登場する社会と理科の勉強のときに大いに有効だ。たとえば，歴史の史料集には写真や絵などがたくさん載っていて，しかもそれらは試験に出やすいものばかりだから，これを利用する。やり方は簡単。「ふ～ん，これが○○か…」と考えながら，載っている図版を５秒間じーっと見つめる。すると，言葉は左脳に，図版は右脳のちょうど同じ部分に，ワンセットで記憶される。もし，左脳が言葉を忘れてしまっていたとしても，右脳で覚えた図版が言葉を思い出す手がかりとなる。

また，項目を色でぬり分け，右脳に色のイメージを持たせながら覚える方法もある。たとえば江戸時代の三大改革の内容を覚えるとき，享保の改革は赤，寛政の改革は緑，天保の改革は黄色というふうに色を決め，チェックペンでぬり分けて覚える。すると，「“目安箱”は赤色でぬったから享保の改革」というように思い出すことができ，混同しにくくなる。ほかに三権分立の関係，生物の種類分け，季節と星座など，分類されたことがらを覚えるときもピッタリな方法といえるだろう。

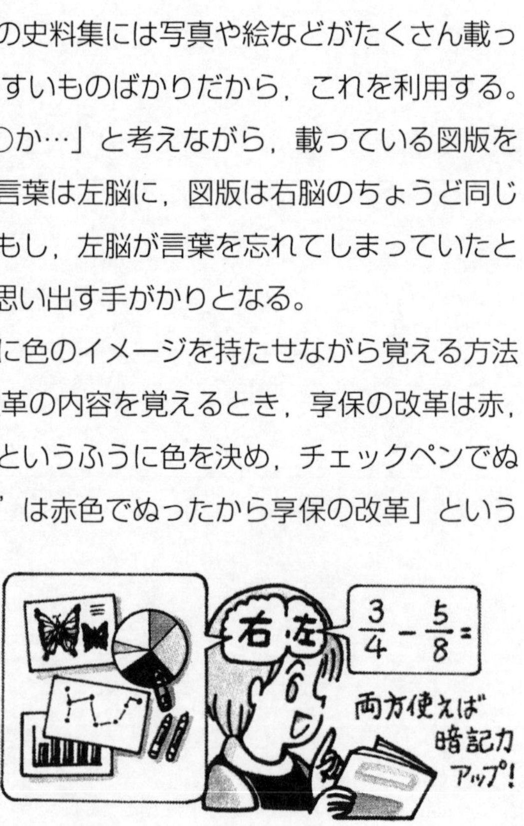

Dr.福井（福井《ふくい》一成《かずしげ》）…医学博士。開成中・高から東大・文Ⅱに入学後，再受験して翌年東大・理Ⅲに合格。同大医学部卒。さまざまな勉強法や脳科学に関する著書多数。

2024年度 専修大学松戸中学校

【算　数】〈第２回試験〉（50分）〈満点：100点〉

1　次の □ にあてはまる数を求めなさい。

(1)　$25-\{32\div(27-19)\}\times3=$ □

(2)　$\left(\dfrac{1}{10}+\dfrac{1}{15}\right)\div\left(\dfrac{1}{20}+\dfrac{1}{30}\right)=$ □

(3)　$\left(1.2-\dfrac{3}{5}\div\square\right)\times0.8=\dfrac{8}{25}$

(4)　$20.24\times35+520\times2.024-202.4\times3.7=$ □

2　次の □ にあてはまる数を求めなさい。

(1)　$0.8\text{m}\times(60\text{cm}+90\text{cm})=$ □ m^2

(2)　右の表は，花子さんのクラスで，家にある自転車の台数を調べた結果をまとめたものです。自転車が５台以上ある人はいませんでした。このとき，家にある自転車の台数の中央値は □ 台です。

家にある自転車の台数

台数(台)	0	1	2	3	4
人数(人)	3	12	8	5	2

(3)　整数AとBはどちらも２けたの整数です。AとBの最大公約数は15で，AとBの和は135です。このとき，AとBの最小公倍数は □ です。

(4)　海の日は７月の第３月曜日で，敬老の日は９月の第３月曜日です。ある年の海の日が７月19日のとき，同じ年の敬老の日は９月 □ 日です。

(5)　三角形 ABC があります。角Ａの大きさは角Ｂの大きさの２倍よりも６度大きく，角Ｃの大きさは角Ｂの大きさの３倍よりも12度小さいです。このとき，角Ａの大きさは［　　　］度です。

3　右の図のように，部屋のすみの部分に，同じ大きさの立方体の積み木をすき間なく重ねて並べました。

このとき，次の各問いに答えなさい。

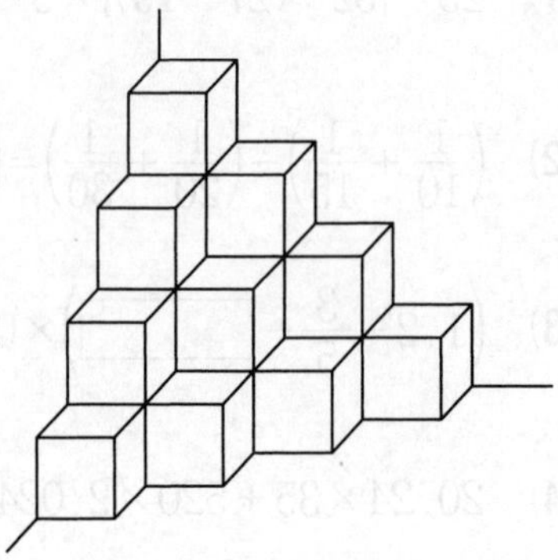

(1)　並べた積み木の数は全部で何個ですか。

(2)　積み木の表面のうち，見えている部分を赤くぬりました。その後，積み木をばらばらにくずすと，赤くぬられていない面は全部で何面ありますか。

4　池のまわりを，Ａ，Ｂ，Ｃの３人が同じ地点から同時に出発し，同じ方向に向かってそれぞれ進みました。Ａは自転車で毎分240mの速さで走り，Ｂは毎分80mの速さ，Ｃは毎分60mの速さで歩きました。出発してから数分後にはじめてＡがＣを追いこし，その１分後にはじめてＡがＢを追いこしました。

このとき，次の各問いに答えなさい。

(1)　ＡがＣをはじめて追いこしたのは，出発してから何分後ですか。

(2)　この速さで進み続けるとすると，ＢがＣをはじめて追いこすのは，出発してから何分後ですか。

5 下の図１のように，１辺５cmの正方形の頂点Ｐから頂点Ｑまで，半径が１cm，２cm，３cm，４cmで中心角が90度のおうぎ形の弧《こ》を何個か使ってつなぎ，正方形を２つの図形に分けます。このとき，図１の実線や点線のように，全体がなめらかな曲線になるようにつなぎます。たとえば，下の図２は×の部分がなめらかにつながっていないので，条件に合いません。また，下の図３は正方形が３つ以上の図形に分かれるので，条件に合いません。

図１

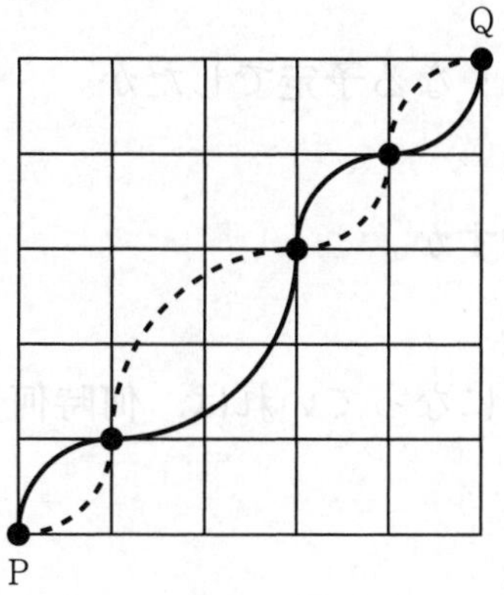

図２

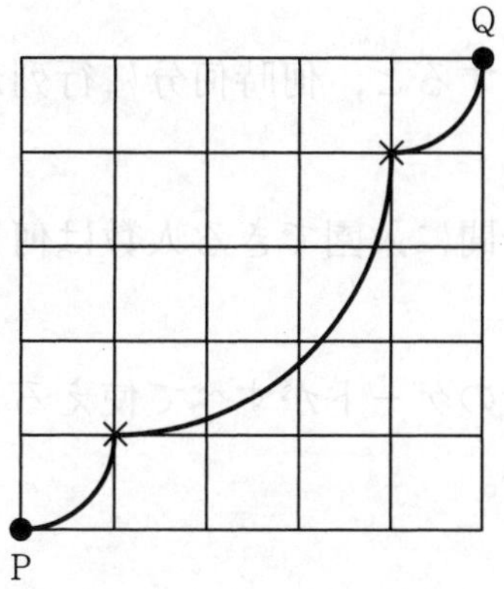

図３

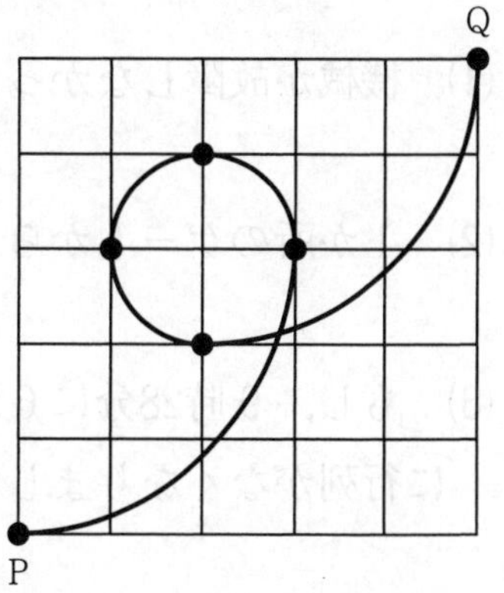

このとき，次の各問いに答えなさい。

(1) 全部で何通りのつなぎ方がありますか。ただし，図１の実線と点線のつなぎ方はそれぞれ異なるつなぎ方とします。

(2) 弧によって分かれる図形のうち，面積が最も大きい図形は何cm^2になりますか。ただし，円周率は3.14とします。

6　ある遊園地は９時に入園を開始します。入園開始時刻にはすでに357人の行列ができていて，その後も一定の割合で行列に人が加わります。９時に６か所の入園ゲートを開きましたが，９時11分に機械が故障し，３か所のゲートが使えなくなりました。このときの行列の残りの人数は170人でした。その後は残りの３か所のゲートだけで入園を続けたところ，予定よりも24分おくれて行列がなくなりました。どのゲートからも１分間に入園できる人数は同じです。

このとき，次の各問いに答えなさい。

(1)　機械が故障しなかったとすると，何時何分に行列がなくなる予定でしたか。

(2)　１か所のゲートから１分間に入園できる人数は何人ですか。

(3)　もし，９時28分に６か所のゲートがすべて使えるようになっていれば，何時何分に行列がなくなりましたか。

7　Ｔ先生とＭさんが，『７の倍数の見分け方』について会話をしています。

Ｔ先生：Ｍさん，７の倍数の見分け方を知っていますか。

Ｍさん：３の倍数や４の倍数なら学習しましたが，７の倍数の見分け方は知りません。

Ｔ先生：次の(i)，(ii)のような方法がありますよ。ただし，ここでは３けたの整数にかぎって考えることにしますね。

(i)　(a)　百の位の数字を２倍した数を，下２けたの数にたす。

(b)　(a)で求めた値が７の倍数ならば，もとの整数は７の倍数。

(ii)　(c)　上２けたの数から，一の位の数字を２倍した数をひく。

(d)　(c)で求めた値が７の倍数ならば，もとの整数は７の倍数。

Ｍさん：たとえば，539という整数を例にすると，

(i)　$5\times2+39=49$ → 49は７の倍数だから，539は７の倍数

(ii)　$53-9\times2=35$ → 35は７の倍数だから，539は７の倍数

ということですね。

T先生：その通りです。

Mさん：でも，どうしてそのようになるのですか？

T先生：では，(i)の方法について説明します。

百の位の数字をA，十の位の数字をB，一の位の数字をCとすると，３けたの整数は，$100\times A+10\times B+C$と表すことができます。この式で，100を$\boxed{\text{ア}}$と$\boxed{\text{イ}}$に分けると，

$$100\times A+10\times B+C=(\boxed{\text{ア}}+\boxed{\text{イ}})\times A+10\times B+C$$
$$=\underline{\boxed{\text{ア}}\times A}+\underline{\boxed{\text{イ}}\times A+10\times B+C}$$

と表すことができます。この式で，……部分は(a)で求めた値と一致します。また，＿＿部分は必ず７の倍数ですから，……部分が７の倍数であれば，３けたの整数も７の倍数と言えます。

Mさん：なるほど。よくわかりました。

T先生：(ii)の方法は，Mさんが考えてください。

Mさん：３けたの整数を，$100\times A+10\times B+C$…① とすると，

(c)で求めた値は，$10\times A+B-2\times C$ …② となります。

②の式を$\boxed{\text{ウ}}$倍すると，

$\boxed{}$…③ となります。

①の式の値と③の式の値の差は，$\boxed{\text{エ}}\times C$となり，これは必ず７の倍数です。よって，③の式の値が７の倍数であれば，①の式の値も７の倍数と言えます。③の式の値が７の倍数であれば，もちろん②の式の値も７の倍数です。

T先生：さすがMさんです。よくできました。

このとき，次の各問いに答えなさい。

(1) $\boxed{\text{ア}}$と$\boxed{\text{イ}}$にあてはまる数の差を求めなさい。

(2) $\boxed{\text{ウ}}$と$\boxed{\text{エ}}$にあてはまる数の積を求めなさい。

【社　会】〈第２回試験〉（30分）〈満点：50点〉

1　次の２万５千分の１の地形図を見て，あとの問いに答えなさい。

（国土地理院発行２万５千分の１地形図「中津」より作成）

(1)　JRの線路より北側には見られない地図記号を次から１つ選び，記号で答えなさい。

ア　警察署　　**イ**　図書館　　**ウ**　裁判所　　**エ**　高等学校

⑵　この地形図から読み取れる内容として正しくないものを次から１つ選び，記号で答えなさい。

ア　「角木」地区など沿岸部には，水田が多く見られる。

イ　JR「中津駅」の北側には寺院が多く見られる地区がある。

ウ　「山国橋」や「山国大橋」は，県境をまたぐ形でかけられている。

エ　国道212号線や213号線沿いには，病院や博物館などが見られる。

⑶　「小祝」地区周辺に見られるような，河川によって運ばれた土砂《どしゃ》が河口付近に積もることでできる平らな地形の名称《めいしょう》を，漢字で答えなさい。

⑷　中津市南部は，耶馬渓《やばけい》とよばれる景勝地があることで知られています。耶馬渓は山国川が溶岩台地を深く侵食してつくりだした奇岩の渓谷《けいこく》で，北海道の大沼，静岡県の三保の松原とともに日本新三景に選ばれました。日本の景勝地とその景勝地が位置する都道府県の組み合わせとして正しくないものを次から１つ選び，記号で答えなさい。

ア　松島―宮城県　　　　イ　天橋立―兵庫県

ウ　宮島―広島県　　　　エ　東尋坊《とうじんぼう》―福井県

⑸　地形図中に旧居があることからもわかるように，福沢諭吉は中津藩の出身です。この人物について述べた文として正しくないものを次から１つ選び，記号で答えなさい。

ア　大阪で緒方洪庵《こうあん》の適塾《てきじゅく》(適々斎塾《てきてきさいじゅく》)に入り，蘭学《らんがく》などを学んだ。

イ　江戸幕府の使節団に従者として加わり，咸臨丸《かんりんまる》でアメリカに渡《わた》った。

ウ　『学問のすゝめ』や『西洋事情』などを著し，人々に大きな影響《えいきょう》をあたえた。

エ　晩年には貴族院議員を務めるなど，日本の政治の発展に貢献《こうけん》した。

⑹　前野良沢《りょうたく》は中津藩の藩医でした。18世紀に前野良沢が杉田玄白らとともにオランダ語の医学書を翻訳《ほんやく》して出版した本の書名を，漢字４字で答えなさい。

⑺　JR「中津駅」の南側に市役所があり，市役所では市長のもとで多くの公務員が働いており，市議会も置かれています。これに関して，次の問いに答えなさい。

①　市議会は３分の２以上の議員が出席し，その４分の３以上の議員が賛成した場合，市長の不信任決議を出すことができますが，その場合，市長は10日以内に□ことができます。□にあてはまる言葉を，10字以内で答えなさい。

② 市民には，一定数の署名を集めることで市長や市議会議員に対する解職請求を行う権利があります。2023年３月時点における中津市の人口は約82000人で，有権者の数は約69000人です。中津市民が市長や議員に対する解職請求をするために必要な署名数として最も近いものを次から１つ選び，記号で答えなさい。

ア　1380人以上　　**イ**　1640人以上

ウ　23000人以上　　**エ**　27340人以上

2　近畿地方の各府県について示した次の統計表を見て，あとの問いに答えなさい。

	面積（km^2）2022年	人口（千人）2022年	製造品出荷額等（億円）2020年	農業産出額（億円）2021年	海面漁業漁獲量（千t）2021年
A	8401	5402	153303	1501	48
B	4612	2550	53048	663	8
C	4017	1409	76155	585	—
D	1905	8782	171202	296	18
E	4725	903	24021	1135	17
F	3691	1306	17367	391	—
G	5774	1742	105138	1067	107

（2023/24年版「日本国勢図会」より作成）

(1) 表中のＡの府県の府県庁所在地には国内有数の貿易港があります。この貿易港のおもな輸出品目の金額別割合を示したものを，次から１つ選び，記号で答えなさい。

ア

輸出品目	百万円	%
半導体等製造装置	1170975	9.1
科学光学機器	738629	5.8
金（非貨幣用）	714850	5.6
集積回路	502542	3.9
電気計測機器	492635	3.8

イ

輸出品目	百万円	%
自動車	2881380	23.1
自動車部品	2100565	16.8
内燃機関	517217	4.1
電気計測機器	429213	3.4
金属加工機械	414544	3.3

ウ

輸出品目	百万円	%
自動車	1212187	16.8
自動車部品	377976	5.2
プラスチック	326026	4.5
内燃機関	321335	4.4
金属加工機械	198097	2.7

エ

輸出品目	百万円	%
プラスチック	424457	7.2
建設・鉱山用機械	381491	6.5
織物類	259179	4.4
無機化合物	229906	3.9
有機化合物	195789	3.3

（2023/24年版「日本国勢図会」より作成）

⑵　表中のＣの府県でつくられている伝統的工芸品を次から１つ選び，記号で答えなさい。

ア　信楽《しがらき》焼　　**イ**　備前《びぜん》焼　　**ウ**　越前《えちぜん》和紙　　**エ**　丹後《たんご》ちりめん

⑶　表中のＤの府県の府県庁所在地の南に隣接《りんせつ》する都市について述べた文として正しくないものを次から１つ選び，記号で答えなさい。

ア　モノづくりがさかんで，刃物《はもの》や自転車の生産額は全国有数である。

イ　人口が100万人以上の都市である。

ウ　かつては港町として栄え，鉄砲の産地でもあった。

エ　世界文化遺産に登録された百舌鳥《もず》古墳群がある。

⑷　右のグラフは，あるくだものの収穫量《しゅうかくりょう》の都道府県別割合を示したもので，グラフ中のＥとＦは，表中のＥとＦと同じ府県です。このくだものを次から１つ選び，記号で答えなさい。

ア　みかん　　**イ**　もも

ウ　かき　　**エ**　びわ

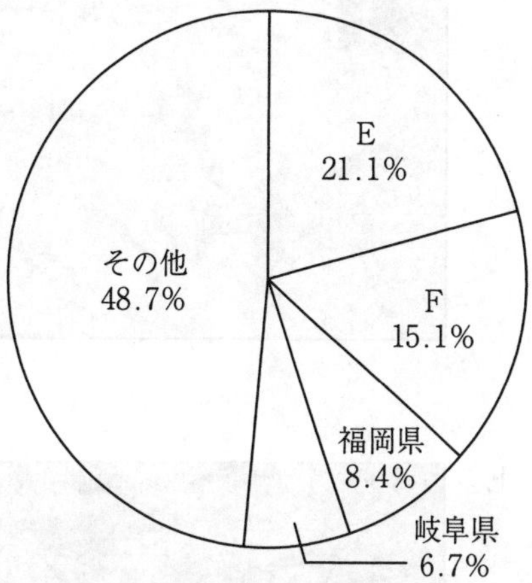

(2023/24年版「日本国勢図会」より作成)

⑸　表中のＧの府県にある□半島は，リアス海岸が発達し，真珠《しんじゅ》の養殖《ようしょく》がさかんなことで知られています。また，付近では2016年に伊勢・□サミット（第42回主要国首脳会議）が開かれました。□に共通してあてはまる地名を，漢字で答えなさい。

⑹　表中のＡ～Ｇのうち，政令指定都市がある府県をすべて選び，記号で答えなさい。

⑺　表中のＡ～Ｇのうち，近畿地方の最高峰《さいこうほう》（標高1915ｍ）である八剣山（八経ヶ岳）がある府県を選び，記号で答えなさい。

⑻　琵琶湖から流れ出ている川は，河口までの間に瀬田川，宇治川，淀川とよび名が変わります。表中のＡ～Ｇのうち，この川が通る府県をすべて選び，記号で答えなさい。

3 次のＡ～Ｈの絵画を見て，あとの問いに答えなさい。

A

B

C

D

E

F

G

H

(1) Aは平治の乱のようすを描《えが》いた「平治物語絵巻」の中の一場面です。平治の乱の内容について述べた文として正しいものを次から1つ選び，記号で答えなさい。

ア 崇徳《すとく》上皇と後白河天皇がたがいに多くの武士を従え争ったが，源義朝《よしとも》や平清盛らを味方につけた天皇方が勝利した。

イ 源義朝と平清盛が争い，勝利した清盛が政治の実権をにぎった。

ウ 京都に攻《せ》めあがった源義仲の軍勢が，平氏を西国に追いやった。

エ 京都に攻めあがった北条泰時ら幕府の軍勢が朝廷軍を破り，後鳥羽上皇は隠岐《おき》に流された。

(2) Bは一遍の生涯《しょうがい》を描いた「一遍聖《ひじり》絵(一遍上人《しょうにん》絵伝)」の中の一場面で，備前国福岡の定期市のようすです。一遍について述べた文として正しいものを次から1つ選び，記号で答えなさい。

ア 「南無阿弥陀仏《なむあみだぶつ》」と念仏を唱《とな》えれば誰でも救われると説き，浄土宗を開いた。

イ 阿弥陀仏を信じる心を持てば誰でも救われると説き，浄土真宗を開いた。

ウ 弟子たちとともに踊《おどり》念仏をして諸国をまわり，時宗を開いた。

エ 宋に渡って禅《ぜん》宗を学び，帰国後に臨済宗を伝えた。

(3) Cは「石山寺縁起絵巻」の中の一場面で，馬借とよばれる輸送業者が描かれています。馬借が活躍《かつやく》した時代の農村のようすについて述べた文として正しいものを次から1つ選び，記号で答えなさい。

ア 直播《じかま》きに代わり，田植えが広く行われるようになった。

イ 西日本で行われていた米と麦の二毛作が，東日本にも広まった。

ウ 綿，藍《あい》，紅花といった商品作物の栽培《さいばい》が各地で行われるようになった。

エ 備中ぐわや千歯こきのような新しい農具が広く使われるようになった。

(4) Dは雪舟が描いた「秋冬山水図」とよばれる水墨画《すいぼくが》の一部です。この絵が描かれた時代には，襖《ふすま》や障子で部屋を仕切り畳《たたみ》を敷《し》きつめた，現代の和風建築のもととなっている［　　　］という建築様式が生まれました。［　　　］にあてはまる様式の名称を，漢字3字で答えなさい。

(5)　Ｅは狩野永徳が描いた障壁《しょうへき》画「唐獅子《からじし》図屏風《びょうぶ》」です。狩野永徳は，織田信長や豊臣秀吉に仕え，安土城や大阪城の障壁画を描きました。織田信長と豊臣秀吉に関する次のア～エのできごとを年代の古い順に並べかえ，記号で答えなさい。

ア　二度にわたって朝鮮出兵を行う。

イ　太閤《たいこう》検地を開始する。

ウ　足利義昭を追放し，室町幕府を滅《ほろ》ぼす。

エ　城下に楽市令を出す。

(6)　Ｆは大井川の渡しのようすを描いたものです。この絵が描かれた時代には，防衛面から大井川に橋をかけることや船で渡ることが禁じられたため，人々は川越人足《かわごしにんそく》にかつがれて川を渡りました。五街道のうち，この川を通る街道を，漢字で答えなさい。

(7)　Ｇは東洲斎《とうしゅうさい》写楽が描いた浮世絵「三世(三代目)大谷鬼次の奴江戸兵衛」です。この作品は，役者絵の中でも上半身を大きく描いた大首絵とよばれる手法を用いたもので，人気を集めました。役者絵に描かれた伝統芸能として正しいものを次から１つ選び，記号で答えなさい。

ア　歌舞伎　　**イ**　能　　**ウ**　相撲　　**エ**　落語

(8)　Ｈは黒田清輝が描いた「湖畔《こはん》」という作品です。この作品が描かれた時代に西洋音楽を学び，「荒城の月」や「花」,「箱根八里」などの作品を残した人物を次から１人選び，記号で答えなさい。

ア　高村光雲　　**イ**　山田耕筰《こうさく》　　**ウ**　島崎藤村　　**エ**　滝廉太郎《れんたろう》

4 日本とロシア及《およ》びソ連との関係を中心とした歴史を示した右の年表を見て，次の問いに答えなさい。

<年代>	<できごと>
1792年…	(あ)ラクスマンが根室に来航する
1854年…	(い)日露和親条約が結ばれる
1875年…	樺太千島交換《こうかん》条約が結ばれる
1895年…	(う)三国干渉が行われる
1905年…	(え)ポーツマス条約が結ばれる
1917年…	ロシア革命が起きる
1918年…	(お)シベリア出兵が行われる
1941年…	(か)日ソ中立条約が結ばれる
1945年…	ソ連軍が満州などに侵攻《しんこう》する
1956年…	(き)日ソ共同宣言が出される
1991年…	ソビエト連邦が解体される
2023年…	(く)G7広島サミットが開かれる

(1) 下線部(あ)について，このとき日本では寛政の改革が行われていました。この改革の内容として正しいものを次から1つ選び，記号で答えなさい。

ア 銅や海産物の輸出を奨励《しょうれい》する。

イ 上米の制が行われる。

ウ ききんに備えて米を蓄えさせる。

エ 株仲間を解散させる。

(2) 下線部(い)について，このとき定められた国境について述べた文として正しいものを次から1つ選び，記号で答えなさい。

ア 千島列島と樺太(サハリン)は，ともにロシア領とする。

イ 千島列島は日本領とし，樺太(サハリン)はロシア領とする。

ウ 択捉《えとろふ》島以南を日本領，ウルップ島以北をロシア領とする。

エ 千島列島は日露両国民雑居の地とする。

(3) 下線部(う)について，このときロシアがフランスやドイツとともに日本に勧告《かんこく》してきた内容を，15字前後で述べなさい。

(4) 下線部(え)について，この条約に調印した日本の外務大臣の名を，漢字で答えなさい。

(5) 下線部(お)について，シベリア出兵が実施されたときの日本の内閣総理大臣を次から1人選び，記号で答えなさい。

ア 寺内正毅　　**イ** 犬養毅　　**ウ** 山県有朋　　**エ** 加藤高明

(6) 下線部(か)について，この条約が結ばれたころに起きた次の**ア**～**エ**のできごとを年代の古い順に並べかえ，記号で答えなさい。

ア 日中戦争が始まった。　　**イ** 日本軍が真珠湾攻撃を行った。

ウ 日独伊三国同盟が結ばれた。　　**エ** 国家総動員法が制定された。

(7) 下線部(き)について，この宣言が大きな影響をあたえたとされるできごととして正しいものを次から１つ選び，記号で答えなさい。

ア　朝鮮戦争が始まった。

イ　サンフランシスコ平和条約が結ばれた。

ウ　日米安全保障条約が結ばれた。

エ　日本が国際連合に加盟した。

(8) 下線部(く)について，この会議では，前年に始まったロシアによるウクライナ侵攻に対する対応が主要な議題の１つになりました。この会議に特別ゲストとして招待されたウクライナの大統領の名を，カタカナで答えなさい。

5　次の文を読んで，あとの問いに答えなさい。

政府(国や地方公共団体)は，国民から集めた税金などをもとにして，社会資本(道路，港湾などの公共施設)の整備，(あ)社会保障などの仕事を行っている。政府が行うこうした経済活動は財政とよばれ，毎年つくられる(い)予算にもとづいて進められる。予算とは１年間の収入と支出(これを歳入・歳出という)の見積もりのことであり，(う)内閣が作成し，(え)国会による審議と議決を経て成立する。政府はまた，予算の調整やさまざまな政策を通して(お)景気の調整も行っている。主権者であり，納税者でもある私たち国民は，政府のこうしたはたらきがどのように行われているか，しっかり見守っていかなければならない。

(1) 下線部(あ)について，日本の社会保障制度のうち，特に大きな役割をはたしているのは社会保険である。社会保険のうち，2000年に始められた，40歳以上の国民を被《ひ》保険者とし，認定を受けた場合に訪問看護や特別養護老人ホームへの入所などのサービスを受けられる制度の名称を答えなさい。

(2) 下線部(い)に関して，次の問いに答えなさい。

① 右のグラフⅠは，2023年度の一般《いっぱん》会計予算の歳入の内訳を示しています。このうち，「消費税」の税率(2023年９月現在)について正しく述べたものを次から１つ選び，記号で答えなさい。

ア　一律で８％とされている。

イ　一律で10％とされている。

ウ　８％を原則とし，酒類・外食を除く飲食料品などは５％とされている。

エ　10％を原則とし，酒類・外食を除く飲食料品などは８％とされている。

② グラフⅠ中の［　　］には，企業の所得に課せられる税があてはまります。この税の名称を，漢字で答えなさい。

③ 右のグラフⅡは，2023年度の一般会計予算の歳出の内訳を示しています。この中にある「国債《こくさい》費」と「地方交付税交付金」について説明している次のA～Dの文のうち，内容の正しいものの組み合わせをあとの**ア**～**エ**から１つ選び，記号で答えなさい。

＜グラフⅠ＞

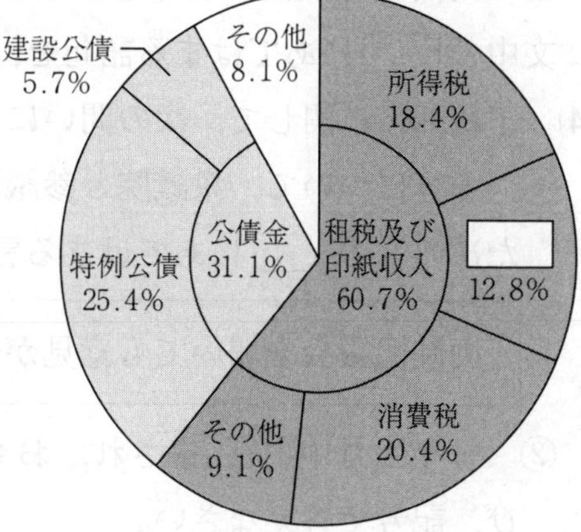

＜グラフⅡ＞

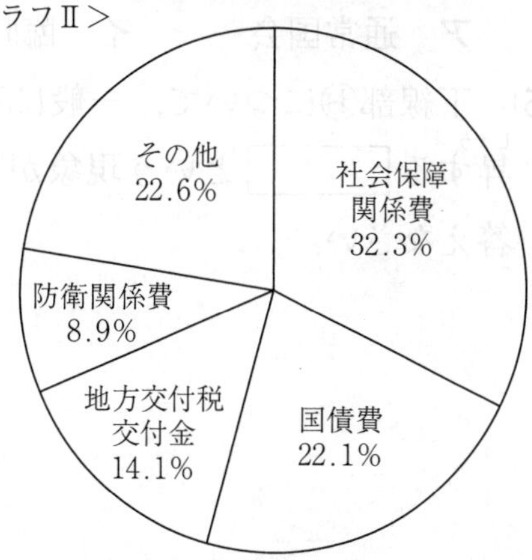

(2023/24年版「日本国勢図会」より作成)

A　「国債費」とは，税金だけでは収入が不足する場合に国が債権を発行することで得る収入のことであり，すべて社会保障関係費にあてられる。

B　「国債費」とは，政府が過去に発行した国債に対する利子の支払《しはら》いや，期限の来た国債の返済のための費用である。

C　「地方交付税交付金」とは，収入が不足している地方自治体に国が交付する補助金であり，使い道は自治体が決められる。

D　「地方交付税交付金」とは，国が地方自治体に委託《いたく》している事業についての費用であるので，使い道はあらかじめ決められている。

ア　AとC　　**イ**　AとD　　**ウ**　BとC　　**エ**　BとD

(3)　下線部㋒について，内閣は内閣総理大臣と国務大臣で構成されています。国務大臣は内閣総理大臣が任命しますが，その過半数は□でなければなりません。文中の□にあてはまる語句を，漢字で答えなさい。

(4)　下線部㋓に関して，次の問いに答えなさい。

①　予算について，衆議院と参議院で議決が異なった場合の取り扱《あつか》いについて述べた次の文の□にあてはまる言葉を，20字以内で答えなさい。

両院協議会を開いても意見が一致《いっち》しない場合には，□。

②　毎年１月中に召集《しょうしゅう》され，おもに予算の審議を行う国会の種類を次から１つ選び，記号で答えなさい。

ア　通常国会　　**イ**　臨時国会　　**ウ**　特別国会　　**エ**　緊急集会

(5)　下線部㋔について，一般に不景気のときには物価の下落が続き，貨幣《かへい》価値が上《じょう》昇《しょう》する□という現象が見られます。□にあてはまる語句を，カタカナで答えなさい。

【理　科】〈第２回試験〉(30分)〈満点：50点〉

1　次の問いに答えなさい。答えは，それぞれの**ア～エ**から最も適切なものを１つずつ選び，記号で答えなさい。

(1)　ねばりけの弱いマグマが地表に流出して冷えてできる黒っぽい岩石はどれですか。

ア　アンザン岩　　**イ**　カコウ岩
ウ　ゲンブ岩　　**エ**　リュウモン岩

(2)　近年は，関東でもクマゼミの鳴き声が聞かれるようになりました。クマゼミの鳴き声は次のうちどれですか。

ア　ミーンミーン　　**イ**　シャワシャワ(ジャワジャワ)
ウ　カナカナカナ　　**エ**　ジージージー

(3)　冬の寒い日に，道路などが凍結《とうけつ》するのを防ぐために食塩などをまくことがありますが，なぜ食塩などをまくことで凍結を防ぐことができるのですか。

ア　食塩は水分と反応すると熱を出すから。
イ　食塩がとけた水は，こおる温度が下がるから。
ウ　食塩がとけた水は，こおる温度が上がるから。
エ　食塩は水分と反応すると熱を吸収するから。

(4)　ジェット機の音のする方を見たところ，ジェット機は見た位置とは少しずれた前の方を飛んでいました。この現象と同じ理由で起こることはどれですか。

ア　花火が上がってから，少し遅《おく》れてドーンという音が聞こえた。
イ　塀《へい》にかくれて見えないが，自動車が近づくのが音でわかった。
ウ　トンネルでは，声がかなり遠くまでとどく。
エ　冬の夜には，遠くの電車の音がよく聞こえることがある。

(5)　2023年５月，太陽系のある惑星《わくせい》の衛星が相次いで発見され，この惑星の衛星の個数は146個になりました。これは今まで発見されていた別の惑星の衛星の数(95個)を抜《ぬ》き，太陽系の惑星では最も多くなりました。この惑星の名前は何ですか。

ア　地球　　**イ**　火星　　**ウ**　木星　　**エ**　土星

2　下の図１のような装置を使って，ある１株の植物がいろいろな光の強さのもとで行った光合成の量を，二酸化炭素の吸収量や放出量によって調べました。下の図２はそのときの結果を示しています。図２のＡ～Ｅはそれぞれ異なる強さの光を当てたときのグラフで，その中には光をまったく当てなかった場合も含《ふく》んでいます。これについて，あとの問いに答えなさい。ただし，呼吸で放出される二酸化炭素の量は，光の強さの影響《えいきょう》を受けないものとし，部屋の温度はつねに適温に保たれていたものとします。

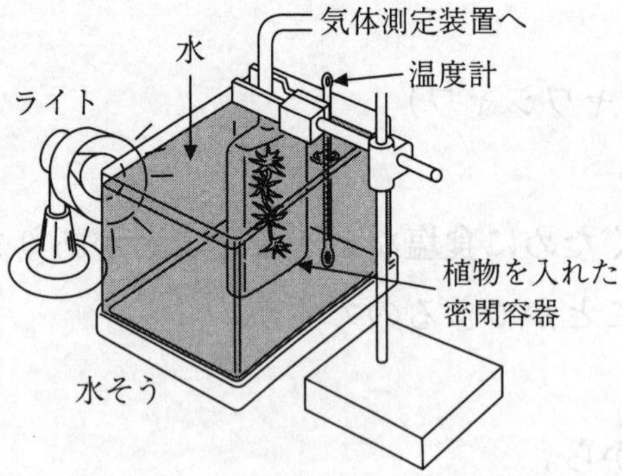

図１

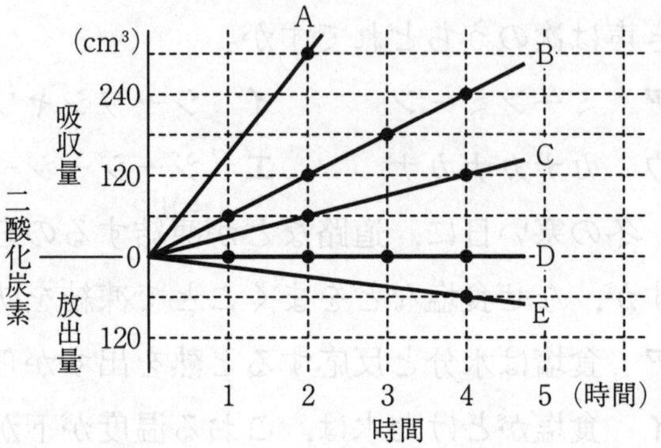

図２

⑴　光をまったく当てなかったときのグラフは，図２のＡ～Ｅのどれですか。記号で答えなさい。

⑵　この１株の植物が呼吸で放出する二酸化炭素の体積は，１時間あたり何cm^3になりますか。整数で答えなさい。

⑶　図２のＤの光の強さのとき，この植物が行っているはたらきについて，正しく述べているのはどれですか。次の**ア**～**エ**から最も適切なものを１つ選び，記号で答えなさい。

ア　光合成も呼吸も行っていない。

イ　呼吸は行っているが，光合成は行っていない。

ウ　光合成は行っているが，呼吸は行っていない。

エ　光合成も呼吸も行っている。

⑷　植物が実際に行った正味の光合成の量を「真の光合成量」といいます。真の光合成量が光の強さに比例するとした場合，図２のＣの光の強さはＢの光の強さの何倍ですか。小数第１位までの数で答えなさい。

⑸　図１のように，この実験ではガラス製の水そうに水を満たし，その水そうの水を通して植物に光を当てました。このような工夫をしたのはなぜですか。おもな理由を「温度」という語句を使って簡単に説明しなさい。

3　右の図は，太陽のまわりを公転する地球のようすを模式的に表していて，Ａ～Ｄはそれぞれ夏至，冬至，春分，秋分の日のいずれかの地球の位置にあたります。これについて，次の問いに答えなさい。ただし，観測はすべて日本で行ったものとします。

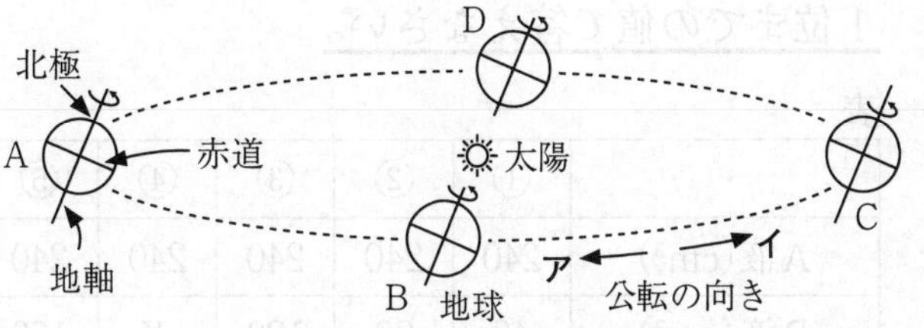

⑴　地球の公転の向きは，図の**ア**，**イ**のどちらですか。記号で答えなさい。

⑵　地球が図のＡの位置にあるのは，どの時期ですか。次の**ア**～**エ**から最も適切なものを１つ選び，記号で答えなさい。

ア　夏至　**イ**　冬至　**ウ**　春分　**エ**　秋分

⑶　地球が図のＡの位置にあるときに起こる現象はどれですか。次の**ア**～**エ**から最も適切なものを１つ選び，記号で答えなさい。

ア　一日の最高気温が一年のうちで最も高くなる。

イ　太陽の南中高度が一年のうちで最も高くなる。

ウ　昼の長さ(太陽が地平線上に出ている時間)が最も短くなる。

エ　真夜中におおいぬ座が南中する。

⑷　満月の南中高度が最も高くなるのは，地球が図のＡ～Ｄのどの位置にあるときですか。Ａ～Ｄの記号で答えなさい。

⑸　地球がＡ～Ｄのどの位置にあるときでも，千葉県内の地点で見られる現象はどれですか。次の**ア**～**エ**から最も適切なものを１つ選び，記号で答えなさい。

ア　太陽が真東からのぼり，真西にしずむ。

イ　ヒガンバナが花をつける。

ウ　太陽が正午ごろに南の空に見える。

エ　オリオン座の三つ星がほぼ真東からのぼるのが見える。

4　ある濃度《のうど》の塩酸(Ａ液とする)240cm³に，水酸化ナトリウム水溶液《すいようえき》(Ｂ液とする)を体積を変えて加え，よくかき混ぜたあと，おだやかに水を蒸発させて，残った固体の重さをはかりました。下の表は，そのときの結果を表しています。ただし，表のXのところは記録するのを忘れてしまいました。これについて，あとの問いに答えなさい。計算の結果が割り切れないときは，小数第２位を四捨五入し，小数第１位までの値で答えなさい。

表

	①	②	③	④	⑤	⑥
Ａ液(cm³)	240	240	240	240	240	240
Ｂ液(cm³)	40	80	120	X	160	200
固体の重さ(ｇ)	0.60	1.20	1.80	2.00	2.20	2.60

(1)　横軸《じく》に加えたＢ液の体積，たて軸に残った固体の重さをとった解答らんのグラフに，表から値を読み取って，黒丸印(●)を５個かきなさい。

(2)　(1)のグラフを参考にして，表のXの値を求めなさい。

(3)　③でＡ液とＢ液を混ぜ合わせた溶液をリトマス紙につけると，どのような結果になりますか。次の**ア**～**エ**から最も適切なものを１つ選び，記号で答えなさい。

ア　赤色リトマス紙，青色リトマス紙とも色の変化は見られない。

イ　赤色リトマス紙の色は変化しないが，青色リトマス紙は赤色に変化する。

ウ　青色リトマス紙の色は変化しないが，赤色リトマス紙は青色に変化する。

エ　赤色リトマス紙は青色に，青色リトマス紙は赤色に変化する。

(4)　Ｂ液の濃度を求めなさい。ただし，Ｂ液の１cm³あたりの重さは１ｇとします。

(5)　Ａ液の２倍の濃度の塩酸100cm³に，Ｂ液を60cm³加えてよくかき混ぜ，水を蒸発させると，あとに残る固体の重さは何ｇになりますか。

5 光や絵の具の色について，あとの問いに答えなさい。ただし，色を重ねる場合，光の強さや絵の具の量はすべて同じにするものとします。

わたしたちが見る光にはさまざまな色がありますが，そのもとになっているのは，赤色，緑色，青色の３色です。これを「光の三原色」といいます。右の図は，光の三原色とそれらを重ねたときに見られる色の一部を表しています。

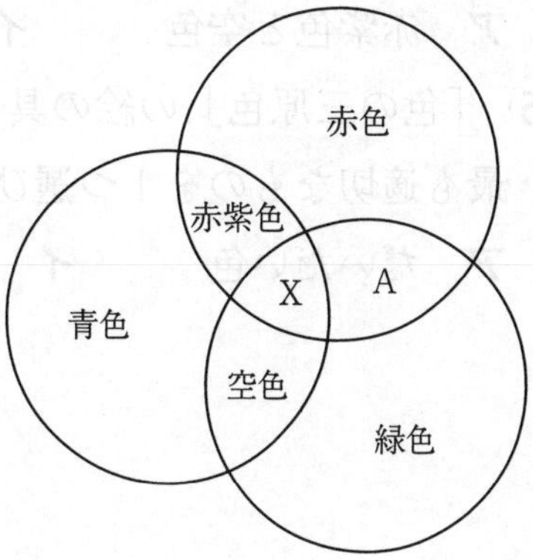

(1) 「光の三原色」のうち，赤色と緑色の光を重ねるとＡの色になります。この色は絵の具の三原色の１つと同じ色です。Ａの色は何色ですか。次の**ア**～**エ**から最も適切なものを１つ選び，記号で答えなさい。

ア　だいだい色　　**イ**　白色　　**ウ**　黒色　　**エ**　黄色

(2) 「光の三原色」である赤色，緑色，青色のすべての光を重ねたＸの色は何色ですか。次の**ア**～**エ**から最も適切なものを１つ選び，記号で答えなさい。

ア　だいだい色　　**イ**　白色　　**ウ**　黒色　　**エ**　黄色

絵の具やカラーインクなどの色材にも「色の三原色」とよばれる色があり，赤紫《むらさき》色(マゼンタ)，空色(シアン)，［Ａの色］の３色です。絵の具の色は，絵の具に当たった光の一部が吸収され，残りが反射したり透過《とうか》したりして見える色です。したがって，赤色と青色の絵の具を混ぜても，赤紫色にはなりません。

(3) 赤紫色の絵の具は，緑色の光を吸収して，赤色と青色の光だけを反射しているので赤紫色に見えます。空色の絵の具は，何色の光を反射していますか。次の**ア**～**エ**から最も適切なものを１つ選び，記号で答えなさい。

ア　赤色と緑色　　**イ**　赤色とＸの色

ウ　青色と緑色　　**エ**　青色とＸの色

(4)「色の三原色」にある色の絵の具のうち２色を混ぜて，赤色をつくりたいと思います。何色と何色の絵の具を混ぜるとよいですか。次の**ア**～**ウ**から最も適切なものを１つ選び，記号で答えなさい。

ア　赤紫色と空色　　　**イ**　赤紫色とＡの色　　　**ウ**　Ａの色と空色

(5)「色の三原色」の絵の具をすべて混ぜると，何色になりますか。次の**ア**～**エ**から最も適切なものを１つ選び，記号で答えなさい。

ア　だいだい色　　　**イ**　白色　　**ウ**　黒色　　**エ**　黄色

全だと思い込んでしまう心のあり方。

ウ　非常事態が起こっているにもかかわらず自分だけは助かるという誤った判断をしてしまう心理であり、災害に対するさまざまなシミュレーションをおこなっていないことで、災害時に良くない働きをしてしまう心のあり方。

エ　周りの環境や事態を正常だと思ったり他者の行動を正しい行動だと判断したりして、異常事態を正常だと判断してしまう心理であり、災害時においても過敏な状態に陥らないようにしようとするのに有効な心のあり方。

オ　平常時においては、過剰な心配を抑制し心身の安定を図るために必要な心理であり、一方、災害時にこの心理に陥ると、危険に対して明確な根拠もないまま自分は安全だと判断し、自らの命を危機にさらしてしまう心のあり方。

問十一　――⑤「普段からさまざまな災害へのシミュレーションを試みておくことも大切です」とありますが、なぜこのように言えるのですか。次の文の［Ⅰ］・［Ⅱ］にあてはまる言葉を指定字数に合わせて、文章中から抜き出して書きなさい。

●緊急事態が発生すると、人は「凍りつき症候群」に陥って［Ⅰ（五字）］してしまい、［Ⅱ（五字）］ができなくなるから。

問十二　――⑥「完璧を求めず、『不完全』を受け入れる勇気を持つ」とありますが、具体的に「一般市民」に求められるのはどうすることですか。「緊急地震速報」という言葉を使って、五十字以上六十字以内で説明しなさい。

問十三　この文章の筆者の考えに合うものを次から一つ選び、記号で答えなさい。

ア　直下型地震などの巨大災害について、その最新の発生確率に多くの人々が関心を持ち、喜んだり悲しんだりしているが、巨大災害は必ず来るという前提で減災の準備をすることが重要であって、数値にばかりとらわれてはいけない。

イ　減災活動は、専門家が発信する有益な情報にもとづいて、自分で災害の規模《きぼ》を想定することが大事で、その想定に合わせて、防災グッズを買い揃えたり、非常食の交換をしたりして必要最小限の準備を定例化していくことが必要である。

ウ　阪神・淡路大震災や東日本大震災で自主的に避難活動をして命が助かった人の多くは、「自分たちでできること」を専門家の発言など信頼せずに自分で試行錯誤しながら考え、身につけた人たちであるということを、忘れてはいけない。

エ　さまざまな災害について、それが発生したときに自分がどのように行動するかをシミュレーションすることは大事であるが、往々にして想像以上のことが起こるので、周囲の人々と同じような統制の取れた行動をすることが肝要である。

オ　気象庁は、東日本大震災以降、大きな揺れが始まる数十秒前に警告を発する緊急地震速報を出すことを始めたが、これには「不適切」な発信も多いために市民からの信頼が薄く、専門家はより精度の高い情報発信を目指すべきである。

記号で答えなさい。

ア　地方に残された昔ながらの街道を歩いてたどってみる。
イ　大学生でありながら読書をしようとしないのは問題だ。
ウ　スマートフォンを操作しながら歩くのはとても危険だ。
エ　家はせまいながらも家族そろって楽しく暮らしている。
オ　子どもたちは三人ながら全員が野球部に所属している。

問四　――C「質問」について、次の各問いに答えなさい。

Ⅰ　「質」という漢字の総画数を漢数字で答えなさい。
Ⅱ　「問」という漢字の部首名をひらがなで書きなさい。

問五　――D「評価します」の主語を、一文節で抜き出して書きなさい。

問六　次の一文は文章中の【ア】～【オ】のどの部分に入るのが適切ですか。一つ選び、記号で答えなさい。

> 防災上たいへん有効で、自分の身を自分で守るために活用することができます。

問七　［①］にあてはまる言葉として、最も適切なものを次から一つ選び、記号で答えなさい。

ア　あつものにこりてなますを吹《ふ》く
イ　のど元過ぎれば熱さを忘れる
ウ　案ずるより産むがやすし
エ　おぼれる者はわらをもつかむ
オ　捕らぬたぬきの皮算用

問八　――②「教育にかかわる根本的な問題」とありますが、どのようなことですか。その説明として最も適切なものを次から一つ選び、記号で答えなさい。

ア　災害や減災についての正しい知識を教えれば教えるほど、災害に直面したときに人々が自主的な減災活動をしなくなり被害が拡大するという問題。
イ　災害や減災についての情報を伝達すること以上に、人々が自主的に避難行動を取れるように避難訓練をどのように実施すればよいかという問題。
ウ　災害や減災についての知識を伝えるだけではなく、人々が自分から減災活動を実行・継続するようになってもらうための教育的プログラムが必要だという問題。
エ　災害や減災についての知識を専門家が人々に教える前に、自主的に情報を伝達し共有するような教育を人々にしていかなければならないという問題。
オ　災害や減災についての情報を人々に伝えると同時に、災害が発生したときは専門家や政府の指示に従うことを徹底《てってい》しなければいけないという問題。

問九　――③「このような経験」とありますが、筆者がこの「経験」から学んだのはどのようなことですか。五十字以上六十字以内で説明しなさい。

問十　――④「心理学用語で『正常性バイアス』と呼ばれる心のあり方」とありますが、どのような心のあり方ですか。その説明として、最も適切なものを次から一つ選び、記号で答えなさい。

ア　災害などに直面したときに、自分は大丈夫だろうと何の根拠もなく思ってしまう心理であり、周囲の環境や事態の変化に対応することができないまま、周囲の人とは異なる行動を取ってしまうことから生じる心のあり方。
イ　津波や地震などの非常事態が発生しているにもかかわらず、その状況を異常と感知できない心理であり、地震や津波など災害に対する正しい知識を習得していないために、自分だけは安りつき症候群に陥りやすい」という知識を持ったうえで、複数パターンをシミュレートしておくことが有効になります。

地震の場合、大きな揺れが生じる前に、携帯《けいたい》電話やテレビ、ラジオなどが、緊急地震速報のメッセージを発してくれます。もっとも早い場合は揺れが始まる数十秒前に、地震の発生を知らせる機能です。

【オ】

「3・11」以降、この緊急地震速報が出る回数が非常に増えました。気象庁は、緊急地震速報を受け取った地域すべてで震度3以上が観測された場合は「適切」とみなし、1か所でも震度2以下を観測した場合は「不適切」とD評価します。この「不適切」評価が、「3・11」以降に増えました。

これは、マグニチュード9・0という巨大地震が起こったことで余震が多発し、離《はな》れた地点でほぼ同時に余震が起きたことが原因です。現在のシステムでは、複数の観測データの分離《ぶんり》がうまくできず、緊急地震速報の「空振り」がゼロにはなりません。

こうした状況《じょうきょう》が続くと、*オオカミ少年状態、[5]その情報を誰も受け付けなくなるようになり、地震への危機感や警戒《けいかい》心が薄《うす》れてしまい本当の巨大地震が起きた際に、役に立たない恐れがあります。

皆さんには、緊急地震速報は一刻も早く予測を出すためのシステムであり、空振りを生じさせないことより「見逃し」がないことを重視しているということをお伝えしたいと思います。

地震の専門家が、もし「正しい情報を出すのは自分たちだけだ」という思いを強く持っていると、オオカミ少年状態を怖《おそ》れ、萎縮《いしゅく》するようになります。また、一般市民が「専門家が出す情報はいつも正確で、市民は情報の受け手だ」と考えていると、「専門家が何でもやってくれる」という思考停止になってしまいます。

現在のように新型の自然災害がいつ発生してもおかしくない状況で、こうした専門家と市民の依存関係が作られると、自然災害に対してきわめて*脆弱《ぜいじゃく》な社会になってしまいます。専門家サイドは不必要な完璧《かんぺき》主義を脱し、一般市民のほうも過剰に専門家に頼《たよ》る状況をつくらないようにしてほしいと思います。

自然に対しては、⑥完璧を求めず、「不完全」を受け入れる勇気を持つことが肝要《かんよう》だと考えています。

（鎌田浩毅《かまたひろき》「揺れる大地を賢《かしこ》く生きる」による）

*3・11＝東日本大震災が発生した2011年3月11日のこと。

*シミュレーション＝現実を想定したうえで行う模擬《もぎ》実験。

*汲々＝小さなものごとにとらわれて気持ちがせかせかすること。

*先述した通り＝筆者は同書のこれより前の部分で、東日本大震災で津波襲来の前に高台に避難しなかったために大勢の方が亡くなったことについてふれている。

*認知メカニズム＝ものごとを正しく理解したり判断したりして適切に実行するための機能。

*オオカミ少年＝イソップ物語の登場人物。何度もオオカミが来たとうそをついたために本当にオオカミが来たときには誰も信じなかったという話。

*脆弱＝もろくて弱いこと。

問一 [1]～[5]にあてはまる言葉として、最も適切なものを次から一つずつ選び、それぞれ記号で答えなさい。

ア したがって　**イ** しかし　**ウ** なぜなら

エ たとえば　**オ** あるいは　**カ** ところで

キ つまり　**ク** ただし

問二 ――A「受身」と反対の意味で用いられている言葉を、文章中より漢字三字で抜き出して書きなさい。

問三 ――B「ながら」と意味・用法が同じものを次から一つ選び、

「自分だけは大丈夫《だいじょうぶ》」あるいは「まさか自分に被害が及《およ》ぶはずはない」と思うことです。[2]、自分が暮らす地域に津波警報が出されても、「ここまでは来ないだろう」と根拠《こんきょ》なく思う心理です。結果、逃げ遅《おく》れて溺死《できし》する可能性が生じます。

ただ正常性バイアスは、過剰《かじょう》な心配を平常の感覚に戻《もど》すための＊認知メカニズムの働きであり、人間にとって正常な知覚でもあります。散歩をするたびに、横の道路を走る自動車がガードレールを飛び越えてぶつかってくるのではないか、などといつも心配していたら、日常生活は送れません。過敏な状態に陥らないために、正常性バイアスは必要です。

しかし災害時は、この正常性バイアスが良くない働きをしてしまうことがあります。災害時に正常性バイアスに陥らないためにも、大地震や津波、噴火《ふんか》についての正しい知識を持ち、諸々《もろもろ》のシミュレーションをおこなっておくことが大切です。

たとえば、都会の地下街を歩いているときに大地震が発生すれば、一刻も早く地上に出なくてはなりませんが、地下は揺《ゆ》れが地上よりも少なく、安全だという思い込みがある方もいるかもしれません。

確かに揺れに関しては構造的にも安全性は高いでしょう。[3]、実は東京や大阪などの低地に津波が押し寄せると、水が怒濤《どとう》のように地下街に流れ込み、人は階段ものぼれなくなり、溺《おぼ》れ死んでしまう可能性があります。「津波は何度も来る」「後に来る波のほうが大きいこともある」といった知識も重要です。

そのようなときに、異常事態に気づかなかったり（「同化性バイアス」が働く）、周囲の人たちが動かないので自分も同じように振《ふ》る舞《ま》ったり（「同調性バイアス」が働く）したら、命取りになります。

同化性バイアスも同調性バイアスも、ともに正常性バイアスを支える要素です。同化性バイアスとは、周りの環境《かんきょう》や事態にみずから同化することで異常事態や心的危機を回避する働きで、日常世界においては心身の安定を図るために必要です。【エ】

同調性バイアスは、周囲の人の価値観や感覚に行動や思考を同調させる働きで、「空気を読む」能力でもあるので、集団生活のなかではある程度求められます。ところが有事の際に、こうした心の働きに左右されてしまえば、文字通り、命が危機にさらされるのです。

⑤普段《ふだん》からさまざまな災害へのシミュレーションを試みておくことも大切です。知識だけがあっても、長いあいだ意識することがなければ、せっかくの知識を役立てられないからです。

たとえば、直下型地震が発生したとき高層階で仕事中だったら、[4]人混みのなかにいたら、どのルートで逃げるのか。歩道を歩いているときにビルからガラスや看板が落ちてきたらどうやって身を守るか。地下鉄に乗っていたらどうするか、などの場面ごとにシナリオを作っておきましょう。

多くの人は、緊急事態が発生すると茫然《ぼうぜん》自失して、判断を停止してしまいます。「凍《こお》りつき症候《しょうこう》群」と呼ばれる状態ですが、その結果、動けない時間が長くなればなるほど逃げ遅れてしまいます。

２００１年にアメリカで起きた同時多発テロ事件（いわゆる「9・11」）の際、1機目のジェット機が激突したビルよりも、2機目に激突されたビル内にいた人たちのほうが、迅速《じんそく》な避難ができました。最初のビルにいた人たちが、突然の事態に立ち往生してしまったのに対し、次のビルにいた人たちは少し前に起きた様子を見ていて、何が起きたのか理解できたからです。

04年12月に発生したスマトラ島沖地震で巨大津波が押し寄せたときも、波が目前に迫《せま》ってきているにもかかわらず走り出すことすらできなかった人が大勢いました。

緊急時には、1分1秒の判断の遅れが命取りになります。「人は凍きても不思議ではありません。［ 1 ］、地震が必ず来るという前提で、身の回りに対する準備を始めてほしいのです。

減災を成功させるために必要なことは、「たったいま、自分ができることから始める」です。誰《だれ》かの指示を待って、それに従って行動すればよい、というA受身の考え方ではいけません。非常時になってから行動を起こせばよい、という姿勢も違います。

専門家は綿密なシミュレーションや過去の事例に基づいて、有益な情報を多く発信しています。それらの情報を十分に参考にしBながら、自分たちが日常できることから開始してください。

ここで私はよくC質問を受けます。

「やる必要があるのは重々承知しているのですが、いそがしい日々の中でいつも後回しになってしまうので、どうしたらいいでしょうか」

私の回答はこうです。

「自分の誕生日とか、防災の日の9月1日とか、まず日を決めて始めることです」

何をきっかけにしても良いので、その日に防災グッズを揃《そろ》えるとか、賞味期限の近い非常食を交換《こうかん》するとかします。これに関してはネット検索《けんさく》すると、たくさんの人が面白いアイデアを提供しています。

大災害が過ぎた後にも、災害に向けた準備をおこたりなく続けることは、難しいことです。「［ ① ］」の喩《たと》えがある通り、長年にわたって地震や津波《つなみ》に対して自発的に準備しつづけることは、不可能に近いかもしれません。

ここには、②教育にかかわる根本的な問題が横たわっています。すなわち、「教えること」だけではなく、「実行させること」や「自発的に続けさせること」のためには、情報の伝達とは次元の違うプログラムを、専門家の側で用意する必要があります。

後者を可能にするようなシステムを前もって作っておかないと、本当の減災にはつながりません。このような本質的な問題を、私自身も「3・11」以降に、明確に意識するようになりました。

いかに正しい知識でも、それをそのまま伝えるだけでは人がなかなか行動してくれないのは、阪神《はんしん》・淡路《あわじ》大震災でも、東日本大震災でもまったく同様でした。「3・11」では、海で巨大地震が発生しているのに、津波襲来《しゅうらい》の前に高台へ逃げなかった方が大勢いたのは＊先述した通りです。人々に避難《ひなん》行動を起こしてもらうことは、想像を超《こ》えて難しいのです。

③このような経験を重ねたことで、私は市民一人ひとりの「自発的な行動喚起《かんき》」をより重視する立場へと移っていきました。市民同士による自発的な減災活動が継続するために何をすれば良いかを、いっそう考えるようになったのです。【イ】

「3・11」でも、専門家に頼らずに行動して救命に成功した例はいくつもあります。こうした人たちは、まず「自分たちでできること」から始めていました。そういう行動が、結果として大切な命を守ることにつながったのです。お上《かみ》の指示を待っているだけでは、命は守れないのだということを忘れないでほしいと思います。【ウ】

どうしたら人は、自発的な行動を起こせるようになるでしょうか。「頑張《がんば》る」「努力する」といった精神論を持ち出しても、本質的な解決にはなりません。自発的な行動を成功させるためには、まず自然災害に際して人間がどのような行動を取りやすいかについて、知っておく必要があります。

心理学や社会学の面では、災害時の行動に関する数多くの研究があります。馴染《なじ》みのない現象が突発《とっぱつ》的に起きたときに人々が陥《おちい》りやすい行動を分析《ぶんせき》すると、④心理学用語で「正常性バイアス」と呼ばれる心のあり方が影響《えいきょう》していることがわかります。

正常性バイアスとは、非常事態が起こっているにもかかわらず、としなければいけないということ。

ウ　将来も早緑と仲良くしたいのであれば、自分の気持ちや思いを大切にする一方、余裕《よゆう》があれば早緑の思いを汲《く》み取り、希望をかなえてあげなければならないということ。

エ　今後、自分がひとりぼっちにならないためには、周りにいる人のようすや気持ちに敏感《びんかん》になり、自分から手をさしのべるなど、打算的な部分も必要だということ。

オ　この先、早緑といっしょに成長をとげていくためには、自分が努力するだけではなく、早緑の努力する姿勢もしっかりと見ておかなければいけないということ。

問十二　この文章の表現について説明したものとして最も適切なものを次から一つ選び、記号で答えなさい。

ア　「去年の二学期。十月の半ばのことだ」や「春なんて、とっくに通りすぎていた」などのように時系列にそってできごとが描写《びょうしゃ》されることで、「私」と「早緑」の心の成長の過程がとらえやすくなっている。

イ　「あの子」や「ウサギ王子」、「幽霊部員」といった形で登場人物をあいまいに表現することで、「私」や「早緑」、「黒野」などの主要な登場人物に対する読者の想像力をかきたてるよう工夫《くふう》している。

ウ　短文かつ「！」「？」「……」などの記号を多用することで話に抑揚《よくよう》をつけていることにくわえ、たたみかけるような展開もあいまって、読者を物語の世界に引きつけることに成功している。

エ　場面によって「私」「早緑」「黒野」それぞれの視点から物語を展開し、各人の思いや行動の意図が明らかになることで、物語の謎《なぞ》が少しずつ解き明かされていくといった、巧妙《こうみょう》なしかけが盛り込《こ》まれている。

オ　「いつのまにか、公園から子どもたちはいなくなっていた」や「季節はかがやくばかりの初夏だ」などのような印象的な情景描写を多く用いることで、そのときどきの「私」の心情を暗示的に表現している。

三　次の文章を読んで、あとの問いに答えなさい。問いの中で字数に指定のあるときは、特に指示がないかぎり、句読点や符号もその字数に含めます。

　自然が引き起こす巨大《きょだい》な災害を、人間が完全に防ぐことはできません。つまり、よく考えれば「防災」には限界があるのです。これはいわずもがなですが、ともすれば防災という言葉が一人歩きし、災害を100％克服《こくふく》しなければならないと考えがちです。しかし、科学的にも予算的にも、災害を完全に防止することは不可能です。

　現実には、災害をできる限り減らすこと、すなわち減災しかできません。このことをぜひ念頭に置いてほしいと思います。

　このような減災重視の考え方は、とくに「＊3・11」の後に一般《いっぱん》の人々にも広まりました。自然の営為《えいい》に人間はどこまで対応できるのかについて、現実的に考えるようになりました。

　いま、さまざまなメディアで地震《じしん》発生確率が話題になっています。そこで登場する個々の数字は、科学的な＊シミュレーションに基づいて計算された数値です。ところが私が見ている限り、その発生確率に関心を持つ多くの人々は、最新の数値を知ることに＊汲々《きゅうきゅう》としているようにも感じられます。【ア】

　大切なことは、数字に一喜一憂《いっきいちゆう》することではなく、自分の行動を変えることができるかどうか、です。直下型地震など巨大災害はいつ起かをしてしまったあの日、勝手に勘違《かんちが》いをして「私」に不快な思いをさせてしまった自分に全面的に否があることを認め、心から謝罪をしようとの思いを強くしている。

イ　他人行儀《ぎょうぎ》な「私」の言葉に少々不可解さを覚えながらも、今回仲直りをしておかなければこれから先、二度とチャンスが訪《おとず》れないであろうことにあせり、どうにか「私」の気持ちをつなぎとめたいとの思いを強くしている。

ウ　しらじらしい言葉でその場をとりつくろおうとする「私」と自分との間に心のへだたりがあることを感じながらも、仲たがいの原因を冷静に一つひとつ確認《かくにん》し合いながら、「私」との不仲を解消しようとの思いを強くしている。

エ　取ってつけたような「私」の言葉にこたえるのももどかしく、けんかしたときのことも含めて、そのころにあったことや、自分が感じていた正直な気持ちをありのまま「私」に伝えたいとの思いを強くしている。

オ　相手の機嫌《きげん》を取ろうとする「私」の言葉にこたえる気はなく、「私」の心ない言葉によって自分が傷つけられ、結果的に陸上への情熱が完全に失われてしまったことへの憤《いきどお》りを伝えたいという気持ちを強くしている。

問八　――④「六花には言えなかった。そんなこと、ぜったい言えなかった」とありますが、なぜですか。「そんなこと」の内容を明確にしながら、四十五字以上五十五字以内で書きなさい。

問九　――⑤「そんなことを言う資格、ひとつもないのに」とありますが、「私」がこのように考えたのはなぜですか。その理由の説明として、最も適切なものを次から一つ選び、記号で答えなさい。

ア　自分だけが早緑に傷つけられたと思っていたのに、早緑もまた自分と同じように傷ついていたことを思いがけず知らされたから。

イ　意図しなかったこととはいえ自分が早緑を傷つけていたくせに、早緑の気持ちも考えず一方的に早緑のことを非難していたから。

ウ　知らなかったとはいえ早緑のことを傷つけてしまったのなら謝罪したいと思っているのに、先に早緑に謝罪されてしまったから。

エ　早緑が自分のことを傷つけてしまったことを懸命に謝罪してくれているのに、ただ自分が恥《は》ずかしくて泣き出してしまったから。

オ　自分が早緑のことを傷つけたのではないかとうすうす感じながら、その気持ちを心の底におしやって早緑を悪者にしていたから。

問十　――⑥「一年の三学期に、決めたの」とありますが、「早緑」は具体的にはどのようなことを決めたのですか。次の文の[　　]にあてはまる言葉を、三十字以上四十字以内で書きなさい。

●六花に会いに行き、ちゃんと話をするのは、自分が[　　　　]ということを決めた。

問十一　――⑦「だれかといっしょにいる未来を描くために、大事なことだって、おなじ」とありますが、どのような意味ですか。その説明として、最も適切なものを次から一つ選び、記号で答えなさい。

ア　このままずっと早緑とよい関係を続けていくためには、自分の気持ちや思いはひとまず抑《おさ》え、早緑のことだけをしっかり見ていかなければいけないということ。

イ　これから先も早緑と親友でいたいのであれば、早緑の気持ちやそのときどきの早緑のようすを気にかけ、理解してあげよう

＊澱＝液体の底に沈《しず》んでたまっているカス。

問一 [1]～[5]にあてはまる言葉として、最も適切なものを次から一つずつ選び、それぞれ記号で答えなさい。

ア あわあわと　**イ** ばさっと　**ウ** めそめそ
エ ざわざわ　**オ** すたすたと　**カ** ぎゅっと
キ くどくど　**ク** とげとげ

問二 ――A「才能」、B「公園」と熟語の組み立てが同じものを次から一つずつ選び、それぞれ記号で答えなさい。

ア 加減　**イ** 暗黒　**ウ** 私営　**エ** 決心
オ 豊漁　**カ** 緑化　**キ** 未知　**ク** 入試

問三 ――C「予防線を張る」、D「癪に障る」の意味として、最も適切なものをあとから一つずつ選び、記号で答えなさい。

C「予防線を張る」
ア 相手を刺激《しげき》しないように、遠回しに欠点を指摘《してき》すること。
イ 事実が正しく伝わるように、詳《くわ》しく説明をくり返すこと。
ウ 足元を見られないように、毅然《きぜん》とした態度でのぞむこと。
エ 後で非難されないように、あらかじめ対策を講じること。
オ 相手が反論できないように、念をおしつつ話し出すこと。

D「癪に障る」
ア おかしくて口元が緩《ゆる》む
イ 気に入らず腹が立つ
ウ うれしくて胸が弾《はず》む
エ 恐《おそ》ろしくて浮《う》き足立つ
オ 意外で頭が混乱する

問四 ――E「一心不乱」と同じ意味を表す四字熟語を次から一つ選び、記号で答えなさい。

ア 理路整然　**イ** 悪戦苦闘《くとう》　**ウ** 無我夢中
エ 七転八倒《ばっとう》　**オ** 終始一貫《いっかん》

問五 ――①「ほんとうの気持ち」とありますが、どのような気持ちのことですか。最も適切なものを次から一つ選び、記号で答えなさい。

ア 美術部の他の部員が自分のせいでやる気を失っていることを悩《なや》ましく思う気持ち。
イ 美術部の他の部員が絵を描くことに喜びを感じていないのを不思議に思う気持ち。
ウ 美術部の他の部員が自分に対しよそよそしく接してくることを悲しく思う気持ち。
エ 美術部の他の部員に対しろくに指導をしない上枝先生をいまいましく思う気持ち。
オ 美術部の他の部員が真剣に絵を描くことに取り組まないことを不満に思う気持ち。

問六 ――②「そのとき、私はようやく、自分の気持ちに気づいた」とありますが、どのようなことに気づいたというのですか。次の文の[Ⅰ]・[Ⅱ]にあてはまる言葉を指定字数に合わせて、文章中から抜《ぬ》き出して書きなさい。

●「私」が絵を描くことに[Ⅰ（二字）]を感じるようになったのは、出会ったばかりの早緑に[Ⅱ（十三字）]をかけてもらい、描いていたシロクマの絵を純粋《じゅんすい》にほめられ、ひとりぼっちだった自分を見てくれる人がいたとわかってうれしかったからだということ。

問七 ――③「毒にも薬にもならないような私の言葉を無視して、早緑は言った」とありますが、このときの「早緑」の気持ちとして、最も適切なものを次から一つ選び、記号で答えなさい。

ア その場にそぐわない「私」の言葉にとまどいながらも、けんそしたら黒野はさ、まぶしそうに六花のほうを見たんだ。
「白岡六花がコンクールで賞をとったのだって、ああやって努力を続けているからだろ」

「だからさ、あたしは思ったの」
公園のすみっこ。並んですわったベンチ。
夕日の光を浴びて、早緑は言った。
「やっぱり、がんばらなきゃだめだ、って。今、ここで逃げたくない。あたしには、まだ六花に話しかける資格がないや、って。そのときの自分は、六花に誇《ほこ》れるような自分じゃなかったから。だから、がんばろう、って。次に六花と話すときは、胸を張れるような自分でいたかったから。そうなりたいと思えたから」
早緑は笑った。きらきらと、かがやくような顔で、笑った。
「それから、すこしずつ、あたし、陸上が好きになった。走ることが、っていうか、走ることに打ちこむ自分のことが、好きになっていた。だから」
涙《なみだ》ですっかり塩っ辛《から》い顔になった私に、早緑は言った。
「だから、今のあたしがあるのは、六花のおかげ」
私はうなずく。「今は、じゃあ、楽しい？」
「うん。すっごく。胸を張って、そう言えるよ。だからさ」
なかなおりしよう。
照れたように、でもまっすぐにそう言った早緑の瞳の色に、私は思いだす。
あの日、早緑が話しかけてくれたときのことを。
そして、ついさっき、ようやく気づいたほんとうの気持ち――私の心をとらえていたシロクマの正体を。

――早緑の「ガハクじゃん！」って言葉がなければ、きっと今の私もないよ。

（中略）

私はスケッチブックを開く。それから、早緑の目をまっすぐ見た。
あの日からずっと、私の心は寒々とした冬の中にあって、だけど、それは私だけじゃなかった。自分の痛みにとらわれて、ひとりぼっちでかなしみに酔《よ》っていた私には、だれよりも大切な人の気持ちが見えずにいた。
ずっとあなたに気づいてほしかった。ほんとうは、私が気づくべきだったのに。
ずっとあなたのことを考えていた。そのくせ、なにもわかっていなかった。
もうやめよう、そういうの。
絵を描くのに大事なのは、よく見ること。
きっと、⑦だれかといっしょにいる未来を描《えが》くために、大事なことだって、おなじ。
「見せたかった絵が、たくさんあるの」
私はそう言って笑う。早緑の肩ごしに、夕日を浴びた山の木々が見えた。
春なんて、とっくに通りすぎていた。
雪解けも、若葉の芽吹《めぶ》きも、すっかり過ぎて、季節はかがやくばかりの初夏だ。

（村上雅郁《むらかみまさふみ》「シロクマを描いて」による）

＊上枝先生＝美術部の顧問《こもん》の先生。

早緑は思いだすような目をした。

「体育館で、剣道部が練習してて。ほら、ウサギ王子とかといっしょに、エビユや本多《ほんだ》くんが大声出しながら竹刀《しない》でばしばしやってて。で、すみっこで、それを見ながらさ、E一心不乱って感じで、六花は絵を描いてた。もうさあ、眼鏡のおくで、目がぎらぎらしてて。あたし、思いだしたんだ」

「なにを?」

早緑は照れたように笑った。

「はじめて、六花に話しかけたときのこと。シロクマの絵がじょうずだねって、ほめたこと。六花の顔がパッと明るくなって、それがびっくりするほどかわいらしくて。友だちになりたいって、思ったこと」

それから私をまっすぐに見て、言った。

「体育館のすみで、そんなことを考えてたら——ほら、おなじクラスのさ、黒野《くろの》っているじゃん? 剣道部の。幽霊《ゆうれい》部員。前髪の長い、ちょっとひねくれた感じのやつ」

黒野くん……私の中で、見えていなかったなにかがつながっていく。

なにも言えないでいる私に、早緑はうなずいた。

「あいつがふらっと歩いてきて、あたしに言ったんだ」

「えらいよな、白岡六花。美術部、ゆるい部活なのに、ひとりだけ毎日スケッチして、先生に意見聞いて。ほかの部員たちに煙《けむ》たがられても、負けないでまじめにやってる」

あたしはうなずいて、ちいさな声で言った。

「……六花は、絵を描くのが、ほんとうに好きだから」

だけど、自分の声が、どこか [5] してる気がして、いやになった。そしたら、黒野のやつ、こんなことを言ったの。

「好きだから努力できるのか、努力できるから好きなのか……鶏《にわとり》が先か卵が先か、みたいな話だよな」

あたし、よくわからなくって。どういうことって、たずねたの。

黒野、笑って言った。

「ほら、好きだから続けられる。だからうまくなるっていうのはたしかにあるけどさ、そもそも、ある程度うまくないと、好きにはなれないじゃん? 自分でへたくそだなあって思って、人から向いてないって言われて、それでも絵を描くのが好きとかさ。ちょっとむずかしいよな。苦手なことに立ち向かうのは、それだけでストレスだろ」

そんなふうに。

その言葉が、すごく響いた。なんだろ、いくら走っても、みんなに追いつけない自分のことを言われているみたいに、思えた。

あたし、なんで走ってるのかな。

急に、そんなことを考えた。走ることが得意だと思ったから? たぶんそう。人よりはちょっぴり、得意だと思ったから。

ほんとはそれほど、好きじゃなかったのに。

「好きなものがない人は、得意なものがない人は、どうしたらいいんだろう……」

言ってから、なんか、情けないなって、自分でも思った。

だけど、黒野は肩をすくめて、こう言ったの。

「べつになくてもいいと思うけど」って。

なにそれ、と思って、あたし、食いさがったの。

「あたしは、ほしいよ。好きなもの。得意なもの」

「じゃあ、そうしたら?」

「え?」

「好きなものがほしい。得意なものがほしい。じゃあ、そのために努力すればいいだろ。ちゃんと、それは努力の理由になるよ」

「だけど、努力すれば……なんとかなるのかな」

た。はずかしかったから。一生懸命《けんめい》、絵を描いて、努力を楽しむことができる六花に、そんなこと、言えなかった。まぶしかったよ。あたしは六花のことが、ずっとまぶしかった……だからさ、あの日。あたし、責められてるような、そんな気がしちゃったんだよ」

――ばかみたい。まじめにやらないなら、やめたらいいのに。

あの日、自分が放った言葉が、どこか遠くで響いた。

早緑はちいさく笑った。ぽつぽつ、抱《かか》えていた気持ちをこぼすように、言葉をつむぐ。

「あたしもさ、意地になっちゃって。あたしのことじゃないのに。六花がきずついていたの、わかっていたのに。でも、あたしもさ、あのとき、ほんとにつらかった。大好きだった友だちに、自分のことを否定されているような、気持ちがしてさ。だから、あんなこと言っちゃった。六花に、ひどい言い方、しちゃった。ほんとうに……」

そう言って、おずおずとこちらを見た早緑の顔が、固まる。

「六花？」

「……ごめん」

「え、いや、ごめんごめん。あの、なに？　泣かないで。ちょっと……あ、ハンカチ」

［4］ポケットをさぐる早緑。私はふるえていた。

景色がにじんで、ぼろぼろとこぼれて、息をするのもつらかった。

なにが、「わかりあえない」だ。

わかろうとしなかったのは、私のほうだった。

自分のことでいっぱいいっぱいで、早緑の気持ち、考えたこともなかった。

さんざん被害《ひがい》者のような顔をしてたくせに、ほんとうに悪いのは私だった。

私、早緑のこと、きずつけてたんだ。

「ほら、ちょっと眼鏡外して。あ、鼻もたれてるよ、もう……」

そう言って、私の顔をハンカチでぬぐう早緑。私はしゃくりあげながら、くり返す。

「ごめん。ごめんね、早緑。ほんとうにごめんなさい……ごめんなさい……」

「ううん、いいから。もういいんだよ。あたしこそ、ごめん……ああ、まずったな。泣かれると思わなかった。っていうか、六花も泣くんだね。はじめて見たよ」

あはは、と軽《かろ》やかに笑う早緑。

なんだろう、私が取り乱したせいで、さっきまで緊張《きんちょう》していた早緑のほうは、かえって落ちついたみたいだった。それがちょっとだけD癪《しゃく》に障《さわ》る。

私はハンカチを顔に押《お》しつけてくる早緑の手をぎゅっとにぎった。

「……もっと、もっとはやく言ってよ」

うらみがましく、私はつぶやく。⑤そんなことを言う資格、ひとつもないのに。

私のせいなのに。

「何度も言おうと思ったよ。だけど、うん……やっぱりさ、こういうのって、しかるべきときってもんがあるじゃん？」

「なに、それ」

ちいさくはなをすする私に、早緑はうなずいた。

「⑥一年の三学期に、決めたの。その日、六花に会いに行こうと思った。ちゃんと、話をしなきゃって。だけど、美術部に行ってもいなくてさ。小畑《おばた》先輩が、体育館に行ったよ、って教えてくれて。で、行ったんだけど、やっぱり話しかけられなかった」

「……『見っけ』って、なんのこと？」
「え？　あ、うん。そうね。あのー、野良《のら》ネコがね、公園にいるって聞いてさ」
ごまかすように笑う早緑。私はうなずいた。
正直ちょっとおもしろかった。でも、どんな顔をしていいかわからない。
「だれに聞いたの？」
「くろ……いや、いいじゃん。そのことは」
早緑、照れているみたい。私はくすんと笑った。
「六花は、どうしたの？　またスケッチしてたの？」
「……しようと思ったけど、気分が乗らなくて」
私の言葉に、早緑は眉間《みけん》にきゅっとしわをよせる。それから、[1]歩いてきて、となりにすわった。カバンをベンチに置いて、足をぱたぱたさせる。
「なんか、ひさしぶりだね」
③毒にも薬にもならないような私の言葉を無視して、早緑は言った。
「六花、やっぱりまだ、部室で絵を描かないんだね」
私はだまっていた。なんて言ったらいいのか、ひとつも思いつかなかった。
しばらくして、早緑は口を開いた。
「あのね、六花。あたしさ、ずっと言いたかったことがあって」
その真剣《しんけん》な声に、覚悟《かくご》を決めたような表情に、さっと心が冷えるのを感じた。無意識に体が[2]縮こまって、ようするに私はこわがっているらしい。
わかったからだ。早緑が、あの日の続きを話そうとしているって。
逃《に》げだそうかと、一瞬《いっしゅん》思った。
このまま立ちあがって、ふり返らずに立ち去ってしまおうか、と。

だけど……。
――じゃ、なかなおりのチャンスが来たら、逃《のが》すんじゃないぞ。
「……なに？」
しぼりだした声はかすれていた。早緑はうなずく。
「あの、こんなこと今言ってもしょうがないのかもしれない。六花のこと、こまらせたらごめん。でも、言わなきゃって、ずっとずっと、そう思ってた」
何重にもC予防線を張るように前置きをしてから、早緑はためらいがちに言った。
「あたしさ……ほんとのこと言うと、毎日泣いてたんだ。あのころ」
泣いてた？
「……私とけんかしてから、ってこと？」
早緑は首を横にふった。
「ううん、ちがうちがう。そうじゃなくて、そのまえから」
「そっか……うん」
ちょっぴり期待して、それからがっかりした自分が、ひどくはずかしい。
って……え？
「私とけんかする、まえ？」
早緑はうなずく。
「陸上部の練習が、いやでいやで。みんな、あたしよりずっと足が速くてさ。練習もきつくて、ぜんぜんついていけなかった。先輩《せんぱい》こわいし。しょっちゅうおこられてたし。ほんと、毎日毎日、つらくてしょうがなくて。家で[3]泣いてたの」
私はとなりを見た。なつかしい、早緑の横顔。遠くを見つめる黒い瞳《ひとみ》。
「でも、④六花には言えなかった。そんなこと、ぜったい言えなかっショックだった。それから、怒《いか》りがわいてきた。
でも、何度説明しても、早緑はわかってくれなくて。
それどころか、どんどんふきげんになっていって。
「いいよね、白岡画伯《がはく》は」
最後に、早緑は言った。
「好きなことがちゃんとあって。得意なことがちゃんとあって。幸せじゃん、それ」
早緑のその言葉で、そのときの表情で。
私にはわかった。わかりたくなかったけれど。
私たちは、おたがいにわかりあえないんだってことが、わかってしまった。
帰り道のとちゅう、私はコンビニの向かいにあるB公園に立ちよった。
通学路にあるこの公園には、小学校のころからよく来る。まえは、あの子もいっしょに。いっしょじゃなくなった今でも、ときどき。すみっこにあるベンチに腰《こし》かけて、遊んでいる子たちをぼんやり見て、気が向けばスケッチもする。
すべり台で遊んでいるちいさな子。そのむこうの広場で、キャッチボールをしている小学生たち。
スケッチブックを広げて、でも、鉛筆《えんぴつ》をにぎる手に力が入らなかった。
「……好きで、絵を描いているだけ」
ひとり、ちいさくつぶやく。
それだけなのに、どうして責められないといけないのだろう。
私は絵を描くのが好きで、得意で、それは才能とか、努力とか、いろいろな言葉で表されるかもしれないけど、少なくともなにかしらの価値があるもので、あの子が言うように、幸せなことにはちがいない。
だけど、絵を描くのがいくら幸せだって、いつも楽しいわけじゃない。苦しいときだってある。さびしいときだってある。
そんな気持ちを分かちあいたいと思うのは、欲張りなのかな。好きなことがあるっていうだけで、満足しないといけないのかな。
それ以上のことを望んではいけなかったのかな……。
いつのまにか、公園から子どもたちはいなくなっていた。
私はベンチの上でひざを抱《だ》いた。目をつぶって、ちいさく息を吐く。
そもそも、どうして絵を描くのが幸せだって、思ったんだっけ。
私はどうして、絵を描いているんだっけ……。
——え、なんでこんなじょうずに描けるの？　ガハクじゃん！
脳裏に響《ひび》くあの日の声。そっと、眼鏡《めがね》のつるに手をふれる。
②そのとき、私はようやく、自分の気持ちに気づいた。
「見っけ！　って、あれ……？」
そんな声がして、私は顔をあげた。心臓が止まるかと思った。
「おかしいなあ。いたと思ったんだけど」
そう言いながら、すべり台の下をのぞきこむポニーテール。
思わず、声がもれた。
「早緑……？」
結《ゆ》わえた髪《かみ》がなびく。ふり返った早緑の目が、びっくりしたように大きくなる。
「六花」
沈黙《ちんもく》があった。
早緑は気まずそうだった。そうだろうな、と私は思う。私だって気まずい。だけど、いつまでもだまっているわけにはいかない。おずおずと、こんなことをたずねた。

2024年度

専修大学松戸中学校

【国　語】〈第二回試験〉（五〇分）〈満点：一〇〇点〉

一　次の――線の漢字の読みをひらがなで書き、――線のカタカナは漢字に直して書きなさい。

① 思いがけぬ結果に天を仰ぐ。
② 事件の発端についてたずねる。
③ 進物用のお菓子《かし》を買いに出かける。
④ 乙女が主人公の物語を読む。
⑤ 今までの記録をヤブって優勝する。
⑥ 委員長の的をイた意見に全員が納得《なっとく》する。
⑦ 二つの役職をケンムする。
⑧ 休みを利用してトウジに出かける。
⑨ 傷《いた》んだ外壁《がいへき》をホシュウする。
⑩ 正規の運賃とのサガクを支払《しはら》う。

二　次の文章を読んで、あとの問いに答えなさい。問いの中で字数に指定のあるときは、特に指示がないかぎり、句読点や符号《ふごう》もその字数に含《ふく》めます。

新船《あらふね》中学の二年生である「私（白岡六花《しらおかりっか》）」は、クラスになじめず絵を描《か》いてばかりいた小学五年生のころ、自分に声をかけてきてくれた春山早緑《はるやまさみどり》と親しくなって以来ずっと仲良くしていたが、ある日、ちょっとしたすれちがいが原因で仲たがいすることになる。

去年の二学期。十月の半ばのことだ。

それまで、私と早緑は、まだいっしょにいた。クラスはちがったけれど、私は早緑の部活が終わるのを待って、いっしょに帰った。

きっかけは、部活のぐち――ほんとうに、ささいなこと。

いやなことがあって。それを友だちに聞いてもらって。そうして、なんとなくすっきりする。そんなの、だれだってしていること。とくにめずらしくもない、ふつうのこと。

なにも特別じゃない。日常のひとコマ。

＊上枝《かみえだ》先生には言えなかった①ほんとうの気持ち。ずっとがまんして、のみこんで、黒々とした＊澱《おり》のようにたまっていた感情。私はそれを、早緑に聞いてほしかった。

あの子なら、いっしょにおこってくれると、そう思ったから。

「……どうしてみんな、ちゃんと絵を描かないんだろう」

私は美術部でのことを話して、最後にこう言った。

「ばかみたい。まじめにやらないなら、やめたらいいのに」

それ、ほんとひどい――そう言ってくれると思った。

六花は悪くないって。なにもまちがってないって。なぐさめてくれるって、励《はげ》ましてくれるって、信じていた。

だけど、そうじゃなかった。早緑はいやそうな顔で、吐《は》きすてるみたいに言った。

そんなの、しょうがないよって。

「だって、六花みたいに、A才能がある子ばっかりじゃないでしょ？」

「だれだってさあ、どうしても勝てない人を見たら、やる気もなくなっちゃうよ」

そう言って、早緑は美術部の子たちの肩《かた》を持った。私の味方じゃなくて、あの子たちの味方をした。あの子たちがまじめにやっていないのは、私のせいみたいな、そんな言い方をして、私のことを責めた。

2024年度

専修大学松戸中学校 ▶解説と解答

算　数 ＜第２回試験＞（50分）＜満点：100点＞

解　答

1 (1) 13　(2) 2　(3) $\frac{3}{4}$　(4) 1012　2 (1) 1.2　(2) 1.5　(3) 300　(4) 20　(5) 68　3 (1) 20個　(2) 90面　4 (1) 8分後　(2) 72分後　5 (1) 30通り　(2) 16.775cm^2　6 (1) 9時21分　(2) 4人　(3) 9時33分　7 (1) 96　(2) 210

解　説

1 四則計算，逆算，計算のくふう

(1) $25-\{32\div(27-19)\}\times3=25-(32\div8)\times3=25-4\times3=25-12=13$

(2) $\left(\frac{1}{10}+\frac{1}{15}\right)\div\left(\frac{1}{20}+\frac{1}{30}\right)=\left(\frac{3}{30}+\frac{2}{30}\right)\div\left(\frac{3}{60}+\frac{2}{60}\right)=\frac{5}{30}\div\frac{5}{60}=\frac{1}{6}\div\frac{1}{12}=\frac{1}{6}\times\frac{12}{1}=2$

(3) $\left(1.2-\frac{3}{5}\div\square\right)\times0.8=\frac{8}{25}$より，$1.2-\frac{3}{5}\div\square=\frac{8}{25}\div0.8=\frac{8}{25}\div\frac{4}{5}=\frac{8}{25}\times\frac{5}{4}=\frac{2}{5}$，$\frac{3}{5}\div\square=1.2-\frac{2}{5}=\frac{6}{5}-\frac{2}{5}=\frac{4}{5}$　よって，$\square=\frac{3}{5}\div\frac{4}{5}=\frac{3}{5}\times\frac{5}{4}=\frac{3}{4}$

(4) $A\times B+A\times C=A\times(B+C)$であることを利用すると，$20.24\times35+520\times2.024-202.4\times3.7=20.24\times35+520\times0.1\times20.24-20.24\times10\times3.7=20.24\times35+52\times20.24-20.24\times37=20.24\times(35+52-37)=20.24\times50=1012$

2 単位の計算，表とグラフ，約数と倍数，周期算，分配算

(1) 1m＝100cmより，0.8m×(60cm＋90cm)＝0.8m×150cm＝0.8m×1.5m＝1.2m^{2}となる。

(2) 全体の人数は，3＋12＋8＋5＋2＝30(人)だから，少ない方からかぞえて15番目の台数と16番目の台数の平均が中央値になる。また，0台の人と1台の人の合計は，3＋12＝15(人)なので，少ない方からかぞえて15番目の台数は1台，16番目の台数は2台であり，その平均(中央値)は，(1＋2)÷2＝1.5(台)と求められる。

(3) A，Bを15で割った商をそれぞれ□，△とすると，右の図1のように表すことができる。ここで，AとBの最大公約数が15だから，□と△の間には1以外に公約数がない。また，AとBは2けたの整数なので，99÷15＝6余り9より，□と△は6以下とわかる。さらに，AとBの和は135だから，□＋△＝135÷15＝9である。よって，考えられる□と△の組み合わせは4と5なので，AとBの最小公倍数は，15×4×5＝300と求められる。

図1

15) A　B
　　□　△

(4) はじめに9月1日の曜日を求める。7月19日から9月1日までの日数は，(31−19＋1)＋31＋1＝45(日)であり，45÷7＝6余り3より，これは6週間と3日とわかる。したがって，ある年の7月19日が月曜日のとき，同じ年の9月1日は水曜日になるので，1(水)，2(木)，3(金)，4(土)，5(日)，6(月)より，この年の9月の第1月曜日は6日とわかる。よって，6＋7＋7＝20

(日)より，この年の敬老の日は９月20日と求められる。

(5)　三角形の内角の和は180度だから，角Ｂの大きさを①として図に表すと，右の図２のようになる。図２から，②＋①＋③＝⑥にあたる角の大きさが，180－６＋12＝186(度)とわかるので，①にあたる角の大きさは，186÷６＝31(度)と求められる。よって，角Ａの大きさは，31×２＋６＝68(度)である。

図２

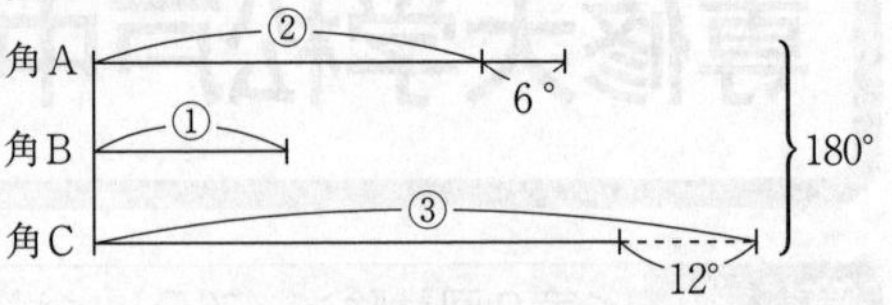

3 立体図形―構成

(1)　並んでいる積み木の数は，上の段から順に，１個，１＋２＝３(個)，３＋３＝６(個)，６＋４＝10(個)である。よって，全部で，１＋３＋６＋10＝20(個)とわかる。

(2)　真上，正面，右横から見える面の数はそれぞれ10面だから，赤くぬった面の数は，10×３＝30(面)である。また，１個の積み木には６つの面があるので，面の数は全部で，６×20＝120(面)となる。よって，赤くぬられていない面の数は，120－30＝90(面)と求められる。

4 旅人算

(1)　ＡがＣをはじめて追いこしたときのようすを図に表すと，右のようになる。この１分後にＡがＢを追いこすから，このときのＡとＢの間の長さは，(240－80)×１＝160(m)とわかる。すると，このようになるのはＢがＣよりも160m多く進んだときなので，出発してから，160÷(80－60)＝８(分後)と求められる。

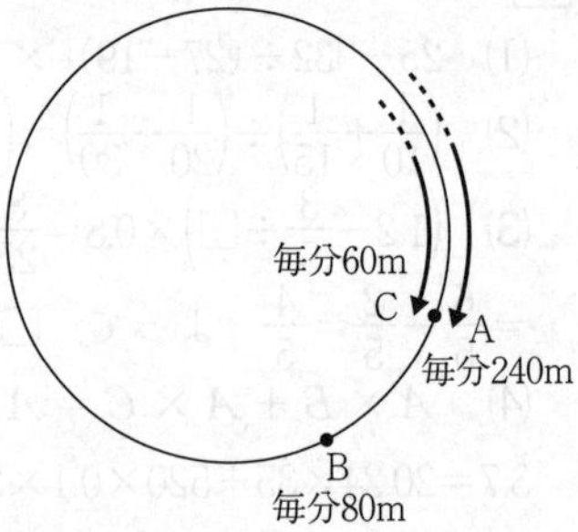

(2)　ＡとＣが８分で進んだ道のりの差は，(240－60)×８＝1440(m)だから，この池のまわりの長さは1440mである。よって，ＢがＣをはじめて追いこすのは出発してから，1440÷(80－60)＝72(分後)とわかる。

5 平面図形―構成，場合の数，面積

(1)　問題文中の図３のようになってはいけないから，半径の和は５cmになる。そこで，１，２，３，４の和が５になる組み合わせを調べると，右の図①の６通りあることがわかる。たとえばウの場合，ＰからＱに向かってつなぐ順番は，１cm→１cm→３cm，１cm→３cm→１cm，３cm→１cm→１cmの３通りある。また，最初に使う弧《こ》の向きは２通りあるが，その次に使う弧の向きは自動的に決まるから，ウの場合のつなぎ方は，３×２＝６(通り)とわかる。同様に考えると，アの場合の順番は１通り，イの場合の順番は４通り，ウ，エの場合の順番はそれぞれ３通り，オ，カの場合の順番はそれぞれ２通りあるので，全部で，(１＋４＋３＋３＋２＋２)×２＝30(通り)と求められる。

図①

ア　{1cm，1cm，1cm，1cm，1cm}
イ　{1cm，1cm，1cm，2cm}
ウ　{1cm，1cm，3cm}
エ　{1cm，2cm，2cm}
オ　{2cm，3cm}
カ　{1cm，4cm}

(2)　ア～カのつなぎ方はそれぞれ下の図②のようになる。図②で，ア～オの図形は弧の部分のほとんどが点線の右側に含《ふく》まれるから，面積が最も大きくなるのはカの場合と考えられる。カで，半径が４cmの四分円の面積は，４×４×3.14÷４＝12.56(cm^2)，半径が１cmの四分円の面積は，１×１×3.14÷４＝0.785(cm^2)なので，カで弧の右側部分の面積は，12.56＋１×１×５－0.785＝16.775(cm^2)と求められる。

図②

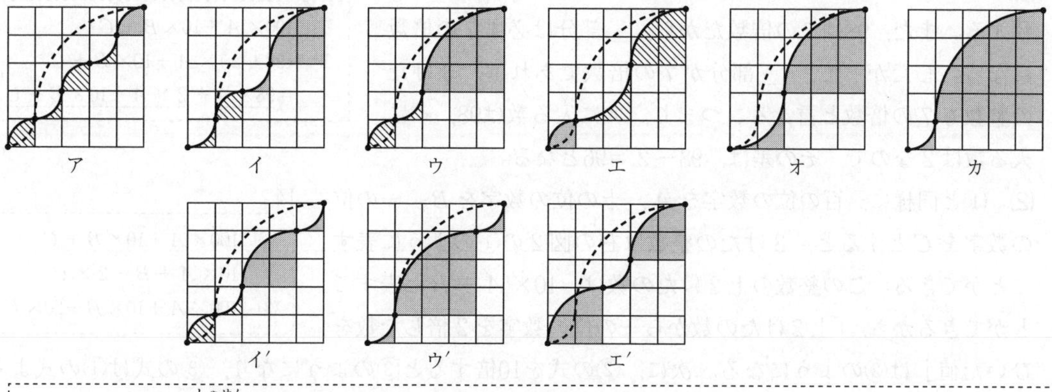

〔参考〕　図②の斜線《しゃせん》部分を組み合わせると正方形になる。また，半径が２cm，３cmの四分円の面積はそれぞれ，２×２×3.14÷４＝3.14(cm²)，３×３×3.14÷４＝7.065(cm²)だから，それぞれの面積は右の図③のように求められる。

図③

ア　12＋0.785＝12.785(cm²)
イ　11＋3.14－0.785＝13.355(cm²)
イ′　11＋3.14－0.785＝13.355(cm²)
ウ　８＋7.065＝15.065(cm²)
ウ′　９＋7.065－0.785×２＝14.495(cm²)
エ　12＋0.785＝12.785(cm²)
エ′　９＋3.14×２－0.785＝14.495(cm²)
オ　10＋7.065－3.14＝13.925(cm²)

[6] ニュートン算

⑴　６か所のゲートを開けたとき，９時から９時11分までの11分で行列の数が，357－170＝187(人)減ったから，１分間に，187÷11＝17(人)の割合で減ったことになる。よって，機械が故障しなかったとすると，行列がなくなるまでに全部で，357÷17＝21(分)かかるので，予定していた時刻は９時21分である。

⑵　実際に行列がなくなった時刻は，９時21分＋24分＝９時45分だから，３か所のゲートだけを開けていた時間は，９時45分－９時11分＝34分である。この間に行列の数が170人減ったので，１分間に，170÷34＝５(人)の割合で減ったことになる。したがって，１分間に行列に加わる人数を①人，１か所のゲートから１分間に入園できる人数を[1]人とすると，右上の式を作ることができる。ここで，アの式からイの式をひくと，[6]－[3]＝[3]にあたる人数が，17－５＝12(人)とわかるから，[1]＝12÷３＝４(人)と求められる。つまり，１か所のゲートから１分間に入園できる人数は４人である。

[6]－①＝17(人)…ア
[3]－①＝５(人)…イ

⑶　９時11分から９時28分までの，28－11＝17(分)は３か所のゲートだけを開けていたので，行列の数は１分間に５人の割合で減る。したがって，17分では，５×17＝85(人)減るから，９時28分の行列の数は，170－85＝85(人)とわかる。その後は６か所のゲートを開けるので，行列の数は１分間に17人の割合で減る。よって，85人の行列がなくなるのに，85÷17＝５(分)かかるから，行列がなくなる時刻は，９時28分＋５分＝９時33分と求められる。

[7] 計算のくふう，条件の整理

⑴　百の位の数字をA，十の位の数字をB，一の位の数字をCとすると，３けたの整数は下の図１のⅠのように表すことができる。この式で100を98と２に分けるとⅡのようになる。Ⅱの式で，

部分は「百の位の数字を２倍した数と下２けたの和」と一《いっ》致《ち》する。また，98は７の倍数だから，＿部分は必ず７の倍数になる。したがって，部分が７の倍数であれば，３けたの整数も７の倍数と言える。つまり，アに入る数は98，イに入る数は２なので，その差は，98－２＝96となる。

図１

Ⅰ　$100\times A+10\times B+C$
Ⅱ　$(98+2)\times A+10\times B+C$
　　$=\underline{98\times A}+2\times A+10\times B+C$

⑵　⑴と同様に，百の位の数字をA，十の位の数字をB，一の位の数字をCとすると，３けたの整数は右の図２の①のように表すことができる。この整数の上２けたの数は，$10\times A+B$と表すことができるから，「上２けたの数から一の位の数字を２倍した数をひいた値」は②のようになる。次に，②の式を10倍すると③のようになり，③の式は①の式よりも，$1\times C+20\times C=21\times C$だけ小さいことがわかる。これは７の倍数なので，③の式の値が７の倍数であれば，①の式の値も７の倍数と言える。ここで，③の式は②の式を10倍したものだから，③の式の値が７の倍数であれば，②の式の値も７の倍数である。したがって，②の式の値，つまり「上２けたの数から一の位の数字を２倍した数をひいた値」が７の倍数であれば，３けたの整数も７の倍数と言える。よって，ウに入る数は10，エに入る数は21なので，その積は，10×21＝210と求められる。

図２

①　$100\times A+10\times B+C$
②　$10\times A+B-2\times C$
③　$100\times A+10\times B-20\times C$

社　会　＜第２回試験＞（30分）＜満点：50点＞

解　答

1　⑴　ア　⑵　エ　⑶　三角州　⑷　イ　⑸　エ　⑹　解体新書　⑺　①　（例）　議会（市議会）を解散する　②　ウ　2　⑴　エ　⑵　ア　⑶　イ　⑷　ウ　⑸　志摩　⑹　A，B，D　⑺　F　⑻　B，C，D　3　⑴　イ　⑵　ウ　⑶　イ　⑷　書院造　⑸　ウ→エ→イ→ア　⑹　東海道　⑺　ア　⑻　エ　4　⑴　ウ　⑵　ウ　⑶　（例）　遼東半島を清に返還すること。　⑷　小村寿太郎　⑸　ア　⑹　ア→エ→ウ→イ　⑺　エ　⑻　ゼレンスキー　5　⑴　介護保険　⑵　①　エ　②　法人税　③　ウ　⑶　国会議員　⑷　①　（例）　衆議院の議決が国会の議決とされる　②　ア　⑸　デフレーション（デフレ）

解　説

1　地形図を題材とした問題

⑴　JRの線路（日豊《にっぽう》本線）の北側には，図書館（🕮），裁判所（⩓），高等学校（⊗），などが見られる。しかし，警察署（⊗）は，線路の南側の国道213号線沿いにある（ア…×）。

⑵　国道212号線と国道213号線沿いには，病院（⊕）はあるが，博物館（⌂）はない（エ…×）。

⑶　「小祝」地区は，山国川と中津川にはさまれた中州で，これは山国川の上流から運ばれた土砂が堆積《たいせき》してできた三角州（デルタ）と考えられる。平たんな土地で水もちが良いため，水田に利用されることが多い。なお，川が山間部から平地に出るところに土砂が堆積してできた傾斜《けいしゃ》のある地形は扇状地《せんじょうち》であり，水はけがいいため畑作や果樹栽培《さいばい》に利用されることが多い。

⑷　天橋立《あまのはしだて》は京都府の日本海側にあり，全長3.3kmの砂州に5000本以上の松が生いしげる珍しい景観である。松島(宮城県)，宮島(広島県)とともに，「日本三景」に数えられる(イ…×)。なお，エの東尋坊《とうじんぼう》は福井県北部の海岸線に約１kmにわたって続く大規模な断崖で，国の天然記念物に指定されている。

⑸　福沢諭吉は貴族院議員を務めていない。また諭吉は政治家としてではなく教育と著述活動によって民間への啓蒙を広めていった(エ…×)。

⑹　前野良沢は活躍《かつやく》した時期が異なるが，諭吉と同じ豊前《ぶぜん》中津藩(大分県)の藩医で，若狭小浜藩(福井県)の藩医・杉田玄白らと協力し，オランダ語の解剖医学書『ターヘル・アナトミア』を苦心の末，翻訳した。この翻訳書は，玄白が『解体新書』として1774年に刊行した。

⑺　①　市議会において，３分の２以上が出席し，出席議員の４分の３以上の賛成で市長の不信任案を可決したとき，市長は市議会を解散することができる。　②　市長や市議会議員の解職請求(リコール)では，有権者の３分の１以上(人口が40万人を超えない場合)の署名をもって選挙管理委員会に請求する。中津市の有権者数は約69000人なので，必要な署名数は，69000÷３＝23000(人)以上になる(ウ…○)。なお，条例の制定や改廃，監査の請求に必要な署名数は有権者の50分の１以上となる。

2　近畿地方の各府県についての問題

⑴　表中のAは兵庫県で，貿易港の神戸港はプラスチックや建設・鉱山用機械が輸出品の上位を占める(エ…○)。なお，アは成田国際空港(千葉県)，イは名古屋港(愛知県)，ウは横浜港(神奈川県)の輸出品目である(2021年)。

⑵　表中のCは海面漁業漁獲《ぎょかく》量の統計がないことから内陸県の滋賀県か奈良県であると考えられる。滋賀県南部の甲賀《こうか》市信楽町《しがらきちょう》は，伝統的工芸品の「信楽焼」の産地として知られる(ア…○)。なお，イの「備前《びぜん》焼」は岡山県，ウの「越前《えちぜん》和紙」は福井県の伝統的工芸品，エの「丹後《たんご》ちりめん」は京都府の特産品である。

⑶　表中のDは面積と人口から大阪府と判断できる。大阪府庁所在地である大阪市の南には堺《さかい》市が隣接《りんせつ》しているが，堺市の人口は約82万人である(2023年)(イ…×)。なお，アについて，日本では堺市と三条市(新潟県)，関市(岐阜県)が古くから刃物の産地として知られている。ウについて，堺市の商人が種子島でいち早く鉄砲製造技術を習得したことや火薬の原料の輸入に適した港があったことなどから鉄砲の産地となった。エについて，堺市の東西南北約４kmにわたって広がる古墳群は「百舌鳥《もず》・古市古墳群―古代日本の墳墓群―」として2019年に世界文化遺産に登録された。日本最大の前方後円墳として知られる仁徳天皇陵(大仙)古墳をはじめとした古墳が残されている。

⑷　内陸県のCとFのうち，Fの方が製造品出荷額等が少ないことから奈良県であると判断できる。円グラフのF(奈良県)や福岡県，岐阜県で共通して収穫《しゅうかく》量が多い果物はかきなのでEは和歌山県である(2022年)(ウ…○)。なお，和歌山県は「フルーツ王国」と呼ばれ，かきのほか，みかんやうめの収穫量も全国一である。

⑸　表中のGは，漁獲量の多さから三重県であると判断できる。県中部の志摩半島南側の沿岸はリアス海岸になっていて，真珠の養殖がさかんに行われている。また，2016年にＧ７(主要国首脳会議)伊勢志摩サミットが開催された。

⑹　これまで出てこなかった表中のBは，京都府である。近畿地方の２府５県のうち，政令指定都

市があるのは，Ａの兵庫県(神戸市)，Ｂの京都府(京都市)，Ｄの大阪府(大阪市・堺市)である。

(7) 近畿地方の最高峰の八剣《はっけん》山(八経ヶ岳《はっきょうがたけ》，標高1915m)は紀伊山地の一角で，所在は奈良県である。

(8) 琵琶《びわ》湖を水源とする淀《よど》川(全長75km)は，Ｃの滋賀県からＢの京都府を流れ，Ｄの大阪府で大阪湾に注ぐ。

3 絵画をもとにした歴史についての問題

(1) 平治の乱(1159年)は平清盛が源義朝を破った戦いで，勝利した清盛は1167年に武士として初めて太政大臣になり，政治の実権を握った(イ…〇)。なお，アは保元の乱(1156年)，ウは1180～85年の源平の争い，エは承久の乱(1221年)についての説明である。

(2) 一遍《いっぺん》は鎌倉時代の僧で，諸国を遊行《ゆぎょう》して踊《おどり》念仏を広め，時宗を開いた(ウ…〇)。なお，アの浄土宗は法然，イの浄土真宗は親鸞《しんらん》が開き，エの臨済《りんざい》宗は栄西《えいさい》が伝えた。

(3) 鎌倉時代に西日本を中心に始まった二毛作は，室町時代になると東日本へも広まり，農業生産力が向上した(イ…〇)。なお，アの田植えが広まったのは弥生時代，ウの商品作物が広まったのと，エの新しい農具が使われるようになったのは江戸時代である。

(4) 室町幕府第８代将軍の足利義政は，京都東山に銀閣(慈照寺)を建てたが，一部に和風住宅の原型となる「書院造」が取り入れられている建物として知られる。

(5) アは1592～93年(文禄《ぶんろく》の役)・1597～98年(慶長《けいちょう》の役)，イは1582年，ウは1573年，エは1577年のことなので，年代の古い順に，ウ→エ→イ→アとなる。

(6) 江戸時代，江戸日本橋を起点として「五街道」が整備され，江戸と京都を太平洋側で結ぶ道である東海道には，江戸防衛という目的から川に橋がかけられなかった。中でも，大井川は難所とされ，川越人足《かわごしにんそく》にかつがれてわたることになっていたので，大雨で水位が増すと川止めとなり，しばしば交通が途絶《とぜつ》した。そのため，「箱根八里は馬でも越《こ》すが，越すに越されぬ大井川」などといわれた。なお，五街道はこのほか，中山道《なかせんどう》・甲州《こうしゅう》街道・日光街道・奥州《おうしゅう》街道がある。

(7) 東洲斎写楽《とうしゅうさいしゃらく》は江戸時代後半の化政文化で活躍した浮世絵師で，歌舞伎の役者絵を得意とした(ア…〇)。

(8) 滝廉太郎《たきれんたろう》は明治時代に活躍した作曲家で，西洋音楽を学び，「荒城《こうじょう》の月」「箱根八里」などの作品を残した(エ…〇)。なお，アの高村光雲は明治～昭和時代の彫刻《ちょうこく》家，イの山田耕筰《こうさく》は大正～昭和時代に活躍した作曲家，ウの島崎藤村は明治～昭和時代の小説家・詩人である。

4 近現代の外交関係に関する問題

(1) 老中・松平定信の寛政の改革では，ききんに備えて米を蓄《たくわ》えさせる囲い米の制が行われた(ウ…〇)。なお，アの貿易の奨励《しょうれい》は老中・田沼意次《たぬまおきつぐ》の政治，イの上米の制は第８代将軍徳川吉宗の享保の改革，エの株仲間の解散は老中・水野忠邦《ただくに》の天保の改革で行われた。

(2) 日露和親条約(1854年)では，国境について千島列島の択捉《えとろふ》島以南を日本領，得撫《ウルップ》島以北をロシア領とし，樺太(サハリン)は両国の雑居地とした（ウ…〇)。なお，日本が択捉島以南の国後《くなしり》島・色丹《しこたん》島・歯舞《はぼまい》群島を含む「北方領土」を日本固有の領土と主張するのは，この条約を根拠の１つとしている。しかし太平洋戦争末期，日ソ中立条約を破って侵攻《しんこう》してきたロシアによって現在は不法に占拠《せんきょ》されている。

(3) 日清戦争(1894～95年)の下関条約では，清(中国)から多額の賠償金や，台湾および遼東《リャオトン》半島などの領土を譲《ゆず》り受けたが，中国進出をもくろむロシアがフランスやドイツを誘《さそ》って日本に圧力をかけた(三国干渉)。その結果，日本は遼東半島を中国に返還《へんかん》せざるを得なかった。

⑷　日露戦争(1904〜05年)のポーツマス条約では，外務大臣の小村寿太郎《じゅたろう》が全権大使として条約の調印を果たした。なお，寿太郎はその後1911年の関税自主権の回復にも成功している。

⑸　シベリア出兵(1918〜22年)は，1917年のロシア革命による社会主義の影響《えいきょう》を広げないことを目的とした。しかし，折しも大戦景気で物価が上昇《じょうしょう》しており，この出兵で米価が高騰《こうとう》したことをきっかけに，米騒動《そうどう》が全国に広まり，この責任をとって寺内正毅《まさたけ》内閣は総辞職した(ア…○)。この後を受けて，原敬《たかし》が本格的な政党内閣を組織することになる。なお，イの犬養毅《いぬかいつよし》とエの加藤高明はこれ以後，ウの山県有朋《やまがたありとも》はこれ以前に首相を務めた。

⑹　アは1937年，イは1941年，ウは1940年，エは1938年のことなので，年代の古い順に，ア→エ→ウ→イとなる。

⑺　1956年，日ソ共同宣言でソ連と国交を回復するとともに，日本の国際連合への加盟をソビエト連邦が支持することとされたことで，日本は国際連合への加盟を果たし，国際社会に復帰した(エ…○)。なお，アの朝鮮戦争は1950〜53年，イのサンフランシスコ平和条約とウの日米安全保障条約の調印は1951年。

⑻　2023年の広島サミットでは，ロシアの侵攻を受けているウクライナへの支援についても話し合われ，ゼレンスキー大統領がゲスト国の首脳として招待された。

5　国家財政を題材とした問題

⑴　介護《かいご》保険制度は，介護を必要とする高齢者を社会全体で支えることを目的としており，2000年から導入された。要介護と認定された人は，原則として１割の負担(場合により２〜３割の負担)で，必要な介護サービスを受けられる。

⑵　①〈グラフⅠ〉の「消費税」は，商品を買ったりサービスを受けたりしたときにかかる間接税(税の負担者と納入者が異なる税)で，現在の税率は10％である。ただし，酒類や外食を除く飲食料品などは軽減税率が適用されて８％となっている(エ…○)。　②　個人の収入(所得)にかかるのは「所得税」であるのに対し，企業(法人)の利益にかかる税を「法人税」という。いずれも直接税(税の負担者と納入者が同じ税)である。　③〈グラフⅡ〉の「国債《こくさい》費」は，国債(国の借金)の返済やその利子の支払いにあてる費目である(…Ｂ)。また，「地方交付税交付金」は，税収の多い少ないによって生じる行政サービスの格差をなくすことを目的として地方自治体に支給する補助金で，使い道は自治体の裁量に任される(…Ｃ)。よって，組み合わせはウとなる。Ａについて，国債は歳入の不足分を補うために発行するもので，〈グラフⅠ〉の「公債金」がこれにあたる。Ｄの，国の委託事業として地方に支給する，使い道が明記されている補助金は「国庫支出金」である。

⑶　内閣を構成する国務大臣は，内閣総理大臣に任命されるが，その過半数は国会議員でなければならない。

⑷　①　国会の予算審議《しんぎ》において，衆議院と参議院の議決が異なり，両院協議会を開いても意見が一致《いっち》しないとき，衆議院の議決が国会の議決になる。「衆議院の優越《ゆうえつ》」事項の１つである。②　通常国会(常会)は，毎年１回１月に召集《しょうしゅう》され，150日間を会期として主に予算の審議が行われる(ア…○)。なお，イの臨時国会(臨時会)は，内閣が必要と認めたとき，あるいは衆参どちらかの議

院の総議員の４分の１以上の要求があったときに開かれる。ウの特別国会(特別会)は，衆議院議員総選挙後30日以内に開かれる国会で，内閣総理大臣の指名が行われる。エの緊急《きんきゅう》集会は，衆議院の解散中に緊急の用件が生じたとき，参議院だけで開く集会である。

(5)　一般に不景気のとき，物価が持続的に下落して貨幣《かへい》価値が上がる現象が起こるが，これを「デフレーション(デフレ)」という。一方，好景気のときに物価が持続的に上昇して貨幣価値が下がる現象は「インフレーション(インフレ)」である。

理　科　＜第２回試験＞（30分）＜満点：50点＞

解　答

1 (1) ウ　(2) イ　(3) イ　(4) ア　(5) エ　**2** (1) E　(2) 15cm^3　(3) エ　(4) 0.6倍　(5) (例) 光によって植物の温度が上がるのを防ぐため。　**3** (1) イ　(2) ア　(3) イ　(4) C　(5) ウ　**4** (1) 解説の図①を参照のこと。　(2) 140　(3) ア　(4) 1.0％　(5) 0.9 g　**5** (1) エ　(2) イ　(3) ウ　(4) イ　(5) ウ

解　説

1 小問集合

(1) マグマが地表近くに流出し，急に冷えてできた岩石は火山岩で，火山岩のうち，ねばりけの弱いマグマからできた黒っぽい色をしているのはゲンブ岩である。

(2) クマゼミはシャワシャワ(ジャワジャワ)と鳴く。なお，アはミンミンゼミ，ウはヒグラシ，エはアブラゼミの鳴き声である。

(3) 水は0℃でこおるが，食塩などがとけた水は，こおる温度が0℃より低くなる。このことを利用して，道路の凍結《とうけつ》を防ぐために食塩などをまくことがある。

(4) 音の速さは，光の速さに比べて非常に遅《おそ》いので，ジェット機から出た音は，ジェット機から出た光よりも遅《おく》れて見ている人に届く。そのため，ジェット機の音をする方を見ると，ジェット機は見た位置とは少しずれた前の方を飛んでいる。同様に，花火の音は，見ている人に花火の光よりも遅れて届くので，花火が上がって光ってから，少し遅れてドーンという音が聞こえる。

(5) 2023年５月に土星の衛星が新たに63個発見されて，土星の衛星の総数は木星の95個を上回る146個になり，太陽系の惑星《わくせい》で衛星の数が最も多くなった。なお，地球の衛星は１個，火星の衛星は２個である。

2 植物の光合成，呼吸についての問題

(1) 光がまったく当たっていない植物は呼吸のみを行い，二酸化炭素を放出するので，Eのグラフがあてはまる。

(2) Eのグラフでは，４時間で60cm^3の二酸化炭素を放出しているので，１時間あたり，$60 \div 4 = 15(\text{cm}^3)$の二酸化炭素を放出している。

(3) Dのとき，植物が呼吸によって放出する二酸化炭素の量と，植物が光合成によって吸収する二酸化炭素の量が等しくなっており，植物全体では二酸化炭素の増減がない状態になっている。

⑷　植物が呼吸で放出する二酸化炭素の量は光の強さに影響《えいきょう》を受けないので，Ｂのとき植物が４時間で呼吸によって放出した二酸化炭素の量はＥのときと同じ60cm³であり，植物全体で吸収した二酸化炭素の量は240cm³なので，光合成に使った二酸化炭素の量は，60＋240＝300(cm³)となる。同様に，Ｃのとき植物が４時間で呼吸によって放出した二酸化炭素の量は60cm³，植物全体で吸収した二酸化炭素の量は120cm³なので，光合成に使った二酸化炭素の量は，60＋120＝180(cm³)となる。光合成に使った二酸化炭素の量を「真の光合成量」として考えると，Ｃの光の強さはＢの光の強さの，180÷300＝0.6(倍)とわかる。

⑸　ライトからは光だけでなく熱も出るので，植物に直接ライトの光を当てると植物の温度も変わってしまう。そのため，この実験では水を満たした水そうを通して光を当てることで，ライトの光によって植物があたためられて温度が上がるのを防いでいる。

3　太陽の１年の動きについての問題

⑴　地球は，太陽のまわりを，地球の北極側から見て反時計回りに公転している。

⑵　地球がＡの位置にあるとき，地球の北半球側が太陽の方に向かってかたむいているので，夏至の日とわかる。なお，Ｂは秋分の日，Ｃは冬至の日，Ｄは春分の日の地球の位置である。

⑶　夏至の日は，北半球で太陽の南中高度が１年のうちで最も高くなり，昼の長さが１年で最も長くなる。

⑷　満月になるのは，月が地球をはさんで太陽の反対側にあるときである。したがって，満月の南中高度が最も高くなるのは，地球の北半球側が月の方に向かってかたむいているＣ(冬至の日)である。

⑸　太陽は１年中，正午ごろに南の空に見える。なお，アは春分・秋分の日，イは秋に見られる現象である。また，オリオン座がのぼる時刻は季節によって異なり，オリオン座が昼間にのぼった場合，見ることができない。

4　塩酸と水酸化ナトリウム水溶液《すいようえき》の中和についての問題

⑴　表の５つの値を読み取り，横軸《じく》に加えたＢ液(水酸化ナトリウム水溶液)の体積，たて軸に残った固体の重さをとって●をかくと右の図①のようになる。

図①

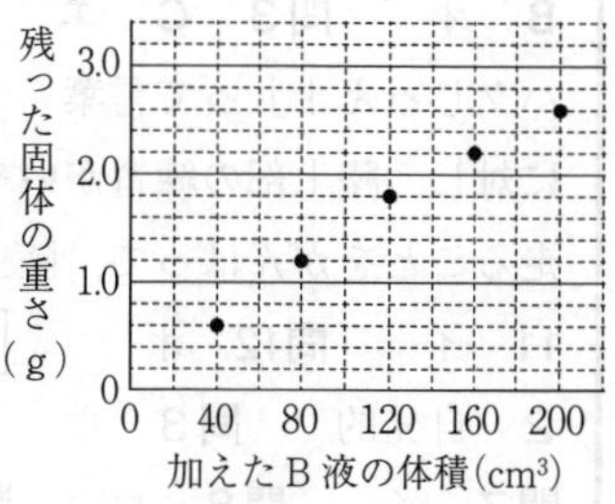

⑵　⑴の●を結ぶと，右下の図②のようになる。これより，固体の重さが2.00ｇのとき，加えたＢ液の体積は140cm³であるとわかる。

⑶　図②のグラフは，加えたＢ液の体積が120cm³のところで折れ曲がっている。このことから，Ａ液(塩酸)240cm³とＢ液120cm³が完全に中和して中性になり，このときに1.8ｇの食塩ができたことがわかる。よって，③の溶液を赤色リトマス紙，青色リトマス紙につけると，どちらも色の変化は見られない。

図②

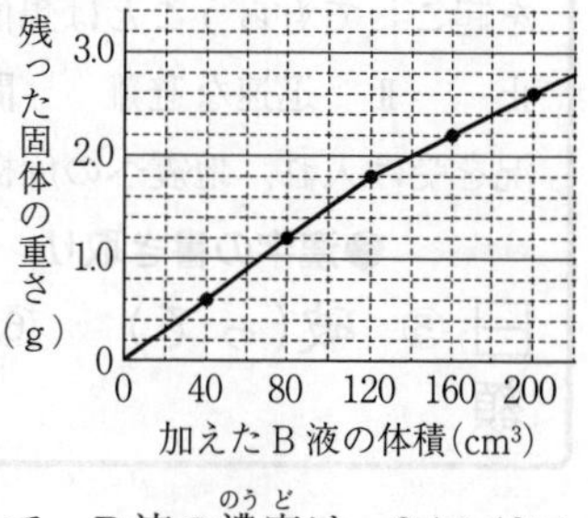

⑷　Ｂ液を120cm³より多く加えると，混ぜ合わせた溶液中にＢ液があまる。このとき，Ｂ液を40cm³増やすごとに，残った固体の重さは0.4ｇずつ増えている。これは40cm³のＢ液にとけていた水酸化ナトリウムの重さである。よって，Ｂ液40cm³の重さは40ｇなので，Ｂ液の濃度《のうど》は，0.4÷40×

100＝1.0(％)と求められる。

⑸　Ａ液の２倍の濃度の塩酸100cm^3は，Ａ液200cm^3と同じはたらきをする。Ｂ液60cm^3と完全に中和するＡ液の体積は，$240\times\frac{60}{120}=120$($\mathrm{cm}^3$)だから，Ｂ液が完全に中和してなくなり，Ａ液があまることがわかる。よって，このとき水を蒸発させたあとに残る固体の重さは，$1.8\times\frac{60}{120}=0.9$(ｇ)とわかる。なお，Ａ液にとけている塩化水素は気体なので，水を蒸発させても残らない。

５　光の三原色，色の三原色についての問題

⑴　赤色と緑色の光を重ねてできる色は，絵の具の三原色の１つと同じ色とあることから，黄色とわかる。

⑵　光の三原色である赤色，緑色，青色の光を重ねると，白色の光になる。

⑶　問題の図より，青色と緑色の光を重ねると，空色の光になる。つまり，空色の絵の具は赤色の光を吸収して，青色と緑色の光を反射していることがわかる。

⑷　赤色の絵の具は，赤色の光を反射して，緑色と青色の光を吸収している。⑶より，赤紫《むらさき》色の絵の具は緑色の光，空色の絵の具は赤色の光を吸収している。同様に，黄色(Ａの色)の絵の具は緑色と赤色の光を反射して，青色の光を吸収している。よって，赤紫色と黄色の絵の具を混ぜると，緑色の光と青色の光が吸収されて赤色に見える。

⑸　⑷より，空色，赤紫色，黄色の絵の具を混ぜると，赤色，緑色，青色の光を吸収するので，黒色に見える。

国　語　＜第２回試験＞(50分)＜満点：100点＞

解　答

一　①　あお(ぐ)　②　ほったん　③　しんもつ　④　おとめ　⑤～⑩　下記を参照のこと。　二　問１　１　オ　２　カ　３　ウ　４　ア　５　ク　問２　Ａ　イ　Ｂ　オ　問３　Ｃ　エ　Ｄ　イ　問４　ウ　問５　オ　問６　Ⅰ　幸せ　Ⅱ「ガハクじゃん！」って言葉　問７　エ　問８　(例)　一生懸命絵を描き，努力を楽しめる六花に対し，陸上部の練習がいやだと言うのは恥ずかしかったから。　問９　イ　問10　(例)　走ることをがんばって，陸上が好きになり，六花に胸を張れるような自分になってからだ　問11　イ　問12　オ　三　問１　１　ア　２　エ　３　イ　４　オ　５　キ　問２　自発的　問３　ウ　問４　Ⅰ　十五(画)　Ⅱ　くち　問５　気象庁は　問６　オ　問７　イ　問８　ウ　問９　(例)　正しい知識をそのまま伝えるだけでは，人々に避難行動を起こしてもらうことは想像を超えて難しいということ。　問10　オ　問11　Ⅰ　判断を停止　Ⅱ　迅速な避難　問12　(例)　緊急地震速報の「空振り」がゼロにはならないという状況を受け入れ，地震への危機感や警戒心を持ち続けるということ。　問13　ア

●漢字の書き取り

一　⑤　破(って)　⑥　射(た)　⑦　兼務　⑧　湯治　⑨　補修　⑩　差額

解　説

一　漢字の読みと書き取り

①　音読みは「ギョウ」「コウ」で，「仰天《ぎょうてん》」「信仰《しんこう》」などの熟語がある。　②　ものごとの起こり。　③　贈《おく》り物。　④　年の若い女性。　⑤　音読みは「ハ」で，「破壊《はかい》」などの熟語がある。　⑥　音読みは「シャ」で，「発射」などの熟語がある。　⑦　本来の職務以外にほかの職務を兼《か》ねること。　⑧　温泉に入って，けがや病気の治療《ちりょう》をすること。　⑨　傷《いた》んだり壊《こわ》れたりした部分をつくろうこと。　⑩　ある金額からほかの金額を引いて残った金額。

二　出典：村上雅郁《むらかみまさふみ》「シロクマを描いて」（『きみの話を聞かせてくれよ』所収）。美術部員の「私」（六花《りっか》）が，公園でスケッチをしながらいろいろなことを考えているところ，仲たがいしていた早《さ》緑《みどり》が話しかけてくる。

問１　**１**　早緑が歩いて「私」のとなりに来た場面なので，急ぎ足で歩くさまを表す「すたすたと」が入る。　**２**　早緑の声や表情に「私」の心が冷え，体が縮こまったようすなので，「ぎゅっと」が合う。　**３**　つらくて家で「泣いてた」ようすなので，弱々しく泣くさまを表す「めそめそ」が入る。　**４**　急に泣き出した「私」を見て，早緑があわててポケットの中のハンカチを探している場面なので，「あわあわと」が合う。　**５**　早緑は六花と仲たがいしていたので，六花のことをほめる自分の声が，何となく「とげとげ」しているように感じられたのである。

問２　**Ａ**　「才能」は，同じような意味の漢字を重ねた組み立てになっている熟語なので，イの「暗黒」が同じ組み立て。　**Ｂ**　「公園」は，前の漢字が後の漢字を説明する組み立てになっている熟語なので，オの「豊漁《ほうりょう》」が同じ組み立て。

問３　**Ｃ**　「予防線を張る」は，後で非難されたりつけこまれたりすることがないように前もって対策をとっておくこと。　**Ｄ**　「癪《しゃく》に障《さわ》る」は，“気に入らなくて不快になる”という意味。

問４　「一心不乱」は，一つのものごとに集中してほかのことに心をうばわれないさまをいうので，ウの「無我夢中」が同じ意味である。なお，アの「理路整然」は，論理の筋道が整っていること。イの「悪戦苦闘《くとう》」は，悪い状況《じょうきょう》の中で苦しい戦いをすること。エの「七転八倒《ばっとう》」は，のたうちまわって苦しむこと。オの「終始一貫《いっかん》」は，始めから終わりまで同じ態度を貫《つらぬ》くこと。

問５　この後「私」は早緑に，「どうしてみんな，ちゃんと絵を描かないんだろう」「まじめにやらないなら，やめたらいいのに」と，美術部の部員への不満を打ち明けているので，オがふさわしい。

問６　Ⅰ　直前で「私」は，絵を描くのが「幸せ」だと思うようになった理由を思い返して，「え，なんでこんなじょうずに描けるの？　ガハクじゃん！」という「あの日の声」がきっかけだと気づいている。　Ⅱ　「私」が「あの日，早緑が話しかけてきてくれたとき」を思いだし，「ついさっき，ようやく気づいたほんとうの気持ち」として，早緑の「『ガハクじゃん！』って言葉」がなければ，今の自分もないと考えている。

問７　この後，早緑は「やっぱりまだ，部室で絵を描かないんだね」と切り出し，さらに「ずっと言いたかったことがあって」と続けている。大事な話をしようと気持ちを決めて「私」のところに来たのに，「なんか，ひさしぶりだね」とあたりさわりのないことを言われたので，歯がゆく思った早緑は，その言葉には答えず，すぐに本題に入ろうとしたのである。

問８　直前の早緑の言葉に注目すると，「そんなこと」が指す内容は，陸上部の練習がいやでたまらず，毎日つらくてしょうがなかったということだとわかる。しかし早緑は，「一生懸命《けんめい》，絵を描いて，努力を楽しむことができる」六花に対して，陸上部の練習がいやだなどと言うのは「はずかし」くてとうてい言えなかったのである。

問９　直後の「私のせいなのに」に着目する。六花は，仲たがいしたときに「おたがいにわかりあえない」と思っていたが，早緑の告白を聞いて，「わかろうとしなかったのは，私のほうだった」と気づいている。「自分のことでいっぱいいっぱい」だったとはいえ，早緑のおかれている状況を考えることなく，不用意な言葉で彼女を傷つけておきながら「被害者《ひがいしゃ》のような顔」をしていた「私」は，今あらためて「ほんとうに悪いのは」自分自身だと反省している。だから「もっとはやく言ってよ」などと言う立場ではないと思っているので，イがふさわしい。

問10　この後で早緑は，同じクラスの黒野《くろの》と六花について話したことをふり返っている。黒野から，六花が賞をとったのは「努力を続けているから」だと言われたので，早緑は，自分も「がんばらなきゃだめだ」とあらためて思い，「次に六花と話すときは，胸を張れるような自分でいたかったから」と明かしている。

問11　直前に，「絵を描くのに大事なのは，よく見ること」とある。「私」は，「自分の痛みにとらわれ」て，「だれよりも大切な人」である早緑の心の痛みに気づくことができなかった。そして，早緑に気づいてもらうのを待つのではなく，「私が気づくべきだったのに」と自分の行動をふり返っている。それをふまえて，これからは早緑をよく見て，その気持ちを自分から理解しようと決心しているので，イがよい。

問12　ほかの美術部員たちのことを理解できず，早緑とも仲たがいしてしまった「私」が，絵を描くことの苦しさやさびしさをわかちあえないことに悩んでいるようすが，「いつのまにか，公園から子どもたちはいなくなっていた」という情景によって暗に示されている。また，おたがいに，相手のおかげで今の自分がいることへの感謝や仲たがいしたときの気持ちを理解し合って仲なおりしたようすが，「季節はかがやくばかりの初夏だ」という明るい情景によって，読者に伝わるようになっている。よって，オがふさわしい。

三　**出典：鎌田浩毅《かまたひろき》『揺《ゆ》れる大地を賢《かしこ》く生きる―京大地球科学教授の最終講義』**。災害を完全に防止するのは不可能だということを前提にしたうえで，一般《いっぱん》市民は何をするべきなのかということについて述べられている。

問１　**１**　前では「巨大災害はいつ起きても不思議ではありません」と述べ，後では「地震《じしん》が必ず来るという前提で，身の回りに対する準備を始めてほしい」と述べているので，前のことがらを根《こん》拠《きょ》として，後のことを述べる「したがって」が入る。　**２**　前では，「正常性バイアス」の心理について説明し，後では，津波《つなみ》警報が出されたときの心理をあげている。前のことがらについての具体的な例をあげるときに用いる「たとえば」が合う。　**３**　災害発生時の地下において，前では「確かに揺れに関しては構造的にも安全性は高いでしょう」と安全な一面を述べ，後では「低地に津波が押《お》し寄せると～溺《おぼ》れ死んでしまう可能性があります」と，地下の危険な一面を述べている。よって，前のことがらを受けて，後に対立することがらを述べるときに用いる「しかし」が入る。　**４**　直下型地震が発生したときに「高層階で仕事中だったら」，「人混みのなかにいたら」と二つの場合が並べられているので，同類のことがらを並べ立て，いろいろな場合があることを表す「あるいは」が合う。　**５**　前の「オオカミ少年状態」を後で「その情報を誰《だれ》も受け付けなくなる」と言いかえているので，“要するに”という意味の「つまり」が入る。

問２　「受身」は，誰かの指示を待って行動するさまを表しているので，この後で筆者がすすめている，自分から進んで行うさまを表す「自発的」が反対の意味の語になる。

問３　「参考にしながら」の「ながら」は，二つの動作が同時に行われることを表しているので，同じ意味・用法なのはウである。

問４　Ⅰ　「質」は，部首の「貝」が七画，それ以外の部分が八画で，総画数は十五画。　Ⅱ　「問」の部首は，「口（くち）」。なお，「門（もんがまえ）」ではないことに注意する。

問５　緊急《きんきゅう》地震速報を「適切」とみなしたり，「不適切」と「評価」したりするのは「気象庁」なので，主語は，文の最初の「気象庁は」である。

問６　もどす文は，「防災上たいへん有効」で，「自分の身を自分で守るために活用する」ことができるという内容なので，【オ】に入れると，「緊急地震速報」の有用性の説明として，意味が通る。

問７　直後に「長年にわたって地震や津波に対して自発的に準備しつづけることは，不可能に近い」とあるので，“どんなに苦しんだことでもそれが過ぎ去ってしまえばその苦しみを簡単に忘れてしまう”という意味のイが合う。

問８　直後の一文で，「『教えること』だけではなく，『実行させること』や『自発的に続けさせること』」のために，「情報の伝達とは次元の違《ちが》うプログラムを専門家の側で用意する必要」があると説明されているので，ウがよい。

問９　筆者は，大震災において，正しい知識を「そのまま伝えるだけ」では，人は「なかなか行動してくれない」，「人々に避難《ひなん》行動を起こしてもらうことは，想像を超《こ》えて難しい」ということを経験している。

問10　正常性バイアスは，「過剰《かじょう》な心配を平常の感覚に戻《もど》すための認知メカニズムの働き」であり，「人間にとって正常な知覚」ではあるが，災害という「非常事態」のさいには，「自分だけは大《だい》丈夫《じょうぶ》」「まさか自分に被害《ひがい》が及《およ》ぶはずはない」などと思ってしまい，自分の身を危険にさらしてしまうという側面もあるので，オがふさわしい。

問11　Ⅰ　多くの人は，緊急事態が発生すると茫然《ぼうぜん》自失してしまい，「判断を停止」する「凍《こお》りつき症候群《しょうこうぐん》」という状態に陥《おちい》ってしまう。　Ⅱ　「凍りつき症候群」によって動けない時間が長引くほど逃《に》げ遅《おく》れてしまう。アメリカで起きた同時多発テロ事件では，二機目に追突されたビル内にいた人たちのほうが，何が起きたのか理解できたため，「迅速《じんそく》な避難」ができたのである。

問12　直前で「専門家サイドは不必要な完璧《かんぺき》主義を脱し，一般市民のほうも過剰に専門家に頼《たよ》る状況をつくらないようにしてほしい」と述べられている。一般市民が「過剰に専門家に頼る状況」とは，一般市民が「専門家が出す情報はいつも正確で，市民は情報の受け手だ」と考え，「専門家が何でもやってくれる」と思考停止している状態であり，筆者はこれを望ましくないと考えている。つまり，一般市民は，専門家が出す情報であっても，緊急地震速報の「空振《からぶ》り」がゼロ，つまり完璧になることはないということを受け入れたうえで，「地震への危機感や警戒心《けいかいしん》」が薄れないよう，意識を持ち続けなければならないといえる。

問13　本文の最初の部分で，最近は「地震発生確率」が話題になっており，その数値を知ることに多くの人々は「一喜一憂《いちゆう》」しているが，直下型地震などの巨大災害はいつ起きても不思議ではなく，「必ず来る」ということを前提としたうえで，「身の回りに対する準備」を始めてほしいと述べられているので，アが合う。

Memo

Memo

2023年度 専修大学松戸中学校

【算　数】〈第１回試験〉（50分）〈満点：100点〉

1　次の□にあてはまる数を求めなさい。

(1)　$\left(\frac{1}{12}-\frac{1}{16}\right)\div\left(\frac{1}{14}-\frac{1}{21}\right)=\square$

(2)　$1.75\times\frac{5}{21}+3\frac{1}{3}\div 0.625=\square$

(3)　$\frac{5}{6}-\left(\square\div\frac{8}{9}-\frac{1}{8}\div 2.5\right)=\frac{2}{15}$

(4)　$2.89\times 2.56+2.89\times 1.21+7.11\times 3.77=\square$

2　次の□にあてはまる数を求めなさい。

(1)　$1.2\text{km}^2\div 800=\square\ \text{m}^2$

(2)　下のように，あるきまりにしたがって全部で50個の数字を並べました。

２，０，２，３，２，０，２，３，２，０，……

このとき，並べた数字をすべて加えると，和は□になります。

(3)　家から学校まで行くのに，毎分60mの速さで歩いて行くと15分かかります。同じ道のりを毎分150mの速さで走って行くときにかかる時間は□分です。

(4)　１本の長さが15cmの赤いテープと１本の長さが12cmの青いテープが合わせて15本あります。これらのテープを，のりしろの長さをすべて１cmにしてまっすぐにつないだところ，全体の長さが181cmになりました。赤いテープの本数は□本です。

(5)　右の図のような，高さが４cmの円柱があります。この円柱の体積が$314cm^3$のとき，底面の円の半径は□cmです。ただし，円周率は3.14とします。

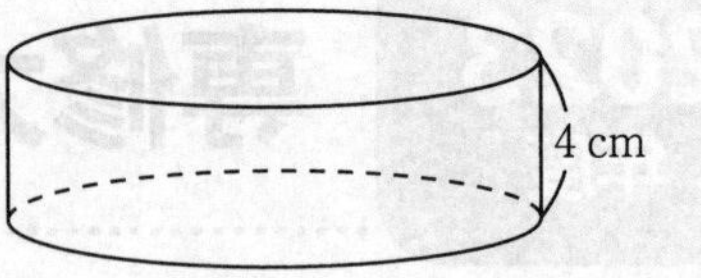

3　ある仕事をするのに，Ａ君が１人でするとちょうど12日で終わらせることができます。また，同じ仕事をＢ君が１人ですると，16日目の途中《とちゅう》で終わらせることができます。ただし，Ａ君とＢ君は，毎日それぞれ一定の割合で仕事をするものとします。

　このとき，次の各問いに答えなさい。

(1)　この仕事をＡ君とＢ君がいっしょにすると，何日目に終わらせることができますか。

(2)　この仕事を，はじめにＡ君が１人で３日間したあと，残りの仕事をＢ君が１人でしました。仕事が終わるのは，Ｂ君が始めてから何日目ですか。

4　犬の年令を人間の年令に換算《かんさん》する方法はいろいろありますが，その中のひとつに，次のような方法があります。

◇小型犬・中型犬の場合
　最初の２年で24才になり，３年目からは１年に４才ずつ年をとる。
◇大型犬の場合
　最初の１年で12才になり，２年目からは１年に７才ずつ年をとる。

　たとえば，犬の年令で３才になった時点での小型犬の年令を人間の年令に換算すると28才になり，犬の年令で３才になった時点での大型犬の年令を人間の年令に換算すると26才になります。

このとき，次の各問いに答えなさい。

(1) ある中型犬の年令は，人間の年令に換算すると60才になります。この中型犬は，犬の年令では何才ですか。

(2) 同じ日に生まれた小型犬と大型犬がいます。この小型犬と大型犬の年令を人間の年令に換算したとき，差が16才になるのは，犬の年令で何才のときですか。

5 図1の三角形ABCは直角二等辺三角形で，三角形DBAと三角形EACはどちらも正三角形です。図2は，三角形DBAと三角形EACを辺BAと辺ACが一直線になるように並べたものです。また，DEとBCを延長した直線が交わる点がFです。

図1

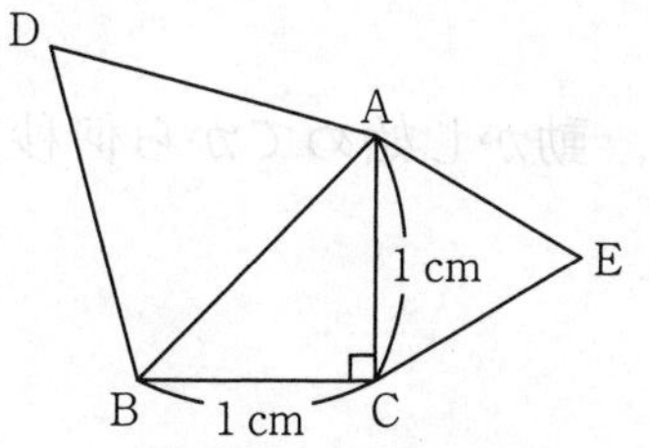

図2

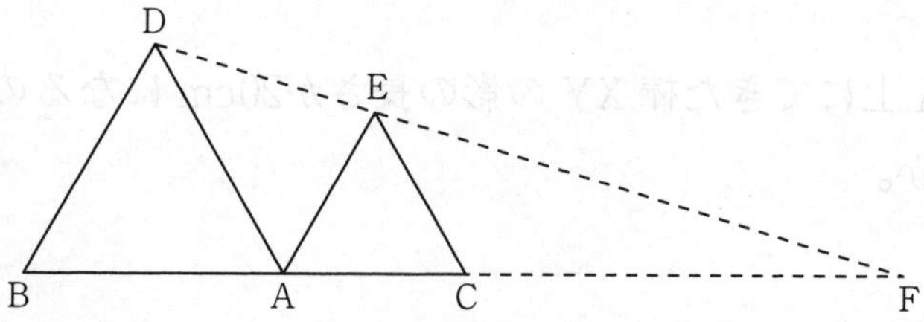

このとき，次の各問いに答えなさい。

(1) 三角形DBAと三角形EACの面積の比を，最も簡単な整数の比で答えなさい。

(2) 図2のEF上に点G，CF上に点Hをとり，正三角形GCHをつくります。このとき，GHとABの長さの比を，最も簡単な整数の比で答えなさい。

6　右の図のように，角 AOB の大きさが30度になるように，坂道の模型をつくりました。この模型の点Oの位置に，OB と垂直になるように長さ30cm の棒が立っています。また，棒の先端《せんたん》から，電球Pを点灯させたまま，毎秒１cm の速さで点Oに向かって棒の上を動かします。さらに，長さ10cm の棒 XY を，OB と垂直な状態を保ちながら，点Oから一定の速さで OA 上を動かします。電球Pと棒 XY を同時に動かし始めたところ，動かし始めてから５秒後に OA 上にできた棒 XY の影《かげ》の長さが10cm になりました。

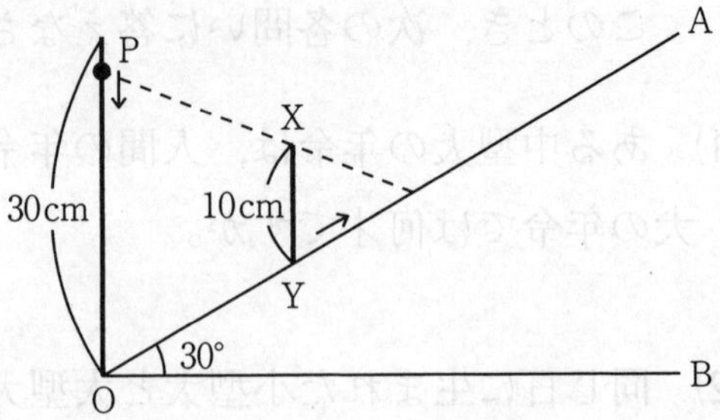

OA の長さは十分に長いものとして，次の各問いに答えなさい。

(1)　棒 XY が OA 上を動く速さは毎秒何 cm ですか。

(2)　動かし始めてから10秒後に，OA 上にできた棒 XY の影の長さは何 cm ですか。

(3)　OA 上にできた棒 XY の影の長さが20cm になるのは，動かし始めてから何秒後ですか。

7　次のような**問題**を見て，ＭさんがＴ先生に質問をしています。

問題　図１のような，２つの直方体を組み合わせた形の容器があります。この容器に，はじめは毎分300cm^3，途中からは毎分200cm^3の割合で水を入れたところ，水を入れ始めてからの時間と容器に入った水の深さの関係を表すグラフが，図２のような直線になりました。容器がいっぱいになったのは，水を入れ始めてから何分後ですか。

図１

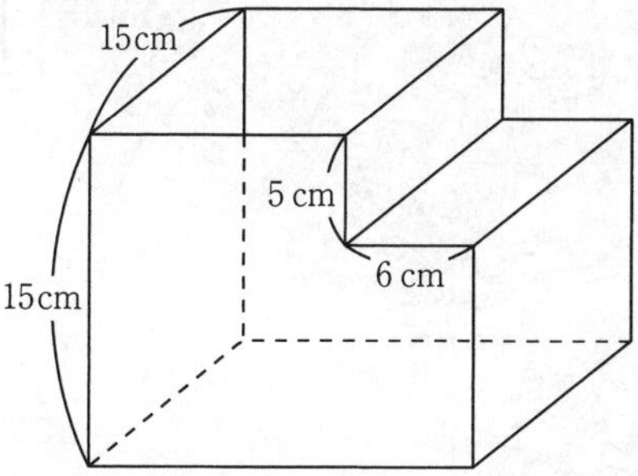

図２

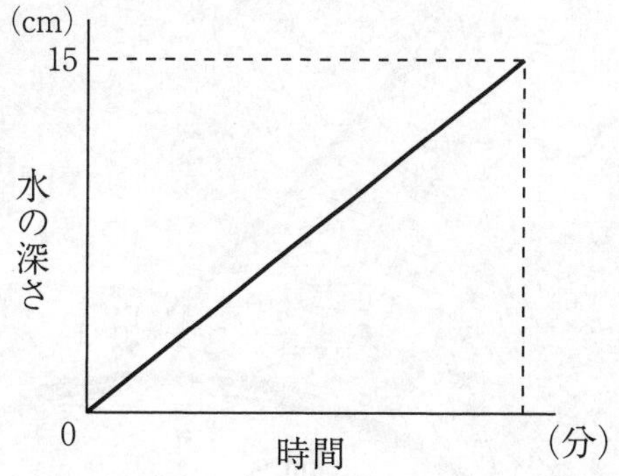

Ｍさん：Ｔ先生，この問題は少し変だと思います。

Ｔ先生：どこが変だと思いますか？

Ｍさん：容器の底面積が途中で変化するし，水を入れる割合も途中で変化するので，グラフは折れ線になるはずです。

Ｔ先生：たしかに，容器の形によってはそうなるときもありますよね。でも，今回の場合はグラフが一直線になっています。なぜだかわかりますか？

Ｍさん：わかりました！
底面積が変化するときと水を入れる割合が変化するときが同じであれば，グラフが一直線になることもありえますね。

Ｔ先生：その通りです。あとは自分の力で解いてみてください。

このとき，次の各問いに答えなさい。

(1)　容器の下の段の底面積は何cm^2ですか。

(2)　**問題**の答えは何分後ですか。

【社　会】〈第１回試験〉（30分）〈満点：50点〉

1　次の２万５千分の１の地形図を見て，あとの問いに答えなさい。

（国土地理院発行２万５千分の１地形図「諏訪」より作成）

(1)　地形図中に見られる大きな川は天竜川，湖は諏訪《すわ》湖です。諏訪湖と天竜川を境にして，それよりも南に見られる施設《しせつ》として正しくないものを次から１つ選び，記号で答えなさい。

ア　寺院　　**イ**　高等学校　　**ウ**　電波塔《とう》　　**エ**　郵便局

(2)　この地形図から読み取れる内容として正しいものを次から１つ選び，記号で答えなさい。

ア　[X] 地点と「岡谷駅」の標高の差は，300m以上ある。

イ　[A] 地点から [B] 地点までの斜面《しゃめん》は，谷になっている。

ウ　地形図中に水田は見られるが，畑は見られない。

エ　「中央自動車道」は，JR線と交差するとき，線路の上を通る。

(3)　地形図中に見られる地域には，地質学的に日本を東西に分ける[　　　]の西の端《はし》にあたる，糸魚《いとい》川―静岡構造線が通っています。[　　]にあてはまる語句を，カタカナで答えなさい。

(4)　岡谷市のある長野県は，全国の都道府県で最も多い８つの県と接しています。８つの県とは，山梨県，愛知県，岐阜県，富山県，新潟県，静岡県，群馬県，[　　　]です。[　　]にあてはまる県名を漢字で答えなさい。

(5)　岡谷市のある諏訪盆地一帯は，第二次世界大戦以前には[　a　]が発達していましたが，戦後は[　b　]がさかんになりました。文中の[a]，[b]にあてはまる工業の組み合わせとして正しいものを次から１つ選び，記号で答えなさい。

ア　a　製糸業　　b　精密機械工業　　イ　a　製糸業　　b　自動車工業

ウ　a　紡績業　　b　精密機械工業　　エ　a　紡績業　　b　自動車工業

(6)　諏訪湖のある長野県は，戦国時代に２人の有力な戦国大名が領有をめぐって争い，長野市には何度も戦いがくり広げられた古戦場があります。この２人の戦国大名の組み合わせとして正しいものを次から１つ選び，記号で答えなさい。

ア　上杉謙信―伊達政宗　　イ　毛利元就―伊達政宗

ウ　上杉謙信―武田信玄　　エ　毛利元就―武田信玄

(7)　諏訪湖の北には野尻《のじり》湖があり，湖底からナウマンゾウの化石が出土しました。ナウマンゾウが日本列島に生息していた時代について述べた文として正しいものを次から１つ選び，記号で答えなさい。

ア　人々は狩猟《しゅりょう》や採集によって食料を得ており，狩猟には弓矢を用いていた。

イ　狩猟は難しかったため，えものがとれるように土偶を使って祈《いの》った。

ウ　人々は，水の得やすい低地に竪穴住居を建てて暮らしていた。

エ　石を打ち欠いてつくった石器を使い，動物の肉や皮を切って利用していた。

(8)「岡谷駅」の北西にある裁判所は，簡易裁判所です。裁判と裁判所について，次の問いに答えなさい。

① 簡易裁判所を第一審とする民事裁判の第二審が行われる裁判所を次から１つ選び，記号で答えなさい。

ア 家庭裁判所　　**イ** 地方裁判所

ウ 高等裁判所　　**エ** 最高裁判所

② 2009年から，日本では裁判員裁判の制度が導入されました。その目的としくみについて述べた次の文中の□にあてはまる言葉を，15字以内で答えなさい。

> 裁判員裁判は，□ことを目的として導入され，有権者の中から抽選《ちゅうせん》で選ばれた人が，重大な刑事事件の第一審に参加する。

2 東北地方の各県について示した次の統計表を見て，あとの問いに答えなさい。

	面積(km^2) 2021年	人口(千人) 2020年	製造品出荷額等(億円) 2019年	農業産出額(億円) 2020年
A	15275	1211	26435	2741
B	9646	1238	17504	3262
C	7282	2302	45590	1902
D	13784	1833	51232	2116
E	11638	960	12998	1898
F	9323	1068	28679	2508

（2022/23年版「日本国勢図会」より作成）

(1) この表から読み取れる内容として正しいものを次から１つ選び，記号で答えなさい。

ア 人口の上位３県と，製造品出荷額等の上位３県は同じである。

イ 農業産出額の上位３県には，製造品出荷額等の上位３県はふくまれない。

ウ 人口密度はＣの県が最も高く，Ｆの県が第２位となっている。

エ Ｅの県は，面積をのぞく３つの項目ですべて最下位となっている。

(2) 表中のＡの県の工業について述べた次の文中の ① ， ② にあてはまる語句の組み合わせとして正しいものを下から１つ選び，記号で答えなさい。

> Ａの県では，製造品出荷額等のうち食料品工業が約15％を占《し》めており，これは約 ① 円にあたる。Ａの県は，北海道・栃木県・熊本県についで ② の飼養頭数が多く，これによって得られる製品を加工する工業がさかんなことが，食料品工業がさかんなことの一因と考えられる。

ア ① 4000億 ② 乳用牛　　**イ** ① 400億 ② 肉用牛
ウ ① 4000億 ② 肉用牛　　**エ** ① 400億 ② 乳用牛

(3) 2021年，北海道と東北３県にまたがる地域の縄文時代の遺跡《いせき》が「北海道・北東北の縄文遺跡群」としてユネスコの世界文化遺産に登録されました。17あるその構成資産のうち，表中のＢの県にある縄文時代の大規模集落の跡《あと》として知られる遺跡の名称《めいしょう》を，漢字で答えなさい。

(4) 表中のＣとＤの県にまたがって流れ，太平洋に注ぐ河川を次から１つ選び，記号で答えなさい。

ア 岩木川　　**イ** 雄物《おもの》川　　**ウ** 阿武隈《あぶくま》川　　**エ** 北上川

(5) 表中のＥの県の県庁所在地では，例年８月に東北三大祭りの１つとされる「竿燈《かんとう》まつり」が開催《かいさい》されます。この祭りのようすを次から１つ選び，記号で答えなさい。

ア

イ

ウ

エ

(6)　次のグラフはぶどう・もも・りんごの収穫《しゅうかく》量の都道府県別割合(2020年)を示しており，グラフ中のＡ～Ｆは表中のＡ～Ｆと同じ県です。Ｆの県名を漢字で答えなさい。

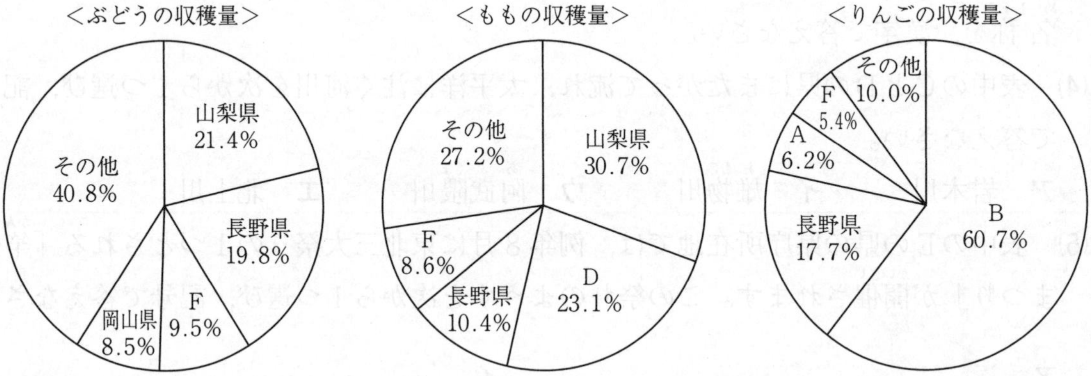

(2022/23年版「日本国勢図会」より作成)

(7)　平野や盆地の名称とそれが位置する県の組み合わせとして正しいものを次から１つ選び，記号で答えなさい。

ア　庄内平野・Ｃ　　イ　郡山盆地・Ｄ

ウ　津軽平野・Ｅ　　エ　横手盆地・Ｆ

(8)　表中のＡ～Ｆの県のうち，北緯40度の緯線が通過する県を２つ選び，記号で答えなさい。

3 次のＡ～Ｈは，各時代の外国との交流にかかわる史料や条約の一部をわかりやすく書きかえたものです。これを読んで，あとの問いに答えなさい。

Ａ　日が出《い》づるところの天子が，日が没《ぼっ》するところの天子に手紙を差し上げます。ごきげんいかがですか。

Ｂ　大蒙古《だいもうこ》国の皇帝が，書を日本国王に奉《たてまつ》る。…日本は開国以来，たびたび中国と通じてきたが，私の代になってから１人の使者も送ってこない。願わくは，これからは互《たが》いに使者を遣《つか》わし，好《よしみ》を結ぼうではないか。

Ｃ　日本の准三后《じゅんさんごう》である私が，手紙を明の皇帝陛下《へいか》に差し上げます。…私は国政をつかさどり，国内の平和を保っています。そこで，昔からのしきたりにならい，使いの僧《そう》に商人を同行させ，友好関係を築くために貢物《みつぎもの》を献上《けんじょう》致します。

Ｄ　一．外国へ日本の船を遣わすことは，固く禁止する。

　一．日本人を外国へ遣わしてはならない。もし隠《かく》れて渡《わた》る者がいれば，死罪とする。

Ｅ　第三条　下田と函館のほか，神奈川，長崎，新潟，兵庫を開港する。下田は神奈川開港後に閉鎖《へいさ》する。

　第六条　日本人に対して罪を犯したアメリカ人は，アメリカの法律にもとづき領事が裁判する。

Ｆ　第六条　ロシアは南満州鉄道の権利を日本に譲《ゆず》る。

　第九条　ロシアは南樺太を日本に譲る。

Ｇ　第二条　日本は朝鮮の独立を認め，台湾・千島列島・南樺太などを放棄《ほうき》する。

　第三条　日本は，沖縄・奄美《あまみ》・小笠原《おがさわら》諸島をアメリカが統治することに同意する。

Ｈ　第一条　両締約国は，主権及《およ》び領土保全の相互《そうご》尊重，相互不可侵《ふかしん》，内政に対する相互不干渉《かんしょう》，平等及び互恵並びに平和共存の諸原則の基礎《きそ》の上に，両国間の恒久《こうきゅう》的な平和友好関係を発展させるものとする。

(1)　Ａは聖徳太子が中国の皇帝にあてた手紙の一部です。皇帝はこの手紙を読んで，無礼であると怒ったとされていますが，敵対していた朝鮮半島の高句麗と日本が結びつくのを恐れたため，日本に返礼の使者を送りました。このときの中国の国名として正しいものを次から１つ選び，記号で答えなさい。

ア　唐　　**イ**　魏　　**ウ**　宋　　**エ**　隋

(2)　Ｂの文中にある「大蒙古国の皇帝」とは，元を建国したモンゴル帝国の第５代皇帝のことです。この人物の名を，カタカナ４字で答えなさい。

(3)　Ｃは足利義満が明の皇帝にあてた手紙の一部です。これをきっかけに始まった貿易について述べた文として正しくないものを次から１つ選び，記号で答えなさい。

ア　日本が中国に貢物を献上する朝貢貿易であった。

イ　正式な貿易船であることを証明するため，勘合《かんごう》という合い札が用いられた。

ウ　日本からは絹織物や生糸，陶磁器《とうじき》などが輸出された。

エ　中国から多くの銅銭が輸入され，国内で流通するようになった。

(4)　Ｄの法令が出されたころに起きた次の**ア**～**エ**のできごとを年代順に並べかえ，記号で答えなさい。

ア　島原・天草一揆《いっき》が起きた。

イ　平戸のオランダ商館を長崎の出島に移した。

ウ　スペイン船の来航を禁止した。

エ　ポルトガル船の来航を禁止した。

(5)　Ｅの条約の第六条は，領事裁判権(治外法権)とよばれるものです。1894年にイギリスとの間で新しい条約を結び，この権利の撤廃《てっぱい》に成功した外務大臣を次から１人選び，記号で答えなさい。

ア　陸奥宗光　　**イ**　小村寿太郎　　**ウ**　大隈重信　　**エ**　伊藤博文

(6)　Ｆの条約の内容に反発した人々により，日比谷焼き打ち事件などが引き起こされました。多くの国民がこの条約に不満をいだいたのはなぜですか。20字以内で説明しなさい。

(7)　Ｇはサンフランシスコ平和条約とよばれるもので，日本がこの条約に調印したことで連合国軍による占領《せんりょう》が終わり，日本は独立を回復しました。この条約の調印と同じ年のできごとを次から１つ選び，記号で答えなさい。

ア　日本国憲法が施行された。　　**イ**　日米安全保障条約が結ばれた。

ウ　日ソ共同宣言が調印された。　　**エ**　日本の国際連合への加盟が認められた。

(8)　Ｈは1978年に結ばれた日中平和友好条約です。この条約に調印したときの日本の内閣総理大臣を次から１人選び，記号で答えなさい。

ア　佐藤栄作　　**イ**　田中角栄　　**ウ**　福田赳夫　　**エ**　中曽根康弘

4 次のＡ～Ｇの仏像や彫像《ちょうぞう》，建造物や絵画を見て，あとの問いに答えなさい。

A

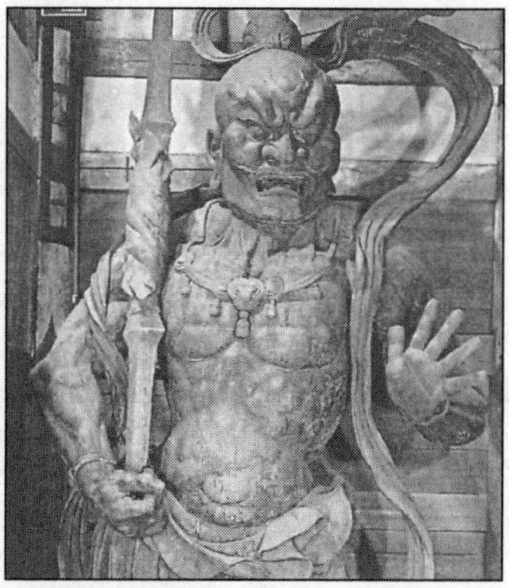

B

C

D

E

F

G

(1)　Ａは東大寺南大門に収められている「金剛《こんごう》力士像(阿形《あぎょう》)」です。この彫像がつくられたころには，後鳥羽上皇が政権を取りもどそうとして戦いを起こしました。この戦いの名称を，解答らんに合うように漢字で答えなさい。

(2)　Ｂは雪舟《せっしゅう》が描《えが》いた水墨《すいぼく》画「秋冬山水図(冬景図)」です。この作品がつくられたころの農村のようすとして正しいものを次から１つ選び，記号で答えなさい。

ア　口分田を支給された農民には，租《そ》・庸《よう》・調などの税が課せられた。

イ　草や木を焼いた灰が肥料に使われるようになり，米と麦の二毛作が始まった。

ウ　惣《そう》とよばれる村の自治のしくみが発達し，力をつけた農民たちは領主に対抗《たいこう》してしばしば土一揆を起こした。

エ　五人組のしくみが設けられ，年貢の納入や犯罪の防止に共同責任が負わされた。

(3)　Ｃは菱川師宣《ひしかわもろのぶ》が描いた浮世絵《うきよえ》「見返り美人図」です。この作品がつくられたころの文化の動きとして正しいものを次から１つ選び，記号で答えなさい。

ア　観阿弥《かんあみ》・世阿弥《ぜあみ》父子により，能が大成された。

イ　近松門左衛門《もんざえもん》が歌舞伎《かぶき》や人形浄瑠璃《じょうるり》の脚本を著した。

ウ　千利休により，茶の湯が茶道として大成された。

エ　十返舎一九が著した滑稽《こっけい》本『東海道中膝栗毛《ひざくりげ》』が人気を集めた。

(4)　Ｄは法隆寺に収められている「釈迦三尊像《しゃかさんぞんぞう》」です。法隆寺について述べた文として正しいものを次から１つ選び，記号で答えなさい。

ア　聖武天皇ゆかりの寺院として知られる。

イ　世界文化遺産の「古都京都の文化財」の構成資産の１つである。

ウ　正倉院はもともとこの寺院の倉として建立されたものである。

エ　現存する世界最古の木造建築物である。

(5)　Ｅは世界文化遺産「［　　　］―仏国土(浄土《じょうど》)を表す建築・庭園及び考古学的遺跡群」の構成資産として知られる中尊寺金色堂の内部のようすです。［　　］にあてはまる地名を，漢字で答えなさい。

(6)　Ｆは遣唐使船で来日し，日本の仏教の発展に尽《つ》くした高僧である鑑真の彫像です。遣唐使船で日本から唐に渡ったことがある人物として正しくないものを次から１人選び，記号で答えなさい。

ア　菅原道真《みちざね》　　**イ**　吉備真備《きびのまきび》　　**ウ**　阿倍仲麻呂《あべのなかまろ》　　**エ**　山上憶良《おくら》

(7)　Ｇは葛飾北斎《かつしかほくさい》が描いた「富嶽《ふがく》三十六景(神奈川沖浪裏《なみうら》)」です。この作品がつくられたころの政治や社会の動きとして正しいものを次から１つ選び，記号で答えなさい。

ア　松平定信は物価の引き下げをはかるため，株仲間を解散させた。

イ　水野忠邦は幕府の学校で朱子学以外の講義を行うことを禁じた。

ウ　ききんで苦しむ民衆を救おうとして，大塩平八郎が京都で乱を起こした。

エ　鎖国体制を守るため，外国船(異国船)打払《うちはらい》令が出された。

(8)　Ａ～Ｇの作品をつくられた年代の古い順に並べかえたとき，５番目になるのはどれですか。記号で答えなさい。

5　次の文を読んで，あとの問いに答えなさい。

(あ)第26回参議院議員通常選挙は，2022年７月10日に(い)投票が行われた。今回の選挙では，ロシアによる［　　　　］侵攻が世界に及ぼす影響《えいきょう》が広がる中，物価の高騰《こうとう》などに対する経済面での対策，中国や北朝鮮との関係もふくめた安全保障政策の見直し，さらに，2020年から続く新型コロナウイルス感染症《かんせんしょう》への対応などについて，(う)与野党の間で論争がくり広げられ，選挙運動が進められた。結果は，自民党と公明党からなる連立与党が改選議席の過半数を大きく上回る76議席を獲得し，非改選議席の70議席と合わせて議席数を146にまで伸ばした。

その後，８月３日に(え)臨時国会が召集《しょうしゅう》され，８月10日には(お)内閣改造が行われて，第二次岸田改造内閣が発足した。現在，経済対策や安全保障の問題，感染症対策のほか，社会保障などの福祉《ふくし》政策，(か)環境《かんきょう》・エネルギー問題など課題が山積しており，政府の対応が注目された。

なお，今回の参議院議員通常選挙では，選挙区間で最大3.03倍の「一票の格差」があったことから，投票の翌日には全国各地の弁護士グループが，選挙の無効とやり直しを求めて14の高等裁判所と高等裁判所の支部に一斉《いっせい》(き)提訴《ていそ》した。

(1)　文中の□にあてはまる国名を，カタカナで答えなさい。

(2)　下線部㋐について，今回の選挙はどのような理由で行われましたか。正しいものを次から１つ選び，記号で答えなさい。

ア　内閣不信任案が可決されたことを受け，首相が参議院を解散したため。

イ　内閣の権限として，首相が参議院の解散を決定したため。

ウ　現職議員の３年の任期が満了したため。

エ　現職議員の６年の任期が満了したため。

(3)　下線部㋑について，選挙で投票する選挙権や，選挙に立候補する権利である被選挙権は□権の中心となる権利です。なお，憲法改正を承認するかどうかを決めるさいに行われる国民投票に参加することや，最高裁判所裁判官が適任かどうかを問う国民審査に参加する権利なども，広い意味で□権に属すると考えられます。文中の□に共通してあてはまる語句を，漢字２字で答えなさい。

(4)　下線部㋒について，与党と野党について述べた文として正しくないものを次から１つ選び，記号で答えなさい。

ア　国会では，与党と一定規模以上の野党の党首が議論する党首討論が行われる。

イ　選挙のさいには，野党だけがマニフェストとよばれる政権公約をかかげる。

ウ　国会では，野党が与党の政策に賛成することもある。

エ　選挙のさいには，野党どうしが協力し合うこともある。

(5)　下線部㋓について，この国会は「内閣が必要と認めたとき，またはどちらかの議院の総議員の□以上の要求があったとき」に召集されます。□にあてはまる語句を，解答らんに合うように算用数字で答えなさい。

(6)　下線部㋔について，内閣の仕事として正しくないものを次から１つ選び，記号で答えなさい。

ア　弾劾《だんがい》裁判所の設置　　イ　条約の調印

ウ　政令の制定　　エ　予算の作成

(7) 下線部㋕について，近年，環境に大きな影響をあたえるものとして問題になっているものに，マイクロプラスチックがあります。この問題の解決は，次にあげたSDGs(持続可能な開発目標)のうち，どの目標と特に関係が深いといえますか。最も適切な組み合わせを下から１つ選び，記号で答えなさい。

ア　5と12　　イ　5と14　　ウ　12と14　　エ　14と16

(8) 下線部㋖について，提訴後の裁判のしくみを述べた次の文中の［①］，［②］にあてはまる語句の組み合わせとして正しいものを下から１つ選び，記号で答えなさい。

> 選挙の無効を求めるような裁判では，高等裁判所で第一審が行われることが法律で決められている。日本では通常の裁判において三審制を導入しており，第一審の判決に不服がある場合はより上級の裁判所に［①］して，第二審を求めることができる。また，第二審の判決に不服がある場合は，さらに上級の裁判所に［②］して第三審を求めることができる。

ア　①　控訴《こうそ》　②　論告　　イ　①　控訴　②　上告
ウ　①　上告　②　控訴　　エ　①　上告　②　論告

【理　科】〈第１回試験〉（30分）〈満点：50点〉

1　次の問いに答えなさい。答えは，それぞれの**ア**～**エ**から最も適切なものを１つずつ選び，記号で答えなさい。

(1)　次のうち，翌日の天気が晴れになると予想される気象現象はどれですか。

ア　夕方，西の空に夕焼けが見える。

イ　明け方，西の空に虹《にじ》が見える。

ウ　飛行機雲ができやすくなる。

エ　太陽にかさがかかる。

(2)　ドングリの実をつけない樹木はどれですか。

ア　クヌギ　　**イ**　シラカシ　　**ウ**　カエデ　　**エ**　コナラ

(3)　けんび鏡の対物レンズの筒《つつ》の長さと倍率，ピントの合わせ方について，正しく述べたものはどれですか。

ア　対物レンズは倍率の高いものほど筒が長く，ピントは対物レンズをプレパラートに近づけながら合わせる。

イ　対物レンズは倍率の高いものほど筒が長く，ピントは対物レンズをプレパラートから遠ざけながら合わせる。

ウ　対物レンズは倍率の高いものほど筒が短く，ピントは対物レンズをプレパラートに近づけながら合わせる。

エ　対物レンズは倍率の高いものほど筒が短く，ピントは対物レンズをプレパラートから遠ざけながら合わせる。

(4)　電車のレールとレールのつなぎ目には，少しすき間があけてあります。それはなぜですか。

ア　限りある資源である鉄を節約するため。

イ　列車のスピードを自動で計測するため。

ウ　１本のレールを長くし過ぎると，レールを運ぶのが難しくなるため。

エ　夏にレールの温度が上がってのび，ぶつかって曲がるのを防ぐため。

(5)　近年は局地的な大雨になることが多く，気象庁は2022年７月15日に全国で初めて山口県と九州地方に，□を発表しました。□にあてはまるのはどれですか。

ア　大雨特別警報　　**イ**　洪水《こうずい》注意報

ウ　線状降水帯予測情報　　**エ**　氾濫《はんらん》危険情報

2 星座をつくっているような恒星《こうせい》の明るさは，地球から見た場合の見かけの明るさとして，１等星，２等星，…などと表されます。これに対し，星を地球から同じ一定の距離《きょり》に置いたとしたときの明るさを，絶対等級といいます。絶対等級は数字が小さくなるほど，明るさが明るくなることを示しています。右の図は，たて軸《じく》に絶対等級，横軸に星の色をとり，絶対等級と星の色についていろいろな恒星をならべた図(HR 図という)です。この図について，次の問いに答えなさい。

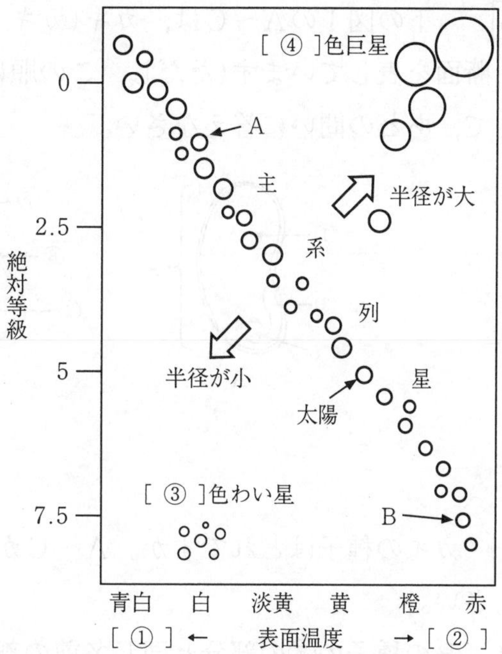

(1) 星の色は，その表面温度と深い関係があります。HR 図の中の①，②に「高い」または「低い」を入れなさい。

(2) HR 図の中の③，④に，適切な色の名前(漢字で１文字)を入れなさい。

(3) HR 図のＡはある星座にふくまれる１等星です。Ａの名前として，最も適切なものはどれですか。次の**ア**～**エ**から１つ選び，記号で答えなさい。

ア　ベテルギウス　**イ**　シリウス　**ウ**　アンタレス　**エ**　カペラ

(4) HR 図から判断して，Ｂの星について正しく述べているのはどれですか。次の**ア**～**エ**から最も適切なものを１つ選び，記号で答えなさい。

ア　Ｂを地球から太陽と同じ距離の位置に置くと，太陽より明るい。

イ　Ｂの表面温度は太陽より高いが，大きさは太陽より小さい。

ウ　Ｂの大きさは太陽と同じくらいだが，重さは太陽よりも重い。

エ　Ｂの見かけの明るさが何等星かはわからないが，表面温度は太陽よりも低い。

3　下の図１のＡ～Ｃは，カキ(カキノキ)，トウモロコシ，インゲンマメの種子の断面を表しています(ただし，この順にならんでいるとは限りません)。これについて，あとの問いに答えなさい。

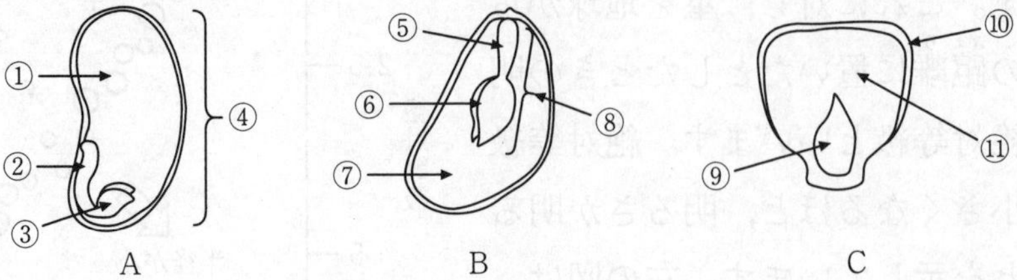

図１

(1)　カキの種子はどれですか。Ａ～Ｃから最も適切なものを１つ選び，記号で答えなさい。

(2)　Ｂの種子の⑦の部分と同じ名前の部分を，Ａの種子の①～④から，Ｃの種子の⑨～⑪からそれぞれ１つずつ選び，番号で答えなさい。あてはまる部分がないときは解答らんに×を書きなさい。

(3)　Ｃの種子の断面にヨウ素液をつけると，青紫《むらさき》色によくそまりました。この部分には何という物質がありましたか。

(4)　右の図２は「白米」とよばれる日本人がよく食べているお米です。これは「玄《げん》米」とよばれるものから，図１のＢの⑧のような「はい」とよばれる将来植物のからだになるものなどが取り除かれたものです。「玄米」のときには「はい」はどこにありましたか。解答らんの図に「はい」をかき足しなさい。

図２

(5)　右の図３のように，Ａの種子をたてに２つに割り，さらにそれをそれぞれ横に２つに分けて**ア**～**エ**としました。**ア**～**エ**を別々に植え，発芽の条件を満たしたとき，芽が出てくるのはどれですか。最も適切なものを**ア**～**エ**の記号で答えなさい。どれも芽が出てこないときは解答らんに×を書きなさい。

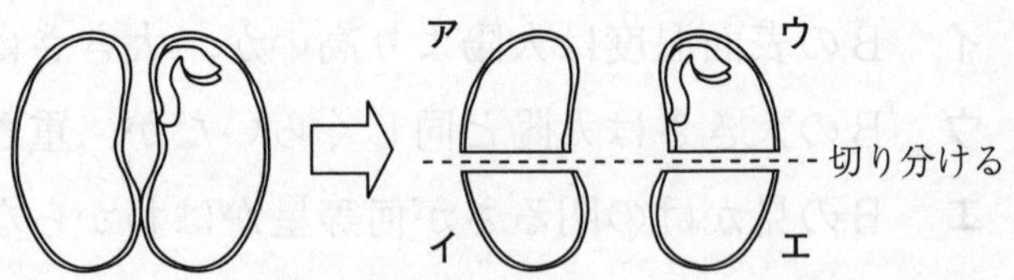

図３

4　下の表は，いろいろな温度の水100ｇにとける物質Ａと物質Ｂの限度の重さを表しています。この表を参考にして，あとの問いに答えなさい。計算の結果が割り切れないときは，小数第２位を四捨五入し，小数第１位までの値で答えなさい。ただし，物質Ａと物質Ｂを同時に水にとかすとき，そのとけ方はたがいに影響《えいきょう》しないものとします。

表

水の温度(℃)	0	20	40	60	80
物質Ａの重さ(ｇ)	3	5	9	15	24
物質Ｂの重さ(ｇ)	35	36	37	38	39

(1)　20℃の物質Ａの飽《ほう》和《わ》水溶液《すいようえき》(物質Ａをとけるだけとかした水溶液)のこさは何％ですか。

(2)　80℃の水50ｇに物質Ａを40ｇ入れてよくかき混ぜました。とけないで残る物質Ａの重さは何ｇですか。

(3)　60℃の物質Ａの飽和水溶液100ｇを20℃に冷やしたとき，とけきれずに結晶《けっしょう》として出てくる物質Ａは何ｇですか。

次に，物質Ａと物質Ｂを１：２の重さの比で均等に混合した物質Ｘをつくりました。

(4)　20℃の水100ｇに物質Ｘを30ｇ入れてよくかき混ぜました。その結果はどのようになりますか。次の**ア**～**エ**から最も適切なものを１つ選び，記号で答えなさい。

ア　すべてとけてとけ残りはない。

イ　物質Ａだけがとけ残る。

ウ　物質Ｂだけがとけ残る。

エ　物質Ａも物質Ｂもとけ残る。

(5)　物質Ｘを60℃の水100ｇにとけ残りが出ないようにとかすとき，物質Ｘは何ｇまでとかすことができますか。

5 音は，音を出している物体(弦《げん》などの音源)の振動《しんどう》が空気を伝わって耳にとどき，音として聞こえます。音に関して，次の問いに答えなさい。

(1) 次の文の□にあてはまる適切な語句を，ひらがな４字で答えなさい。

＜文＞

音には，音色，音の高さ，音の□という３つの要素があり，これを音の３要素という。音は，この音の３要素によって識別される。

(2) 右の図のようなモノコードで，弦の長さ(ＡＢ間の長さ)を短くすると，弦をはじいて出る音の高さは高くなります。これ以外に，弦の音を高くする方法を２つ，次の言葉に続けてそれぞれ５字以内で簡単に説明しなさい。

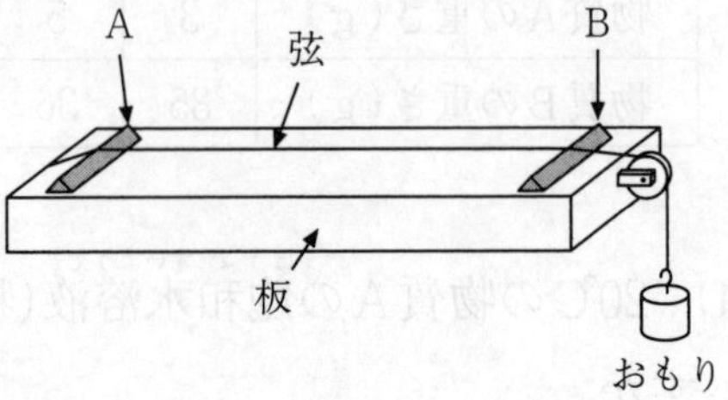

① 弦の太さを[　　　　　]。

② 弦を張る強さを[　　　　　]。

次に，音階について考えます。１秒あたりに振動する回数を振動数といい，振動数の単位はヘルツ(Hz)を用います。音階と振動数の関係が下の表のようになっているとき，あとの問いに答えなさい。なお，振動数と弦の長さには反比例の関係があることがわかっています。

表

音階	ド	レ	ミ	ファ	ソ	ラ	シ	高いド
振動数(Hz)	264	297	330	352	396	440	495	528

(3) 長さが96cmの弦をはじいたところ，表の「ド」(264Hz)の音が出ました。

① 同じ弦を用いて，表の「ソ」の音が出る弦の長さは何cmですか。整数で答えなさい。ただし，弦を張る強さは「ド」を出したときと同じとします。

② 同じ弦を用いて，「高いファ」(表の「ファ」の次に高い「ファ」)の音が出る弦の長さは何cmですか。表を参考にして，整数で答えなさい。ただし，弦を張る強さは「ド」を出したときと同じとします。

ずにいたりすればすぐに所有権が他の者に移るが、時間にはもともと所有権がないので、「私の時間」も私の意志とは無関係に過ぎていく、ということ。

ウ　ブランコや玩具のように誰もが使うことのできる物は一人が長い時間占有することはできないが、「私の時間」は私が占有しているので、私の意志しだいでは何もせずに時間をやり過ごすことができる、ということ。

エ　空間にある物は使わずにいれば他の誰かが借りに来たり奪ったりするが、「私の時間」は、私が何もせず何にも使わずにいても誰も借りたり奪ったりしない代わりに勝手に過ぎていって取り戻せない、ということ。

オ　空間にある物はそれを使う人の使い方しだいでくり返し長く使うことができるが、時間は誰の意志によっても止めたりくり返し使ったりすることができず、一度過ぎたらもう取り返すことはできない、ということ。

問八　――④「幼児の時間体験を観察してみると、なかなかおもしろいことが認められる」とありますが、「なかなかおもしろいこと」とは、どのようなことですか。「異なる」という言葉を使って、二十五字以上三十五字以内で書きなさい。

問九　――⑤「何とも納得のいきかねる表情をしている」とありますが、その理由を説明した次の文の Ⅰ ・ Ⅱ にあてはまる言葉を指定字数に合わせて、文章中から抜き出して書きなさい。

●幼児は、ひとつのことに Ⅰ（二字） していて、同じ長さの時間でも Ⅱ（二字） 感じているから。

問十　――⑥「充実感よりも空虚な感じを味わう」とありますが、その理由を、三十字以上四十字以内で書きなさい。

問十一　――⑦「テレビの主体的な見方」に必要なことは何ですか。文章中から十一字で抜き出して書きなさい。

問十二　この文章で筆者が述べている内容に合うものを次から一つ選び、記号で答えなさい。

ア　時間そのものには厚みはないにもかかわらず私たちが時間に厚みを感じるのは、時間を効率よく使うために時間と対決することが主体性を持って行われる経験だからである。

イ　子どもたちは、空間の端はどこにあるか、時間はどこから始まるか、などと大人にたずねても答えられないことを知ってしまうと、このような疑問は口に出さなくなる。

ウ　大人たちが時間を時計で区切って正確に測ることにとらわれ、「能率」ということを重視しすぎると、子どもたちの主体的な時間体験を奪ってしまうことになりかねない。

エ　子どもには主体的にテレビを見させるべきであり、そのためには、親の希望や家のおきてと対立することがあっても、ある程度放任して子どもの判断にまかせる必要がある。

オ　おたまじゃくしを夢中になって見ている子どもにとっての一時間はわずかな長さでしかないが、大人にとっての一時間はどのような場合でも正確に一時間で変わらない。

これらの葛藤《かっとう》と対決していくことによってこそ主体性が得られる。対決を通じて獲得《かくとく》した時間、それは主体性の関与《かんよ》するものとして、「厚み」をもった時間の体験となる。

ここに充実した時間体験の問題点が生じてくる。つまり、子どもに充実した時間を与えてやろうと思いすぎるあまり、一時間のうちに「このこともやらせよう」「あのことも教えてやろう」と思って、親や教師が熱心になればなるほど、子どもの主体性を奪《うば》ってしまうことになって、子どもはいろいろなことをしていながら、それは厚みのない時間体験になりさがってしまう。

私たちが、時計で測る「時間」にとらわれ、「能率」ということにこだわり始めると、「能率的教育法」という美名のもとに、子どもたちの主体的な時間を奪ってしまう危険性が生じてくるのである。

（河合隼雄《かわいはやお》「子どもの『時間』体験」による）

＊指標＝目印。
＊無為＝何もせずにぶらぶらしていること。
＊交錯＝入りまじること。

問一 ［1］～［5］にあてはまる言葉として、最も適切なものを次から一つずつ選び、それぞれ記号で答えなさい。

ア ところが　**イ** だから　**ウ** あるいは
エ なぜなら　**オ** しかも　**カ** たとえば
キ つまり　**ク** ところで

問二 ══A「感情」、D「危険」の対義語を、それぞれ漢字二字で書きなさい。

問三 ══B「わかっているのである」の主語を、一文節で抜き出して書きなさい。

問四 ══C「関係」について、次の各問いに答えなさい。

Ⅰ「関」という漢字の部首名をひらがなで書きなさい。

Ⅱ「係」という漢字の総画数を漢数字で答えなさい。

問五 ――①「時間も空間も何とつかみどころのないものだろう」とありますが、「つかみどころのない」時間をとらえやすくするために人間が始めたことを、文章中から八字で抜き出して書きなさい。

問六 ――②「時間の所有に関しては、先ほどの小学生のように、不公平さを嘆かずにすませられそうである」とありますが、このようにいえる理由として、最も適切なものを次から一つ選び、記号で答えなさい。

ア 空間にある具体的な物は誰かの所有物として存在するが、時間は抽象《ちゅうしょう》的で所有することができないから。

イ 空間は誰かが使うと他の者は使えなくなるのに対し、時間は誰もが同時に所有することができるから。

ウ 空間にある個々の物は常に所有権争いの対象になるが、時間は誰も所有権を主張しようとしないから。

エ 空間やそこにある物は誰が所有するか明らかであるが、時間は皆にあって誰のものかわからないから。

オ 空間にある物は特定の者にしか所有権が与えられないが、時間は誰にも平等に与えられているから。

問七 ――③「『私の時間』は勝手にどんどん逃げ出してしまう」とありますが、このことの説明として、最も適切なものを次から一つ選び、記号で答えなさい。

ア ブランコや玩具などは多くの人が交代で使って何度でも使うことができるが、「私の時間」は私だけのものであり、私が何もせずに無駄《むだ》にしていても、誰も気にとめないままどんどん過ぎ去っていく、ということ。

イ 空間にある遊具や玩具は一人が使い続けたり持ったまま使わ

くなったのだろう。「ぼくは何もしてなかったのに」、「ちょっとだけおたまじゃくしを見てただけなのに」と思っているのである。たしかに子どもたちは「ちょっとだけ」何かをしていたのである。しかし、残念なことに、それは大人のもっている時計では、「一時間」も道くさを食っていたことになるのだ。

おたまじゃくしを見ていた子どもが、一時間を「ちょっとの間」と思ったように、われわれ大人でも、同じ一時間を、長く感じたり短く感じたりする。恋人《こいびと》と話し合っていると、すぐに時間がたってしまって別れのときがくるのに、嫌な先生の説教は少しの間でも随分《ずいぶん》長く感じられる。時計の上では一時間であっても、経験するものにとっては、その一時間の厚みが異なるように感じられるのである。もちろん、時間そのものには厚みなどがあるはずがないから、あくまで、それを経験するものの主観として、厚みが生じてくるのだ。

何かひとつのことに熱中していると、時間が早くたっていくことは誰もが知っていることである。といっても、何かひとつのことをしていると、必ず充実《じゅうじつ》した時間を過ごしたことになるとは限らない。たとえば、テレビのドラマなどを見るともなく見ていると、ついひきこまれて終わりまで見てしまう。終わってみるといつの間にか一時間たってしまっている。しかし、このあとでは⑥充実感よりも空虚《くうきょ》な感じを味わうことだってある。時間は早くたったと感じられたが、その厚みの方はうすく感じられるのである。

あるいは、ひとつのことをしていても時間が長く感じられるときもある。その一番典型的な場合は、「待っている」時間である。誰かが来るのを待っているとき、われわれはなかなか他のことができない。そわそわしながら待つ、しかもその間は随分と長く感じられるのである。「待つ」ということだけをしているのだが、時間を長く感じてしまう。

これらのことを考えると、自分のしていることに、その主体性がどのようにC関係しているかにしたがって、時間の厚みが異なってくるらしいと思われる。「待つ」ことは、受動的なことである。その人がいつ来るかは、その人の行動にまかされているわけで、待っている方としては、ただそれにしたがって待つより仕方がないのである。これはテレビの場合でも同様である。テレビを見終わって充実感のない場合は、私たちがテレビを見たのではなく、テレビが私たちをひきこんでしまったのである。私たちは受動的に見ていたのだ。

子どもがテレビを見すぎることはよく問題になる。たしかにテレビを見すぎることは、子どもが「与えられた映像」を受動的に楽しむことによって、主体的な時間をもたなくなる点にD危険性が存在している。しかし、⑦テレビの主体的な見方だってあるはずである。怪獣《かいじゅう》にしろ、チャンバラにしろ、子どもにとっては必ず経験しなければならない世界なのである。[4]、それを見たいときには「主体的」に十分に見させることがいいのではないか。主体的に十分体験したものは、常に早く「卒業」する。[5]、いろいろと親の介入《かいにゅう》があって主体的にテレビを見ていない子どもは、なかなか卒業できない。いつも受動的にテレビを見て過ごしてしまう、時間は過ぎ去っていく、テレビはうつっている。主体はテレビや時間の方にあって、子どもは受身の立場に立ってしまっているのだ。ついでにつけ加えておくと、主体的にテレビを見させるということは、子どもの「見たいままに放任する」ことではない。放任の中から主体性は出てこない。テレビは見たいが勉強はどうするのか、父親は野球が見たいが子どもは漫画が見たい、これをどう解決するか。食事中にテレビを見ないのはわが家のおきてである。ところが、食事時間にどうしても見たい番組ができた。これをどうするか。

玩具を持ってぼんやりしていると、「あいてたら貸してね」と誰かに言われるだろう。ところが、私がいかに無為に過ごしていても、その時間を他人が借りにはこないものだ。こうして、私を油断させておいて、時間は何食わぬ顔で過ぎ去ってゆく。

このように、つかみどころのない時間、すぐに逃げ去ってゆく時間を、もう少しはっきりとしたものにするために、人間は時間を区切ることを始めた。

無限に流れる時間を区切ることを人間が考えはじめるためには、自然現象としての夜と昼、夏と冬などの体験がその基礎《きそ》となっていることだろう。特に太陽や月の運行は、時を測るための大切な指標であったことと思われる。日の出と共に起きて働き、日暮れには家に帰って休む。このような生活にとって、時間の流れや、時間の区切りは自然のリズムと密接に関連するものであっただろう。このような状態のときに、人間の経験する「時間」は、彼の体感やＡ感情と結びついたものとして、人格の深部にまでかかわりをもつものであったろう。

④幼児の時間体験を観察してみると、なかなかおもしろいことが認められる。幼稚園にいる子どもたちは、どのように「時間を区切って」いるのだろう。幼稚園の庭の片すみで、かたつむりをみつけて、それが殻《から》からからだを出し、目を出して動きはじめるのを、いっしょうけんめいに見つめている子、この子はどんな時間を経験しているのだろう。かたつむりを見つめている間の「時間の区切り」は、いったいどうなっているのだろうか。

幼稚園が九時に始まるという場合、大人が考えるのと同じように、「九時に間に合うように」登園してくる園児が何人いるだろう。おおかたの子どもは、お母さんが行きなさいというままに、［３］兄姉や友人たちにさそわれるままに、登園して来るのではないだろうか。だからといって、彼らは「時間の観念がない」とか、幼稚園はいつ行ってもかまわないと思っているというのでもない。彼らは彼らなりに、「おくれてはいけない」ことも知っているのである。

文明人は時計によって時間を測る。それによって、一日は二十四時間に正確に区切られ、共通の時間が設定される。これは多くの人間が社会をつくっていくためには、非常に大切なことである。これによって、われわれは友人と待ち合わせもできるし、学校も会社も、同一時刻に一斉《いっせい》に始めることもできる。映画の始まる時間、バスの時間、テレビの人気番組の始まる時間、これらすべてが決められており、われわれは共通の時間をきざむ時計を頼《たよ》りにして生活している。時計の発明によって、人類はどれほど時間が節約できるようになったかわからない、本当に便利なことだ。

ところで幼児たちは、さきにのべたように大人のもつ時計によって区切られた時間とは異なる時間を生きているようだ。「きのう」とか「あした」とかの意味も、はっきりとしていない子もある。「また、あしたにしようね」などと言っている子も、それは厳密にあしたということをさすのではなく、「近い将来」を意味していることも多い。

あるいは、何かに熱中していたが、何かで中断しなければならなくなったとき、「また、あしたにしよう」と言うのは、このことを言うことによって、中断することを自らに納得《なっとく》させようとする意味あいで言っている子もある。この場合の「あした」は、二十四時間の経過後に存在する時期などではなく、断念しなければならないという気持と、何か希望を残しておきたいような気持の＊交錯《こうさく》した現在の状況をのべている表現なのである。

道くさをしたために叱《しか》られる幼児たちが、悪かったという気持をあらわしながら、⑤何とも納得のいきかねる表情をしていることがよくある。彼らも叱られながら、「おくれてしまった」「おそくなって悪かった」ということはよくＢわかっているのである。しかし、なぜおそしむ子どもたちと、壮太との交流を通じて元気を取り戻していく「ぼく」の様子が対照的に描かれることで、はっきりと心情の動きがとらえられるようになっている。

三

次の文章を読んで、あとの問いに答えなさい。問いの中で字数に指定のあるときは、特に指示がないかぎり、句読点や符号もその字数に含めます。

私たちが生きていく上において、時間も空間も非常に大切なものだ。私という人間がこの世に「存在」していることを示す大切な＊指標として、時間と空間を用いる。一九七一年四月二十九日の午後三時に、私は自宅の書斎《しょさい》にいるというように表現する。

あるいは、子どもの帰りがおそいので気にして電話をかけてこられた母親に、幼稚《ようち》園の先生が「十分前には、園を出られましたよ」と言われると、母親は「もう五分位で帰ってくるだろう」と安心される。[1]、十分前に自分の子が幼稚園の前に「存在」していたということがわかると、母親は幼稚園から自宅までの空間的距離《きょり》と、それを歩いて帰ってくる時間とを測り、子どもの帰りを安心して待つことができるのである。

さて、このような大切なものであるが、ひるがえって考えてみると、①時間も空間も何とつかみどころのないものだろう。いったい、この空間の「端《はし》」はどこなのだろう、時間の一番始めの「はじまり」はどこからなのだろう、考えだすと大変なことだが、私たち大人は、あまりこんなことを考えずに暮らしている。

ところが、子どもたちは案外こんなことを考えているらしい、「あの山の向こうに何があるのだろう」とか「空のもっともっと上には何があるのだろう」とか。そして、彼らは奇妙《きみょう》にも、こんなことを大人に聞いても仕方のないことも、何となく感じているらしく、なかなか大人には、言ってくれないものである。ある時小学生たちと遠足したとき、どの山にも森にも持ち主があることがわかってくると、そのうちの一人が疑問を提出した。人類が現われるまでは、どの山も森も誰のものでもなかったのに、どうして、今全部持ち主がきまっているのか、「そんなのは不公平だ」と言うのである。たしかに、言われてみるともっともなような気がする。本来は誰のものでもなかった土地を、勝手に区切ってしまって、それを個人の所有にしてしまう。そして、他人はその空間を自由に使用することができない。

この小学生の疑問がおもしろかったので、私は時間の方についても、同じようなことがいえるか考えてみた。[2]、一九七一年四月二十九日の二十四時間というものをとって考えると、こちらの方は空間の場合と違って所有権争いをしなくてもよさそうである。これはニクソン大統領のものでもあったろうが、私のものでもあったし、あなたのものでもあったし、隣《となり》の犬のゼットのものでもあったわけである。

②時間の所有に関しては、先ほどの小学生のように、不公平さを嘆《なげ》かずにすませられそうである。これはなかなかおもしろいことである。幼稚園にあるブランコにしろ、誰かが占領《せんりょう》すれば、他の子どもはそれがあくまで待っていなければならない。玩具《がんぐ》にしても、誰かが使うと他の者は使えない。ところが、時間だけは、誰もが「自分のもの」であると主張しても、他人と取り合いをしなくてもよいものなのである。

しかし、困ったことに③「私の時間」は勝手にどんどん逃《に》げ出してしまうのである。きょうという日を、私がいかに＊無為に過ごしても、時間の方ではおかまいなしにどんどんと過ぎてしまって、きょうという日はもう二度と帰ってこない。ブランコに乗った子は、ブランコをゆすらずにぼんやりしていると、次の子にゆずることを強《し》いられる。

ふさわしい雰囲気《ふんいき》に水を差してしまうと思ったから。

問九 ――⑤「だけど、どうしても確認したくて、『一週間ですか？二週間ですか？』とぼくは聞いた」とありますが、このときの「ぼく」の気持ちを説明した次の文の Ⅰ ・ Ⅱ にあてはまる言葉を指定字数に合わせて、文章中から抜き出して書きなさい。

●「あと一週間か二週間で」退院できるとは言うものの、 Ⅰ（十五字） を先生はわかっていないと思い、子どもにとっての一日を Ⅱ（五字） で計算しないでほしい、と少し反感を抱いている。

問十 ――⑥「やっぱり気持ちが抑えきれなくなって」とありますが、この「気持ち」を説明したものとして、最も適切なものを次から一つ選び、記号で答えなさい。

ア あと少しで退院できるのは喜ばしいが、一人きりになったことで壮太がいたときには意識せずに済んでいた自分の病状に対する大きな不安が急にこみ上げ、動揺《どうよう》している。

イ 壮太がいなくなってしまったのは残念だが、遅くてもあと二週間後には退院できるめどが立ったことで、長かった入院生活からも解放されると思い、舞《ま》いあがっている。

ウ 二週間もすれば退院できるのはとてもうれしかったが、あからさまに喜ぶ態度を表してしまうと、まだ入院生活が続く子どもたちに悪いと思い、必死で気持ちを押し殺している。

エ 自分が退院できることを知ったお母さんから「よかったね」と言われたのはうれしかったが、自分よりつらい思いをしているであろう他の子どもへの配慮のなさに失望している。

オ 一、二週間もすれば退院できるにもかかわらず不満を抱いていた中、自分よりもつらい思いをしているであろう子どもたちのことを考えて、自己嫌悪《けんお》とやりきれなさで板ばさみにあっている。

問十一 ――⑦「壮太だ……」とありますが、「壮太」は「ぼく」に、どのような配慮をしたと考えられますか。七十字以上八十字以内で書きなさい。

問十二 ――⑧「干からびたバッタを横に置いて、ぼくはベッドの上の小さな机の上で手紙を書いた」とありますが、この手紙を通して「ぼく」が「壮太」に伝えたかったのはどのようなことですか。二十五字以上三十五字以内で書きなさい。

問十三 この文章の表現について説明したものとして、最も適切なものを次から一つ選び、記号で答えなさい。

ア 進行が時系列順ではなく、結末から始まって時間がさかのぼっていき、少しずつ状況《じょうきょう》・いきさつや登場人物の関係などが明らかになっていくという構成にすることで、最後まで読者を物語へと集中させることに成功している。

イ 物語をいくつかの大きな場面に区切り、それぞれの場面を「ぼく」、「壮太」、お互いの「母親」の視点から描き出す手法によって、各場面での各人の心の動きや行動のきっかけなどが正確にとらえられるよう工夫《くふう》されている。

ウ 会話文や地の文においてところどころ比喩《ひゆ》表現をさしはさむことで幻想《げんそう》的で温かな世界を描き出し、ともすれば重苦しさばかりが強調されがちな病院という舞台《ぶたい》に明るさをもたらし、読者に親しみやすさを与《あた》えている。

エ 終始、「ぼく」の視点から物語が進められているが、仲のよい友人である「壮太」との会話文や、思ったことや考えたことが詳細《しょうさい》に描かれた地の文などを通して、子どもなりの微妙《びみょう》な心の動きがわかりやすく表現されている。

オ 病院という舞台の中で、長期の入院をよぎなくされて病に苦

エ　低身長の検査中の子は水も飲めないので、「ぼく」も水分を摂るのを遠慮《えんりょ》したほうがよい気がしている。

オ　低身長の検査中の子が水も飲めないなら、「ぼく」も水分は意地でも摂らないことにしようと決めている。

問六　——②「壮太の言うとおりかもしれない。だけど、やっぱり違う」とありますが、このときの「ぼく」の気持ちを説明したものとして、最も適切なものを次から一つ選び、記号で答えなさい。

ア　「ぼく」が病気でよかったという壮太の気持ちはわかるが、自分では入院して優しくなったとは思えずにいる。

イ　「ぼく」は長い入院生活のおかげで優しくなったが、病気になってよかったとまでは言えないと感じている。

ウ　「ぼく」は病気になったから壮太と出会えたが、病気でよかったと言われたことには強い抵抗《ていこう》感を抱《いだ》いている。

エ　「ぼく」は入院生活を経て優しくなったが、それを壮太に褒められたのが恥《は》ずかしく、素直《すなお》になれずにいる。

オ　「ぼく」が病気でよかったと言われたことで、入院前の性格の悪さを指摘《してき》されたように感じ不満に思っている。

問七　——③「『またな』とは言えず、『じゃあ』とあいまいに微笑みながら」とありますが、「ぼく」がこのような態度をとったのはなぜですか。最も適切なものを次から一つ選び、記号で答えなさい。

ア　まだ壮太と一緒にいたかったが、今日が彼《かれ》の退院の日であることは知っていたので、また会えることを期待するようなことを言うわけにはいかず、言葉をにごすしかなかったから。

イ　今日の午後には壮太は退院してしまってもう一緒に遊べないのはわかっているが、別れのあいさつをしてしまうとこれから先、二度と会えなくなるような気がして怖《こわ》くなったから。

ウ　退院の日というおめでたい日なので、気持ちよく別れたいと思いつつも、自分よりも先に病院を去ることのできる壮太に対する嫉妬《しっと》がどうしても抑えきれなかったから。

エ　一緒に遊べるのが今日までなのはお互いにわかっているのでまた遊ぼうとは言えなかったが、別れのあいさつはしかるべき場所できちんとしようとはじめから決めていたから。

オ　壮太が退院することで「ぼく」はしばらく一人にはなってしまうが、彼とはまたどこかで会える気がしていたので、別れの言葉は言わずにおこうと思ったから。

問八　——④「そう言ってくるりと背を向けると、そのまま部屋から出て行った」とありますが、「壮太」がこのような態度をとったのはなぜだと「ぼく」は考えていますか。最も適切なものを次から一つ選び、記号で答えなさい。

ア　あと少しでも同じ場所に居続けてしまったなら、長期にわたる入院生活のつらさを分かち合い、乗り越《こ》えてきた戦友である「ぼく」への思いがあふれ、離れがたくなるから。

イ　これ以上長く一緒にいて話を続けてしまったら、「ぼく」との楽しかった時間が思い起こされ、別れなければならないやりきれなさで胸がはりさけそうだったから。

ウ　もっと話をしていたならば、先に退院してしまう自分に対する恨《うら》み言をはかれるだろうと思い、表面上は良好な関係を保ったままでこの場を立ち去ろうと思ったから。

エ　話し続けてしまったら、こみ上げてくるであろう「ぼく」への熱い思いを抑えられなくなるが、お互いの母親がいる前でそれを伝えるのはどうしてもはばかられたから。

オ　すでに自分の思いをあますところなく伝えたので、これ以上長く一緒にいたり、余計な一言を話したりすれば、別れの場にりそうだ。

ぼくはお母さんが帰ってくるのを待てず、看護師さんに言って封筒と便箋《びんせん》をもらった。壮太にすぐに伝えたいことがあった。

壮太といる間、何度か「小さくたっていいじゃん」そう口にしようとした。遊びを考える天才で、みんなを笑わせることができる。壮太のその力は、背の低さなんて余裕《よゆう》で補えてるって思ってた。でも、壮太を傷つけたらと不安で、言えなかった。

だけど、壮太は病院にいるぼくに、この夏の暑さを伝えることができる。いなくなった後も、プレイルームのぼくたちを楽しませることができる。壮太はとにかく最高なんだ。壮太が壮太なら、小さくたっていい。そう。小さくたって全然いいのだ。

⑧干からびたバッタを横に置いて、ぼくはベッドの上の小さな机の上で手紙を書いた。

これ以上ない暑い夏が、今、始まろうとしている。

（瀬尾《せお》まいこ「夏の体温」による）

＊西棟＝重病患者《かんじゃ》が入院している小児科《しょうにか》病棟。「ぼく」は、経過観察中の患者や検査入院の子どもたちが入院している東棟にいる。

＊三園さん＝病院の保育士。朝から夕方まで、プレイルームや保育室にいて、子どもたちを見ている。

問一 [1]～[4]にあてはまる言葉として、最も適切なものを次から一つずつ選び、それぞれ記号で答えなさい。

ア うっかり　**イ** すっきり　**ウ** てっきり
エ びっしり　**オ** がっかり　**カ** ばっちり
キ あっさり　**ク** ぽっかり

問二 ――A「そうだ」と意味・用法が異なるものを次から一つ選び、記号で答えなさい。

ア 今日は早く帰ったほうがよさそうだ。
イ あと三十分ほどで終わりそうだ。
ウ 近くにマンションができるそうだ。
エ 今日は夕方から雨になりそうだ。
オ このりんごはとてもおいしそうだ。

問三 ――B「採血」、C「陽気」と熟語の組み立てが同じものを次から一つずつ選び、それぞれ記号で答えなさい。

ア 私立　**イ** 早朝　**ウ** 進退　**エ** 整然
オ 非常　**カ** 観劇　**キ** 日銀　**ク** 携帯

問四 ――D「さも」、E「手放しで」の意味として、最も適切なものをあとから一つずつ選び、記号で答えなさい。

D「さも」
ア ちょうど　**イ** なんとなく　**ウ** かえって
エ むしろ　**オ** いかにも

E「手放しで」
ア 自由に　**イ** それなりに　**ウ** 無条件に
エ 早々に　**オ** じきに

問五 ――①「ぼくもなんとなく気が引けて、壮太といる時やプレイルームに検査の子がいる時は水分を摂らないようにしている」とありますが、「ぼく」がこのようにする気持ちを説明したものとして、最も適切なものを次から一つ選び、記号で答えなさい。

ア 低身長の検査中の子は水も飲めないので、水分を摂る必要のある「ぼく」は居場所がないと思っている。
イ 低身長の検査中の子は水も飲めないのに、「ぼく」が水分を摂ってよいのはおかしいと強く感じている。
ウ 低身長の検査中の子が水も飲めない間は、水分を摂らずに「ぼく」もみんなを応援《おうえん》したいと思っている。

ぼくは一人でそう笑った。

月曜日の朝には、四歳《さい》くらいの男の子が低身長の検査入院でやってきた。母親の手を握《にぎ》って、不安そうにプレイルームに入ってくる。

「いろいろおもちゃあるよ」

ぼくが話しかけると、ほんの少しだけ解《ほど》けた顔をしてくれたけど、まだ母親の手を離《はな》さないままだ。

「そうだ、紙飛行機する？」

ぼくは箱いっぱいに詰《つ》め込んだ壮太作の紙飛行機を見せた。

「すごいね」

「だろう？　全部、顔も名前もあるんだよ」

「これ、変な顔」

男の子はおみそれ号をつかんで、少し笑った。

「こっちは『ずっこけ号』。もっと変な顔してるだろう？」

「うん」

男の子は「飛ばしていい？」と母親に聞く。母親がお兄ちゃんに聞いてごらんと言う前に、

「一緒にやろうよ」

とぼくは男の子に言った。

「じゃあ、ここからね。せーので飛ばそう」

「うん」

男の子が飛ばしたおみそれ号もぼくのずっこけ号も、ひょろひょろと少し飛んだだけでそのまま床に落ちた。

「だめだねー」

「本当だな。よし、じゃあ次、もっと飛びそうなの探そう」

ぼくが男の子と話していると、

「瑛介君、手紙来てるよ」

とプレイルームに入ってきた看護師さんに封筒《ふうとう》を渡《わた》された。

「手紙？」

なんだろうと封筒を見てみると、田波壮太と書かれている。ああ、壮太だ。名前を見ただけで壮太の顔と声が一気に頭の中によみがえった。

ぼくは男の子に「好きなだけ遊んでいいよ」と紙飛行機の箱を渡すと、大急ぎで部屋に戻った。いったい壮太は何を書いてきたのだろうか。早く読みたい、早く壮太の文字を見たいと封筒の中身を取り出して、ぼくは「うえ」と悲鳴を上げた。中からは、干《ひ》からびた虫の死骸《しがい》が出てきた。茶色くなってパリパリになった死骸は、不気味でしかたない。おいおい、どんないやがらせだよと、手紙を読んでみる。

えいちゃんへ

2日間だったけど、超《ちょう》楽しかったよな。ありがとう。また遊べたらなーってそればっかり考えてる。チビは最悪だけど、えいちゃんと会えたし、チビでもいいことあるなって思ったよ。

えいちゃん、「外はどれくらい暑いんだろうな」って言ってたけど、マジでやばいぜ。毎日たおれそう。昨日おれの家の前でバッタがひからびてたから送る。な。本当に丸こげになるだろう。

壮太

ああ、壮太。ぼくもだ。もう一度遊べたらなってそればっかり考えてる。病気になってよかったことなど何もないけど、壮太と出会えたこと、それだけはラッキーだった。

それにしても、外は本当にすごい暑さなんだ。干しエビみたいに干からびたバッタの死骸はかわいそうだけど、暑さはよくわかる。いくらテレビで映像を見ても、気温を知らされてもわからなかったのに、このバッタを見ているだけで、頭の上が熱くなって喉がカラカラにな

「そこは次回の検査結果を見てからかな」

先生はそう答えた。

「はあ」

「どっちにしても一、二週間で帰れると思うよ」

先生は、「よくがんばったからね」と褒めてくれた。

一、二週間。ひとくくりにしてもらっては困る。一週間と二週間では、七日間も違うのだ。七日後にここを出られるのか、十四日間ここで過ごすのかは、まるで違う。ここでの一日がどれほど長いのかを、壮太のいない時間の退屈《たいくつ》さを、先生は知っているのだろうか。ぼくら子どもにとっての一日を、大人の感覚で計算するのはやめてほしい。

お母さんは診察室を出た後も、何度も「よかったね」と言った。ぼくは間近に退院が迫《せま》っているのに、時期があやふやなせいか、気分は晴れなかった。明日退院できる。それならE手放しで喜べる。だけど、一週間か二週間、まだここでの日々は続くのだ。

[4]しながらも、病室に戻る途中《とちゅう》に＊西棟《にしとう》の入り口が見えて、ぼくは自分が嫌《いや》になった。何をぜいたく言っているのだ。遅《おそ》くとも二週間後にはここから出られるし、ここでだって苦しい治療《ちりょう》を受けているわけじゃない。西棟には、何ヶ月も入院している子だっているのだ。それを思うと、胸がめちゃくちゃになる。病院の中では、自分の気持ちをどう動かすのが正解なのか、どんな感情を持つことが正しいのか、よくわからなくなってしまう。

就寝《しゅうしん》時間が近づいてくると、⑥やっぱり気持ちが抑《おさ》えきれなくなってプレイルームに向かった。真っ暗な中、音が出ないようマットに向かっておもちゃ箱をひっくり返す。三つの大きな箱の中身をぶちまけるのだ。ただそれだけの行為《こうい》が、ぼくの気持ちを保ってくれた。悪いことだとはわかっている。でも、こうでもしないと、ぼくの中身が崩《くず》れてしまいそうだった。いつも、翌朝にはおもちゃは片付けられ、きれいにプレイルームは整えられている。きっと、お母さんか＊三園さんが直してくれているのだろう。それを思うと、ひどいことをしてるよなと申し訳ない。だけど、何かしないと、おかしくなりそうで止められなかった。

三つ目のおもちゃ箱をひっくり返し、あれ、と思った。

布の箱から、がさっと何かが落ちた。硬《かた》いプラスチックのおもちゃの音とはちがう。暗い中、目を凝《こ》らしてみると、紙飛行機だ。

ぼくは慌《あわ》てて電気をつけた。

⑦壮太だ……。赤青黄緑銀金、いろんな色の折り紙で作った紙飛行機は、三十個以上はある。片手に管を刺《さ》して固定していたから、使いにくい手で折ったんだろう。形は不格好だ。それでも、紙飛行機には顔まで描《えが》かれていて、「おみそれ号」「チビチビ号」「瑛ちゃん号」「またね号」と名前まで付いている。

壮太は、知っていたんだ。ぼくが夜にプレイルームでおもちゃ箱をひっくり返していたことを。そして、壮太がいなくなった後、ぼくがどう過ごせばいいかわからなくなることも。

明日から、一つ一つ飛ばそう。三十個の紙飛行機。これを飛ばしている間、少しは時間を忘れることができそうだ。

土日の病院はしんとしていた。週末は低身長の検査の子もいないし、三園さんも休みだし、看護師さんの数も少ない。

静まり返るってこういうことだよな。ぼくは誰もいないプレイルームで紙飛行機を飛ばしたり、漫画を読んだりして過ごした。紙飛行機は似顔絵が書かれた「三園さん号」が一番よく飛んだ。

「なんだよ、壮太。瑛ちゃん号がよく飛ぶように作ってくれたらいいのにさ」

そのあと、昼食ができたと放送が流れ、ぼくたちはそれぞれ部屋に戻った。

③「またな」とは言えず、「じゃあ」とあいまいに微笑《ほほえ》みながら。

昼ごはんを食べ終えて歯を磨《みが》いた後、壮太が母親と一緒にぼくの病室にやってきた。壮太の母親は大きなバッグを持ち、壮太もリュックを背負っている。

「いろいろお世話になりました」

壮太の母親は、ぼくとぼくのお母さんに頭を下げた。

「ああ、退院ですね。お疲《つか》れさまでした」

ぼくのお母さんが言った。

「瑛介君に仲良く遊んでもらって、入院中、本当に楽しかったみたいで」

「うちもです。壮太君が来てくれてよかったです」

お母さんたちがそんな話をしている横で、ぼくたちはお互《たが》い顔を見合わせて、かといって今この短い時間で話す言葉も見当たらず、ただなんとなく笑った。

「行こうか。壮太」

母親に肩《かた》に手を置かれ、

「瑛ちゃん、じゃあな」

と壮太は言った。

「ああ、元気でな」

ぼくは手を振《ふ》った。

壮太は、

「瑛ちゃんこそ元気で」

④そう言ってくるりと背を向けると、そのまま部屋から出て行った。

壮太たちがいなくなると、

「フロアの入り口まで見送ればよかったのに。案外二人ともお別れは【 2 】しているんだね。ま、男の子ってそんなもんか」

とお母さんは言った。

お母さんは何もわかっていない。あれ以上言葉を発したら、泣きそうだったからだ。きっと壮太も同じなのだと思う。もう一言、言葉を口にしたら、あと少しでも一緒にいたら、さよならができなくなりそうだった。口や目や鼻。いろんなところがじんと熱くなるのをこらえながら、ぼくは「まあね」と答えた。

壮太がいなくなったプレイルームには行く気がせずに、午後は部屋で漫画《まんが》を読んだ。時々、壮太は本当に帰ったんだな、もう遊ぶことはないんだなと気づいて、【 3 】心に穴が空いていくようだった。これ以上穴が広がったらやばい。そう思って、必死で漫画に入り込《こ》もうとした。

二時過ぎからは診察《しんさつ》があった。この前の採血の結果が知らされる。

「だいぶ血小板が増えてきたね」

先生は優しい笑顔をぼくに向けると、Ｄさもビッグニュースのように、

「あと一週間か二週間で退院できそうかな」

と言った。

「よかったです。ありがとうございます」

お母さんは頭を下げた。声が震《ふる》えているのは本当に喜んでいるからだろう。

やっとゴールが見えてきた。ようやく外に出られる。それはうれしくてたまらない。⑤だけど、どうしても確認したくて、

「一週間ですか？　二週間ですか？」

とぼくは聞いた。

「ああ。血抜《ぬ》いたら、喉《のど》かわいたな」

壮太がナースステーション横の自販機《じはんき》を見てつぶやいた。

「水飲めないって、ちょっとつらいよな」

低身長の検査中は絶飲絶食だ。おなかがすくのは我慢《がまん》できるけど、水が飲めないのはしんどいらしく、子どもたちもよく「お茶ー！」「喉かわいたー」と叫《さけ》んでいる。①ぼくもなんとなく気が引けて、壮太といる時やプレイルームに検査の子がいる時は水分を摂《と》らないようにしている。

「じゃあ、じゃんけんは休憩《きゅうけい》してゆっくり歩こう」

眠気に負けそうな壮太にぼくは言った。

「ああ、ごめんな。今日の俺あんまり楽しくないよな」

壮太はいつもよりおっとりした口調で言う。検査のための薬でこんなにしんどくなるんだ。いつも元気な壮太なだけに、つらさがよくわかる。

「眠くてぼんやりしてても、壮太は楽しいよ」

「そう？」

「もちろん」

「だといいけど。おもしろくないチビなんて終わってるもんな」

壮太はそう言って、とろんとした目で笑った。

「壮太はおもしろいけど、でも、おもしろくなくたって全然いいと思うよ」

「瑛ちゃんは、優《やさ》しいよな」

「まさか」

「瑛ちゃんといると、気持ちがのんびりする」

壮太が見当違《ちが》いに褒《ほ》めてくれるから、何だか居心地《いごこち》が悪くなって、ぼくは入院したてのころはわがままだったこと、最初は低身長の検査入院の子どもたちに冷たくしてたこと、今はなんとなくそのほうがここから早く出られるような気もして、みんなに優しくしてるだけだということを、正直に話した。

「そうか。じゃあ、俺はチビだからおもしろくなって、瑛ちゃんは入院が長いから優しくなったってことか。瑛ちゃんが病気で、俺が小さくてよかったー」

②壮太の言うとおりかもしれない。だけど、やっぱり違う。ぼくは入院する前のほうが性格はよかった。「みんなはいいよな」って人をうらやむことはなかったし、「どうしてぼくばっかりなんだよ」といらつくこともなかった。それに、壮太が楽しいことに、身長は関係ない。背が高くてC陽気じゃない壮太でも、ぼくは一緒《いっしょ》にいて楽しいって思うはずだ。そんなことを言おうと思ったけど、うまく伝えられる自信がなくてやめにした。

そんなことより、[1]寝そうになる壮太を起こすことで精いっぱいだった。何度も廊下を往復したり、プレイルームに戻《もど》ってゲームをしてみたり、次から次へといろんなことをして壮太の眠気を覚ました。

「はーこれで、解放だ！」

十二時前、最後の採血が終わって、管を抜いてもらうと、壮太はプレイルームの床《ゆか》にごろんと寝転がった。

「おつかれ、壮太」

「サンキュー、瑛ちゃん」

「ぼくは何もしてないけどさ」

「なんか最終日に全然遊べなくてもったいなかったな」

「そんなことない。一緒に話してただけで楽しかったよ」

ぼくが言うと、

「うん。俺も半分頭は寝てたけど、楽しかった」

と壮太も言った。

2023年度

専修大学松戸中学校

【国語】〈第一回試験〉(五〇分)〈満点:一〇〇点〉

一 次の――線の漢字の読みをひらがなで書き、――線のカタカナは漢字に直して書きなさい。

① 酒気を帯びた状態で運転してはいけない。
② はっきりとした色の濃淡をつける。
③ この家は収納スペースが多い。
④ 和服に合わせて足袋を新調する。
⑤ 育てていた植物の葉がチヂれる。
⑥ 木に小さな虫がムラがっている。
⑦ バスのコウシャボタンを押《お》す。
⑧ キソクは守らなければならない。
⑨ 事故で交通がコンランしている。
⑩ 誰《だれ》に対しても、ハクアイの精神で接する。

二 次の文章を読んで、あとの問いに答えなさい。問いの中で字数に指定のあるときは、特に指示がないかぎり、句読点や符号《ふごう》もその字数に含《ふく》めます。

　小学校三年生の「ぼく(瑛介《えいすけ》)」は、血小板(血液の成分の一つ)が減る病気でもう一ヶ月以上入院している。今は元気で、病院のプレイルームで毎日遊んでいる。プレイルームに来る子どもたちの多くは低身長の検査入院をしており、皆《みな》、「ぼく」より年齢《ねんれい》は下だったが、あるとき、同じ三年生の壮太《そうた》がやはり低身長の検査のために入院してきて、二人はたちまち仲良くなった。壮太の退院日である今日、壮太は検査のための薬のせいで眠気《ねむけ》におそわれているが、検査中は寝《ね》てはいけないことになっている。

　だるいけどじっとしていると寝てしまいAそうだという壮太と廊下《ろうか》に出て、じゃんけんに勝てば、グリコ・パイナップル・チョコレートと文字の数だけ進めるゲームをした。ゆっくりでも歩けば、眠るのは避《さ》けられるだろう。

　壮太は三歩進んでから言った。

「俺《おれ》の足短いから、なかなか進まないな」

「でも壮太のほうがじゃんけん勝ってるよ」

「そうだ! グー、チョキ、パー、その文字から始まる言葉なら何でもいいことにしよう」

「いいね。そのほうがおもしろそう!」

「グー! やったね。じゃあ、えっと、ぐつぐつよく煮《に》たスープ」

　じゃんけんで勝った壮太は、少し調子が出てきたのか大股《おおまた》で進んだ。

「なんだよそれ。よし勝った。じゃあ、ぼくは、パンダを見に動物園に行くのは日曜日」

　ぼくも負けじと長い文を考えて歩く。

「えー、そうなんだ。動物園は土曜日じゃダメなんだ。お、俺もパーか。えっと、パリパリのポテトチップスを買うのは水曜日」

「なんで、曜日しばり?」

　ぼくらはグー、チョキ、パーで始まる言葉を言い合っては笑った。

　ナースステーション前を通り過ぎようとすると、「ちょうどよかった。時間だよ」と、看護師さんにソファに座《すわ》らされ、壮太はB採血を受けた。

2023年度
専修大学松戸中学校　▶解説と解答

算　数　＜第１回試験＞（50分）＜満点：100点＞

解　答

1 (1) $\frac{7}{8}$　(2) $5\frac{3}{4}$　(3) $\frac{2}{3}$　(4) 37.7　**2** (1) 1500　(2) 86　(3) 6　(4) 5　(5) 5　**3** (1) 7日目　(2) 12日目　**4** (1) 11才　(2) 9才　**5** (1) 2：1　(2) 1：2　**6** (1) 毎秒3cm　(2) 30cm　(3) 8秒後　**7** (1) $270cm^2$　(2) 13.5分後

解　説

1 **四則計算，逆算，計算のくふう**

(1) $\left(\frac{1}{12}-\frac{1}{16}\right)\div\left(\frac{1}{14}-\frac{1}{21}\right)=\left(\frac{4}{48}-\frac{3}{48}\right)\div\left(\frac{3}{42}-\frac{2}{42}\right)=\frac{1}{48}\div\frac{1}{42}=\frac{1}{48}\times\frac{42}{1}=\frac{7}{8}$

(2) $1.75\times\frac{5}{21}+3\frac{1}{3}\div0.625=1\frac{3}{4}\times\frac{5}{21}+\frac{10}{3}\div\frac{5}{8}=\frac{7}{4}\times\frac{5}{21}+\frac{10}{3}\times\frac{8}{5}=\frac{5}{12}+\frac{16}{3}=\frac{5}{12}+\frac{64}{12}=\frac{69}{12}=\frac{23}{4}=5\frac{3}{4}$

(3) $\frac{1}{8}\div2.5=\frac{1}{8}\div\frac{5}{2}=\frac{1}{8}\times\frac{2}{5}=\frac{1}{20}$より，$\frac{5}{6}-\left(\square\div\frac{8}{9}-\frac{1}{20}\right)=\frac{2}{15}$，$\square\div\frac{8}{9}-\frac{1}{20}=\frac{5}{6}-\frac{2}{15}=\frac{25}{30}-\frac{4}{30}=\frac{21}{30}=\frac{7}{10}$，$\square\div\frac{8}{9}=\frac{7}{10}+\frac{1}{20}=\frac{14}{20}+\frac{1}{20}=\frac{15}{20}=\frac{3}{4}$　よって，$\square=\frac{3}{4}\times\frac{8}{9}=\frac{2}{3}$

(4) $A\times B+A\times C=A\times(B+C)$であることを利用すると，$2.89\times2.56+2.89\times1.21+7.11\times3.77=2.89\times(2.56+1.21)+7.11\times3.77=2.89\times3.77+7.11\times3.77=(2.89+7.11)\times3.77=10\times3.77=37.7$

2 **単位の計算，周期算，速さ，植木算，つるかめ算，体積**

(1) $1km^2$は1辺の長さが1km（＝1000m）の正方形の面積だから，$1km^2=1km\times1km=1000m\times1000m=1000000m^2$となる。よって，$1.2km^2\div800=1200000m^2\div800=1500m^2$とわかる。

(2) 2，0，2，3の4個の数字がくり返し並んでいる。これを周期と考えると，50÷4＝12余り2より，全部で12個の周期があり，さらに2個の数字2，0が余ることがわかる。1つの周期の数字の和は，2＋0＋2＋3＝7なので，50個の数字の和は，7×12＋2＋0＝86と求められる。

(3) 家から学校までの道のりは，60×15＝900(m)である。よって，この道のりを毎分150mの速さで行くときにかかる時間は，900÷150＝6（分）とわかる。

(4) 15本のテープをつなぐときののりしろの数は，15－1＝14(か所)だから，のりしろがなかったとすると，全体の長さは，1×14＝14(cm)長くなる。したがって，15本のテープの長さの合計は，181＋14＝195(cm)である。青いテープが15本あったとすると，長さの合計は，12×15＝180(cm)となり，実際よりも，195－180＝15(cm)短くなる。青いテープと赤いテープを1本ずつ交換《こうかん》するごとに，長さの合計は，15－12＝3（cm)ずつ長くなるから，赤いテープの本数は，15÷3＝5（本）とわかる。

(5) 体積が$314cm^3$で高さが4cmなので，底面積は，314÷4＝78.5(cm^2)である。したがって，底面の円の半径を□cmとすると，□×□×3.14＝78.5(cm^2)と表すことができるから，□×□＝78.5÷3.14＝25となる。さらに，25＝５×５より，□＝５cmとわかる。

３ 仕事算

⑴　Ａ君が１日にする仕事の量を１とすると，この仕事の量は，１×12＝12となる。また，Ｂ君がこの仕事を終わらせるのにかかる日数は15日より多く16日より少ないから，Ｂ君が１日にする仕事の量は，12÷16＝$\frac{3}{4}$より多く，12÷15＝$\frac{4}{5}$より少ないことになる。すると，Ａ君とＢ君が１日にする仕事の量の和は，１＋$\frac{3}{4}$＝$\frac{7}{4}$より多く，１＋$\frac{4}{5}$＝$\frac{9}{5}$より少なくなるので，２人でするときにかかる日数は，12÷$\frac{9}{5}$＝$\frac{20}{3}$＝６$\frac{2}{3}$(日)より多く，12÷$\frac{7}{4}$＝$\frac{48}{7}$＝６$\frac{6}{7}$(日)より少なくなる。よって，仕事が終わるのは，６＋１＝７(日目)と求められる。

⑵　Ａ君が３日間でする仕事の量は，１×３＝３だから，残りの仕事の量は，12－３＝９となる。残りの仕事をＢ君がするときにかかる日数は，９÷$\frac{4}{5}$＝$\frac{45}{4}$＝11$\frac{1}{4}$(日)より多く，９÷$\frac{3}{4}$＝12(日)より少なくなる。よって，仕事が終わるのはＢ君が始めてから12日目である。

４ 条件の整理，旅人算

⑴　最初の２年が終わってから，60－24＝36(才)増えているから，最初の２年が終わってから，36÷４＝９(年)たっていることがわかる。よって，この中型犬の年令は，２＋９＝11(才)である。

⑵　最初の２年が終わったときから考える。最初の２年が終わったときの年令を人間の年令に換算《かんさん》すると，小型犬の場合は24才であり，大型犬の場合は，12＋７＝19(才)である。したがって，最初の２年が終わったときの年令の差は，24－19＝５(才)とわかる(小型犬の方が年上)。その後，大型犬は小型犬よりも１年間で，７－４＝３(才)多く年をとるので，年令の差が16才になるのは，大型犬が小型犬よりも，５＋16＝21(才)多く年をとったときとわかる。よって，最初の２年が終わったときからかぞえて，21÷３＝７(年後)だから，そのときの犬の年令は，２＋７＝９(才)である。

５ 平面図形―相似

⑴　下の図①のように，三角形DBAの１辺の長さを□cmとする。ここで，三角形DBAと三角形EACは相似であり，相似比は□：１だから，面積の比は，(□×□)：(１×１)＝(□×□)：１となる。また，ABを１辺とする正方形ABPQの面積は三角形ABCの面積の４倍なので，(１×１÷２)×４＝２(cm^2)とわかる。つまり，□×□＝２だから，三角形DBAと三角形EACの面積の比は２：１である。

図①

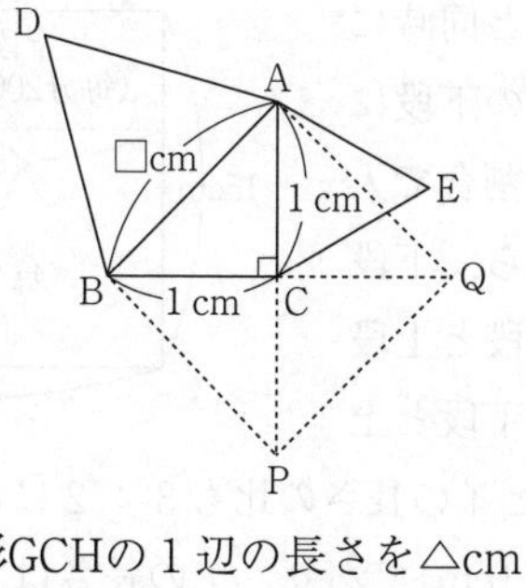

図②

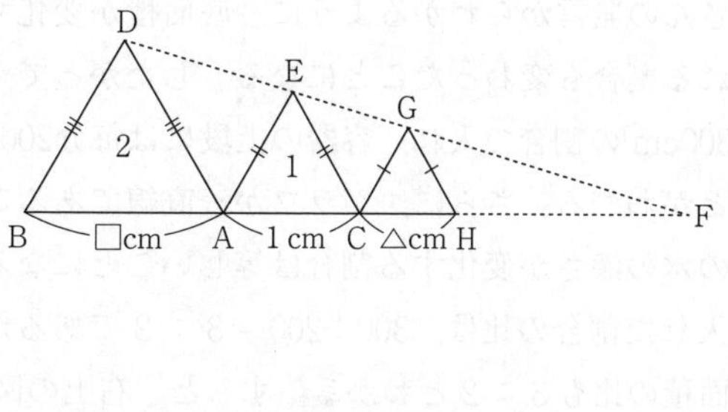

⑵　三角形GCHの１辺の長さを△cmとする。また，三角形EACの面積を１とすると，上の図②のようになる。図②で，三角形DAEと三角形ECGは相似なので，DA：AE＝EC：CGとなる。したがって，BD：AE＝AE：CGとなるから，三角形DBAと三角形EACの相似比と，三角形EACと三

角形GCHの相似比は等しいことがわかる。すると，三角形EACと三角形GCHの面積の比も２：１になるので，三角形GCHの面積は，$1\times\frac{1}{2}=\frac{1}{2}$と求められる。よって，三角形DBAと三角形GCHの面積の比は，$2:\frac{1}{2}=4:1$だから，(□×□)：(△×△)＝４：１＝(２×２)：(１×１)より，□：△＝２：１とわかる。つまり，GH：AB＝１：２である。

6 平面図形—図形の移動，相似

⑴　電球Ｐは５秒間で，１×５＝５(cm)動くから，影《かげ》の先端《せんたん》をＺとすると，５秒後には下の図１のようになる。図１で，角POZの大きさは，90－30＝60(度)なので，角XYZの大きさも60度であり，三角形XYZは正三角形になる。したがって，三角形POZも正三角形だから，OZの長さは，30－５＝25(cm)とわかる。よって，棒XYが５秒間で動いた長さは，25－10＝15(cm)なので，棒XYが動く速さは毎秒，15÷５＝３(cm)と求められる。

⑵　10秒間で，電球Ｐは，１×10＝10(cm)，棒XYは，３×10＝30(cm)動くから，10秒後には下の図２のようになる。図２で，三角形POZと三角形XYZは相似であり，相似比は，PO：XY＝(30－10)：10＝２：１なので，OY：YZ＝(２－１)：１＝１：１となる。よって，影の長さは，$30\times\frac{1}{1}$＝30(cm)である。

⑶　棒の長さと影の長さの比が，10：20＝１：２だから，正三角形を半分にした形の三角形を利用すると，影の長さが20cmになるのは，下の図３のように角OPZの大きさが90度になるときとわかる。また，図３のように，電球Ｐが動いた長さを［1］cmとすると，棒XYが動いた長さは［3］cmであり，OPの長さはOZの長さの半分なので，OPの長さは，(［3］＋20)÷２＝［1.5］＋10(cm)と表すことができる。一方，OPの長さは，30－［1］(cm)と表すこともできるから，［1.5］＋10＝30－［1］，［1.5］＋［1］＝30－10，［2.5］＝20より，［1］＝20÷2.5＝８(cm)と求められる。よって，図３のようになるのは動かし始めてから，８÷１＝８(秒後)である。

図１
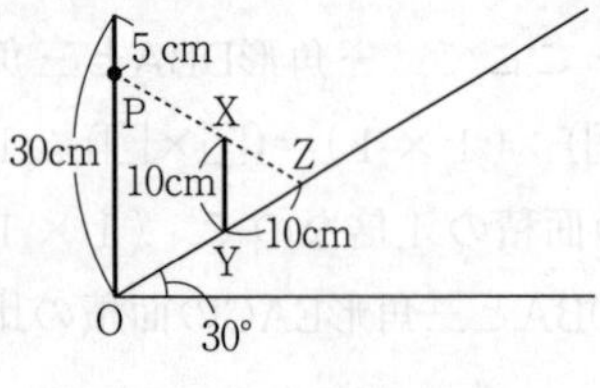

図２
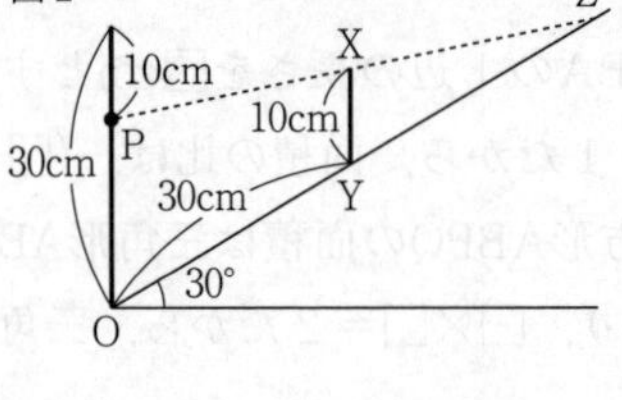

図３
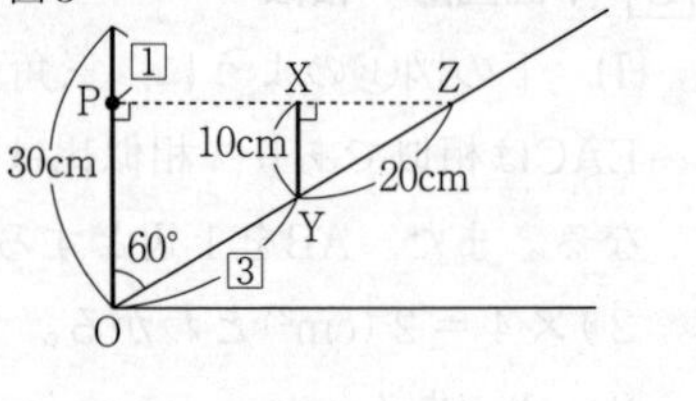

7 グラフ—水の深さと体積

⑴　Ｍさんの発言からわかるように，底面積が変化するのと同時に水を入れる割合も変わったことになる。したがって，容器の下段には毎分300cm^3の割合で入れ，容器の上段には毎分200cm^3の割合で入れたことがわかる。さらに，グラフが一直線であることから，下段と上段の水の深さが変化する割合は等しいことになる。下段と上段に水を入れた割合の比は，300：200＝３：２であるから，下段と上段の底面積の比も３：２とわかる。すると，右上の図のアとイの長さの比も３：２になる。この差が６cmなので，比の１にあたる長さは，６÷(３－２)＝６(cm)であり，アの長さは，６×３＝18(cm)と求められる。よって，下段の底面積は，15×18＝270(cm^2)となる。

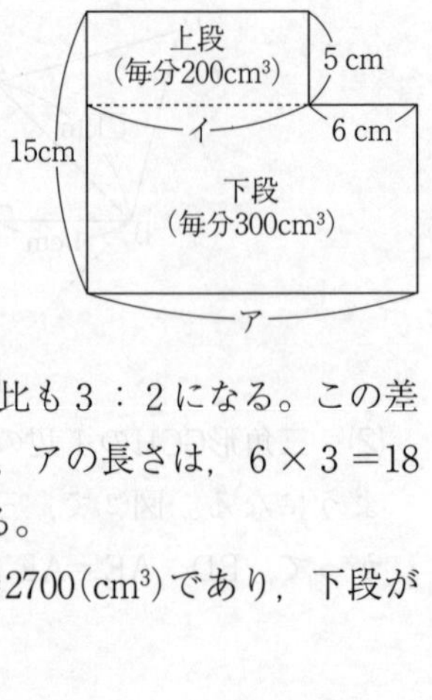

⑵　下段の高さは，15－５＝10(cm)だから，下段の容積は，270×10＝2700(cm^3)であり，下段が

いっぱいになるまでの時間は，2700÷300＝９(分)とわかる。また，上段の底面積は，$270\times\frac{2}{3}=$ 180(cm^2)なので，上段の容積は，180×５＝900(cm^3)であり，上段がいっぱいになるまでの時間は，900÷200＝4.5(分)と求められる。よって，容器がいっぱいになったのは，水を入れ始めてから，９＋4.5＝13.5(分後)である。

社　会　＜第１回試験＞（30分）＜満点：50点＞

解　答

1 (1) イ　(2) エ　(3) フォッサマグナ　(4) 埼玉(県)　(5) ア　(6) ウ　(7) エ　(8) ① イ　② (例)　国民の意見を裁判に取り入れる(国民の司法への理解を深める)
2 (1) エ　(2) ア　(3) 三内丸山(遺跡)　(4) ウ　(5) イ　(6) 山形(県)　(7) イ　(8) A，E　**3** (1) エ　(2) フビライ　(3) ウ　(4) ウ→ア→エ→イ　(5) ア　(6) (例)　ばいしょう金が得られなかったから。　(7) イ　(8) ウ　**4** (1) 承久(の乱)　(2) ウ　(3) イ　(4) エ　(5) 平泉　(6) ア　(7) エ　(8) Ｂ
5 (1) ウクライナ　(2) エ　(3) 参政　(4) イ　(5) ４(分の)１　(6) ア　(7) ウ　(8) イ

解　説

1 **地形図を題材とした問題**

(1)　地形図の「釜口《かまぐち》水門」のそばに電波塔《とう》(♉)があり，そのすぐ南に郵便局(〶)が見える。さらに諏訪《すわ》湖沿岸を南へ下ると，寺院(卍)があるが，この地域に高等学校(⊗)は見られない。

(2)　中央自動車道(═══)の「岡谷JCT」から北西へ向かう道路は，陸橋によりJR線(━━━)の上を通っている。よって，エが正しい。なお，アについて，[X]地点と「岡谷駅」の標高差は約200mである。イについて，[A]地点から[B]地点までの斜面は，標高が高い方から低い方に等高線が張り出しているので，尾根になっているとわかる。ウについて，水田(‖)のほか，天竜川の南岸に畑(∨)が見える。

(3)　新潟県から静岡県にいたる糸魚《いとい》川－静岡構造線は，地質学的に日本を北東日本と西南日本に分けるフォッサマグナの西端にあたる。

(4)　長野県は海のない内陸県で，北から時計回りに新潟県・群馬県・埼玉県・山梨県・静岡県・愛知県・岐阜県・富山県の８県に接している。よって，埼玉県があてはまる。

(5)　諏訪盆地一帯は，戦前は日本の主要な輸出品であった生糸を生産する製糸業がさかんな養蚕地帯であったが，太平洋戦争中に都市部から工場が疎開《そかい》してきたことなどから，戦後は時計・カメラなどの精密機械工業が発達した。

(6)　戦国時代，甲斐《かい》国(山梨県)の武田信玄と越後《えちご》国(新潟県)の上杉謙信とが信濃《しなの》国(長野県)の領有権をめぐり，長野県北部の川中島で戦った。なお，伊達政宗は東北地方，毛利元就は中国地方の戦国大名である。

(7)　長野県北部にある野尻《のじり》湖には，旧石器時代の遺跡があり，ナウマンゾウやオオツノジカの化石が発見されている。この時代の人々は，石を打ち欠いてつくった打製石器を使用していた。よって，エが正しい。なお，アの弓矢の使用は日本の場合，縄文時代以降とされる。イの土偶は縄文時代にまじないなどに用いたと考えられている土人形。ウの水の得やすい低地で暮らすようになるのは弥生時代のことである。

(8)　①　民事裁判は金銭の貸し借りや土地の所有権などの私人(個人や企業のこと)間の争いを裁く裁判で，第一審が簡易裁判所で行われた場合，第二審は地方裁判所になる。なお，刑事裁判(犯罪を裁く裁判)では，第一審が簡易裁判所でも，第二審は高等裁判所になる。　②　裁判員制度は一般の国民が裁判に関わる制度で，国民の意見を司法に反映させることや，国民の司法に対する理解を深めることを目的としている。裁判員制度が行われる対象は，重大な刑事事件についての第一審（地方裁判所）で，くじなどで選ばれた６人の裁判員が３人の裁判官と合議制で行う。

2　東北地方の各県についての問題

(1)　表のＥ県は面積を除くと，他の３つの項目が最も低くなっているので，エが正しい。なお，アについて，人口の上位３県はＢ・Ｃ・Ｄであるが，製造品出荷額等の上位３県はＣ・Ｄ・Ｆである。イについて，農業産出額の上位３県はＡ・Ｂ・Ｆで，Ｆは製造品出荷額等の上位３県に入る。ウについて，人口密度はＣの県が，2302千人÷7282km^2＝316.1…人／km^2より，約316人／km^2で最も高く，２番目はＤの県で，1833千人÷13784km^2＝132.9…人／km^2より，約133人／km^2となる。なお，表のＡは岩手県，Ｂは青森県，Ｃは宮城県，Ｄは福島県，Ｅは秋田県，Ｆは山形県。統計資料は『日本国勢図会』2022/23年版による(以下同じ)。

(2)　Ａの岩手県の製造品出荷額等が26435億円で，そのうち食料品工業の割合は約15％なので，食料品工業の金額は，26435億円×0.15＝3965.25億円より，約4000億円になる。また，岩手県の乳用牛の飼養頭数は北海道・栃木県・熊本県についで第４位である。

(3)　Ｂの青森県にある三内丸山遺跡は縄文時代前～中期の大規模集落の跡で，大型掘立柱建物や大型竪穴《たてあな》住居の跡があり，最盛期には500人近い住民がいたという説もある。2021年にユネスコ(国際連合教育科学文化機関)の世界文化遺産に登録された「北海道・北東北の縄文遺跡群」の構成資産の１つである。

(4)　阿武隈《あぶくま》川は，Ｄの福島県にある旭岳《あさひだけ》(福島県西郷村)を水源とし，郡山《こおりやま》盆地と福島盆地を通って北へ流れ，Ｃの宮城県南部で太平洋に注ぐ。なお，アの岩木川はＢの青森県，イの雄物川はＥの秋田県，エの北上川はＡの岩手県とＣの宮城県を流れる。

(5)　Ｅの秋田県の県庁所在地である秋田市では，毎年８月に竿燈《かんとう》まつりが行われる。なお，アは青森市のねぶた祭，ウは山形市の花笠《はながさ》まつり，エの仙台市(宮城県)の七夕まつり。

(6)　Ｆの山形県は米のほか，果樹栽培《さいばい》がさかんで，ぶどう・もも・りんごの収穫《しゅうかく》量も多いが，おうとう(さくらんぼ)と西洋なしの収穫量は全国一である。

(7)　郡山盆地はＤの福島県にあるので，イが正しい。なお，アの庄内《しょうない》平野はＦの山形県，ウの津軽平野はＢの青森県，エの横手盆地はＥの秋田県にある。

(8)　北緯40度の緯線は，Ａの岩手県とＥの秋田県を通っている。なお，秋田県の大潟村(八郎潟干拓地)で，北緯40度線と東経140度線が交差する。

3　外交史に関わる史料をもとにした問題

(1)　Ａは聖徳太子(厩戸皇子《うまやどのおうじ》)が607年に小野妹子を遣隋使として隋(中国)に派遣したときの国書で，隋と対等な外交関係を開こうとしたために，これを読んだ隋の煬帝《ようだい》が怒ったと伝えられる。

⑵　Ｂはモンゴル帝国第５代皇帝で中国に元を建国したフビライが，1266年に服属を求めて日本に送った国書で，鎌倉幕府第８代執権の北条時宗がこれを拒絶したことから，元軍が襲来する元寇(1274年の文永の役，1281年の弘安の役)が起こった。

⑶　Ｃは室町幕府第３代将軍を務めた足利義満が1401年に明(中国)に送った国書で，日本が中国に朝貢《ちょうこう》(貢物《みつぎもの》を差し出して臣下の礼をとること)するという形式をとった。これをきっかけに，日明貿易が始まり，日本は銅銭(明銭)や生糸・絹織物・陶磁器などを輸入し，刀剣・銅・硫黄《いおう》などを輸出した。

⑷　アの島原・天草一揆は1637～38年，イのオランダ商館を長崎の出島に移したのは1641年，ウのスペイン船の来航禁止は1624年，エのポルトガル船の来航禁止は1639年のできごとなので，年代順にウ→ア→エ→イとなる。

⑸　Ｅは江戸幕府が1858年にアメリカと結んだ日米修好通商条約で，アメリカに領事裁判権(治外法権)を認め，日本に関税自主権がないなど，日本にとって不平等な内容がふくまれていた。この不平等条約の改正は明治時代に入ってから行われ，1894年に外務大臣であった陸奥宗光が領事裁判権を撤廃《てっぱい》し，1911年に外務大臣であった小村寿太郎が関税自主権を回復した。

⑹　Ｆは日露戦争(1904～05年)の講和条約としてロシアと結んだポーツマス条約で，日本は樺太《からふと》の南半分や南満州鉄道の権利などを得たが，ばいしょう金は得られなかった。そのため，条約の調印に反対する人々が，東京で日比谷焼き打ち事件を起こした。

⑺　Ｇは1951年に連合国48か国と結んだサンフランシスコ平和条約で，この条約により日本は独立を回復した。同時に日米安全保障条約にも調印し，日本はアメリカと軍事的な結びつきを強めた。なお，アの日本国憲法の施行は1947年，ウの日ソ共同宣言の調印とエの国際連合への加盟は1956年。

⑻　Ｈは1978年の日中平和友好条約で，このときの首相は福田赳夫《たけお》である。

4　歴史的文化財をもとにした問題

⑴　鎌倉幕府第３代将軍の源実朝《さねとも》が暗殺されて源氏将軍家がとだえると，後鳥羽上皇は政治の実権を幕府から朝廷に取り戻《もど》そうとして1221年に承久の乱を起こした。しかし，尼《あま》将軍ともよばれた初代将軍源頼朝の妻である北条政子が御家人に結束をよびかけたこともあり，上皇軍は幕府軍に敗れ，後鳥羽上皇は隠岐《おき》島(島根県)に流された。

⑵　雪舟《せっしゅう》は室町時代後半に水墨画を大成した絵師で，室町時代には農民による自治が行われた惣《そう》(惣村)が形成され，一揆を起こして領主に対抗することもあった。よって，ウがあてはまる。なお，アは飛鳥～奈良時代，イは鎌倉時代，エは江戸時代の農村の様子。

⑶　菱川師宣《ひしかわもろのぶ》は江戸時代前半の元禄文化で活躍した浮世絵師で，元禄期には近松門左衛門《もんざえもん》が人形浄瑠璃《じょうるり》・歌舞伎の脚本家として活躍した。よって，イがあてはまる。なお，アの能の大成は室町時代前半，ウの千利休が茶道を大成したのは安土桃山時代，エの十返舎一九《じっぺんしゃいっく》が活躍したのは江戸時代後半の化政文化のこと。

⑷　法隆寺は聖徳太子が大和国斑鳩《いかるが》(奈良県)に建立した寺で，現存する世界最古の木造建築物として知られる。よって，エが正しい。なお，アとウは東大寺，イの「古都京都の文化財」の構成遺産は京都府と滋賀県にある。

⑸　平泉(岩手県)は平安時代後半，奥州藤原氏が根拠《こんきょ》地としたところで，中尊寺金色堂がある。

(6)　遣唐使は630～894年の約260年間に十数回，唐(中国)に派遣された。菅原道真は遣唐使の廃止を提案した人物で，唐には渡っていない。なお，道真は右大臣までのぼったが，藤原氏のはかりごとにあって北九州の大宰府に左遷《させん》された。

(7)　葛飾《かつしか》北斎は江戸時代後半の化政文化で活躍した浮世絵師で，同時代の1825年に外国船(異国船)打払令が出されている。よって，エがあてはまる。なお，アの株仲間の解散を命じたのは水野忠邦，イの寛政異学の禁を行ったのは松平定信，ウの大塩平八郎の乱は大坂(大阪)で起こった。

(8)　Aは鎌倉時代，Bは室町時代，Cは江戸時代前半，Dは飛鳥時代，Eは平安時代，Fは奈良時代，Gは江戸時代後半の作品なので，年代の古い順にD→F→E→A→B→C→Gとなる。

5　現在の政治や社会についての問題

(1)　2022年２月，ロシアがウクライナ東部に侵攻し，戦争は2023年２月現在も続いている。

(2)　参議院議員の任期は６年で，３年ごとに定数の半数を改選する。衆議院のように任期途中での解散がないので，必ず３年ごとに選挙が行われる。

(3)　国民の権利のうち，選挙権や被選挙権，憲法改正の国民投票や最高裁判所裁判官の国民審査などは，参政権にふくまれる。

(4)　選挙のときに出されるマニフェスト(政権公約)は，与党(政権を担当する政党)・野党(政権を担当しない政党)問わずに発表する。よって，イが正しくない。

(5)　臨時国会は，内閣が必要と認めたとき，あるいは衆議院か参議院のどちらかの議院の総議員の４分の１以上の要求があったときに召集される。

(6)　裁判官を裁く弾劾《だんがい》裁判所を設置するのは国会の権限なので，アが正しくない。

(7)　マイクロプラスチックは風雨によって川などに運ばれて海に流れこみ，波などによって砕《くだ》かれたり，紫外線で分解されたりして，小さくなったプラスチックのことで，海洋汚染《おせん》につながるために世界的な問題になっている。マイクロプラスチックによる海洋汚染は，14の「海の豊かさを守ろう」に関係が深く，マイクロプラスチックの発生をおさえるためには，12の「つくる責任つかう責任」が重要だと考えられる。

(8)　裁判について，日本は同一事件について３回まで審判を受けられる三審制をとっている。第一審の判決が不満で１つ上級の裁判所にやり直しを求めることを控訴《こうそ》，さらに第二審の判決が不満で１つ上級の裁判所にやり直しを求めることを上告という。

理　科　＜第１回試験＞（30分）＜満点：50点＞

解　答

1　(1)　ア　(2)　ウ　(3)　イ　(4)　エ　(5)　ウ　2　(1)　①　高い　②　低い　(2)　③　白　④　赤　(3)　イ　(4)　エ　3　(1)　B　(2)　A　×　C　⑪　(3)　デンプン　(4)　解説の図を参照のこと。　(5)　ウ　4　(1)　4.8％　(2)　28 g　(3)　8.7 g　(4)　イ　(5)　45 g　5　(1)　おおきさ　(2)　①　細くする　②　強くする　(3)　①　64cm　②　36cm

解　説

1　小問集合

⑴　日本付近の天気は，日本の上空をふく偏西風《へんせいふう》の影響《えいきょう》により西から東に移り変わることが多い。夕焼けは西の空に雲がないときに見られるので，翌日の天気が晴れになると予想することができる。イ，ウ，エはいずれも空気中に水蒸気や水のつぶが多いときに見られ，そのあと雨になることが多い。

⑵　クヌギ，シラカシ，コナラなどブナ科の果実は，まとめてドングリとよばれる。なお，カエデの果実は羽のようなものがついており，風に飛ばされやすい形をしている。

⑶　けんび鏡の対物レンズは倍率が高いものほど筒《つつ》が長い。ピントを合わせるときは，プレパラートやレンズをいためないように，はじめに対物レンズとプレパラートを横からのぞきながらできるだけ近づけておき，レンズを遠ざけながら合わせる。

⑷　電車のレールは鉄でできていて温度が上がるとのびるため，つなぎ目に十分なすき間をとらないと，夏の直射日光が強い場合にレールがのびて，レールどうしがぶつかってゆがむことがある。これを防ぐために，レールのつなぎ目の部分はすき間をあけてある。

⑸　はげしい雨を降らせる雨雲がせまい範囲《はんい》で次々と発達して列をつくり，同じ場所に長時間雨を降らせることがあり，このはげしい雨が降る細長い範囲を線状降水帯という。気象庁は2022年６月から線状降水帯が発生するおそれのある場合に，半日ほど前までに線状降水帯の予測情報(顕著《けんちょ》な大雨に関する気象情報)を発表する取り組みを始めた。

2　星の色と温度，HR図についての問題

⑴　星の色は星の表面温度によって変わる。青白い星は最も表面温度が高く，青白→白→黄→橙《だいだい》→赤の順に表面温度が低くなる。

⑵　③　絶対等級の数字が大きく，青白色または白色の星を白色わい星という。白色わい星はエネルギーを生み出さず，しだいに低温になり，明るさも失われていく。　④　絶対等級の数字が小さく，赤色や橙色で明るくかがやく半径の大きい星を赤色巨星《きょせい》という。赤色巨星は，表面温度は低いが明るいという特徴《とくちょう》がある。

⑶　Aは白色の星なので，おおいぬ座のシリウスとわかる。なお，ベテルギウスは橙～赤色，アンタレスは赤色，カペラは黄色である。

⑷　Bの星は絶対等級が太陽より大きいので，同じ距離《きょり》に置くと太陽よりも暗い。また，Bは赤色なので，黄色の太陽よりも表面温度が低い。HR図からは，Bの重さや見かけの明るさが何等星であるかはわからない。よって，エが正しい。

3　種子のつくりについての問題

⑴　Bはカキの種子，Aはインゲンマメの種子，Cはトウモロコシの種子の断面を表している。

⑵　Bのカキの種子は，⑦のはい乳に発芽のための養分をたくわえている。Aのインゲンマメの種子は，①の子葉に発芽のための養分をたくわえており，はい乳をもたないのであてはまる部分はない。Cのトウモロコシの種子は，発芽のための養分を⑪のはい乳にたくわえている。

⑶　発芽のための養分としてたくわえていたデンプンがあると，ヨウ素液をつけたときに青紫《むらさき》色にそまる。

(4)　もみからもみがらを取り除いたものを玄米《げんまい》といい，玄米からぬかやはいを取り除いたものを白米という。右の図のように，白米の欠けている部分にはいをかき足せばよい。

(5)　A（インゲンマメ）の種子を４つに分けたとき，発芽のための養分と，③の幼芽や②の幼根など植物として育つ部分がそろっているウだけが芽を出す。

4　もののとけ方についての問題

(1)　20℃の水100ｇに物質Ａは５ｇまでとけるので，このときのこさは，$\frac{5}{5+100}\times100=4.76\cdots$より，4.8％となる。

(2)　80℃の水100ｇに物質Ａは24ｇまでとけるから，80℃の水50ｇには，$24\times\frac{50}{100}=12$（ｇ）までとける。よって，40ｇのうち，40－12＝28（ｇ）がとけないで残る。

(3)　60℃の物質Ａの飽《ほう》和《わ》水溶液《すいようえき》100ｇにとけている物質Ａは，$100\times\frac{15}{15+100}=13.04\cdots$より，約13ｇ，とかしている水は約，100－13＝87（ｇ）とわかる。物質Ａは20℃の水87ｇに，$5\times\frac{87}{100}=4.35$（ｇ）までとけるので，13－4.35＝8.65（ｇ）より，8.7ｇがとけきれずに結晶《けっしょう》として出てくる。

(4)　物質Ｘは物質Ａと物質Ｂを１：２の重さの比で混合しているので，物質Ｘ30ｇ中に物質Ａは10ｇ，物質Ｂは20ｇふくまれる。20℃の水100ｇに物質Ａは５ｇ，物質Ｂは36ｇまでとけるので，物質Ａはとけ残り，物質Ｂはすべてとける。

(5)　60℃の水100ｇに物質Ａは15ｇ，物質Ｂは38ｇまでとける。物質Ｘは物質Ａと物質Ｂを１：２の重さの比で混合しているので，物質Ｘに物質Ａ15ｇがふくまれるとき，物質Ｂは，15×２＝30（ｇ）ふくまれる。したがって，60℃の水100ｇに物質Ｘは，15＋30＝45（ｇ）までとかすことができる。なお，物質Ｂが38ｇふくまれるとき，物質Ｘ中の物質Ａは，38÷２＝19（ｇ）となるが，これを20℃の水100ｇに入れると，物質Ａがとけ残る。

5　モノコードについての問題

(1)　音色，音の高さ，音の大きさを音の３要素という。

(2)　弦《げん》の長さを短くすると，弦をはじいたときの振動《しんどう》数が多くなり，音の高さは高くなる。また，弦の太さを細くしたときや，弦を張る強さを強くしたときも，弦をはじいたときの振動数が多くなり，音の高さは高くなる。

(3)　①　振動数と弦の長さは反比例の関係にあると述べられている。弦を張る強さを変えずに，振動数を「ド」の264Hzから「ソ」の396Hzに増やすには，弦の長さを，$96\times\frac{264}{396}=64$（cm）にすればよい。　②　表で「ド」と「高いド」の振動数をくらべると，振動数が，$\frac{528}{264}=2$（倍）になると表の音階の次に高い音になることがわかる。よって，「高いファ」の振動数は，352×２＝704（Hz）なので，弦の長さを，$96\times\frac{264}{704}=36$（cm）にすればよい。

国　語　＜第１回試験＞（50分）＜満点：100点＞

解　答

一　①　お（びた）　②　しゅうのう　③　のうたん　④　たび　⑤～⑩　下記を参照のこと。　二　問１　**1**　ア　**2**　キ　**3**　ク　**4**　オ　問２　ウ　問３　**B**　カ　**C**　イ　問４　**D**　オ　**E**　ウ　問５　エ　問６　ア　問７　ア　問８　イ　問

9　Ⅰ　ここでの一日がどれほど長いのか　Ⅱ　大人の感覚　**問10**　オ　**問11**　(例)　自分の退院後，夜にプレイルームでどう過ごせばいいかわからなくなってしまう「ぼく」のためにさまざまな紙飛行機を用意し，少しでも時間を忘れさせてあげたいという配慮。　**問12**　(例)　背の低さなど問題にならないほどすごい力を持つ壮太は，最高だということ。　**問13**　エ

三　**問1**　**1**　キ　**2**　カ　**3**　ウ　**4**　イ　**5**　ア　**問2**　**A**　理性　**D**　安全　**問3**　彼らも　**問4**　Ⅰ　もんがまえ　Ⅱ　九(画)　**問5**　時間を区切ること　**問6**　イ　**問7**　エ　**問8**　(例)　時計で区切られる時間とは異なる時間を生きているということ。　**問9**　Ⅰ　熱中　Ⅱ　短く(早く)　**問10**　(例)　ついひきこまれて終わりまで見てしまうテレビは，受動的に見ていたテレビだから。　**問11**　葛藤と対決していくこと　**問12**　ウ

●漢字の書き取り

一　⑤　縮(れる)　⑥　群(がって)　⑦　降車　⑧　規則　⑨　混乱　⑩　博愛

解　説

一　**漢字の読みと書き取り**

①　音読みは「タイ」で，「連帯」などの熟語がある。訓読みにはほかに「おび」がある。　②　物などを一定の場所にしまっておくこと。　③　濃《こ》いことと薄《うす》いこと。　④　和服を着るときにはく，つま先が二つに分かれて袋《ふくろ》のようになっているはきもの。　⑤　音読みは「シュク」で，「短縮」などの熟語がある。　⑥　音読みは「グン」で，「大群」などの熟語がある。訓読みにはほかに「む(れ・れる)」がある。　⑦　車から降りること。　⑧　したがうべき決まり。　⑨　物事が入り乱れてまとまりがなくなること。　⑩　広く平等に愛すること。

二　**出典は瀬尾《せお》まいこの『夏の体温』による。**病気のために入院している小学校三年生の瑛介《えいすけ》は，検査のために入院してきた同学年の壮太《そうた》と仲良くなるが，壮太は退院の日を迎《むか》え，最後の検査を受ける。

問1　**1**　壮太は検査中なので寝《ね》てはいけないのだが，眠気《ねむけ》に負けそうな状態なので，ぼんやりとして気づかないさまを表す「うっかり」が合う。　**2**　瑛介と壮太が多くの言葉を交わさず，瑛介が見送りにも行かなかったので，お母さんは，二人の「お別れ」が「あっさり」していると意外に思ったのである。「あっさり」は，さっぱりしているようす。　**3**　壮太が「本当に帰ったんだな」ということに気づいた瑛介は，心に大きな「穴が空いていくよう」な気持ちになっている。よって，穴などが大きく空いているさまを表す「ぽっかり」が入る。　**4**　退院までの「時期があやふや」で，まだ病院での日々が続くと思った瑛介のようすなので，気を落とすさまを表す「がっかり」がよい。

問2　二重ぼう線Aの「そうだ」は，そのように見えるという意味で使われている。ア「よさそうだ」，イ「終わりそうだ」，エ「なりそうだ」，オ「おいしそうだ」の「そうだ」はいずれも同じ意味だが，ウ「できるそうだ」の「そうだ」は，人から聞いたことを伝えるときに使う。

問3　**B**　「採血」は「血を採る」のように，前の漢字が動作を，後の漢字が「～を・～に」にあたる意味を表している熟語なので，カ「観劇」が同じ組み立てである。　**C**　「陽気」は前の漢

字が後の漢字をくわしくしている熟語なので，イ「早朝」が同じ組み立て。

問４　**Ｄ**「さも」は，まさにそのとおりだというように，という意味。　**Ｅ**「手放しで」は，制限や条件をつけないで，という意味。

問５　瑛介は，低身長の検査をしている子どもたちが，「喉《のど》かわいたー」などと叫《さけ》んでいるのを見て，水が飲めないことのつらさを知っている。だから，検査中の子が近くにいるときは，遠慮《えんりょ》して「水分を摂《と》らないようにしている」のである。

問６「瑛ちゃんは入院が長いから優《やさ》しくなった」という壮太の言葉は，そのとおりかもしれないとは思うものの，瑛介は，それまで「人をうらやむこと」や「いらつくこと」がなかったので，「入院する前のほうが性格はよかった」と思っている。

問７　最後の検査が終わり，もうすぐ退院する壮太に向かって，いつものように「またな」と言ってしまうと，壮太と瑛介が病院で再び会うような意味になってしまう。だから，瑛介は，あいまいな「じゃあ」としか言えなかったのである。

問８　すぐ後の部分に注目する。お母さんは，瑛介と壮太があっさりと「お別れ」をしたことを意外に思ったが，瑛介は「あれ以上言葉を発したら，泣きそうだったから」話を続けられなかったのであり，「壮太も同じ」だったと思っている。二人は，「もう一言，言葉を口にしたら，あと少しでも一緒《いっしょ》にいたら，さよならができなくなりそう」なくらい，別れをつらく感じていたのである。

問９　Ⅰ，Ⅱ　すぐ後に書かれている瑛介の心情に注目する。先生は，退院時期を「一週間か二週間」と「ひとくくり」にしたが，瑛介は「七日間も違《ちが》う」と感じている。「ここでの一日がどれほど長いのか」ということを先生は知っているかと不満を感じ，「大人の感覚」で計算するのはやめてほしいと思ったのである。

問10　問９でみたように，瑛介は不満を感じていたが，重病患者《かんじゃ》が入院している「西棟《にしとう》の入り口」を見て，自分は「苦しい治《ち》療《りょう》」を受けているわけではないし，「遅《おそ》くとも二週間後」にはここから出られるということに気づかされ，「ぜいたく」を言っている自分が「嫌《いや》」に思えている。瑛介は，「自分の気持ちをどう動かすのが正解なのか」がわからなくなったのである。

問11　続く部分に注目する。さまざまな紙飛行機をおもちゃ箱の中から見つけた瑛介は，自分が夜にプレイルームでおもちゃ箱をひっくり返していたことを壮太が知っており，さらに一人になったときに「どう過ごせばいいかわからなくなる」自分を壮太が心配してくれていたと想像した。壮太は，紙飛行機を飛ばすことで，瑛介が少しでも「時間を忘れること」ができればいいと気づかったのである。

問12　すぐ前の部分に，「すぐに伝えたいこと」が書かれている。瑛介は，壮太のことを「遊びを考える天才」だと思っており，「みんなを笑わせること」ができるその「力」は，「背の低さなんて余《よ》裕《ゆう》で補えてる」と思ってはいたが，壮太を傷つけるのが不安で「小さくたっていいじゃん」とは言えなかった。しかし，今は，「この夏の暑さ」を自分に伝えてくれたり，プレイルームの自分たちを「楽しませること」ができたりする壮太を，背の低さなんて関係ないくらい「最高なんだ」と思ったので，その自分の気持ちを手紙で率《そっ》直《ちょく》に伝えたいと思ったのである。

問13　全体を通して，瑛介の視点で描《えが》かれており，「ぼく」という一人称によって，話が進行している。また，壮太との会話や病院でのできごとを通して，瑛介自身が考えたことや心の動きなどがつづられているので，エが合う。

三　出典は河合隼雄《かわいはやお》の『物語とたましい』所収の「子どもの『時間』体験」による。「時間」とはどのようなものかといったことや，子どもが大人とは異なる時間の感覚を持っているということについて述べられている。

問１　**１**　幼稚園《ようちえん》の先生から，「十分前」には子どもが園を出たと伝えられた母親が，「もう五分位」で帰ってくるだろうと安心するという内容が，この後で「空間的距離《きょり》」と「時間」を測ることで「安心して待つことができる」と言いかえられている。よって，要するにという意味の「つまり」が入る。　**２**　誰《だれ》かが所有している「空間」を他人が自由に使用できないということと「同じようなこと」が，「時間の方」についてもいえるかということについての考察の例が，この後に述べられている。よって，具体的な例をあげるときに用いる「たとえば」が入る。　**３**「おおかたの子ども」は，「お母さんが行きなさい」というか「兄姉や友人たちにさそわれる」ままに登園する，という文脈であることをふまえて考えると，同類のことがらを並べ立て，いろいろな場合があることを表す「あるいは」が入るとわかる。　**４**「怪獣《かいじゅう》」や「チャンバラ」などは，「子どもにとっては必ず経験しなければならない世界」なので，それらを見たいときは「主体的」に十分に見させることがよいと考えられる，という文脈になっている。よって，前のことがらを理由として，後にその結果をつなげるときに用いる「だから」が入る。　**５**　前では，子どもは「主体的に十分体験したもの」は常に早く「卒業」するとあり，後では，親の介入《かいにゅう》などで「主体的にテレビを見ていない」子どもは「なかなか卒業できない」とあるので，前のことがらを受けて，後に対立することがらを述べるときに用いる「ところが」が入る。

問２　**Ａ**「感情」の対義語は，道理によって物事を考える心のはたらき，という意味の「理性」である。　**Ｄ**「危険」の対義語は，傷ついたりこわれたりしない無事な状態であること，という意味の「安全」。

問３　主語は「誰が(何が)」という文の主体を表す語。「わかっている」のは「彼ら」なので，「彼らも」が主語である。

問４　**Ⅰ**「関」の部首は，「門」の部分で，もんがまえ。　**Ⅱ**「係」の筆順は，「丿」→「亻」→「[illegible]」→「[illegible]」→「[illegible]」→「[illegible]」→「[illegible]」→「[illegible]」→「係」で，総画数は九画。

問５　読み進めていくと，ぼう線③の段落の次の段落で，「つかみどころのない」，「すぐに逃《に》げ去ってゆく」時間について，はっきりとしたものにするために，人間は「時間を区切ること」を始めたと述べられている。

問６　前後で，空間と比べる形で時間の所有について説明されている。誰かが使用している「空間」を他の人は自由に使用できないが，「時間」は誰もが「自分のもの」であると主張しても，「他人と取り合い」にはならない。よって，イが合う。

問７　続く部分で説明されている。空間にあるものは，自分が使わないでいると，他者に「ゆずること」などを強《し》いられるが，「時間」は何もせずに過ごしていても，他者が借りにくるといったことはない。ただし，油断していると，時間は「どんどんと過ぎて」しまい，二度と取り戻《もど》すことはできないのである。

問８　三つ後の段落で，幼児たちの，大人とは「異なる」時間について説明されていることに注目する。「あしたにしようね」における「あした」は，「厳密」な意味での「あした」ではなく，「近い将来」を意味していることも多いという例のように，幼児は「大人のもつ時計によって区切られた時間とは異なる時間を生きている」と考えられるのである。

問９　Ⅰ，Ⅱ　幼児にとっては，「ちょっとだけ」，「何か」をしていたと思うようなことでも，実際にはそれが一時間であることもあると説明されている。前の段落で，何かに「熱中」していたという語がある。子どもは何かに「熱中」していると，その時間が「早く」たっていき，「短く」感じられるのである。

問10　ぼう線⑥の段落であげられたテレビの例について，二つ後の段落で説明されていることに着目する。「テレビを見終わって充実感《じゅうじつかん》のない場合」は，私たちが「テレビを見た」のではなく，「テレビが私たちをひきこんでしまった」からである。つまり，見ようと思って主体的にテレビを見ていたのではなく，「受動的」に見させられていただけなので，「空虚《くうきょ》な感じ」を味わうのである。

問11　次の段落で，子どもに「主体的にテレビを見させる」というのは，「見たいままに放任する」ことではないと述べられ，その次の段落で，「テレビは見たいが勉強はどうするのか」ということや，「食事時間にどうしても見たい番組ができた」ときはどうするのか，などという「葛藤《かっとう》と対決していくこと」によってこそ，「主体性」は得られると説明されている。

問12　最後の段落に着目する。大人が時計で測る「時間」にとらわれて，「能率」ということにこだわり始めると，「子どもたちの主体的な時間を奪ってしまう危険性が生じてくる」と述べられているので，ウの内容が合う。

2023年度 専修大学松戸中学校

【算　数】〈第２回試験〉（50分）〈満点：100点〉

1 　次の□にあてはまる数を求めなさい。

(1) $\frac{13}{15}\div\left(\frac{1}{10}+\frac{1}{15}+\frac{1}{20}\right)=$ □

(2) $1\frac{3}{4}-\left(0.6\div1.44-\frac{2}{9}\right)=$ □

(3) $\{68\div(100-\square)\}\times17=289$

(4) $1\frac{1}{2}\times1\frac{1}{3}\times1\frac{1}{4}\times1\frac{1}{5}\times1\frac{1}{6}\times1\frac{1}{7}\times1\frac{1}{8}\times1\frac{1}{9}=$ □

2 　次の□にあてはまる数を求めなさい。

(1) ２時間20分－$1\frac{3}{5}$時間＝□分

(2) $\boxed{0}$，$\boxed{1}$，$\boxed{2}$，$\boxed{3}$，$\boxed{4}$，$\boxed{5}$ の６枚のカードのうち，３枚のカードを並べて３けたの整数をつくります。このとき，５の倍数は□通りできます。

(3) ３を足すと５で割り切れ，５を足すと３で割り切れる整数のうち，最も小さい３けたの整数は□です。

(4) 花子さんは，切手Ａならちょうど60枚買うことができ，切手Ｂならちょうど40枚買うことができるお金を持って，切手を買いに郵便局へ行きました。郵便局で切手Ａと切手Ｂを合わせて46枚買ったところ，ちょうど買うことができました。このとき買った切手Ａの枚数は□枚です。

(5)　右の図のように，ABとACの長さが等しい二等辺三角形ABCと，直角二等辺三角形DACを組み合わせました。角BCDの大きさが120度のとき，四角形ABCDの面積は［　　　］cm^2です。

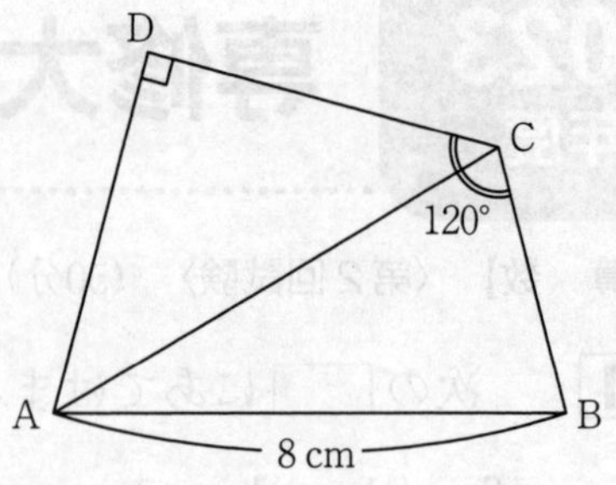

3　花子さんが生まれたのは2010年８月15日で，花子さんのお母さんが生まれたのは1980年６月10日です。

このとき，次の各問いに答えなさい。

(1)　今年(2023年)の１月１日，花子さんとお母さんの年令の和は何才でしたか。

(2)　１年間の中で，花子さんとお母さんの年令の差が31才である期間は何日間ですか。

4　図１のように，円周上に等しい間かくで５個の点があります。これらの点を頂点とする三角形をつくるとき，回転したりひっくり返したりして，ぴったり重なるものは同じ三角形とすると，形の異なる三角形は図２の２種類できます。また，この２種類の三角形はどちらも二等辺三角形です。

図１

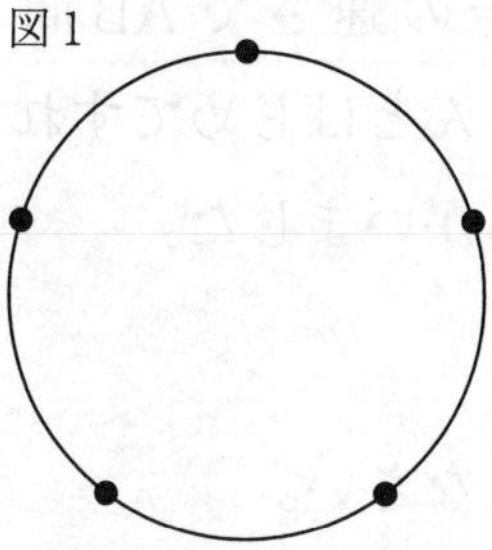

図２

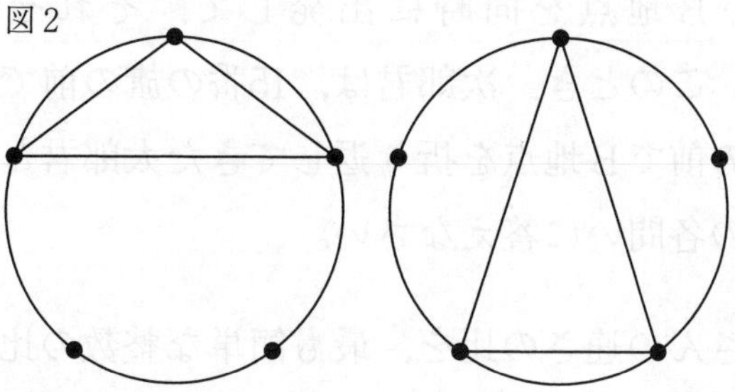

　このとき，次の各問いに答えなさい。

(1)　円周上に等しい間かくで７個の点があります。これらの点を頂点とする三角形をつくるとき，形の異なる**三角形**は何種類できますか。

(2)　円周上に等しい間かくで11個の点があります。これらの点を頂点とする三角形をつくるとき，形の異なる**二等辺三角形**は何種類できますか。

5　右の図のように，Ａ地点からＢ地点まで一定の間かくで23本の旗が立っています。旗には，Ａ地点からＢ地点に向かって１番～23番の番号が小さい順についています。太郎君と次郎君がＡ地点を，花子さんがＢ地点を同時に出発して，それぞれ一定の速さでAB間を１往復しました。このとき，次郎君は，15番の旗の前で花子さんとはじめてすれちがい，20番の旗の前でＢ地点を折り返してきた太郎君とすれちがいました。

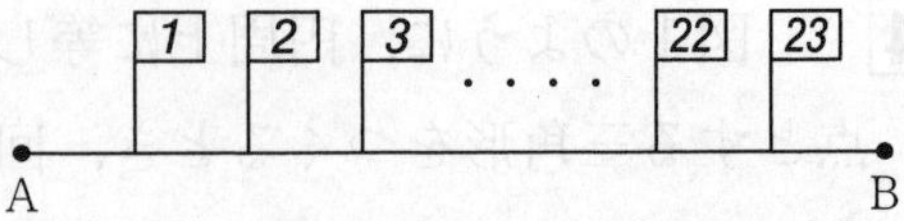

このとき，次の各問いに答えなさい。

(1)　太郎君と花子さんの速さの比を，最も簡単な整数の比で答えなさい。

(2)　太郎君が花子さんを追いこしたのは，何番の旗の前ですか。

6　右の図のような，四角すいの一部を切り取った形の上の面があいた容器があります。上の面ABCDは１辺の長さが８cmの正方形，下の面EFGHは１辺の長さが12cmの正方形で，２つの面は平行です。また，辺ABと辺EFも平行です。さらに，２つの正方形の対角線が交わる点をそれぞれＰ，Ｑとすると，真上から見たときにＰとＱは重なって見え，ＰとＱの間の長さは６cmです。いま，上の面から水を入れて，容器を満水にしました。

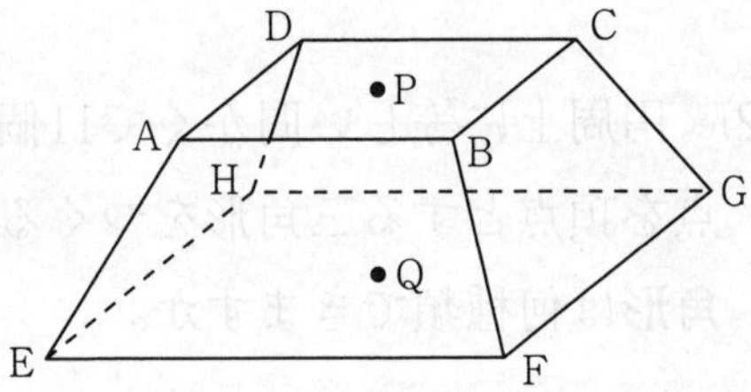

このとき，次の各問いに答えなさい。

(1)　容器に入れた水の量は何cm^3ですか。

(2)　容器に入っている水の一部を抜《ぬ》き出したところ，容器に残っている水の深さが4.5cmになりました。このとき，抜き出した水の量は何cm^3ですか。

(3)　(2)の状態から，辺FGを床につけたまま，水面が辺EHと重なるまで容器を傾《かたむ》け水を流しました。このとき，容器に残っている水の量は何cm^3ですか。

7　２つの整数の最大公約数の求め方について，Ｔ先生とＭさんが会話をしています。

Ｔ先生：右の図は，たて15cm，横24cmの長方形を，次々とできるだけ大きい正方形に分けたものです。

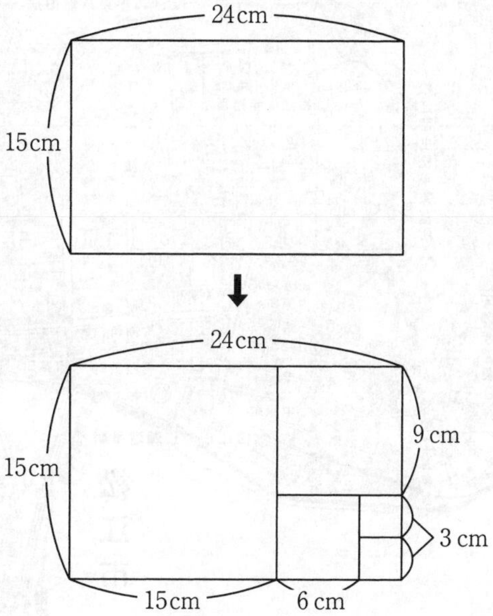

Ｍさん：全部で５個の正方形に分けられていますね。

Ｔ先生：一番小さい正方形の１辺の長さは何 cm ですか。

Ｍさん：３cm です。

Ｔ先生：この一番小さい正方形だけで，１辺の長さが６cm の正方形をうめつくすことができますから，１辺の長さが９cm の正方形も，１辺の長さが15cm の正方形も，一番小さい正方形だけでうめつくすことができますね。

Ｍさん：はい。すると，もとの長方形は１辺の長さが３cm の正方形だけでうめつくせることになります。

Ｔ先生：その通りです。この考え方を利用すると，15と24の最大公約数は３とわかります。

このとき，次の各問いに答えなさい。

(1)　たて56cm，横136cm の長方形を次々とできるだけ大きい正方形に分けると，全部で何個の正方形に分けることができますか。

(2)　851と1147の最大公約数を求めなさい。

【社　会】〈第２回試験〉（30分）〈満点：50点〉

1　次の２万５千分の１の地形図を見て，あとの問いに答えなさい。

（国土地理院発行２万５千分の１地形図「松江」より作成）

(1) 松子さんは地形図をもとにして松江市を観光する計画を立て，メモを書きました。これを読んで，下の問いに答えなさい。

> 国宝である松江城の天守閣からは，宍道《しんじ》湖に浮《う》かぶ唯一《ゆいいつ》の島である嫁ヶ島《よめがしま》が見えるそうだ。嫁ヶ島のほうをながめると，正面には市役所や A 警察署，左手には B 税務署と，行政機関の建物がいくつも見えるはずだ。また，視界を横切るように大橋川が C 西から東へと流れ，おもに D 水田として利用されている中《なか》州《す》も見えるのではないだろうか。松江城を出たあとは，松江しんじ湖温泉駅のほうへ向かい，湖畔《こはん》を歩くことにしよう。松江城から松江しんじ湖温泉駅までは地形図上ではおよそ［　　　］cmの長さなので，実際の直線距離《きょり》では1kmほどだが，ゆっくりと街並みを楽しみたい。

① 下線部A～Dには，正しくないものが1つふくまれています。その記号を選び，答えなさい。

② 文中の［　　］にあてはまる長さを，算用数字で答えなさい。

(2) 地形図中に見える「宍道湖」は淡水と海水が入り混じった汽水湖で，［　　］の養殖《ようしょく》がさかんなことで知られています。［　　］にあてはまる水産物を次から1つ選び，記号で答えなさい。

ア 真珠《しんじゅ》　　イ かき　　ウ ほたて貝　　エ しじみ

※ 編集部注…学校より，1の(2)については「問題に不備があったため，受験者全員を正解として取り扱いました」とのコメントがありました。

(3) 松江市の雨温図としてあてはまるものを次から1つ選び，記号で答えなさい。

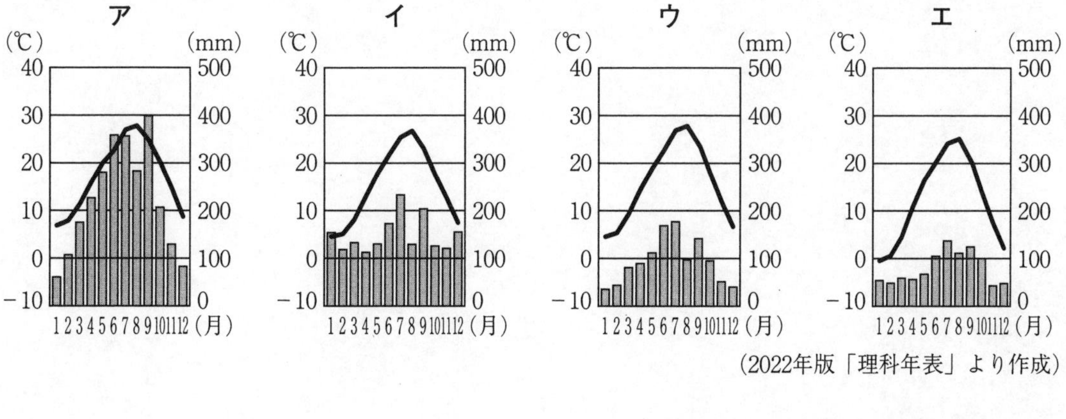

(2022年版「理科年表」より作成)

(4)　松江市がある島根県には，世界文化遺産に指定されている「石見《いわみ》銀山」があります。石見銀山で産出された銀は，スペインやポルトガルとの南蛮《なんばん》貿易や，□との長崎貿易を通じて世界各地に広まりました。□にあてはまるヨーロッパの国名を答えなさい。

(5)　「松江藩主松平家墓所」は，江戸時代に代々松江藩主をつとめた松平氏の墓所です。これについて述べた次の文中の□にあてはまる語句を答えなさい。

> 松江藩を治めた松平氏は徳川氏の子孫で，こうした大名は□とよばれ，特に紀伊《きい》藩・尾張《おわり》藩・水戸藩の３つは，将軍の後継《あとつ》ぎを出せる「御三家」として，幕府の存続に重要な役割をはたしました。

(6)　地形図中にある県庁には県知事がおり，県議会が設置されています。また，市役所には市長がおり，市議会が設置されています。これらについて述べた文として正しくないものを次から１つ選び，記号で答えなさい。

ア　県知事，市長ともに，被《ひ》選挙権は30歳以上である。

イ　県議会，市議会ともに，議員の被選挙権は25歳以上である。

ウ　県議会は県知事に，市議会は市長に対して，それぞれ不信任を決議できる。

エ　県知事や市長が作成した予算は，ともに議会の承認を経て成立する。

(7)　島根県は，隣接《りんせつ》する鳥取県とともに参議院の選挙区選挙で「合区」（２県で１つの選挙区）とされています。これらの県が合区とされている理由を，「格差」という語句を用いて10字程度で答えなさい。

2 次の文を読んで，あとの問いに答えなさい。

多くの地図帳では見開きページに都道府県の区分図が載《の》っているが，その隣《となり》に旧国名の区分図がある場合がある。旧国名とは律令制度の下で朝廷によって設けられた行政区分であり，かつては国ごとに国司が置かれ，鎌倉・室町時代には幕府によって国ごとに守護が置かれた。やがて戦国時代になると，１つの国が多くの戦国大名や豪族《ごうぞく》によって支配されたり，力の強い戦国大名が２つ以上の国を支配したりするような例も見られた。そうした状況は江戸時代の幕藩体制にも受け継がれ，明治政府によって廃藩置県が行われるまで「国」という概念《がいねん》は存続した。

現代においても旧国名はさまざまな場面で用いられており，(あ)讃岐《さぬき》平野，(い)濃尾《のうび》平野，(う)能登《のと》半島，(え)房総《ぼうそう》半島などのような地名，美濃《みの》和紙，(お)日向《ひゅうが》かぼちゃ，信州りんご，甲州ぶどうのような産物名，日豊《にっぽう》本線のような交通機関の路線名，(か)阿波踊《あわおど》りのような祭礼や行事の名称《めいしょう》などにそうした例が多く見られる。都道府県名の多くは明治以降，その地域の中心都市の名などをもとに政府によって人為《じんい》的につけられたものであるのに対して，旧国名はその地域全体を表す地名として長い間用いられてきたものであり，地域の人々にとってはより身近で愛着のある名称であることが，その理由といえるだろう。

なお，陸前高田市や会津若松市，(き)大和郡山《やまとこおりやま》市のように，旧国名が市名の一部になっている場合があるが，その多くは他の都道府県にある同じ地名の自治体と区別するためのものである。さらに近年は，1990～2000年代に進められた市町村合併《がっぺい》との関係もあり，(く)甲斐《かい》市や伊豆《いず》市，丹波《たんば》市，(け)越前《えちぜん》市などのように，旧国名そのものを新しい市名に採用する例が増えているが，それらの中にはその地域の中心地ではないなど，旧国名を使うことが適切とはいえないものもあり，疑問を呈《てい》する声も出ている。

(1) 下線部(あ)について，讃岐平野はかつてため池が多く存在することで知られていましたが，近年はその数が減ってきています。その理由について述べた次の文中の［　　］にあてはまる言葉を，10字程度で答えなさい。

吉野川の水を引く［　　　　　　］ため。

(2)　下線部㋑について，濃尾平野の南西部には，川底よりも土地のほうが低い低湿地が広がっており，川の氾濫《はんらん》による洪水《こうずい》の被害になやまされてきました。このように，川底が周りの土地よりも高いところを流れる川を□とよびます。□にあてはまる語句を，漢字３字で答えなさい。

(3)　下線部㋒について，この地域で生産される伝統的工芸品を次から１つ選び，記号で答えなさい。

ア　大館《おおだて》曲げわっぱ　　イ　小千谷《おぢや》ちぢみ　　ウ　輪島塗《ぬり》　　エ　南部鉄器

(4)　下線部㋓について，この半島の西部沿岸部には，京葉工業地域が発達しています。この地域の製造品出荷額等の内訳を示したグラフを次から１つ選び，記号で答えなさい。

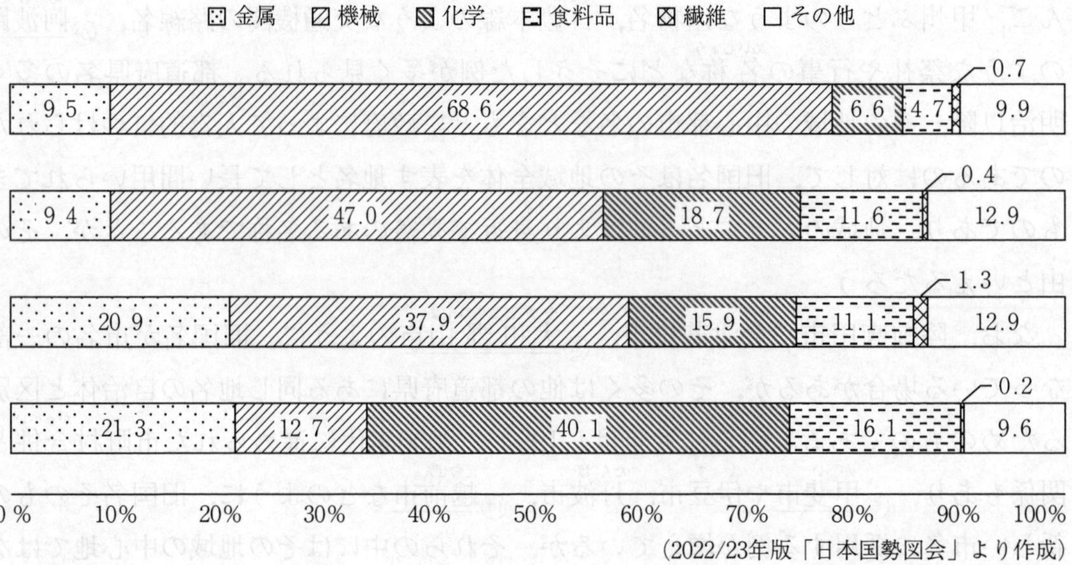

(2022/23年版「日本国勢図会」より作成)

(5)　下線部㋔について，「日向」は現在の宮崎県にあたります。宮崎県で行われている農業のようすについて述べた文として正しいものを次から１つ選び，記号で答えなさい。

ア　冬は積雪の影響《えいきょう》を受けるため，水田単作地帯が広がっている。

イ　温暖な気候を生かし，ハウス栽培《さいばい》によりきゅうりやピーマンなどの夏野菜を秋から春にかけて生産し，都市部へ出荷している。

ウ　高原の気候を生かしてレタスやキャベツなどの野菜を栽培し，他の産地のものが出回らない７・８月を中心に出荷している。

エ　砂丘《さきゅう》が広がる沿岸部ではすいかやらっきょう，長いもなどの生産がさかんであり，その周辺の丘陵《きゅうりょう》地帯では果樹栽培が行われている。

(6)　下線部㋕について，阿波踊りは徳島県徳島市で毎年８月に行われるお盆の伝統行事です。次にあげた伝統行事や祭りのうち，名称と開催《かいさい》される地域の組み合わせとして正しいものを１つ選び，記号で答えなさい。

ア　竿燈《かんとう》まつり―青森県　　**イ**　岸和田だんじり祭―和歌山県

ウ　秩父《ちちぶ》夜祭―群馬県　　**エ**　よさこい祭り―高知県

(7)　下線部㋖について，大和郡山市のある奈良県について述べた文として正しくないものを次から１つ選び，記号で答えなさい。

ア　古代に都が置かれていた影響で，筆や墨《すみ》が伝統的工芸品としてつくられている。

イ　大阪府や京都府に通勤・通学する人が多く，人口は増加傾向《けいこう》が続いている。

ウ　南部を流れる吉野川は，和歌山県に入ると紀の川とよばれるようになる。

エ　年間気温や風土が適していることから，柿《かき》の収穫《しゅうかく》量は全国でも有数である。

(8)　下線部㋗と㋘について，甲斐市と越前市の位置の組み合わせとして正しいものを次から１つ選び，記号で答えなさい。

ア　甲斐市―Ａ　　越前市―Ｃ

イ　甲斐市―Ｂ　　越前市―Ｃ

ウ　甲斐市―Ａ　　越前市―Ｄ

エ　甲斐市―Ｂ　　越前市―Ｄ

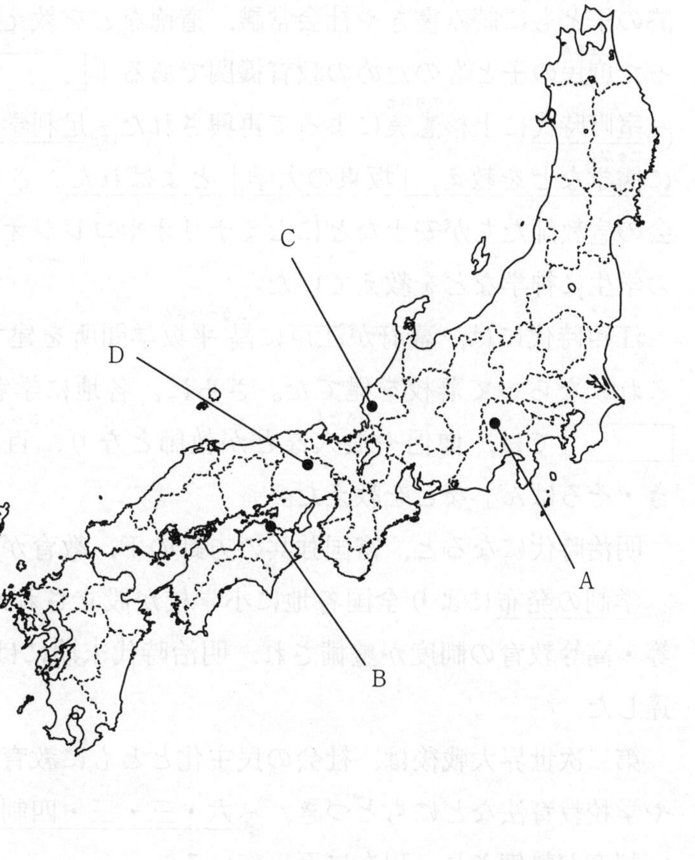

3 次の文を読んで，あとの問いに答えなさい。

日本における学校や教育の歴史について考えてみよう。

古代における教育のようすについてはわかっていないことが多いが，教育の基本が「読み書き」の習得であることを考えれば，それは上流階級など，限られた階層の人々が家庭内で受けるものであったと思われる。そうした中で，現代の感覚でいうところの「学校」に近いと考えられるのは，(あ)律令制度が整えられていった時代に朝廷によって設けられた「大学」と「国学」である。都に設けられた「大学」では貴族の子弟が，地方の国ごとに設けられた「国学」では郡司らの子弟が学び，どちらも役人として採用する人材の育成が目的とされていたが，いずれも律令制の衰退《すいたい》とともにおとろえていった。

(い)鎌倉時代になると，寺院が教育の面で大きな役割をはたすようになり，僧侶《そうりょ》が近隣の子どもに読み書きや社会常識，道徳などを教えた。これが江戸時代に全国に広まった庶民《しょみん》の子どものための教育機関である「□」の語源となった。そうした中，(う)室町時代に上杉憲実《のりざね》によって再興された(え)足利学校は，全国各地から集まった学生に儒学《じゅがく》などを教え，「坂東の大学」とよばれた。さらに安土桃山時代には，イエズス会の宣教師たちが安土などにセミナリオやコレジオとよばれる神学校を建て，日本人の学生に神学などを教えていた。

江戸時代には，幕府が江戸に昌平坂《しょうへいざか》学問所を建てて(お)武士に儒学を教え，諸藩もこれにならって藩校を建てた。さらに，各地に学者などによって私塾《しじゅく》が設けられ，□では，僧侶や浪人《ろうにん》などが教師となり，百姓《ひゃくしょう》や町人の子どもに「読み・書き・そろばん」などを教えた。

明治時代になると，富国強兵の方針の下，教育が国家事業と考えられるようになり，(か)学制の発布により全国各地に小学校が設立されたほか，学校令などにもとづき中等・高等教育の制度が整備され，明治時代末期には義務教育の就学率が100％近くに達した。

第二次世界大戦後は，社会の民主化とともに教育制度も大きく変わり，教育基本法や学校教育法などにもとづき，(き)六・三・三・四制や男女共学などを基本とする新しい制度が整備され，現在に至っている。

(1) 文中の□に共通してあてはまる語句を，漢字で答えなさい。

(2) 下線部㋐について，律令で定められた税について述べた文として正しいものを次から１つ選び，記号で答えなさい。

ア 農民には，戸籍《こせき》にもとづいて口分田が支給された。

イ 農民には，収穫した米の約３％を納める調が課せられた。

ウ 成年男子には，労役の代わりに布を納める庸《よう》や，地方の特産物を納める租《そ》が課せられた。

エ 成年男子には，地方の軍団に入って兵役に就く雑徭《ぞうよう》の義務があった。

(3) 下線部㋑について，この時代に建てられた建築物として正しいものを次から１つ選び，記号で答えなさい。

ア

イ

ウ

エ

(4) 下線部㋒について，この時代には農村で自治のしくみが発達し，力をつけた農民たちが領主に反抗《はんこう》するようなできごとがしばしば起こりました。このうち，15世紀後半に現在の京都府南部で起きた，農村に住む武士に率いられた農民たちが守護大名の勢力を国外に追いやり，８年間にわたって自治を行ったできごとを何といいますか。次から１つ選び，記号で答えなさい。

ア 正長の土一揆《いっき》　　**イ** 山城の国一揆

ウ 加賀の一向一揆　　**エ** 嘉吉《かきつ》の土一揆

(5) 下線部㋓について，足利学校を「坂東の大学」として世界に紹介《しょうかい》したのは，日本にキリスト教を伝えたことで知られるフランシスコ＝ザビエルです。ザビエルが来日したあとに起こったキリスト教に関する次のできごとを年代順に並べかえ，記号で答えなさい。

ア　天正遣欧使節が派遣される。　　イ　島原の乱(島原・天草一揆)が起こる。

ウ　五榜《ごぼう》の掲示が立てられる。　　エ　バテレン追放令が出される。

(6) 下線部㋔について，江戸時代に幕府や藩が武士を頂点とする支配体制を確立するために儒学(特に朱子学)を教えたのはなぜですか。その理由について述べた次の文中の［　　］にあてはまる言葉を，10字以内で答えなさい。

儒学(特に朱子学)は，［　　　　　　］を重んじる学問であったため。

(7) 下線部㋕について，この法律が制定された年と同じ年に起こったできごとを次から1つ選び，記号で答えなさい。

ア　ポーツマス条約が結ばれた。　　イ　新橋―横浜間で鉄道が開通した。

ウ　内閣制度が創設された。　　エ　鳥羽伏見《とばふしみ》の戦いが起こった。

(8) 下線部㋖について，この制度の下で，義務教育の年限は何年とされましたか。算用数字で答えなさい。

4　次の地図中のA～Hは，史跡《しせき》や歴史上のできごとが起こった場所を示しています。これを見て，あとの問いに答えなさい。

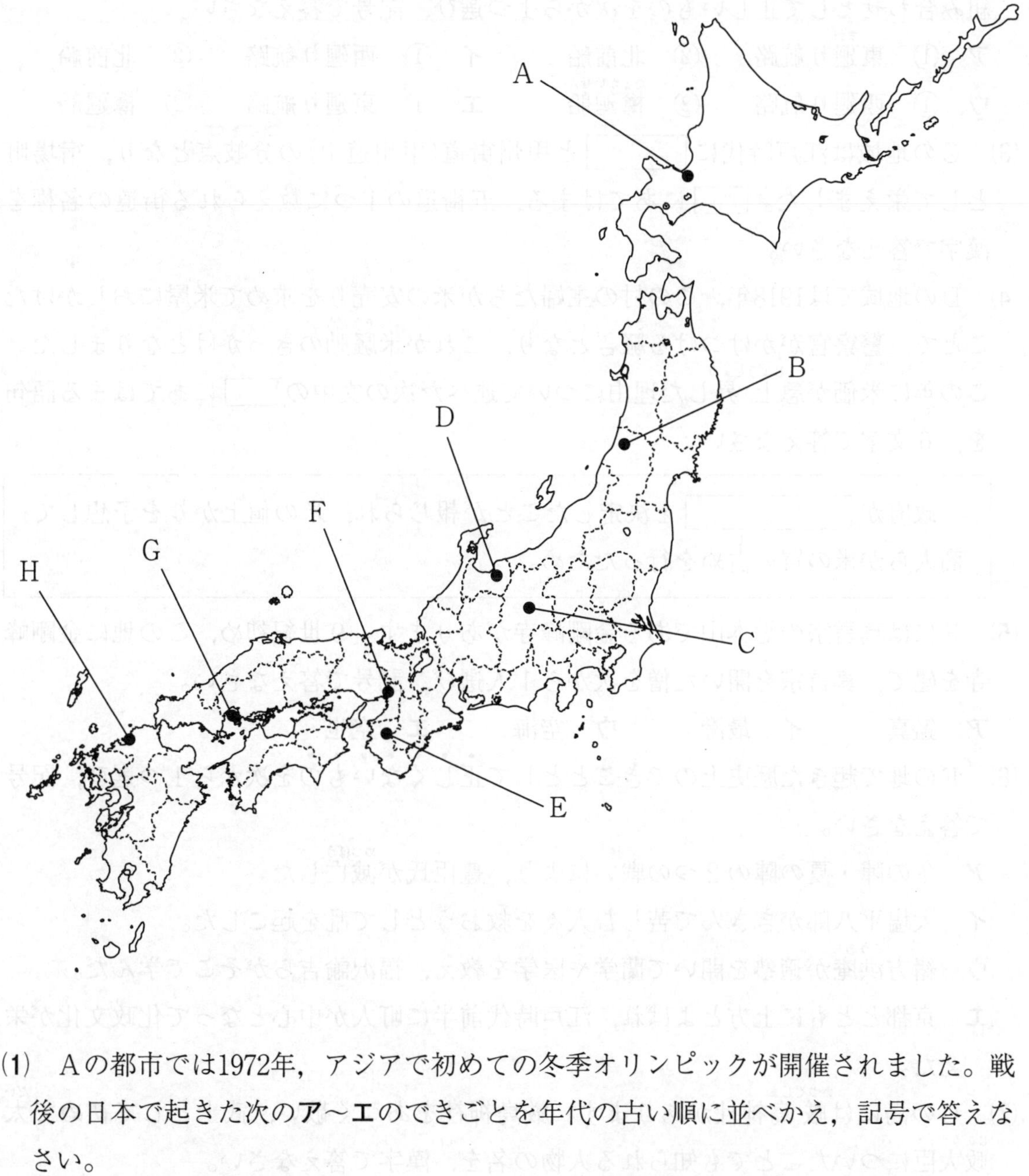

(1)　Aの都市では1972年，アジアで初めての冬季オリンピックが開催されました。戦後の日本で起きた次の**ア**～**エ**のできごとを年代の古い順に並べかえ，記号で答えなさい。

ア　東海道新幹線が開通した。　　　**イ**　日中平和友好条約が結ばれた。
ウ　沖縄がアメリカから返還《へんかん》された。　**エ**　公害対策基本法が制定された。

(2)　Bの都市は昔から港町として栄え，江戸時代には［　①　］に就航した［　②　］が特産品の紅花《べにばな》を運んで大阪へと向かいました。［①］，［②］にあてはまる語句の組み合わせとして正しいものを次から1つ選び，記号で答えなさい。

ア　①　東廻《まわ》り航路　　②　北前船　　**イ**　①　西廻り航路　　②　北前船

ウ　①　西廻り航路　　②　樽廻船《たるかいせん》　　**エ**　①　東廻り航路　　②　樽廻船

(3)　Cの地域は江戸時代に［　　　］と甲州街道(甲州道中)の分岐《ぶんき》点となり，宿場町として栄えました。［　　］にあてはまる，五街道の1つに数えられる街道の名称を，漢字で答えなさい。

(4)　Dの地域では1918年，この村の主婦たちが米の安売りを求めて米屋におしかけたことで，警察官がかけつける騒《さわ》ぎとなり，これが米騒動《そうどう》のきっかけとなりました。この年に米価が急上昇《じょうしょう》した理由について述べた次の文中の［　　］にあてはまる語句を，6文字で答えなさい。

政府が［　　　　　　］を決定したことが報じられ，米の値上がりを予想して商人らが米の買い占《し》めを行ったため。

(5)　Eには真言宗の総本山である金剛峰寺があります。9世紀初め，この地に金剛峰寺を建て，真言宗を開いた僧を次から1人選び，記号で答えなさい。

ア　鑑真　　**イ**　最澄　　**ウ**　空海　　**エ**　空也

(6)　Fの地で起きた歴史上のできごととして正しくないものを次から1つ選び，記号で答えなさい。

ア　冬の陣・夏の陣の2つの戦いにより，豊臣氏が滅亡《めつぼう》した。

イ　大塩平八郎がききんで苦しむ人々を救おうとして乱を起こした。

ウ　緒方洪庵《こうあん》が適塾を開いて蘭学や医学を教え，福沢諭吉らがそこで学んだ。

エ　京都とともに上方とよばれ，江戸時代前半に町人が中心となって化政文化が栄えた。

(7)　Gの島には厳島《いつくしま》神社があります。厳島神社をあつく敬い，武士として初めて太《だい》政《じょう》大臣についたことでも知られる人物の名を，漢字で答えなさい。

(8)　Hの島で江戸時代に発見された金印は，1世紀にこの付近にあった小国の王が中国の皇帝から授けられたものと考えられています。このときの中国の王朝名を次から1つ選び，記号で答えなさい。

ア　漢　　**イ**　魏　　**ウ**　隋　　**エ**　唐

5 　次の図は，三権分立にもとづく日本の政治のしくみを表したものです。これを見て，あとの問いに答えなさい。

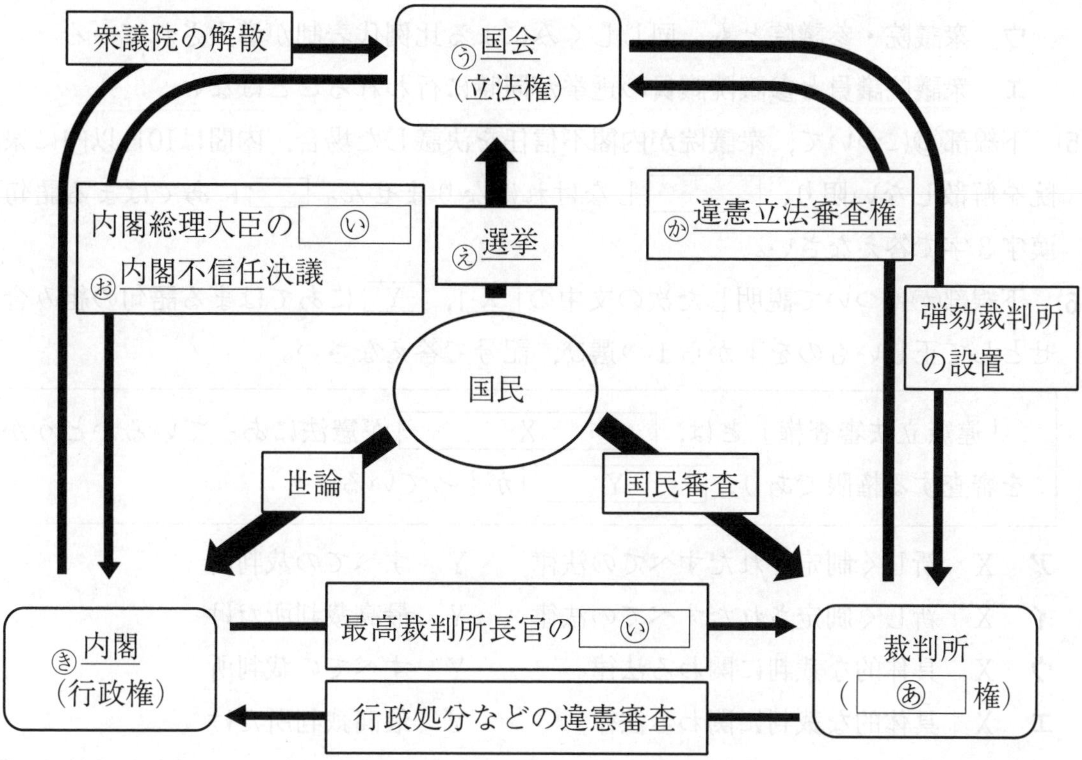

(1)　[(あ)] にあてはまる語句を，漢字で答えなさい。

(2)　[(い)] に共通してあてはまる語句を，漢字で答えなさい。

(3)　下線部(う)について，国会は衆議院と参議院の二院制をとっています。国会における審議は原則としてどちらの議院で先に行っても構いませんが，衆議院に先議権が認められている議案があります。その議案を次から1つ選び，記号で答えなさい。

ア　法律の制定　　　**イ**　予算の議決
ウ　条約の承認　　　**エ**　憲法改正の発議

(4)　下線部(え)に関して，次の問いに答えなさい。

①　選挙権は，選挙に立候補できる被選挙権などとともに[　　]の中心となる権利です。[　　]にあてはまる語句を次から1つ選び，記号で答えなさい。

ア　平等権　　　**イ**　自由権　　　**ウ**　社会権　　　**エ**　参政権

② 選挙について述べた文として正しいものを次から1つ選び，記号で答えなさい。

ア 参議院議員の選挙は，3年ごとに定数の半分ずつを選挙する。

イ 衆議院議員総選挙は，ほとんどが任期満了にともなって行われる。

ウ 衆議院・参議院とも，同じしくみによる比例代表制が導入されている。

エ 衆議院議員と参議院議員の選挙が同時に行われることはない。

(5) 下線部㋔について，衆議院が内閣不信任を決議した場合，内閣は10日以内に衆議院を解散しない限り，［　　　］しなければなりません。［　　］にあてはまる語句を，漢字3字で答えなさい。

(6) 下線部㋕について説明した次の文中の［X］，［Y］にあてはまる語句の組み合わせとして正しいものを下から1つ選び，記号で答えなさい。

> 「違憲立法審査権」とは，［　　　X　　　］が憲法にあっているかどうかを審査する権限であり，［　　Y　　］がもっている。

ア X 新しく制定されたすべての法律　　Y すべての裁判所

イ X 新しく制定されたすべての法律　　Y 最高裁判所だけ

ウ X 具体的な裁判に関わる法律　　Y すべての裁判所

エ X 具体的な裁判に関わる法律　　Y 最高裁判所だけ

(7) 下線部㋖について，内閣は国内外の課題を解決するため，さまざまな政策を行っています。これについて説明した次の文中の［①］にあてはまる語句を，漢字4字で答えなさい。また，［②］にあてはまる内容として正しくないものを下から1つ選び，記号で答えなさい。

> 現在の社会では，産業のあり方や開発が［　①　］であることが重視されている。国際的には，［　①　］であることについて，SDGsという目標がかかげられており，内閣も政策の実行にあたってこれに配慮《はいりょ》する必要がある。［　①　］といった場合，環境《かんきょう》問題が注目されることが多いが，日本では，［　　　②　　　］といったことも，解決するべき課題にふくまれる。

ア 人口が減少して人材や労働力が不足する

イ 行政の機能が地方に分散しすぎている

ウ 農山漁村がおとろえて共同体が維持できない

エ 女性の社会進出や活躍《かつやく》が不十分である

【理　科】〈第２回試験〉(30分)〈満点：50点〉

1　次の問いに答えなさい。答えは，それぞれの**ア**～**エ**から最も適切なものを１つずつ選び，記号で答えなさい。

(1)　同じ材質，同じ太さの弦《げん》を同じ強さで張ってはじいたとき，最も高い音が出るのはどれですか。

ア　12cm　　**イ**　24cm　　**ウ**　36cm　　**エ**　48cm

(2)　右の図は，７月に花をさかせたある植物の果実のスケッチです。この植物の葉のようすを表しているのはどれですか。

ア　　**イ**　　**ウ**　　**エ**

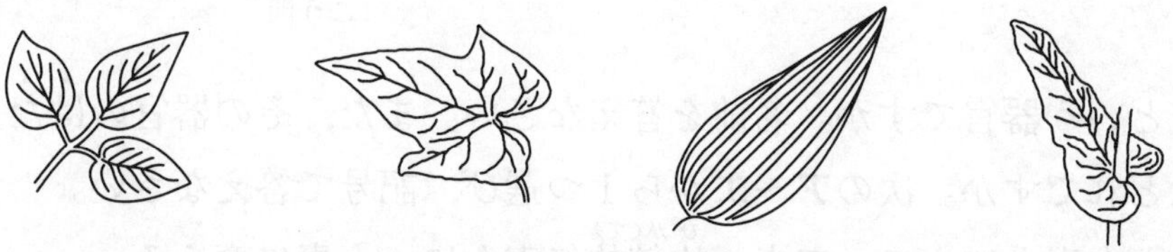

(3)　次の①～④の操作のうち，赤くなるものはいくつありますか。

①　水酸化ナトリウム水溶液《すいようえき》にフェノールフタレイン液を加えた。

②　水酸化ナトリウム水溶液にBTB液を加えた。

③　塩酸にムラサキキャベツ液を加えた。

④　石灰水に二酸化炭素を通した。

ア　１つ　　**イ**　２つ　　**ウ**　３つ　　**エ**　４つ

(4)　夜に見られる星座をつくる星の中で最も明るい星はどれですか。

ア　ベガ　　**イ**　ベテルギウス　　**ウ**　シリウス　　**エ**　リゲル

(5)　日本の2022年６月～８月の平均気温は，統計を開始してから２番目に高い記録となりました。その要因の１つとして，2021年の秋ごろから続いている，南米ペルー沖の海水面の温度が平年より低い状態が続く現象が指摘《してき》されています。この現象を何といいますか。

ア　エルニーニョ現象　　**イ**　ラニーニャ現象

ウ　フェーン現象　　**エ**　ヒートアイランド現象

2　右の図は，消化のはたらきをするヒトのおもな器官を模式的に表したものです。これについて，次の問いに答えなさい。

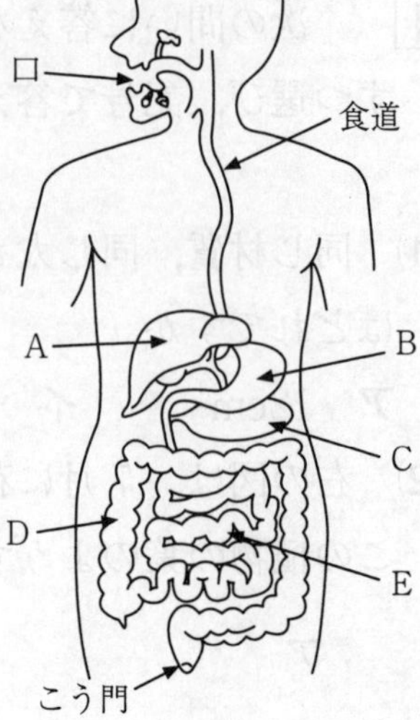

(1)　口からこう門まで続く，食物や消化・吸収されたあとに残ったものが通過するひと続きの管を何といいますか。名前を答えなさい。

(2)　食物中にふくまれるデンプンは，口の中でだ液によって最初に消化されます。だ液にふくまれ，おもにデンプンを分解する消化酵素《こうそ》を何といいますか。名前を答えなさい。

(3)　図の中のＡは何という器官ですか。名前を答えなさい。また，その器官のはたらきではないものはどれですか。次の**ア**～**エ**から１つ選び，記号で答えなさい。

ア　体内に発生した有毒なアンモニアを，比較的《ひかくてき》無害なにょう素に変える。

イ　栄養分の糖をグリコーゲンに変えて一時的にたくわえる。

ウ　いくつかの重要な消化酵素をつくって十二指腸に分ぴつする。

エ　脂肪《しぼう》の消化を助けるたん汁《じゅう》をつくる。

(4)　次の①，②のはたらきをしている器官はどれですか。図の中のＡ～Ｅからそれぞれ１つずつ選び，記号で答えなさい。

①　消化された栄養分を吸収する。

②　食物中のタンパク質を最初に消化する。

3　ある物質Xを水にとかす実験を，次のような手順で行いました。これについて，あとの問いに答えなさい。計算の結果が割り切れないときは，小数第1位を四捨五入し，整数で答えなさい。ただし，この実験を行っている間，気温は20℃で一定であり，水および水溶液の温度はつねに気温と同じになっているものとします。また，水1 cm^3の重さは1 gとします。

【実験1】

物質X 40 gを，重さ120 gで200cm^3まで液体を入れることのできるビーカーAに入れ，水を140cm^3加えてよく混ぜ，物質Xの水溶液をつくった。このとき，物質Xはすべてとけていた。

【実験2】

【実験1】の物質Xの水溶液を，ビーカーにふたをしないで風通しのよい場所にしばらく放置しておいたところ，ビーカーの底に結晶《けっしょう》が出てきていた。このとき，ビーカーをふくめた全体の重さをはかると260 gであった。

【実験3】

【実験2】で重さをはかったすぐあとに，ビーカーの中身をろ過して結晶を取り出し，乾燥《かんそう》させてその重さをはかったところ，8 gであった。

(1)　次の**ア**～**エ**は，右ききの人が物質Xを上皿てんびんで40 gはかり取るときの操作の一部を述べたものです。**ア**～**エ**の中から正しいものを3つ選び，記号を正しい操作の順序に左からならべなさい。

ア　右の皿の薬包紙の上に，物質Xを少しずつのせていきつり合わせる。

イ　左の皿に直接20 gの分銅を2個のせる。

ウ　皿に何ものせないとき，針が左右に等しくふれるように調節する。

エ　左の皿に薬包紙をひき，20 gの分銅を2個，その上にのせる。

(2)　【実験2】で，ビーカーの中に残っている水の重さは何gですか。

(3)　実験の結果をもとにして，次の①，②の問いに答えなさい。

①　20℃の水100 gに，物質Xは何gまでとかすことができますか。

②　【実験2】でできた物質Xの水溶液(上ずみ液)のこさは何%ですか。

(4)　【実験3】でろ過したろ液を放置しておいたところ，ビーカーをふくめた全体の重さが25 g減少しました。このとき，物質Xの結晶は何g出てきますか。

4 右の図は，ある日の日本付近の天気のようすを表す天気図です。これについて，次の問いに答えなさい。

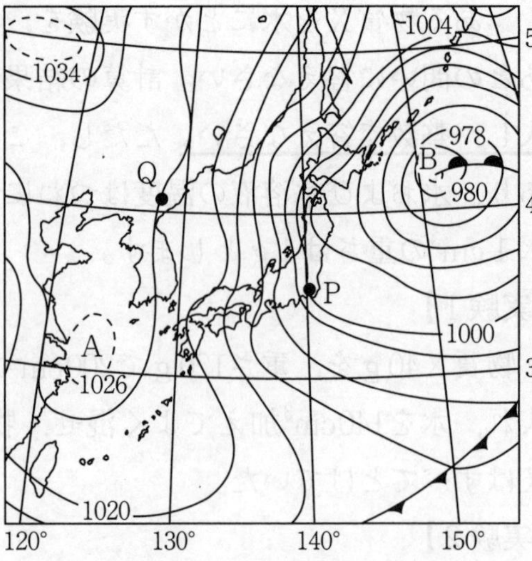

(1) この天気図は，四季の中のある季節によく見られるものです。どの季節のものですか。次の**ア**～**エ**から最も適切なものを１つ選び，記号で答えなさい。

ア 春　　**イ** 夏
ウ 秋　　**エ** 冬

(2) ＡとＢにはふつう，「高」または「低」の文字が書かれています。Ａ，Ｂにあてはまる文字について，正しい組み合わせはどれですか。次の**ア**～**エ**から最も適切なものを１つ選び，記号で答えなさい。

ア Ａ…高　Ｂ…高　　**イ** Ａ…高　Ｂ…低
ウ Ａ…低　Ｂ…高　　**エ** Ａ…低　Ｂ…低

(3) 地点Ｐと地点Ｑの気圧はそれぞれ何hPa(ヘクトパスカル)ですか。整数で答えなさい。

(4) 地点Ｐと地点Ｑで，より強い風がふいているのはどちらですか。記号で答えなさい。また，そう判断した理由を「等圧線」という語句を用いて簡単に説明しなさい。

(5) 地点Ｐの天気は晴れ，風力は４，風向きは西北西でした。地点Ｐにかき加えるべき天気図記号を解答らんにかきなさい。

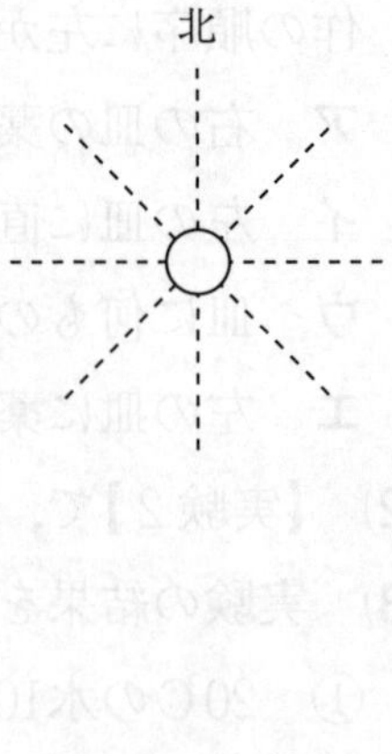

5 　白熱電球は，フィラメントとよばれる部分に電流が流れたときに高温になることによって明るく光ります。このとき，白熱電球にかかる電圧（電流を流そうとするはたらきで，単位はボルト（Ｖ））を大きくすると，流れる電流（単位はアンペア（Ａ））の大きさは右のグラフのように変化します。電熱線とこのような性質の白熱電球を使った電気回路をつくりました。これについて，次の問いに答えなさい。

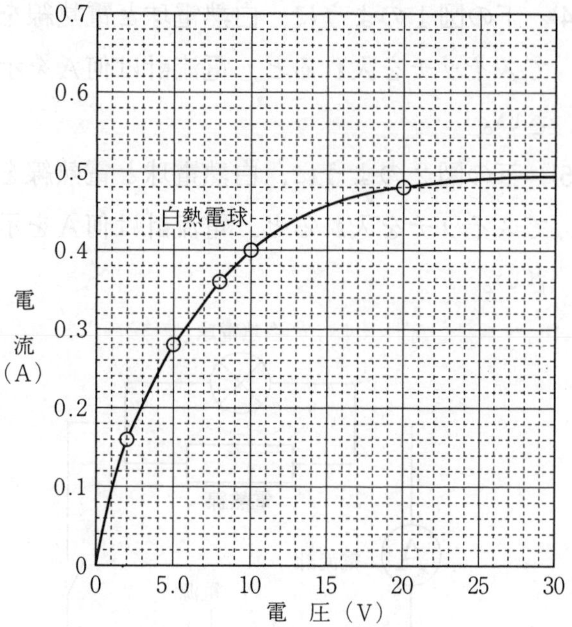

(1)　白熱電球のフィラメントに使われているのは，何という金属ですか。名前をカタカナで答えなさい。

(2)　［電圧（Ｖ）］÷［電流（Ａ）］で計算される値を，抵抗《ていこう》，または電気抵抗といい，単位はオーム（Ω）を用います。白熱電球に10Ｖの電圧をかけたとき，電球の抵抗は何Ωですか。

　電熱線にいろいろな電圧をかけ，流れる電流の大きさを測定すると，下の表のような結果になりました。

表

電圧（Ｖ）	5.0	10	15	20	25
電流（Ａ）	0.12	0.24	0.36	0.48	0.60

(3)　表をもとにして，電圧の大きさと電流の大きさとの関係をグラフに表します。横じくに電圧，縦じくに電流をとった解答らんのグラフに，表から値を読み取って，黒丸印（●）を５個かきなさい。なお，解答らんには上の白熱電球についてのグラフがかかれています。

(4)　下の図１のように，白熱電球と電熱線を並列につないで，電源の電圧を10Ｖにしてスイッチを入れると，電流計は何Ａを示しますか。小数第２位までの数で答えなさい。

(5)　下の図２のように，白熱電球と電熱線を直列につないで，電源の電圧を23Ｖにしてスイッチを入れると，電流計は何Ａを示しますか。小数第２位までの数で答えなさい。

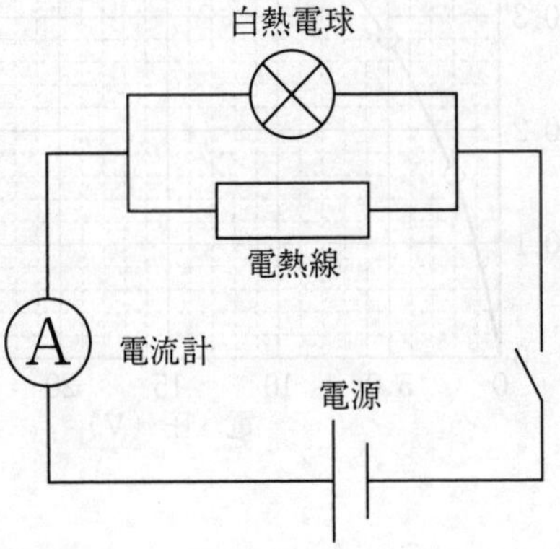

図１

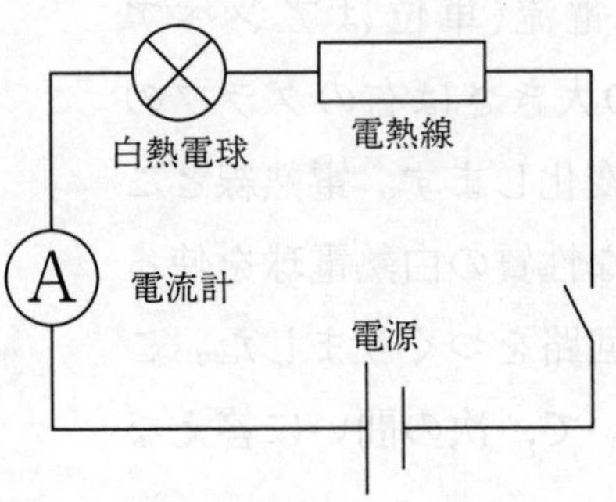

図２

章中から十三字で抜き出して書きなさい。

問八 ――④「同じような概念の変革は、生物の中での人類の位置づけにも起こってきた」とありますが、どのような考え方からどのような考え方に変化したのですか。五十字以上六十字以内で説明しなさい。

問九 ――⑤「他者の存在を認識する時代を迎えたといえるだろう」とありますが、

(1) 「他者の存在」とは、具体的にはどのような存在ですか。「〜存在。」に続くように、文章中から三十七字で探し、初めと終わりの五字ずつを抜き出して書きなさい。

(2) 筆者は、人類が「他者の存在を認識する」ことでどのような結果になると考えていますか。文章中から十九字で探し、初めと終わりの五字ずつを抜き出して書きなさい。

問十 ――⑥「そのひとつ」とありますが、「その」が指している内容を、三十五字以上四十五字以内で説明しなさい。

問十一 この文章で筆者が述べている内容に合うものを次から一つ選び、記号で答えなさい。

ア 天文学が非常に面白い時代にあると筆者が述べる背景には、宇宙の構成が解明されるにしたがって、第二の地球の発見、宇宙生命の発見が、天文学者のみならず人類全体の悲願となっていることが影響《えいきょう》している。

イ 地球は神が宇宙の中心として創造したという宇宙観や、人類は神がつくりたもうたものであるとする生物の中での人類の位置づけを、科学的・客観的な概念に修正するためには、宗教の否定ということが必要であった。

ウ 宇宙には始まりも終わりもなく、膨張も縮小もしていないという宇宙のとらえ方は、現在では否定されていて、宇宙は銀河系を中心にして風船のように加速膨張していることが天文学の発展とともに解明されている。

エ 人類が知的生命として今後成長し、成熟していくためには、人類が宇宙の中で特別な存在であるという意識を変えることが必要であるので、「第二の地球」が発見されることにも意義があるといえる。

オ 今から一万年後に、子孫たちがよりよい地球を築いていられるようにするために、知的生命として文明を維持していくための知恵を、天文学者を中心にして、人類全体で出し合うことが我々に求められている。

代社会の残骸《ざんがい》や遺物を眺めて、われわれに対してなんと技術も思想も幼稚だったのだろうと思うに違いない。もしかすると、何十万年も放射能を出し続ける、ご先祖様が残した原発の放射性廃棄《はいき》物に怒《おこ》っているかもしれない。われわれ、人類は今後も進化し、文化的にも技術的にも思想的にも発展するはずだ。知的生命として文明を維持可能にしていく知恵《ちえ》を出し合うに違いない。いまから1万年後、子孫たちがよりよい地球を築いている、ほんの少し大人の知的文明に近づいていることを願いたいものである。

（渡部潤一《わたなべじゅんいち》「第二の地球が見つかる日」による。問題作成上、一部省略した。）

＊黎明期＝新しい文化や時代などが始まろうとする時期。

＊アインシュタイン＝理論物理学者。特殊相対性理論や一般相対性理論を発表し、一九二一年にノーベル物理学賞を受賞。

＊ひよっこ＝まだ一人前ではない者。

問一 ［1］～［5］にあてはまる言葉として、最も適切なものを次から一つずつ選び、それぞれ記号で答えなさい。

ア だから　**イ** ところが　**ウ** あるいは
エ なぜなら　**オ** たとえば　**カ** では
キ つまり　**ク** ただし

問二 ═══A「構築」について、次の各問いに答えなさい。

Ⅰ「構」という漢字について、次の黒く塗った部分は何画目に書きますか。漢数字で答えなさい。

Ⅱ「築」という漢字の部首名をひらがなで書きなさい。

問三 ═══B「根底」、C「強行」と熟語の組み立てが同じものを次から一つずつ選び、それぞれ記号で答えなさい。

ア 児童　**イ** 保革　**ウ** 激減　**エ** 私有
オ 延期　**カ** 不安　**キ** 安保　**ク** 急性

問四 ═══D「広がっている」の主語を、一文節で抜《ぬ》き出して書きなさい。

問五 ──①「これまでの宇宙観の変遷」とありますが、宇宙観の変遷の内容の説明として、適切ではないものを次から一つ選び、記号で答えなさい。

ア 最初の段階では、地球が宇宙の中心で、地球の周りを太陽や月、星が回っていると考えられていた。

イ 第二の段階では、天動説が否定され太陽が宇宙の中心であるという地動説が一般的な考えとなった。

ウ 第三の段階では、恒星の大集団である銀河系が宇宙そのものであり、宇宙の中心と考えられていた。

エ 第四の段階では、おとめ座銀河団だけに存在するブラックホールを宇宙の中心とする考えとなった。

オ 現在の段階では、宇宙の中心は定義することさえできず、どこにもないと考えられるようになった。

問六 ──②「銀河系」について説明した次の文の［Ⅰ］・［Ⅱ］にあてはまる言葉を指定字数に合わせて、文章中から抜き出して書きなさい。

●銀河系は［Ⅰ（十四字）］のことであるが、宇宙の中では片隅に存在し、その大きさからも筆者は［Ⅱ（五字）］とたとえて表現している。

問七 ──③「重要な発見」とありますが、この発見によってどのようなことがわかりましたか。「～ということ。」に続くように、文同じである。二次元の風船の表面にはどこにも中心がないのと同様に、三次元の膨張宇宙でも中心は存在しないのである。こうして、宇宙にはどこにも中心があるわけでもなく、われわれは宇宙のほんの片隅で生まれた知的生命に過ぎないことがわかってきたのだ。

実は、④同じような概念《がいねん》の変革は、生物の中での人類の位置づけにも起こってきた。

かつて人類は、自らを神がつくりたもうた生物の頂点あるいは万物《ばんぶつ》の霊長《れいちょう》と思いこんでいた。しかし、ダーウィンの進化論の登場により、そのような〝驕《おご》り〟の誤りが見事にあぶりだされ、人類という生物種そのものを、生物界の中心から引きずりおろしたのである。

人間を最も尊い生物種だとする旧来の考え方は、天動説と同様に宗教とも強く結びついていて、現代でもキリスト教など宗教の強い一部の国においては、教育現場で進化論を教えないというような問題が生じている。

いずれにしろ、人類はまだ単なる通過地点であり、生物進化という壮大《そうだい》な物語のほんの一瞬に生まれた種にしか過ぎず、現在も進化の途中にある他の生物種と何ら変わらないことは明らかである。

このように天文学のみならず、一般《いっぱん》的に科学の進歩が、自己中心的な世界観を、次第に時間的にも空間的にも客観的な見方へと変えていくのは、自然なことなのだろう。筆者は、このプロセスこそが、人類が知的文明として成長・成熟する過程であると考えている。

そして、それは個人としての人間が成長する過程と実によく似ているのだ。

たとえば、子どもが大人へと成長する時のことを考えてみよう。少なくとも人間の子どもはこの地球に生を享《う》けた直後は自分では何もできない。自分の要求のまま、お腹がすけば泣き叫《さけ》び、気分が悪いと泣きわめくと、通常は親がなんとかしてくれる。幼児の頃《ころ》は、自分の家の中が世界のすべてであり、自分は世界の中心と考えているわけだ。[4]、少し成長して家を出て、その行動半径を広げていくにつれ、他にも家があること、他の家にも他の人々が住んでいることを認識していく。保育園や幼稚《ようち》園に入ると、同じような年齢の子どもたちの存在を強く認識していく。そうして友達と仲良く遊んだり、けんかをしたりしながら、社会性を身につけて成長していくわけだ。自分も多数の人の一人に過ぎないことを認識していくわけである。こうして成人する頃には、社会の中、[5] 多数の他者の中での自分という存在をしっかりと認識できる大人になっていくのである。

われわれ人類は総体として、これまでは人類以外の、あるいは地球以外の生命の存在を認識してこなかった。しかし、どうやら第二の地球候補はかなりの数にのぼり、遠からず、その中から宇宙生命が存在する「第二の地球」が見つかるときが来る。人類は、その意味でやっと⑤他者の存在を認識する時代を迎《むか》えたといえるだろう。個人の成長と同じく、人類文明も他者の存在に気付き、認識して成長しつつある時代を迎えるところなのである。そういう意味では、われわれ人類は知的文明としてはまだ幼稚園児程度の、＊ひよっこであるともいえる。

個人も成長過程で、様々な挫折《ざせつ》をし、そして失敗を経験して大人になっていくわけだが、ある意味で人類文明もまた知的文明としてまだまだ技術・思想が未熟なために、いろいろな失敗や挫折を繰り返している途中なのだろうと思う。戦争しかり、環境破壊《かんきょうはかい》しかり、福島での原発事故も⑥そのひとつだろう。

青森の三内丸山遺跡《いせき》や静岡の登呂遺跡、佐賀の吉野ヶ里遺跡などを訪ねて思うのは、その技術の未熟さだ。昔のご先祖様が粗末《そまつ》な道具だけで、これだけの集落を作り、維持《いじ》してきたのは大変だったろうなぁ、と思う。

同じことは1万年後の子孫たちも思うはずだ。彼《かれ》らは、われわれ現さらに20世紀になると、こうした恒星の大集団である②銀河系が宇宙唯一であることにも異議が唱えられはじめた。

銀河系の中に含まれると考えられていた星雲の中には、銀河系の大きさを遥《はる》かに超《こ》える距離《きょり》にあるものがあることが明らかになっていったのである。われわれ人類は、天の川を形作る銀河系というものが、実は宇宙そのものではないことを知り、宇宙はもっと膨大な空間の広がりを持ち、同時に銀河系と同じような恒星の大集団である銀河が無数に存在することを認識するようになった。

銀河の分布も決して一様ではなく、われわれの住む銀河系は、大きな渦巻《うずま》きの銀河が3つあり、他に数十個の小さな銀河がまとまって集団となっている「局部銀河群」というグループをなしていて、全体としては半径300万光年ほどの範囲《はんい》にD広がっている。

ところが、この局部銀河群は、宇宙では非常に小さなグループで、まさに田舎《いなか》の寒村といった様相だ。たとえば、われわれから6千万光年ほどの距離にあるおとめ座銀河団は、広範囲に数千個もの銀河が集まっているグループで、いわば銀河の大都市と言えるだろう。

違っているのは全体の規模だけではない。おとめ座銀河団の中心に居座《いすわ》る巨大な楕円《だえん》銀河は、われわれの銀河系に比べ10倍以上の規模を持ち、その中心には太陽の65億倍もの質量を持つ超巨大《ちょうきょだい》なブラックホールが存在しているのだ。

2019年4月には、電波観測によって得られた、そのブラックホールが形作る影《かげ》・ブラックホール・シャドーの画像が公開され、話題となったので、ご存じの方も多いだろう(ちなみにわれわれ銀河系の中心のブラックホールは、太陽の400万倍程度とされていて、おとめ座銀河団の中心のものに比べると1000分の1以下である)。いずれにしろ、われわれの銀河系は宇宙の片隅《かたすみ》、田舎にたたずんでいて、特別な銀河ではない。

[2]、このおとめ座銀河団こそが宇宙の中心だろうか。どうやらそうではないことが、すぐに明らかになった。この種の銀河の大都市、銀河団はあちこちにあることがわかってきたのだ。

その上、さらに③重要な発見がもたらされた。銀河の距離と動いていくスピードを測ったところ、遠い銀河ほど速いスピードで遠ざかっていたのである。

これは衝撃《しょうげき》的な発見だった。それぞれの銀河が、固有の運動としてばらばらに動いているのではなく、宇宙空間全体が膨張していると考えざるを得ない結果だったからだ。

それまでは、どちらかといえば宇宙には始まりも終わりもなく、膨張も縮小もしていないという、静かな宇宙というイメージだった。*アインシュタインでさえ、その立場を取っていたほどだ。

もし、宇宙に始まりがあるとすれば、時間を戻していくと宇宙はどんどん小さくなるはずで、その体積が0になる瞬間《しゅんかん》が、宇宙が生まれた時ということになる。いわゆる膨張宇宙論の誕生である。

ここに至って、地球→太陽→恒星の大集団である銀河系と移っていった「宇宙の中心」は、ついにどこにもないことになった。この宇宙には中心は定義できず、特殊《とくしゅ》な場所はどこにもなかったのだ。どの方向の銀河もわれわれ銀河系から遠ざかっているようにみえるので、単純にはわれわれが中心にいると考えがちである。

しかし、そうではない。[3]、等間隔《かんかく》に印をつけた風船を考えてみればわかる。風船がふくらむにつれて、それぞれの点上にいる観測者には、すべての点が自分から遠ざかっていくようにみえるからだ。そして、ひとつの点から見ると、風船が膨《ふく》らむにつれて他の印が遠ざかるが、そのスピードは点の距離に比例している。宇宙はまるでこの風船の表面のように膨張しているのだ。

これはすべての銀河が銀河系から遠ざかっていくようにみえるのと

問十三　この文章の表現について説明したものとして、最も適切なものを次から一つ選び、記号で答えなさい。

ア　登場人物を、「ぼく」、「山沢君」、「有賀先生」にしぼり、全体を通して作者の視点から物語を進行させることで、三人の様子や心情が客観的にとらえられるようになっている。

イ　「ぼく」と山沢君の心情が中心として描《えが》かれているが、対局の場面でも専門用語や戦況《せんきょう》について逐一《ちくいち》解説することで、将棋自体への理解も深まるような配慮《はいりょ》がなされている。

ウ　地の文にある心情表現のほか、（　）を用いて「ぼく」の心の声も具体的に示すことで、「ぼく」の気持ちの移り変わりが読み手にわかりやすく伝わるように工夫《くふう》されている。

エ　「ぼく」と山沢君の表情やしぐさ、態度などをていねいに描《びょう》写《しゃ》することで、対照的な性格の二人がしだいに敵対関係を強め、はりつめていく様子が効果的に表現されている。

オ　前半は「ぼく」の視点から、後半は有賀先生の視点から場面を展開し、「将棋の世界」に対するとらえ方の違いを細かく示すことで、理想と現実の差を見事に描き出している。

三

次の文章を読んで、あとの問いに答えなさい。問いの中で字数に指定のあるときは、特に指示がないかぎり、句読点や符号もその字数に含めます。

天文学は非常に面白《おもしろ》い時代にある。宇宙の年齢が１３８億年前後と決まった上に、いまも加速膨張《ぼうちょう》しつつあることがわかり、そしてわれわれは宇宙の構成のほんの５％程度しか正体をつかめていないことがわかってきた。残りの約69％が暗黒エネルギー、26％程が暗黒物質で、その正体はいまだに解き明かされていない。その５％の世界でも、初期にどのようにして銀河や恒星《こうせい》が誕生し、現在のような宇宙になってきたかもよくわかっていない。

もちろん、こうした宇宙観のA構築をなしてきたのが、天文学に他ならない。天文学の発展が、人類の宇宙観をB根底から変えてきたと言っても良いだろう。

そして、宇宙観をさらに変えてしまいそうな発見、第二の地球の発見、宇宙生命の発見はすぐ目前に迫《せま》っているのである。こんなに面白い時代はなかったかもしれない。

①これまでの宇宙観の変遷《へんせん》は数百年を振り返って見るとよくわかる。４００年以上前は、人類は地球という場所が宇宙で特別なところだと思い込《こ》んでいた。なにしろ、空を眺《なが》めると太陽も月も、そして星座を構成する星たちもすべてがわれわれを中心にぐるぐると回っているからだ。われわれ自身が回っている、［１］動いているなどという発想はこれっぽっちも生まれなかった。まさにわれわれは神に選ばれて、宇宙の中心に生まれた民だったのである。この考え方は、当時の宗教とも強く結びついていった。

特にキリスト教では、この天動説が長らく教義の中にも取り入れられていったため、確固たる世界観となり、地動説の＊黎明《れいめい》期にはガリレオ・ガリレイの裁判のみならず、地動説をC強行に唱えたジョルダーノ・ブルーノが火あぶりになるなどの様々な悲劇を生んでしまうことになる。

いずれにしろ、コペルニクスが登場して、地球は宇宙の中心たる太陽の周りを回るひとつの惑星《わくせい》に成り下がってしまった。宇宙の中心の座は地球から太陽へと移った。さらに、その後の天文学の発展は、星座を作っているあまたある恒星がすべて太陽のような天体であることを見いだした。太陽も宇宙の中心ではなく、天の川を構成する星々の大集団の中のひとつであることが次第《しだい》に明らかになっていったのだ。

と断言されたことにとまどいを覚えていたが、あとではプロになる覚悟《かくご》を決め、自分を徹底《てってい》的に追いこもうと思うようになった。

ウ　このときは非常に困難ではあるがプロを目指せる素質があることをうかがわせる有賀先生の言葉に驚き、動揺したが、あとではプロになる自分を意識し、実力をみがいていこうと思うようになった。

エ　このときはどんなに実力があっても年齢《ねんれい》的にプロになるのは難しいという言葉にがっかりしたが、あとでは持ち前の負けん気の強さから、絶対にプロになり見返してやろうと奮い立つようになった。

オ　このときは有賀先生が自分の実力を大げさにほめているのではないかといぶかしんだが、あとではそれが本心から出たものだったとわかり、自分も山沢君に負けずプロを目指そうと思うようになった。

問十一　――⑦「山沢君がメガネの奥の目をつりあげた」とありますが、⑧「山沢君の表情がほんの少しやわらかくなった」とありますが、「メガネの奥の目をつりあげ」ていた「山沢君の表情がほんの少しやわらかくなった」のはなぜだと考えられますか。最も適切なものを次から一つ選び、記号で答えなさい。

ア　最初は、また対局をしようと声をかけてきた「ぼく」の分不相応な申し出を不快に思っていたが、どうしても自分を目標にすることで将棋の力を伸ばしたいと頼《たの》みこまれたことで、まんざらでもない気分になったから。

イ　最初は、一緒に強くなろうと話す「ぼく」の言動に反発していたが、自分を同じ将棋教室に通うライバルと決め、必死に自分に追いつこうとする「ぼく」の姿を見て、これまでのかたくなだった考えが少しほぐれたから。

ウ　最初は、次の対局は絶対に勝ってやると話す「ぼく」の様子に腹を立てたが、お互《たが》いプロになるために、すぐにでも今日の対局を振り返ろうと誘《さそ》われたことで、切磋琢磨《せっさたくま》できる友人ができたと感じ、嬉《うれ》しくなったから。

エ　最初は、対局を繰《く》り返しながら一緒に強くなろうと話す「ぼく」の甘《あま》い考えに苛立《いらだ》ったが、そうしたライバル関係を結ぶことが、自分がプロになる近道ではないかと思い、今までの凝《こ》り固まった考えから解放されたから。

オ　最初は、お互いライバル関係でいたいと言う「ぼく」に反感を覚えたが、有賀先生の弟子がもうすぐプロになると聞いて焦り、自分も強くなるため、やむを得ず「ぼく」とライバル関係になることを受け入れようと思ったから。

問十二　――⑨「三つも年下のライバルに言うと、ぼくはかけ足で図書館にむかった」とありますが、このときの「ぼく」の気持ちを説明したものとして、最も適切なものを次から一つ選び、記号で答えなさい。

ア　山沢君にえらそうなことを言ってしまったことが照れくさく、早く図書館に逃げこもうと思っている。

イ　次は必ず山沢君に目にものを見せてやると意気ごみ、新たな戦型を図書館で勉強したいと思っている。

ウ　山沢君と将棋仲間になれた喜びで舞《ま》いあがり、今日の対局の棋譜をつけて記念にしようと思っている。

エ　新たな目標に向かって絶対にやりぬこうと心が決まり、すぐにでも将棋の勉強がしたいと思っている。

オ　今すぐ棋譜をつけたいと図書館に急ぐ姿勢を見せることで、山沢君の闘争心をあおろうと思っている。

ウ　横歩取りは先手番のほうが大幅《おおはば》に有利な戦型であるため、後手番の山沢君から主導権を握れると思ったから。
エ　横歩取りは「ぼく」がこれまで指したことのない戦型なので、山沢君が動揺してスキが生じると思ったから。
オ　横歩取りは変化の多い戦型で運任せのところがあるものの、うまくいけば山沢君を圧倒《あっとう》できると思ったから。

問六　――②「将棋は、ある意味、野球よりきつい」とありますが、なぜですか。将棋と野球の違《ちが》いを明確にしながら、五十字以上六十字以内で書きなさい。

問七　――③「ぼくは自分を奮い立たせるように答えたが、山沢君はつまらなそうだった」とありますが、このときの「ぼく」と「山沢君」の様子を説明したものとして、最も適切なものを次から一つ選び、記号で答えなさい。
ア　「ぼく」は自分の勝利を確信し自信に満ちているが、山沢君は今度は勝てないのではないかと不安を感じている。
イ　「ぼく」は山沢君と再戦できることを喜んだが、山沢君は有賀先生との対局を望んでいたのでがっかりしている。
ウ　「ぼく」は山沢君にまた負けるのではないかと内心おそれているが、山沢君は絶対に勝てると余裕《よゆう》を見せている。
エ　「ぼく」は今度こそ絶対に勝つと気合いを入れているが、山沢君は前回勝った相手との再戦に気乗りせずにいる。
オ　「ぼく」は山沢君との対局が急に決まり、気が動転しているが、山沢君は落ち着いて対局にのぞもうとしている。

問八　――④「ぼくはあらためてメガネをかけた小学2年生の実力に感心していた」とありますが、「ぼく」が感心したのは「山沢君」のどのようなところですか。二十字以上三十字以内で書きなさい。

問九　――⑤「有賀先生のことばに、ぼくはうなずいた」とありますが、このときの「ぼく」はどのような気持ちでいたと考えられますか。最も適切なものを次から一つ選び、記号で答えなさい。
ア　形勢が自分に有利な対局であったが、勝ち切るほどの実力はまだなかったということを自覚して、引き分けという判定を素《す》直《なお》に受けとめようとしている。
イ　形勢が有利であったにもかかわらず決着がつかなかったことを残念に思いながらも、将来プロになるであろう山沢君に勝てる将棋が指せたことに優越《ゆうえつ》感を抱《いだ》いている。
ウ　勝てるとは思っていなかったものの有利な形勢を保ったまま対局を進められたことに心から満足し、熱心に研究したかいがあったと達成感を覚えている。
エ　ほぼ勝ちを収めることができる形勢であったにもかかわらず、わずかな気のゆるみから山沢君に引き分けに持ちこまれてしまったことが情けなく、反省している。
オ　勝てたかもしれない対局を有賀先生に引き分けにされて内心では不満だったが、ここは勝ち負けを決める場ではないのだと考えてしぶしぶながら納得している。

問十　――⑥「ぼくは呆然としていた」とありますが、このときの「ぼく」の気持ちと、このあとに「ぼく」の気持ちがどのように変化したかについて説明したものとして、最も適切なものを次から一つ選び、記号で答えなさい。
ア　このときはプロ棋士を目指すことを強くすすめられたのが信じられずにいたが、あとではじょじょに有賀先生に認められていたことへの実感がわき、本気でプロを目指そうと思うようになった。
イ　このときは今後も努力を続け実力を養えば必ずプロになれる

⑨三つも年下のライバルに言うと、ぼくはかけ足で図書館にむかった。

（佐川光晴《さがわみつはる》「駒音高く」による）

＊対局＝将棋の対戦のこと。
＊リベンジ＝一度敗れたことのある相手を打ち負かすこと。
＊読み筋＝将棋で、相手の指し手を読み、その後の展開を予測すること。
＊航介君のおとうさんと田坂監督＝航介君のおとうさんは、「ぼく」が所属していた少年野球チーム・ファルコンズのジュニアチーム（４年生以下）の監督で、田坂監督はシニアチーム（５、６年生）の監督をしている。
＊二面指し＝一人が二人を相手に同時に対局すること。
＊相手玉を詰ます＝相手の玉の駒（王将）の逃《に》げ道が完全になくなる状態にすること。
＊入玉＝玉の駒（王将）が相手側の陣内に入ること。
＊馬引き＝馬の駒を自陣側に動かすこと。
＊奨励会＝日本将棋連盟に属する、プロ棋士養成機関。
＊棋譜＝将棋の対局での手順を記録したもの。

問一 1～5にあてはまる言葉として、最も適切なものを次から一つずつ選び、それぞれ記号で答えなさい。

ア いつか　**イ** さながら　**ウ** うまく
エ なまじ　**オ** ひたすら　**カ** とっくに
キ きっと　**ク** めったに

問二 ═Ａ「が」と意味・用法が同じものを次から一つ選び、記号で答えなさい。

ア なによりもこの本が読みたいと、ぼくは強く思った。
イ 先日提案された議題だが、すでに話し合ったのかね。
ウ 友人の家に行ってみたが、あいにく留守にしていた。
エ 兄は、野球もうまいが、サッカーも上手な人である。
オ 本当のことを話そうが話すまいが、あなたの自由だ。

問三 B、Cにあてはまる言葉として、最も適切なものを下から一つずつ選び、記号で答えなさい。

B　**ア** 日進月歩　**イ** 一朝一夕《いっせき》　**ウ** 南船北馬
　　エ 空前絶後　**オ** 右往左往
C　**ア** 天王山　**イ** 度外視　**ウ** 高飛車
　　エ 耳学問　**オ** 一辺倒《とう》

問四 ═Ｄ「著しい」、Ｅ「おこがましい」の意味として、最も適切なものをあとから一つずつ選び、記号で答えなさい。

Ｄ「著しい」
ア ほとんど変わらない様子
イ 急に止まる様子
ウ じょじょに遅《おく》れていく様子
エ 特にきわだっている様子
オ 着実にのびている様子

Ｅ「おこがましい」
ア 身の程知らずな様子　**イ** 大げさな様子
ウ 物静かな様子　**エ** 並はずれた様子
オ 真面目《まじめ》な様子

問五 ──①「横歩取りで勝負してやる」とありますが、「ぼく」がこのように決めた理由として、最も適切なものを次から一つ選び、記号で答えなさい。

ア 横歩取りはプロ棋士の間で流行している最新の戦型だが、小２の山沢君はまだ知らないだろうと思ったから。
イ 横歩取りは序盤から攻め合う戦型だが、正しい手を打ち続ければ山沢君に勝てるかもしれないと思ったから。

「野崎翔太殿《どの》。あなたを、朝霞こども将棋教室初段に認定します」

みんなの前で賞状をもらうなんて、生まれて初めてだ。そのあと有賀先生の奥《おく》さんが賞状を持ったぼくと有賀先生のツーショット写真を撮《と》ってくれた。両親が入った４人での写真も撮ってくれた。

「野崎さん、ちょっといいですか。翔太君も」

有賀先生に手招きされて、ぼくと両親は廊下《ろうか》に出た。

「もう少し、むこうで話しましょうか」

どんな用件なのかと心配になりながら、ぼくは先生についていった。

「翔太君ですが、成長のスピードがD著しいし、とてもまじめです。今日の一局も、じつにすばらしかった」

有賀先生によると、山沢君は小学生低学年の部で埼玉県のベスト４に入るほどの実力者なのだという。来年には研修会に入り、奨励会試験の合格、さらにはプロの棋士になることを目標にしているとのことだった。

「小学５年生の５月でアマチュア初段というのは、正直に言えば、プロを目ざすには遅《おそ》すぎます。しかし野崎君には伸びしろが相当あると思いますので、親御《おやご》さんのほうでも、これまで以上に応援《おうえん》してあげてください」

そう言うと、有賀先生は足早に廊下を戻っていった。

まさか、ここまで認めてもらっているとは思わなかったので、⑥ぼくは呆然《ぼうぜん》としていた。将棋界のことをなにも知らない父と母はキツネにつままれたような顔をしている。二人とも、すぐに仕事に戻らなければならないというので、詳しいことは今晩話すことにした。

１０３号室に戻り、カバンを持って出入り口にむかうと、山沢君が立っていた。ぼくより20センチは小さくて、腕《うで》も脚《あし》もまるきり細いのに、負けん気の強そうな顔でこっちを見ている。

「つぎの対局は負けないよ。絶対に勝ってやる」

「うん、また指そう。そして、一緒に強くなろうよ」

ぼくが言うと、⑦山沢君がメガネの奥の目をつりあげた。

「なに言ってんだよ。将棋では、自分以外はみんな敵なんだ」

小学２年生らしいムキになった態度がおかしかったし、「自分以外はみんな敵だ」と、ぼくだって思っていた。

「たしかに対局中は敵だけど、盤を離《はな》れたら、同じ将棋教室に通うライバルでいいんじゃないかな。ぼくは初段になったばかりだから、三段になろうとしているきみをライバルっていうのは、Eおこがましいけど」

ぼくの心ははずんでいた。個人競技である将棋にチームメイトはいないが、ライバルはきっといくらでもあらわれる。勝ったり負けたりをくりかえしながら、一緒に強くなっていけばいい。

「そういえば、有賀先生のおとうさんが教えた大辻弓彦《おおつじゆみひこ》さんっていうひとが、関西の奨励会でがんばっているんだってね。大辻さんが先にプロになって、きみとぼくもプロになって、[5]プロ同士で対局できたら、すごいよね」

奨励会試験に合格するにはアマ四段の実力が必要とされる。それに試験では奨励会員との対局で五分以上の星をあげなければならない。合格して奨励会に入っても、四段＝プロになれるのは20パーセント以下だという。

それがどれほど困難なことか、正直なところ、ぼくにはよくわかっていなかった。でも、どれほど苦しい道でも、絶対にやりぬいてみせる。

「このあと、となりの図書館で＊棋譜《きふ》をつけるんだ。今日の、引き分けだった対局の」

ぼくが言うと、⑧山沢君の表情がほんの少しやわらかくなった。

「それじゃあ、またね」

ますます難しくなっていく局面を一手30秒以内で指し続ける。壁《かべ》の時計に目をやる暇《ひま》などないが、たぶん40分くらい経《た》っているのではないだろうか。持ち時間が10分の将棋は30分あれば終わるから、ぼくはこんなに長い将棋を指したことはなかった。これでは有賀先生との2局目を指す時間がなくなってしまう。

「そのまま、最後まで指しなさい」

有賀先生が言って、そうこなくちゃと、ぼくは気合いが入った。かなり疲《つか》れていたが、絶対に負けるわけにはいかない。山沢君だって、そう思っているはずだ。

(勝ちをあせるな。＊相手玉を詰ますことよりも、自玉が詰まされないようにすることを第一に考えろ)

細心の注意を払《はら》って指していくうちに、形勢がぼくに傾《かたむ》いてきた。ただし、頭が疲れすぎていて、目がチカチカする。指がふるえて、駒をまっすぐにおけない。

「残念だけど、今日はここまでにしよう」

ぼくに手番がまわってきたところで、有賀先生が対局時計を止めた。

「もうすぐ3時だからね」

そう言われて壁の時計を見ると、短針は「3」を指し、長針が「12」にかかっている。40分どころか、1時間半も対局していたのだ。

ぼくは盤面に視線を戻《もど》した。ぼくの玉はすでに相手陣《じん》に入っていて、詰ませられることはない。山沢君も＊入玉をねらっているが、10手あれば詰ませられそうな気がする。ただし手順がはっきり見えているわけではなかった。

「すごい勝負だったね。ぼくが将棋教室を始めてから一番の熱戦だった」

プロ五段の有賀先生から最高の賛辞をもらったが、ぼくは詰み筋を懸命《けんめい》に探し続けた。

「＊馬引きからの7手詰めだよ」

山沢君が悔しそうに言って、ぼくの馬を動かした。

「えっ?」

まさか山沢君が話しかけてくるとは思わなかったので、ぼくは[4]返事ができなかった。

「こうして、こうなって」

詰め将棋をするように、山沢君が盤上の駒を動かしていく。

「ほら、これで詰みだよ」

(なるほど、そのとおりだ)

頭のなかで答えながら、④ぼくはあらためてメガネをかけた小学2年生の実力に感心していた。

「プロ同士の対局では、時間切れ引き分けなんてない。それは研修会でも、＊奨励《しょうれい》会でも同じで、将棋の対局はかならず決着がつく。でも、ここは、小中学生むけのこども将棋教室だからね。今日の野崎君と山沢君の対局は引き分けとします」

⑤有賀先生のことばに、ぼくはうなずいた。

「さあ、二人とも礼をして」

「ありがとうございました」

山沢君とぼくは同時に頭をさげた。そして顔をあげたとき、山沢君のうしろにぼくの両親が立っていた。

「えっ、あれっ。ああ、そうか」

ぼくは母が3時前に来る約束になっていたことを思いだしたが、まさか父まで来てくれるとは思ってもみなかった。もうBコースの生徒たちが部屋に入ってきていたので、ぼくは急いで駒を箱にしまった。

「みなさん、ちょっと注目。これから野崎君に認定《にんてい》書を交付します」

ふつうは教室が始まるときにするのだが、有賀先生はぼくの両親に合わせてくれたのだ。

はどうしても無理だからだ。そのことは、母の携帯《けいたい》電話からのメールで、有賀先生に伝えていた。

この2週間、ぼくは［ 2 ］横歩取りを研究した。できれば、今日は山沢君とは対戦せずに、別の相手に研究の成果をぶつけてみたい。

ぼくは父と母にも山沢君のことを話していた。二人とも、大熊君と同じく、ぼくが負けた相手が小学2年生だということに驚《おどろ》いていた。

「何回負けたって、いいんだぞ。おとうさんは、翔太が夢中になれるものを見つけたことがうれしいんだから」

「おかあさん、将棋は野球よりも、ずっと大変だと思うの。だって、野球なら、味方の活躍《かつやく》で勝つこともあるけど、将棋には味方がいないじゃない」

二人とも、駒の動かしかたすらわかっていないのだが、それなりに的確なアドバイスなのがおもしろかった。

公民館に着いて、こども将棋教室がおこなわれる103号室に入ると、ぼくは挨拶《あいさつ》をした。

「こんにちは。お願いします」

気合いが入りすぎて、いつもより大きな声が出た。

「おっ、いい挨拶だね。みんなも、野崎君みたいにしっかり挨拶をしよう」

有賀先生が言ったのに、返事をした生徒はひとりもいなかった。先生も、困ったように頭をかいている。ファルコンズだったら、罰《ばつ》として全員でベースランニングをさせられるところだ。

(将棋［ C ］じゃなくて、野球もやっててよかったよな)

ぼくは＊航介《こうすけ》君のおとうさんと田坂監督《たさかかんとく》に胸のうちで感謝した。

朝霞こども将棋教室では、最初の30分はクラス別に講義がおこなわれる。ぼくは初段になったので、今日から山沢君たちと同じ、一番上のクラスだ。ところが、有段者で来ているのはぼくと山沢君だけだった。

「そうなんだ。みんな、かぜをひいたり、法事だったりでね」

講義のあとは、ぼくと山沢君が対戦し、2局目は有賀先生がぼくたち二人を相手に＊二面指しをするという。前にも、先生が3人の生徒と同時に対局するところを見たが、手を読む速さに驚いた。プロが本気になったらどれほど強いのか、ぼくは想像もつかなかった。

「前回と同じ対局になってしまうけど、それでもいいかな？　先手は野崎君で」

「はい」

③ぼくは自分を奮い立たせるように答えたが、山沢君はつまらなそうだった。

(よし。目にもの見せてやる)

ぼくは椅子《いす》にすわり、盤に駒を並べていった。

「おねがいします」

二人が同時に礼をした。山沢君が対局時計のボタンを押すと、ぼくはすぐに角道《かくみち》を開けた。山沢君もノータイムで角道を開けた。続いて、ぼくが飛車先の歩を突《つ》くと、山沢君は少し考えてから、同じく飛車先の歩を突いた。どうせまた振《ふ》り飛車でくると思っていたはずだから、居飛車を選んだぼくに合わせようとしているのだ。

(よし、そうこなくちゃな)

ぼくは飛車先の歩を突き、山沢君も飛車先の歩を突いた。ぼくが飛車先の歩を伸《の》ばせば、山沢君も飛車先の歩を伸ばす。この流れなら、まずまちがいなく横歩取りになる。あとは、研究の成果と、自分の読みを信じて、一手一手を力強く指すのみ。

序盤から大駒を切り合う激しい展開で、80手を越えると双方《そうほう》の玉が露出《ろしゅつ》して、どこからでも王手がかかるようになった。しかし、どちらにも決め手がない。ぼくも山沢君も［ 3 ］持ち時間はつかいきり、

「へえ〜、そうなんだ。で、どんなやつ？」

悠斗君にきかれて、小学2年生の男の子だと言うと、思いきり笑われた。

「ありえね〜。小5が小2に負けるなんて、ぜってえ、ありえねえ〜」

「サッカーや野球じゃそうだろうけど、将棋ではそういうことがあるんだって」

ぼくが詳《くわ》しく説明すると、悠斗君はまだ信じられないようだったが、一応納得《なっとく》してくれた。

「わかったよ。それじゃあ、その山沢ってやつをさっさとぶっ倒《たお》して、また昼休みにサッカーをしようぜ」

「ありがとう。がんばるよ」

そう答えたものの、いくら横歩取りの研究をしても、山沢君に勝てる保証はなかった。最新型の研究なら、タブレットでプロ同士の対局を見られる山沢君のほうが断然有利だ。将棋の戦法は［B］で、ひとりの棋士が有力な新手を考えつくと、すぐにみんなが研究して取り入れるのだという。

（でも、やるしかない）

ぼくは昼休みも教室に残り、頭のなかで横歩取りの研究をした。放課後は盤と駒《こま》をつかってプロ同士の対局を並べる。そして詰《つ》め将棋をたっぷり解く。

アパートの部屋で、ひとりで将棋をしていると、山沢君の顔が頭に浮《う》かんだ。小学2年生なのに厚いレンズのメガネをかけて、肌《はだ》の色は白く、手足も細い。［1］、サッカーも野球も、あまりうまくはないだろう。

ぼくが山沢君について知っているのは、その程度だった。どこの小学校なのかや、何歳《さい》で将棋を始めたのかも知らない。山沢君だって、ぼくのことは名前と学年しか知らないはずだ。

（同じ将棋教室に通っていても、ぼくたちはおたがいのことをほとんど知らずに対局しているんだ）

そのことに、ぼくは初めて気づいた。ファルコンズのメンバーは全員同じ小学校だったし、どこに住んでいるのかも、きょうだいが何人いるのかも知っていた。食べものの好き嫌《きら》いや、勉強がどのくらいできるのかも知っていた。土まみれになって練習し、試合に勝てばみんなで喜び、負けてはみんなで悔《くや》しがった。

でも、一対一で戦う将棋では、勝っても、喜び合うチームメイトがいない。チームメイト同士で励《はげ》まし合うこともない。将棋では、自分以外は全員が敵なのだ。

野球と将棋のちがいを考えているうちに、ぼくはさみしくなってきた。

（でも、山沢君がどのくらい強いかは、いやというほど知ってるぜ）

ぼくは山沢君との一局をくりかえし並べていた。おそらく、ぼくの指し手は全て＊読み筋にあったにちがいない。つまり、多少手強《てごわ》くはあっても、負ける気はしなかったはずだ。

（見てろよ、山沢。今度は、おまえが泣く番だ）

ぼくは気合いを入れたが、ますますさみしくなってきた。

（自分以外は、全員が敵か）

頭のなかでつぶやくと、涙《なみだ》がこぼれそうになった。

（②将棋は、ある意味、野球よりきついよな）

ぼくは初めて将棋が怖《こわ》くなった。

前回の将棋教室から2週間がたち、ぼくは自転車で公民館にむかった。母は、午後3時前に来てくれることになっていた。介護《かいご》施設《しせつ》での昼食の支度《したく》と片付けがあるため、Aコースが始まる午後1時に来るの

2023年度

専修大学松戸中学校

【国語】〈第二回試験〉（五〇分）〈満点：一〇〇点〉

一　次の――線の漢字の読みをひらがなで書き、――線のカタカナは漢字に直して書きなさい。

① 庭に夏草が生《お》い茂る。
② 幼かった日々を追憶する。
③ 倉庫にたくさんの俵を積んでいく。
④ 晩秋から冬にかけて時雨が降りやすい。
⑤ ヤサしい問題から解いていく。
⑥ 受けた恩はワスれない。
⑦ フクザツな気持ちになる。
⑧ 長年のコウセキをたたえる。
⑨ 駅のカイサツで待ち合わせる。
⑩ 雪を利用して野菜をチョゾウする。

二　次の文章を読んで、あとの問いに答えなさい。問いの中で字数に指定のあるときは、特に指示がないかぎり、句読点や符号《ふごう》もその字数に含《ふく》めます。

小学5年生の「ぼく（野崎翔太《のざきしょうた》）」は、引っ越《こ》したことをきっかけに今まで続けていた野球をやめ、将棋《しょうぎ》のプロ棋士《きし》である有賀《ありが》先生が指導する「朝霞《あさか》こども将棋教室」に通い始める。めきめきと実力をつけた「ぼく」は順調に昇段《しょうだん》し、ついにアマチュア初段になったが、初段になって初めての対戦で、小学2年生でアマチュア二段の山沢《やまさわ》君に負けてしまう。

月曜日の朝がきて、ぼくはランドセルを背負って小学校にむかった。朝ごはんを食べているあいだもそうだったが、ぼくの頭は将棋のことでいっぱいだった。

（①横《よこ》歩《ふ》取《ど》りで勝負してやる）

それが、ぼくの選んだ作戦だった。横歩取りは、プロ同士の対戦でもよく指されている流行の戦型で、玉《ぎょく》を囲わずに序盤《じょばん》から攻め合う。二段の山沢君との＊対局では、初段のぼくが先手番になる。横歩取りは後手番でも主導権を握《にぎ》れるのが魅力《みりょく》の戦法だから、山沢君は待ってましたとばかりに攻めてくるはずだ。しかし、ぼくが正確に受け続ければ、こんなはずではないと動揺《どうよう》して、スキが生まれるかもしれない。ただし、途中《とちゅう》の変化が多いので、よほど研究して対局にのぞまないと、短手数で押《お》し切られてしまう。

通学路を歩きながら、ぼくは頭のなかの将棋盤で横歩取りの対局を並べた。

「翔太、おはよう」

うしろから声をかけられて、ぼくは跳《と》びあがった。

「そんなにビビるなよ。昼休み、サッカーしようぜ」

大熊悠斗《おおくまゆうと》君とは、4年生のときも一緒《いっしょ》のクラスだった。正しくは、大熊君のいる4年1組にぼくが転入したのだ。クラブチームに所属しているだけあって、大熊君はたぶん学年で一番サッカーがうまい。それに、おじいさんが将棋好きで、小さいころに教えてもらったのだというので、ぼくにとっては将棋の話ができる唯一《ゆいいつ》の友だちだった。今日も、さそってくれてうれしかったAが、いまは全ての力を将棋にそそぎたい。

「きのう将棋教室で負けた相手に＊リベンジしたいんだ」

2023年度

専修大学松戸中学校 ▶解説と解答

算　数 ＜第２回試験＞（50分）＜満点：100点＞

解　答

1 (1) 4　(2) $1\frac{5}{9}$　(3) 96　(4) 5　2 (1) 44　(2) 36　(3) 112　(4) 18　(5) 32　3 (1) 54才　(2) 66日間　4 (1) ４種類　(2) ５種類　5 (1) 7 : 3　(2) ６番　6 (1) $608cm^3$　(2) $108.5cm^3$　(3) $384cm^3$　7 (1) ７個　(2) 37

解　説

1 四則計算，逆算

(1) $\frac{13}{15}\div\left(\frac{1}{10}+\frac{1}{15}+\frac{1}{20}\right)=\frac{13}{15}\div\left(\frac{6}{60}+\frac{4}{60}+\frac{3}{60}\right)=\frac{13}{15}\div\frac{13}{60}=\frac{13}{15}\times\frac{60}{13}=4$

(2) $1\frac{3}{4}-\left(0.6\div1.44-\frac{2}{9}\right)=\frac{7}{4}-\left(\frac{0.6}{1.44}-\frac{2}{9}\right)=\frac{7}{4}-\left(\frac{60}{144}-\frac{2}{9}\right)=\frac{7}{4}-\left(\frac{5}{12}-\frac{2}{9}\right)=\frac{7}{4}-\left(\frac{15}{36}-\frac{8}{36}\right)=\frac{7}{4}-\frac{7}{36}=\frac{63}{36}-\frac{7}{36}=\frac{56}{36}=\frac{14}{9}=1\frac{5}{9}$

(3) $\{68\div(100-\square)\}\times17=289$より，$68\div(100-\square)=289\div17=17$，$100-\square=68\div17=4$　よって，$\square=100-4=96$

(4) $1\frac{1}{2}\times1\frac{1}{3}\times1\frac{1}{4}\times1\frac{1}{5}\times1\frac{1}{6}\times1\frac{1}{7}\times1\frac{1}{8}\times1\frac{1}{9}=\frac{3}{2}\times\frac{4}{3}\times\frac{5}{4}\times\frac{6}{5}\times\frac{7}{6}\times\frac{8}{7}\times\frac{9}{8}\times\frac{10}{9}=\frac{10}{2}=5$

2 単位の計算，場合の数，整数の性質，つるかめ算，面積

(1) １時間は60分だから，２時間20分は，60×２＋20＝140(分)，$1\frac{3}{5}$時間は，$60\times1\frac{3}{5}=60\times\frac{8}{5}=96$(分)となる。よって，２時間20分－$1\frac{3}{5}$時間＝140分－96分＝44分と求められる。

(2) ５の倍数になるのは，一の位の数字が０，５の場合である。一の位の数字が０の場合，残りのカードは１，２，３，４，５だから，百の位には５通り，十の位には残りの４通りのカードを並べることができ，５×４＝20(通り)の整数ができる。また，一の位の数字が５の場合，残りのカードは０，１，２，３，４なので，百の位には０をのぞいた４通り，十の位には残りの４通りのカードを並べることができ，４×４＝16(通り)の整数ができる。よって，３けたの５の倍数は全部で，20＋16＝36(通り)できる。

(3) ３を足すと５で割り切れる整数は５の倍数よりも３小さい数だから，２，７，12，…となり，５を足すと３で割り切れる整数は３の倍数よりも５小さい数なので，１，４，７，…となる。したがって，両方に共通する最も小さい数は７とわかる。また，両方に共通する数は５と３の最小公倍数である15ごとにあらわれるから，７＋15×□と表すことができる(□は整数)。(100－７)÷15＝６余り３より，最も小さい３けたの整数は，７＋15×７＝112と求められる。

(4) 金額が等しくなる枚数の比が，60：40＝３：２なので，切手Aと切手Bの１枚あたりの金額の比は，$\frac{1}{3}:\frac{1}{2}=2:3$とわかる。そこで，切手A１枚あたりの金額を２，切手B１枚あたりの金額を３とすると，花子さんが持って行ったお金は，２×60＝120となる。切手Ｂを46枚買ったとすると，代金は，３×46＝138となり，実際よりも，138−120＝18多くなる。切手Ｂと切手Ａを１枚ずつ交換《こうかん》するごとに，代金は，３－２＝１ずつ少なくなるので，切手Ａの枚数は，18÷１＝18(枚)と求められる。

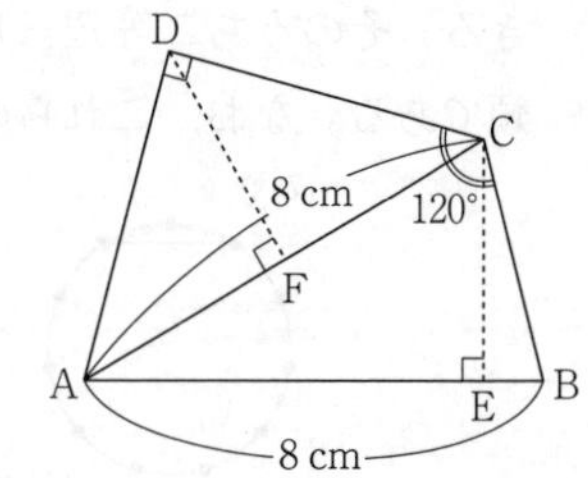

(5)　右の図で，角ACDの大きさは45度だから，角ACBの大きさは，120−45＝75(度)になる。また，三角形ABCは二等辺三角形なので，角CABの大きさは，180−75×２＝30(度)とわかる。したがって，ＣからABに垂直な線CEを引くと，三角形CAEは正三角形を半分にした形の三角形になるから，CEの長さは，８÷２＝４(cm)であり，三角形ABCの面積は，８×４÷２＝16(cm^2)と求められる。さらに，ＤからACに垂直な線DFを引くと，DFの長さは，８÷２＝４(cm)になり，三角形DACの面積は，８×４÷２＝16(cm^2)とわかる。よって，四角形ABCDの面積は，16＋16＝32(cm^2)である。

3　条件の整理

(1)　花子さんは2023年の誕生日で，2023−2010＝13(才)になるから，2023年の１月１日の年令は，13−１＝12(才)である。同様に，お母さんは2023年の誕生日で，2023−1980＝43(才)になるので，2023年の１月１日の年令は，43−１＝42(才)とわかる。よって，このときの２人の年令の和は，12＋42＝54(才)と求められる。

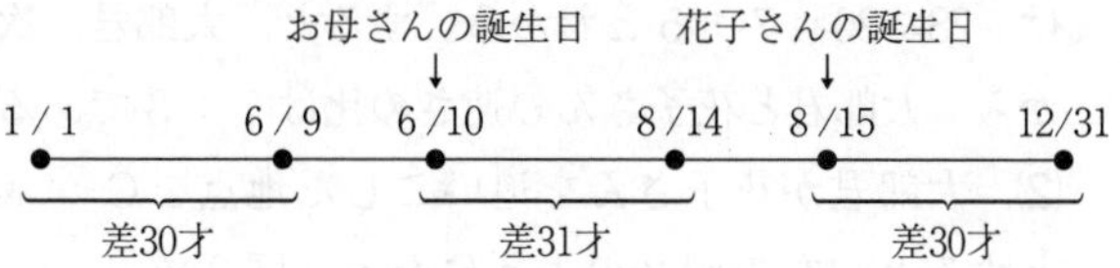

(2)　(1)から，１月１日の２人の年令の差は，42−12＝30(才)とわかる。その後，お母さんの誕生日の前日までは年令の差は30才のままであり，６月10日にはお母さんの年令だけが１才増えるから，年令の差は31才になる。さらに，花子さんの誕生日の前日までは年令の差が31才のままであり，８月15日には花子さんの年令だけが１才増えるので，年令の差は再び30才になる。よって，右上の図のように，１年間の中で年令の差が31才であるのは６月10日から８月14日までであり，その日数は，(30−10＋１)＋31＋14＝66(日間)と求められる。

4　平面図形―構成，場合の数

(1)　下の図①のように，全部で４種類の三角形ができる。

図①

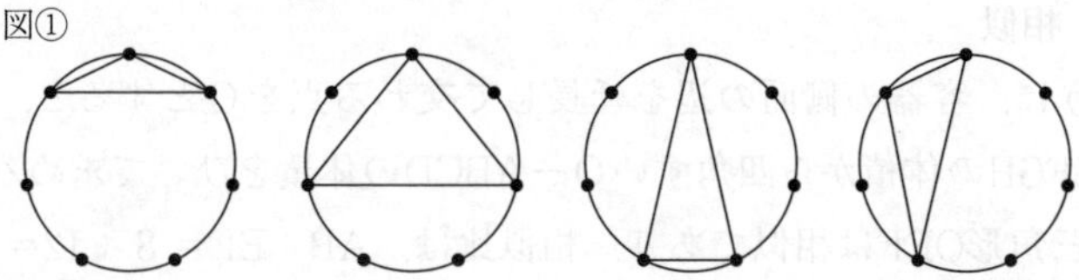

(１＋１＋５)　(２＋２＋３)　(１＋３＋３)　(１＋２＋４)

(2)　図①の一番左側の三角形について，頂点と頂点の間にある弧《こ》の数は少ない順に，１個，１個，５個となっている。これを(１＋１＋５)と表すことにすると，ほかの三角形の表し方は図①のようになり，すべて７を３つの整数の和で表したものになることがわかる。同様に考えると，11を３つの整数の和で表す方法は右上の図②のように10通りあるから，点の数が11個の場合は10種類の三角形がで

図②

１＋１＋９	２＋２＋７	３＋３＋５
１＋２＋８	２＋３＋６	３＋４＋４
１＋３＋７	２＋４＋５	
１＋４＋６		
１＋５＋５		

きる。そのうち二等辺三角形になるのは，図②で同じ数が２つ使われている場合なので，＿＿の５種類である。なお，これらの二等辺三角形は下の図③のようになる。

図③

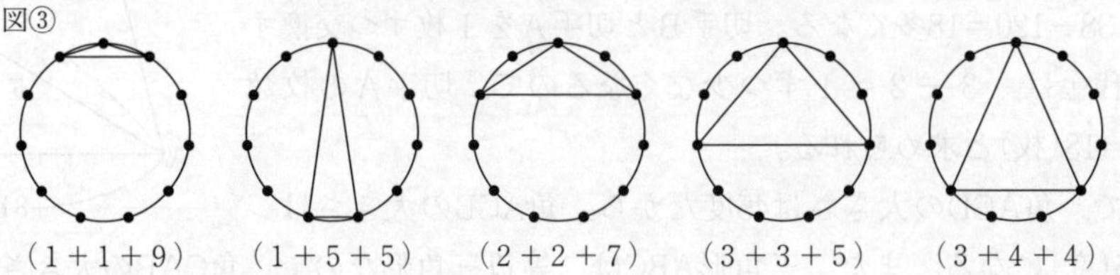

5 速さと比，植木算

⑴　次郎君が花子さんとすれちがうまでのようすは右の図１，次郎君が太郎君とすれちがうまでのようすは右下の図２のようになる。旗と旗の間の長さを１とすると，図１で次郎君が進んだ長さは15になる。また，Ｂ地点にも24番の旗が立っているものと考えると，図１で花子さんが進んだ長さは，24－15＝９になるから，次郎君と花子さんの速さの比は，15：９＝５：３と求められる。同様に，図２で太郎君が進んだ長さは，24＋(24－20)＝28，次郎君が進んだ長さは20なので，太郎君と次郎君の速さの比は，28：20＝７：５とわかる。すると，太郎君，次郎君，花子さんの速さの比は７：５：３になるから，太郎君と花子さんの速さの比は７：３である。

図１

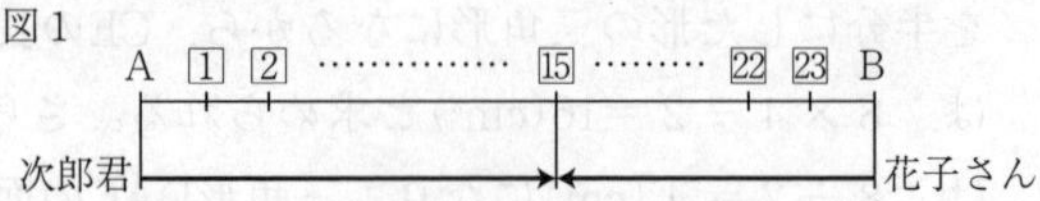

図２

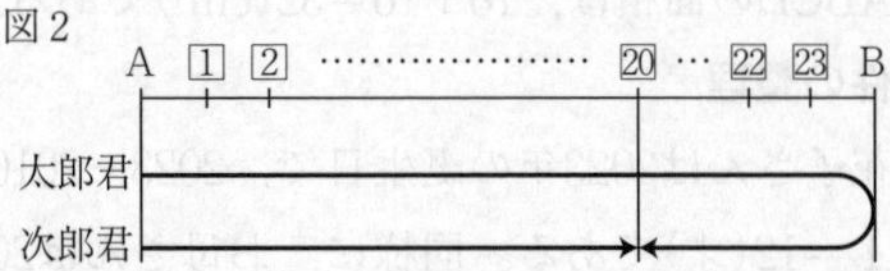

⑵　太郎君が花子さんを追いこした地点をＣとすると，右の図３のようになる。図３で，太郎君と花子さんが進んだ長さの比は７：３だから，太郎君が進んだ長さを⑦，花子さんが進んだ長さを③とすると，AB間の長さは，⑦－③＝④になる。すると，AC間の長さは，④－③＝①なので，AC間の長さはAB間の長さの$\frac{1}{4}$とわかる。また，旗と旗の間の長さを１とすると，AB間の長さは，１×24＝24になるから，AC間の長さは，$24\times\frac{1}{4}$＝６となる。つまり，太郎君が花子さんを追いこしたのは６番の旗の前である。

図３

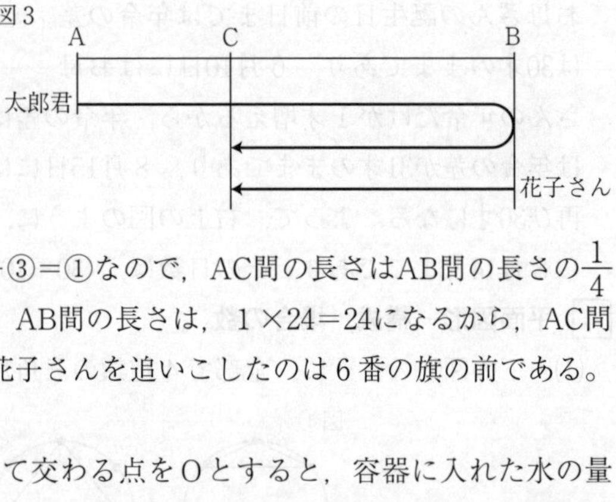

6 水の深さと体積，相似

⑴　下の図１のように，容器の側面の辺を延長して交わる点をＯとすると，容器に入れた水の量は，四角すいＯ－EFGHの体積から四角すいＯ－ABCDの体積をひいて求めることができる。図１で，三角形OABと三角形OEFは相似であり，相似比は，AB：EF＝８：12＝２：３だから，OP：PQ＝２：（３－２）＝２：１とわかる。したがって，OPの長さは，$6\times\frac{2}{1}$＝12(cm)なので，四角すいＯ－EFGHの体積は，12×12×(12＋６)÷３＝864(cm^3)，四角すいＯ－ABCDの体積は，８×８×12÷３＝256(cm^3)と求められる。よって，容器に入れた水の量は，864－256＝608(cm^3)である。

⑵　下の図２の斜線《しゃせん》部分の体積を求めればよい。三角形OABと三角形OIJは相似であり，相似比(高さの比)は，12：(12＋６－4.5)＝８：９だから，これらの部分を側面とする四角すいの体積の比は，（８×８×８）：（９×９×９）＝512：729となる。よって，斜線部分の体積は四角すいＯ－

ABCDの体積の，$(729-512)\div512=\frac{217}{512}$(倍)なので，抜《ぬ》き出した水の量は，$256\times\frac{217}{512}=108.5(cm^3)$と求められる。

(3)　下の図3のかげの部分の体積を求めればよい。これは，斜線部分の三角形を底面とし，EH，BC，FGの長さの平均を高さとする三角柱の体積と等しくなる。斜線部分の面積は，$12\times6\div2=36(cm^2)$であり，高さの平均は，$(12+8+12)\div3=\frac{32}{3}$(cm)だから，容器に残っている水の量は，$36\times\frac{32}{3}=384(cm^3)$とわかる。

図1

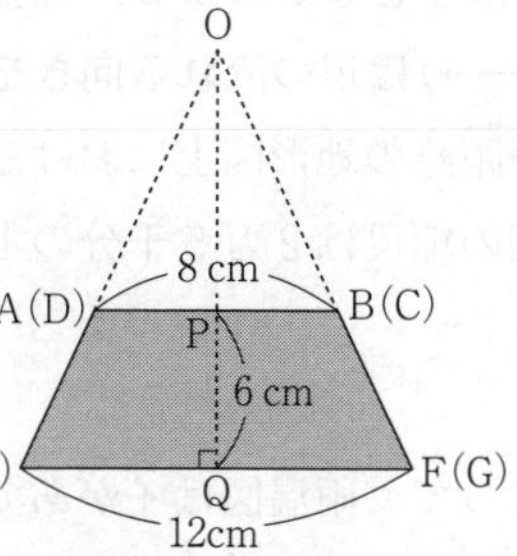

図2

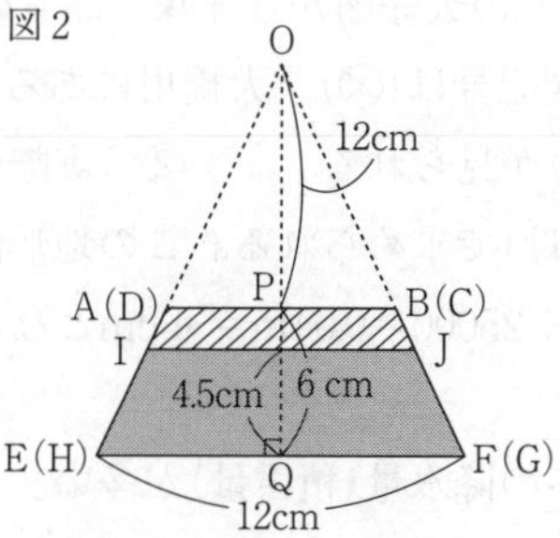

図3

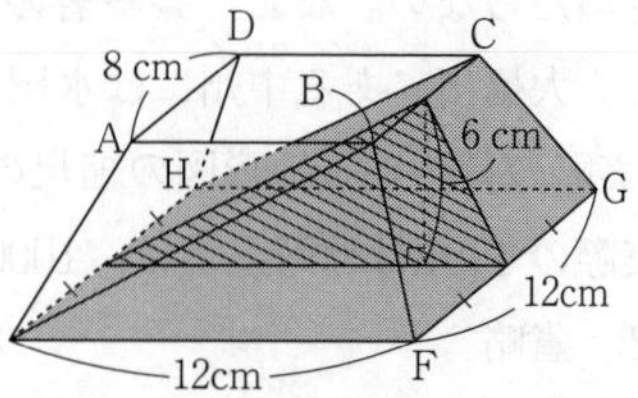

7 平面図形―構成，整数の性質

(1)　136÷56＝2余り24より，1辺の長さが56cmの正方形を2個作ると，24cm余ることがわかる。次に，56÷24＝2余り8より，1辺の長さが24cmの正方形を2個作ると，8cm余る。さらに，24÷8＝3より，1辺の長さが8cmの正方形を3個作ると，余りはなくなる。よって，下の図1のように全部で7個の正方形に分けることができる。

(2)　たて851cm，横1147cmの長方形を，次々とできるだけ大きい正方形に分けることを考える。すると，1147÷851＝1余り296，851÷296＝2余り259，296÷259＝1余り37，259÷37＝7より，下の図2のようになる。このことから，851と1147の最大公約数は37とわかる。

図1

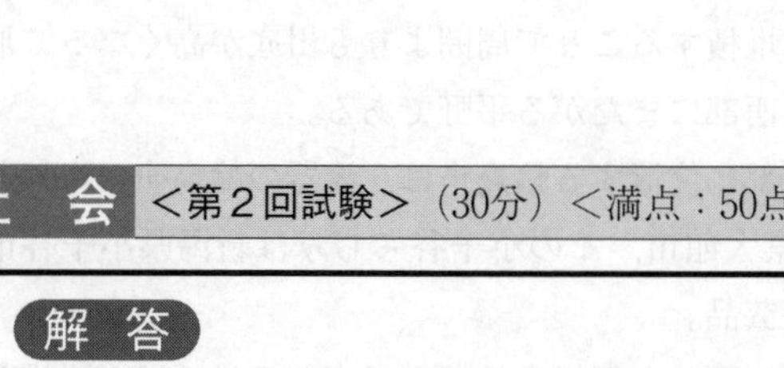

図2

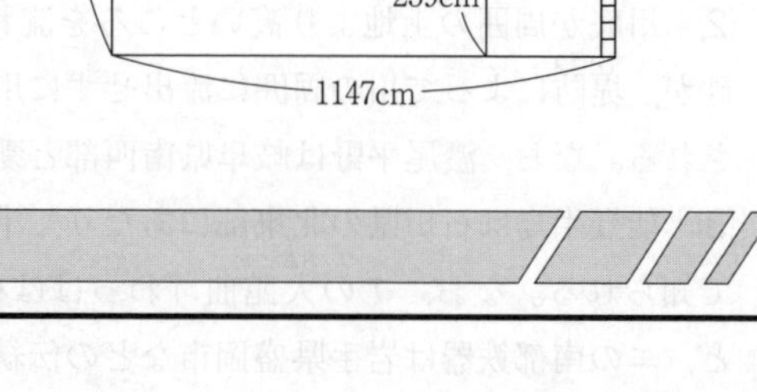

社　会　＜第2回試験＞（30分）＜満点：50点＞

解　答

1 (1) ① B　② 4(cm)　(2) 省略　(3) イ　(4) オランダ　(5) 親藩　(6) ア　(7) (例) 一票の格差を小さくするため。　2 (1) (例) 香川用水が完成した　(2) 天井川　(3) ウ　(4) エ　(5) イ　(6) エ　(7) イ　(8) ア　3 (1) 寺子屋

(2)　ア　(3)　エ　(4)　イ　(5)　ア→エ→イ→ウ　(6)（例）身分の上下関係　(7)　イ
(8)　９(年)　**4**　(1)　ア→エ→ウ→イ　(2)　イ　(3)　中山道(中仙道)　(4)　シベリア
出兵　(5)　ウ　(6)　エ　(7)　平清盛　(8)　ア　**5**　(1)　司法(権)　(2)　指名
(3)　イ　(4)　①　エ　②　ア　(5)　総辞職　(6)　ウ　(7)　①　持続可能　②　イ

解　説

1　地形図を題材とした問題

(1)　①　地形図において，「松江城」の天守閣から「嫁ヶ島《よめがしま》」のほうをながめると，税務署(◇)は見当たらない。なお，警察署の地図記号は(⊗)，大橋川にある(⟶)は川の流れる向きを示している。大橋川にある中州《なかす》には水田(||)が見られる。　②　実際の距離《きょり》の地形図上における長さは，(実際の長さ)÷(地形図の縮尺の分母)で求められる。この地形図の縮尺は２万５千分の１なので，実際の１kmは地図上では，1000m÷25000＝0.04m＝４cmとなる。

(2)　省略

(3)　松江市は日本海側の気候で，冬の降水量(積雪量)が多い。よって，雨温図はイがあてはまる。なお，アは太平洋側の気候，ウは瀬戸内の気候，エは中央高地(内陸性)の気候。

(4)　島根県の中部に位置する石見《いわみ》銀山遺跡は，江戸時代に天領(幕府直轄地《ちょっかつち》)として多くの銀を産出したが，その一部は鎖国中唯一《ゆいいつ》の貿易港であった長崎からオランダを通じて輸出された。

(5)　江戸時代，松江藩の松平氏のように徳川一族の大名は親藩とよばれた。中でも将軍のあと継《つ》ぎを出せる紀伊藩(和歌山県)・尾張藩(愛知県)・水戸藩(茨城県)を御三家という。なお，古くから徳川氏に仕えた大名は譜代，関ヶ原の戦い(1600年)前後に臣従《しんじゅう》した大名は外様という。

(6)　都道府県知事の被選挙権は満30歳以上であるが，市区町村長の被選挙権は満25歳以上で与《あた》えられる。

(7)　参議院の選挙区は都道府県を単位としてきたが，2015年に改正された公職選挙法で人口の少ない鳥取県と島根県，徳島県と高知県は合区とされた。これは選挙区によって議員１人あたりの有権者数に大きな違《ちが》いが出ており，この一票の格差を是正《ぜせい》するためである。

2　旧国名を題材にした問題

(1)　香川県の讃岐《さぬき》平野は瀬戸内の気候で年間降水量が少なく，水不足になりやすかったため，古くからため池を利用してきた。しかし，1974年に吉野川を水源とする香川用水が引かれたことで，水不足はおおむね解消されている。

(2)　川底が周囲の土地より高いところを流れる川を天井《てんじょう》川という。これは，上流から流出した土砂が，堤防《ていぼう》によって川の周囲に流出せずに川底に堆積《たいせき》することで周囲よりも川底が高くなって形成される。なお，濃尾平野は岐阜県南西部と愛知県西部にまたがる平野である。

(3)　能登半島は石川県の北東部にあたり，半島北部に位置する輪島市は，漆器《しっき》の輪島塗《ぬり》の産地として知られる。なお，アの大館《おおだて》曲げわっぱは秋田県大館市，イの小千谷《おぢや》ちぢみは新潟県小千谷市など，エの南部鉄器は岩手県盛岡市などの伝統的工芸品。

(4)　房総半島は千葉県に位置する半島で，東京湾に面した西岸の地域には京葉工業地域が形成されている。埋《う》め立てにより，大規模な鉄鋼・石油化学コンビナートが造成され，金属と化学工業の割合が大きい。よって，エがあてはまる。なお，アは中京工業地帯，イは京浜工業地帯，ウは阪神工業地帯。

⑸　旧国名が日向《ひゅうが》の宮崎県は，沖合を暖流の日本海流(黒潮)が流れているため，冬でも温暖である気候を利用して，ビニールハウスなどの施設を使った野菜の促成栽培《そくせいさいばい》がさかんである。よって，イがあてはまる。なお，アの水田単作地帯は北陸や東北地方の日本海側など，ウの野菜の抑制《よくせい》栽培は中央高地や群馬県など，エの砂丘《さきゅう》を利用した農業がさかんなのは鳥取県。

⑹　よさこい祭りは高知県の伝統行事である。なお，アの竿燈《かんとう》まつりは秋田県，イの岸和田だんじり祭は大阪府，ウの秩父夜祭は埼玉県の伝統行事。

⑺　奈良県は大阪府や京都府に隣接しているため，ベッドタウンとなっている都市が多いが，人口は減少傾向《けいこう》にある。よって，イが正しくない。

⑻　甲斐《かい》市は山梨県の旧国名，越前市は福井県北東部の旧国名に由来する。よって，組み合わせはアがあてはまる。なお，地図中Ｂは香川県さぬき市，Ｄは兵庫県丹波市。

3　学校や教育の歴史を題材とした問題

⑴　江戸時代，寺子屋では町人や農民の子どもの教育機関として，読み書きやそろばんが教えられていた。一方，武士の子弟は各藩が設置した藩校で，朱子学などの学問や武芸を習った。

⑵　律令制度の下で，班田収授法にもとづき農民は口分田を支給され，税や労役・兵役の義務を負わされた。よって，アが正しい。なお，イの収穫した米の約３％を納める税は租，ウの各地の特産物を納める税は調。エの雑徭《ぞうよう》は労役で，兵役には都の警備につく衛士《えじ》や大宰府の警備につく防人《さきもり》があった。

⑶　鎌倉時代，東大寺南大門が再建され，運慶《うんけい》や快慶《かいけい》らによる金剛力士像が安置された。なお，アは東大寺正倉院，イは鹿苑寺金閣，ウは平等院鳳凰堂。

⑷　山城の国一揆(1485～93年)では，山城国(京都府東南部)の国人(在地領主)と農民らが，守護大名の畠山《はたけやま》氏の軍勢を国外に退去させ，８年間にわたり自治を行った。なお，アの正長の土一揆は1428年，ウの加賀の一向一揆は1488～1580年，エの嘉吉《かきつ》の土一揆は1441年。

⑸　アの天正遣欧使節の派遣は1582～90年，イの島原の乱は1637～38年，ウの五榜の掲示は1868年，エのバテレン追放令は1587年のできごとなので，年代順にア→エ→イ→ウとなる。

⑹　朱子学は南宋(中国)の朱熹《しゅき》が始めた儒教の一派である。日本へは鎌倉時代に伝来するが，江戸幕府はこれを御用学問として奨励《しょうれい》した。朱子学は長幼の序や身分の上下関係を重視しており，身分制度による支配体制を築くのに適していたからである。

⑺　学制発布は1872年のことで，この年には新橋－横浜間において日本で最初の鉄道が開通した。なお，アのポーツマス条約は1905年，ウの内閣制度の創設は1885年，エの鳥羽伏見の戦い(戊辰《ぼしん》戦争の開始)は1868年。

⑻　太平洋戦争後，教育制度が改革され，義務教育期間を小学校の６年間と中学校の３年間を合わせた９年間とした。

4　歴史にゆかりの深い場所をもとにした問題

⑴　アの東海道新幹線の開通は1964年，イの日中平和友好条約の調印は1978年，ウの沖縄返還《へんかん》は1972年，エの公害対策基本法の制定は1967年のできごとなので，年代順にア→エ→ウ→イとなる。

⑵　Ｂの酒田(山形県)は江戸時代に西廻《まわ》り航路の港町として栄え，この航路を就航した北前船で年貢米や特産物の紅花を大坂(大阪)に運んだ。なお，西廻り航路は東北地方の日本海側から大坂に至

るルート，東廻り航路は東北地方の日本海沿岸から津軽海峡経由で江戸に至るルート。また，樽廻《たるかい》船《せん》は菱垣廻船《ひがきかいせん》とともに江戸－大坂間を就航した船。

⑶　Ｃの下諏訪(長野県)は江戸時代に宿場町として栄え，甲州街道と中山道(中仙道)の分岐点となっていた。なお，五街道はこのほか，東海道・日光街道・奥州街道があり，いずれも江戸日本橋を起点とした。また，中山道は草津(滋賀県)で，東海道に接続した。

⑷　Ｄの魚津(富山県)は大正時代の1918年に，米騒動が始まったところとして知られる。米騒動は政府によるシベリア出兵(1918～22年)を予想して，米の値上がりを見こんだ米商人らが米を買い占《し》めたり売り惜《お》しみしたりしたことが原因で，全国的規模の暴動に発展した。

⑸　Ｅの高野山(和歌山県)には，平安時代初めに空海が創建した真言宗の総本山である金剛峰寺がある。空海は詩文や文筆にも優れ，弘法大師の名で親しまれる。

⑹　Ｆの大阪は，江戸時代に全国各地の年貢米や特産物が集積して取り引きされたことから，天下の台所とよばれた。また，京都とともに上方とよばれ，江戸時代前半に栄えた元禄文化の中心地となった。化政文化は江戸時代後半に江戸を中心に栄えた町人文化。

⑺　Ｇの宮島(広島県)には，世界文化遺産の厳島《いつくしま》神社があり，平安時代終わりに平清盛があつく信仰したことで知られる。清盛は平治の乱(1159年)で源義朝に勝利すると，1167年に武士として初めて太政大臣になり，政治の実権を握《にぎ》った。

⑻　Ｈの志賀《しかの》島(福岡県)は江戸時代の1784年に，金印が発見された場所として知られる。この金印は弥生時代の57年(１世紀)に，この付近にあったとされる小国の１つ奴国の王が後漢(中国)に使いを送って授《さず》けられたもので，「漢委奴国王」と刻まれている。

5　三権分立にもとづく日本の政治についての問題

⑴　国会が立法権(法律を作る権限)，内閣が行政権(法律に従って国を治める権限)を持つのに対し，裁判所は司法権(法律を使って紛争を解決する権限)を持つ。

⑵　国会は内閣に対して内閣総理大臣を指名する権限があり，内閣は裁判所に対して最高裁判所長官を指名する権限がある。内閣総理大臣や最高裁判所長官が指名されると，天皇が任命を行う。

⑶　国会が審議《しんぎ》する案件のうち，予算案については衆議院に先議権がある。予算案の先議権など，参議院に対して衆議院が優先されることを，衆議院の優越という。

⑷　①　選挙権や被選挙権など，国民が政治に関与《かんよ》する権利を参政権という。参政権は請求権とともに，基本的人権を守るための権利と位置づけられる。　②　参議院議員の任期は６年であるが，３年ごとに定数の半数を改選することになっている。よって，アが正しい。なお，イについて，衆議院は参議院と異なり，任期途中《とちゅう》での解散があり，任期満了での総選挙は少ない。ウについて，両院とも比例代表制の選挙があるが，その仕組みが異なる。衆議院の比例代表制による選挙区は全国を11のブロックに分けるが，参議院は全国で１つとしている。また，政党はあらかじめ候補者名を記載《きさい》した名簿《めいぼ》を提出するが，衆議院は当選者の決め方が「拘束《こうそく》名簿式」であるのに対し，参議院は「非拘束名簿式」で，有権者が投票する際に，衆議院は政党名での投票，参議院は政党名でも候補者名でもよいことになっている。参議院は個人票の多い順に当選者が決まるが，「特定枠《わく》」に指定された候補者は，個人の得票数に関係なく優先的に当選できる。エの衆議院と参議院の同日選挙は，過去に1980年と1986年の２回ある。

⑸　衆議院が内閣不信任案を可決(信任案を否決)したとき，10日以内に衆議院を解散しない場合，

内閣は総辞職しなければならない。

(6) 裁判所は国会が制定した法律について，憲法に照らして違憲《いけん》か合憲かの判断を下す権限がある。これを違憲立法審査権という。訴訟《そしょう》の対象となった法律について，すべての裁判所にこの権限があるので，組み合わせはウになる。

(7) ① SDGsは「持続可能な開発目標」のことで，2015年に国連総会で採択《さいたく》された。持続可能な社会の形成を目指し，環境問題に限らず，地球上のあらゆる問題の解決を進めるための17の国際目標が掲《かか》げられている。 ② 国や地方公共団体，民間企業やNGO(非政府組織)などがSDGsの実現のためにさまざまなことを行っているが，東京への一極集中の解消や，中央集権型の体制を改めて行政機能を地方に分散することは，SDGsと直接的には関係のないことである。よって，イが正しくない。

理　科 ＜第２回試験＞（30分）＜満点：50点＞

解　答

[1] (1) ア (2) イ (3) イ (4) ウ (5) イ [2] (1) 消化管 (2) アミラーゼ (3) かん臓，ウ (4) ① E ② B [3] (1) ウ→エ→ア (2) 100g (3) ① 32g ② 24% (4) 8g [4] (1) エ (2) イ (3) **P** 1000hPa **Q** 1024hPa (4) **記号**…P **理由**…(例) Pの方が等圧線の間かくがせまいから。 (5) 解説の図を参照のこと。 [5] (1) タングステン (2) 25Ω (3) 解説の図を参照のこと。 (4) 0.64A (5) 0.36A

解　説

[1] 小問集合

(1) 弦《げん》の長さを短くすると，弦をはじいたときに出る音の高さが高くなる。

(2) 図はアサガオの果実を表しており，イはアサガオの葉(本葉)である。

(3) アルカリ性の水酸化ナトリウム水溶液《すいようえき》にフェノールフタレイン液を加えると赤色に変化し，BTB液を加えると青色に変化する。また，酸性の塩酸にムラサキキャベツ液を加えると赤色に変化し，石灰水に二酸化炭素を通すと白くにごる。よって，赤くなるものは２つある。

(4) シリウスはおおいぬ座にふくまれる１等星で，星座をつくる星の中で最も明るく見える。なお，ベガはこと座，ベテルギウスとリゲルはオリオン座にふくまれる１等星である。

(5) 南米ペルー沖《おき》の海水面の温度が平年より低い状態が続く現象をラニーニャ現象といい，平年より高い状態が続く現象をエルニーニョ現象という。ラニーニャ現象が発生すると，日本付近では，夏に気温が高く，冬に気温が低くなることが多い。

[2] 消化についての問題

(1) 口からこう門まで続く，食物や消化・吸収されたあとに残ったものが通過するひと続きの管を消化管という。

(2) だ液にふくまれているアミラーゼという消化酵素《こうそ》のはたらきによって，デンプンは麦芽糖などに分解される。

⑶　Ａのかん臓には，アンモニアを尿素に変える，小腸で吸収した栄養分を一時的にたくわえる，たん汁《じゅう》をつくるなどのはたらきがある。十二指腸に分ぴつされる消化液で消化酵素をふくむものは，すい臓でつくられるすい液である。

⑷　①　消化された栄養分は，Ｅの小腸内の毛細血管やリンパ管の中に吸収される。　②　Ｂの胃から出される胃液によって，タンパク質がペプトンに分解される。

3　もののとけ方についての問題

⑴　上皿てんびんを使って決まった重さの物質をはかりとるときは，まず，皿に何ものせずに針が左右に等しくふれるように調節する。そして，わずかではあるが薬包紙にも重さがあるので，左右の皿に薬包紙をひいてつり合いを保ち，右ききの人が行うときには，左の皿に分銅をおき，右の皿にはかりとるものをのせていく。

⑵　実験２で，ビーカー全体の重さ260ｇのうち，ビーカーの重さが120ｇ，物質Ｘの重さが40ｇなので，ビーカーの中に残っている水の重さは，260−(120＋40)＝100(ｇ)となる。

⑶　①　実験３より，実験２で出てきた物質Ｘの結晶《けっしょう》が８ｇなので，20℃の水100ｇにとける物質Ｘの重さは，40−８＝32(ｇ)と求められる。　②　20℃の水100ｇに物質Ｘ32ｇがとけているので，この水溶液のこさは，$\frac{32}{100+32}\times100=24.2\cdots$より，24％となる。

⑷　実験２で結晶が出てきているので，ろ液には物質Ｘがとける限度量までとけている。ビーカーをふくめた全体の重さが25ｇ減少したということは，25ｇの水が蒸発しているので，ビーカーに残っている水の重さは，100−25＝75(ｇ)となる。⑶の①より，20℃の水100ｇには物質Ｘが32ｇとけるので，20℃の水75ｇには，$32\times\frac{75}{100}=24$(ｇ)の物質Ｘがとけるから，出てくる物質Ｘの結晶の重さは，32−24＝８(ｇ)と求められる。

4　日本付近の天気についての問題

⑴，⑵　天気図上に書いてある数字は気圧を表しており，Ａ周辺の気圧の方が，Ｂ周辺の気圧よりも高くなっている。つまり，日本の西側の大陸上やＡ周辺に高気圧があり，日本の東側のＢ周辺に低気圧があることがわかる。このような西高東低型の気圧配置は冬によく見られる。

⑶　等圧線は，1000hPaを基準に，４hPaごとに引かれている。1000hPaの等圧線上に地点Ｐがあるので，地点Ｐの気圧は1000hPaとわかる。また，1020hPaの等圧線から気圧が高い方に１本分はなれた等圧線上に地点Ｑがあるので，地点Ｑの気圧は，1020＋４＝1024(hPa)となる。

⑷　地点Ｐ周辺の等圧線の間かくの方が，地点Ｑ周辺の等圧線の間かくよりもせまくなっている。ふつう等圧線の間かくがせまいほどふく風が強くなるので，地点Ｐには，より強い風がふいていることがわかる。

⑸　晴れを表す天気図記号は⦶，風力は矢羽根の数，風向きは矢羽根のある向きで表す。よって，地点Ｐの天気図記号は右の図のようになる。

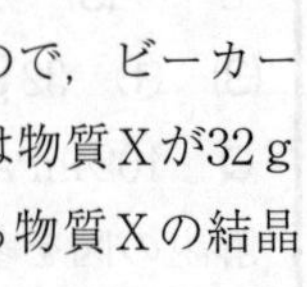

5　白熱電球を使った電気回路についての問題

⑴　白熱電球や豆電球のフィラメントには，タングステンという金属が使われていることが多い。

⑵　グラフより，白熱電球に10Ｖの電圧がかかったときに流れる電流の大きさは0.4Ａなので，このときの白熱電球の抵抗《ていこう》の大きさは，10÷0.4＝25(Ω《オーム》)となる。

⑶　表から読み取った値をグラフ上に黒丸印(●)でかいていくと下の図のようになり，電熱線に流れる電流の大きさは，電圧に比例していることがわかる。

⑷　図１で電源の電圧を10Ｖにすると，並列につながった白熱電球と電熱線にそれぞれ10Ｖの電圧がかかる。白熱電球に10Ｖの電圧がかかったときに流れる電流の大きさは0.4Ａ，電熱線に10Ｖの電圧がかかったときに流れる電流の大きさは0.24Ａなので，電流計が示す値は，0.4＋0.24＝0.64(Ａ)となる。

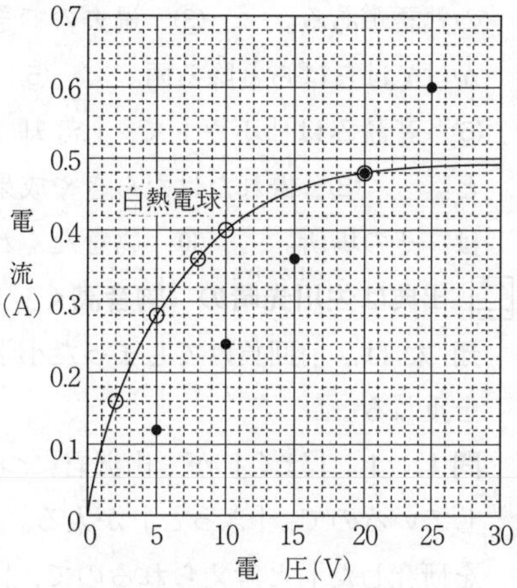

⑸　図２は白熱電球と電熱線が直列につながっているので，白熱電球と電熱線には同じ大きさの電流が流れている。よって，⑶でかいたグラフにおいて，白熱電球と電熱線に流れる電流の大きさが等しく，白熱電球と電熱線にかかる電圧の大きさの和が23Ｖになるときをさがす。すると，白熱電球と電熱線に流れる電流の大きさが0.36Ａのとき，白熱電球にかかる電圧の大きさは８Ｖ，電熱線にかかる電圧の大きさは15Ｖになるので，白熱電球と電熱線にかかる電圧の大きさの和は，８＋15＝23(Ｖ)となる。したがって，図２の電流計は0.36Ａを示すとわかる。

国　語　＜第２回試験＞（50分）＜満点：100点＞

解　答

一　①　しげ(る)　②　たわら　③　ついおく　④　しぐれ　⑤～⑩　下記を参照のこと。　二　問１　１　キ　２　オ　３　カ　４　ウ　５　ア　問２　ウ　問３　Ｂ　ア　Ｃ　オ　問４　Ｄ　エ　Ｅ　ア　問５　イ　問６　(例)　チームメイトがいる野球は，勝ちを喜び合ったり励まし合ったりできるが，一対一で戦う将棋は，自分以外全員が敵だから。　問７　エ　問８　(例)　自分にはわからなかった詰み筋を見ぬいたところ。　問９　ア　問10　ウ　問11　イ　問12　エ　問13　ウ　三　問１　１　ウ　２　カ　３　オ　４　イ　５　キ　問２　Ⅰ　八(画目)　Ⅱ　たけかんむり　問３　Ｂ　ア　Ｃ　ウ　問４　銀河系は　問５　エ　問６　Ⅰ　天の川を構成する星々の大集団　Ⅱ　田舎の寒村　問７　宇宙空間全体が膨張している(ということ。)　問８　(例)　人間が最も尊い生物種だとする考え方から，現在も進化の途中にある他の生物種と何ら変わらないという考え方に変化した。　問９　⑴　自己中心的～変えていく(存在。)　⑵　文化的にも～も発展する　問10　(例)　知的文明として技術や思想が未熟なために繰り返している，人類文明の挫折や失敗。　問11　エ

●漢字の書き取り

一　⑤　易(しい)　⑥　忘(れない)　⑦　複雑　⑧　功績　⑨　改札　⑩　貯蔵

解　説

一　漢字の読みと書き取り

①　音読みは「モ」で，「繁茂《はんも》」などの熟語がある。　②　音読みは「ヒョウ」で，「土俵」など

の熟語がある。　③　過去のできごとを思い出してしのぶこと。　④　秋の末から冬の初めにかけてぱらぱらと降る雨。　⑤　音読みは「イ」「エキ」で,「容易」「貿易」などの熟語がある。⑥　音読みは「ボウ」で,「忘却《ぼうきゃく》」などの熟語がある。　⑦　関係や事情がこみいっていること。　⑧　優《すぐ》れたはたらきや成果。　⑨　駅の出入り口などで乗客の切符《きっぷ》を調べること。または,その場所。　⑩　物をたくわえておくこと。

二　出典は佐川光晴《さがわみつはる》の『駒音《こまおと》高く』による。小学五年生で将棋《しょうぎ》のアマチュア初段の「ぼく」(野崎《のざき》翔太《しょうた》)は,前回負けてしまった小学二年生でアマチュア二段の山沢《やまさわ》君との対戦を前に,戦法の研究を重ねる。

問１　**１**「ぼく」が,山沢君について「サッカーも野球も,あまりうまくはないだろう」と推測しているので,「きっと」が入る。　**２**「ぼく」は,山沢君に勝つために,いちずに「横歩取《よこふど》りを研究した」と考えられるので,「ひたすら」が入る。　**３**　対局が始まって長い時間がたっていることが読みとれるので,「持ち時間」は,かなり前につかいきっていると考えられる。よって,「とっくに」が入る。　**４**「ぼく」は,「山沢君が話しかけてくる」と思っていなかったので,「えっ？」となり,とっさには,うまく「返事ができなかった」のである。　**５**「ぼく」が,「プロ同士で対局できたら,すごいよね」と,将来の夢を語っているので,「いつか」が入る。

問２　二重ぼう線Ａの「が」は,前は「さそってくれてうれしかった」,後は「いまは全ての力を将棋にそそぎたい」という内容なので,前に述べたことと対立することがらを後に続けるはたらきである。これと,同じはたらきを持つ「が」は,「家に行ってみた」と「留守にしていた」とを続けているウである。

問３　**Ｂ**「将棋の戦法」は次々と「有力な新手」などが考え出されている,という内容なので,どんどん進歩すること,という意味の「日進月歩」が入る。　**Ｃ**「ぼく」は,あいさつの仕方や返事ができることをほめられて,将棋だけではなくて「野球もやっててよかったよな」と思った。よって,一つのことにだけ熱中すること,という意味の「一辺倒《いっぺんとう》」が入る。

問４　**Ｄ**「著しい」は,目立ってはっきりしているさま。　**Ｅ**「おこがましい」は,身の程知らずであるさま。または,差し出がましいさま。

問５「横歩取り」は,文章の最初で説明されているように,「後手番でも主導権を握《にぎ》れる」,「魅《み》力《りょく》の戦法」なので,山沢君は積極的に攻《せ》めてくるはずだと「ぼく」は予想した。しかし,攻めてこられても,自分が正確に受け続けることができれば,相手が「動揺《どうよう》して,スキが生まれ」て,勝つことができると「ぼく」は考えたのである。

問６　少し前で,「野球と将棋のちがい」を考えている部分に注目する。野球は土まみれになっていっしょに練習し,試合に勝てば「みんなで」喜びを分かち合うことができるが,「一対一で戦う将棋」では,チームメイトどうしで励《はげ》まし合うこともなく,「自分以外は,全員が敵」なので,「野球よりきつい」といえる。

問７　前回の対局で,「ぼく」は山沢君に負けていることをおさえる。再戦となり,「ぼく」が今回は絶対に勝つという強い意志をもって臨《のぞ》んでいるのに対して,山沢君は,以前にも勝っている相手ともう一度対局することに後ろ向きだったものと考えられる。よって,エの内容が合う。

問８　対局の終了《しゅうりょう》が告げられたとき,「ぼく」は山沢君を「10手あれば詰《つ》ませられそうな気」はしたものの,「手順がはっきり見えているわけ」ではなかった。しかし,山沢君は,その後の詰みまでの手順を読みきっていたので，「ぼく」は山沢君の実力に感心したのである。

問９　「ぼく」は，自分が「詰ませられることはない」とわかっていたが，勝つまでの手順が見えているわけではなかった。これに対して，山沢君は詰みまでの手順を読みきっていた。有利な形勢のまま対局は終了してしまったが，自分にはまだ山沢君に勝つ実力はないと思った「ぼく」は，「時間切れ引き分け」という判定を納得《なっとく》して受け入れたのである。

問10　有賀《ありが》先生は，「ぼく」のことを「成長のスピードが著しい」とほめ，さらにプロになるには時期的には遅《おそ》いが，「伸《の》びしろが相当ある」ので，応援《おうえん》してほしいと両親に頼《たの》んでくれた。「ぼく」は，「ここまで認めてもらっているとは思わなかった」ので驚《おどろ》いたが，その言葉がきっかけとなり，文章の最後では，プロになるためには「どれほど苦しい道でも，絶対にやりぬいてみせる」という強い意志を持つようになっている。

問11　山沢君は，「ぼく」の「一緒《いっしょ》に強くなろうよ」という言葉に対し，「将棋では，自分以外はみんな敵なんだ」と反発したが，「同じ将棋教室に通うライバルでいいんじゃないかな」や「プロ同士で対局できたら，すごいよね」という「ぼく」の言葉や，対局の棋譜《きふ》をすぐにつけようとする「ぼく」の姿勢に，同じ目標を持つ者として共感を覚えたと考えられる。

問12　山沢君との対局や有賀先生の言葉によって，プロになるためには「どれほど苦しい道でも，絶対にやりぬいてみせる」と決意した「ぼく」は，すぐにでもそのための努力をしようと思い，棋譜をつけるために図書館への道を急いだのである。

問13　「ぼく」の視点によって物語が進行しており，心の中を表す表現は，地の文以外のところにも(自分以外は，全員が敵か)や(でも，やるしかない)など，効果的に(　)で示されている。よって，ウの内容が合う。

三　**出典は渡部潤一《わたなべじゅんいち》の『第二の地球が見つかる日―太陽系外惑星《わくせい》への挑戦《ちょうせん》』による。**天文学の発展によって，地球に対する人類の考え方が，どのように変わってきたのかということについて説明している。

問１　**１**　天動説が信じられていたときは，われわれ自身が「回っている」とか「動いている」という発想はなかったという文なので，同類のことがらを並べ立て，いろいろな場合があることを表す「あるいは」が入る。　**２**　前後で話題が，「おとめ座銀河団」に比べると「われわれの銀河系」は「特別な銀河ではない」ということから，「宇宙の中心」は「おとめ座銀河団」なのか，ということへ展開している。よって，前のことがらを受けて，それをふまえながら次のことを導くはたらきの「では」が入る。　**３**　宇宙の中心に自分たちがいると考えがちだが，実際は「そうではない」ことを説明するための例が，続く部分で述べられている。よって，具体的な例をあげるときに用いる「たとえば」が入る。　**４**　幼児のころは，誰《だれ》もが「自分は世界の中心」と考えているが，少し成長して行動半径を広げていくと，「他の家にも他の人々が住んでいること」を認識《にんしき》する，という文脈になる。よって，前のことがらを受けて，後に対立することがらを述べるときに用いる「ところが」が入る。　**５**　「社会の中」を「多数の他者の中」と言いかえているので，前に述べた内容を，“要するに”とまとめて言いかえるときに用いる「つまり」が入る。

問２　Ⅰ　「構」の筆順は，「一」→「十」→「才」→「木」→「朩」→「杧」→「栅」→「栅」→「栅」→「栅」→「構」→「構」→「構」→「構」で，総画数は十四画。　Ⅱ　「築」の部首は，「⺮」の部分で，たけかんむりである。

問３　**Ｂ**　「根底」は，同じような意味の漢字を重ねた熟語なので，ア「児童」が同じ組み立てである。　**Ｃ**　「強行」は，前の漢字が後の漢字をくわしくしている熟語なので，ウ「激減」が同じ組み立て。

問４　述語に対して「誰《だれ》が(何が)」を表すのが主語。ここでは，「広がっている」のは，われわれが住んでいる「銀河系」なので，「銀河系は」が主語にあたる。

問５　続く部分から読み取る。400年以上前は，太陽も月も星も「すべてがわれわれを中心にぐるぐると回っている」という天動説が信じられていたので，アは正しい。次に，コペルニクスが登場して，地動説が唱えられるようになると「地球は宇宙の中心たる太陽の周りを回るひとつの惑星」だと認識されるようになったので，イも正しい。その後，さらに天文学が発展すると，太陽も宇宙の中心ではなく，天の川を構成する銀河系が宇宙の中心だと考えられるようになったので，ウも正しい。20世紀に入ると「銀河系が宇宙唯一《ゆいいつ》であることにも異議」が唱えられはじめた。そして，今では「われわれの銀河系に比べ10倍以上の規模」を持つ「おとめ座銀河団」の存在も確認されており，その「おとめ座銀河団」のブラックホールの大きさに比べると，「銀河系の中心のブラックホール」は，「1000分の１以下」だということもわかったので，エが正しくない。また，現在では「おとめ座銀河団」も「宇宙の中心」ではないことが明らかになっており，「宇宙の中心」はどこにもないということになっているので，オは正しい。

問６　前後から，銀河系についての説明を読み取る。　**Ⅰ**　「こうした恒星《こうせい》の大集団である銀河系」とあるので，「こうした」が指す内容を直前からとらえると，「天の川を構成する星々の大集団」だとわかる。　**Ⅱ**　20世紀に入ると，われわれの住む銀河系は「局部銀河群」というグループを形成していることも明らかになったが，その「局部銀河群」は非常に小さなグループで，「田舎《いなか》の寒村」にたとえられている。

問７　直後に，「銀河の距離《きょり》と動いていくスピード」を測定し，「遠い銀河ほど速いスピードで遠ざかっていた」という結果から，「宇宙空間全体が膨張《ぼうちょう》している」という重要な発見がもたらされたことが説明されている。

問８　「同じような」の元となる，天文学における「概念《がいねん》の変革」の内容とは，直前にある，人類は「宇宙のほんの片隅《かたすみ》で生まれた知的生命に過ぎないことがわかってきた」ことである。それを受けた，「生物の中での人類の位置づけ」における「概念の変革」は，続く部分に説明されている。「人間を最も尊い生物種」だとする考えから，今では「人類はまだ単なる通過地点」であって「現在も進化の途中《とちゅう》にある他の生物種と何ら変わらない」という考えに変わったことである。

問９　(1)「他者の存在」とは，同じ段落の最初にある，「人類以外の，あるいは地球以外の生命の存在」であり，これを認識するというのは，四つ前の段落にあるように，「自己中心的な世界観を，次第《しだい》に時間的にも空間的にも客観的な見方へと変えていく」存在を認めるということだといえる。　(2)　人間が他者の存在を認識することで成長していくように，人類も他者の存在を認識することで，三つ後の段落にあるように，「文化的にも技術的にも思想的にも発展する」と考えられる。

問10　直前の内容に注目し，「戦争」や「環境《かんきょう》破壊《はかい》」や「原発事故」は，人類文明が「知的文明」としては「まだまだ技術・思想が未熟なため」に繰《く》り返している「失敗や挫折《ざせつ》」の例といえることをとらえる。

問11　技術や思想が未熟な人類文明がこれから成長していくためには，人類以外の「他者の存在を認識」することが必要なので，「第二の地球」が見つかることには大きな意味がある，という内容が本文最後のほうで述べられている。よって，エが合う。

Dr.福井の 入試に勝つ！脳とからだのウルトラ科学

復習のタイミングに秘密あり！

算数の公式や漢字，歴史の年号や星座の名前……。勉強は覚えることだらけだが，脳は一発ですべてを記憶することができないので，一度がんばって覚えても，しばらく放っておくとすっかり忘れてしまう。したがって，覚えたことをしっかり頭の中に焼きつけるには，ときどき復習をしなければならない。

ここで問題なのは，復習をするタイミング。これは早すぎても遅すぎてもダメだ。たとえば，ほとんど忘れてしまってから復習しても，最初に勉強したときと同じくらい時間がかかってしまう。これはとっても時間のムダだ。かといって，よく覚えている時期に復習しても何の意味もない。

そもそも復習とは，忘れそうになっていることを見直し，記憶の定着をはかる作業であるから，忘れかかったころに復習するのがベストだ。そうすれば，復習にかかる時間が一番少なくてすむし，記憶の続く時間も最長になる。

では，どのタイミングがよいか？　さまざまな研究・発表を総合して考えると，１回目の復習は最初に覚えてから１週間後，２回目の復習は１か月後，３回目の復習は３か月後――これが医学的に正しい復習時期だ。復習をくり返すたびに知識が海馬《かいば》(脳の，知識をためる倉庫みたいな部分)にだんだん強くくっついていくので，復習する間かくものびていく。

この計画どおりに勉強するには，テキストに初めて勉強した日付と，その１週間後・１か月後・３か月後の日付を書いておくとよい。あるいは，復習用のスケジュール帳をつくってもよいだろう。もちろん，計画を立てたら，それをきちんと実行することが大切だ。

ちなみに，記憶量と時間の関係を初めて発表したのがドイツのエビングハウスという学者で，「エビングハウスの忘却《ぼうきゃく》曲線」として知られている。

Dr.福井(福井《ふくい》一成《かずしげ》)…医学博士。開成中・高から東大・文Ⅱに入学後，再受験して翌年東大・理Ⅲに合格。同大医学部卒。さまざまな勉強法や脳科学に関する著書多数。

2022年度　専修大学松戸中学校

〔電　話〕　047(362)9102
〔所在地〕　〒271－8585　千葉県松戸市上本郷２－3621
〔交　通〕　JR常磐線 ― 北松戸駅より徒歩10分

【算　数】〈第１回試験〉（50分）〈満点：100点〉

1　次の□にあてはまる数を求めなさい。

(1)　$36 \div 51 \div 25 \times 85 \div 54 = \square$

(2)　$\left(10 - \square \times \frac{5}{6}\right) \div \frac{2}{3} = 2.5$

(3)　$1.8 \times 2\frac{2}{9} - 3\frac{1}{3} \div 2.5 + \frac{2}{15} = \square$

(4)　$\left(\frac{1}{1 \times 2} + \frac{1}{2 \times 3} + \frac{1}{3 \times 4} + \frac{1}{4 \times 5}\right) : 0.625 = \square : 25$

2　次の□にあてはまる数を求めなさい。

(1)　(1.8 km＋540 m)÷1000＝□cm

(2)　１日に６時間ずつ行うと，ちょうど11日間で終わる仕事があります。この仕事を，１日目は３時間，２日目は４時間，３日目は３時間，４日目は４時間，…のように，１日ごとに３時間と４時間をくり返しながら行うと，終わるまでに□日間かかります。

(3)　濃《のう》度《ど》が12％の食塩水が250 g あります。この食塩水に水を□g加えたところ，濃度が８％になりました。

(4)　１時と２時の間で，時計の長針と短針が作る角の大きさがはじめて80度になるのは，１時□分です。

(5) 右の図で，三角形ABCの面積は24 cm^{2}です。また，点Pは辺ABを２等分する点，点Qは辺BCを４等分する点，点Rは辺CAを３等分する点です。このとき，三角形PQRの面積は［　　］cm^{2}です。

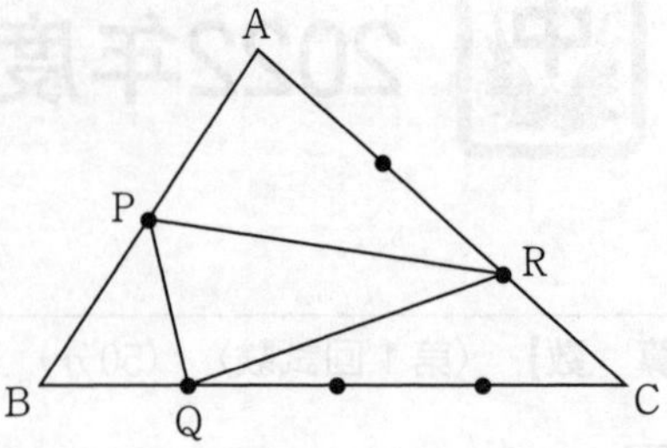

3　A，B，C，D，E，Fの６つの駅が，この順番で並んでいます。右の表は駅と駅の間の距離《きょり》を表したもので，たとえば，C駅とE駅の間の距離が24 kmであることを表しています。また，B駅とC駅の間の距離とE駅とF駅の間の距離は等しいことがわかっています。

このとき，次の各問いに答えなさい。

					F駅
				E駅	
			D駅		
		C駅		24	
	B駅				58
A駅			54		82

（単位 km）

(1) A駅とB駅の間の距離は何kmですか。

(2) D駅とE駅の間の距離は何kmですか。

4　A商店とB商店では，同じ品物を同じ金額で仕入れて，それぞれ次のように考えて定価をつけました。

（A商店）　仕入れ値の３割が利益になるように定価をつけた。
（B商店）　定価の２割が利益になるように定価をつけた。

その結果，A商店の定価はB商店の定価よりも60円高くなりました。

このとき，次の各問いに答えなさい。

(1) B商店の定価は，仕入れ値の何倍にあたりますか。

(2) この品物の仕入れ値は何円ですか。

5　右の図のような直角三角形ABCがあります。ABとGD，ACとEFはそれぞれ垂直で，BEとEFの長さは同じです。

このとき，次の各問いに答えなさい。

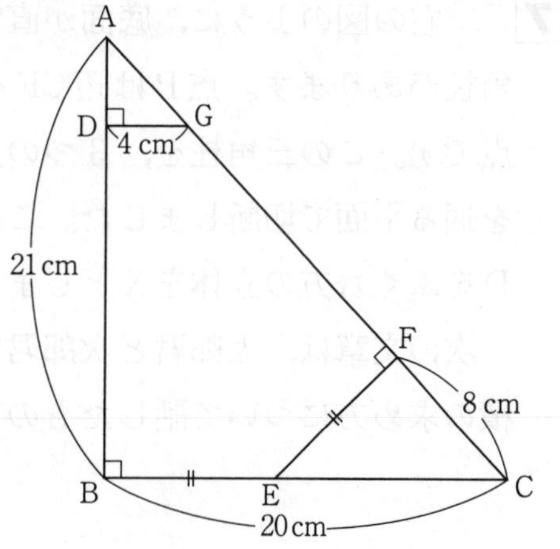

(1)　BEの長さは何cmですか。

(2)　ACの長さは何cmですか。

(3)　五角形DBEFGの面積は何cm^2ですか。

6　貯金箱の中に１円玉，５円玉，10円玉がそれぞれ何枚か入っています。これらをすべて取り出すと，金額の合計は542円で，重さの合計は425ｇでした。１円玉１枚の重さは１ｇ，５円玉１枚の重さは3.75ｇ，10円玉１枚の重さは4.5ｇです。

このとき，次の各問いに答えなさい。

(1)　５円玉と10円玉の枚数の比が６：１だとすると，１円玉の枚数は何枚ですか。

(2)　５円玉が10円玉より18枚多いとすると，１円玉の枚数は何枚ですか。

7　右の図のように，底面が直角三角形の三角柱があります。点Pは辺CFを２等分する点です。この三角柱を，３つの点A，E，Pを通る平面で切断しました。このとき，頂点Dをふくむ方の立体をXとします。

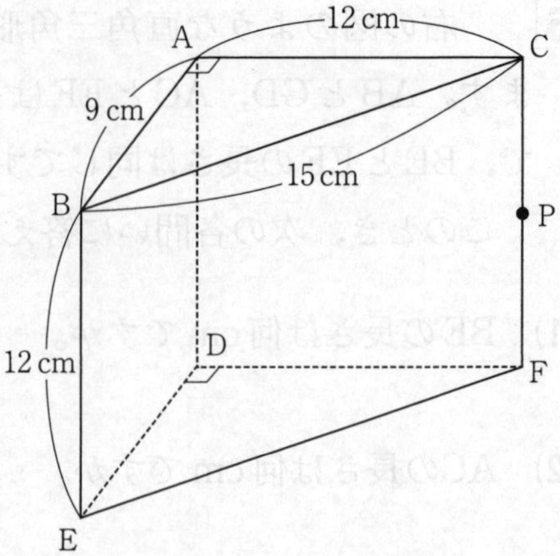

次の文章は，太郎君と次郎君が立体Xの体積の求め方について話したものです。

（太郎）　わたしは，台形ADFPを底面とする四角すいE-ADFPと考えて，体積を求めました。

（次郎）　わたしは，三角形DEFを底面とする三角すいP-DEFと，三角形AEDを底面とする三角すいP-AEDに分けて，体積を求めました。

このとき，次の各問いに答えなさい。

(1)　太郎君が考えた式を，下の**ア**～**カ**の中から１つ選び，記号で答えなさい。

ア　$(6+12)\times 9\div 2\times 9\div 3$　　**イ**　$(6+12)\times 9\div 2\times 15\div 3$

ウ　$(6+12)\times 12\div 2\times 9\div 3$　　**エ**　$(6+12)\times 12\div 2\times 12\div 3$

オ　$(6+12)\times 15\div 2\times 12\div 3$　　**カ**　$(6+12)\times 15\div 2\times 15\div 3$

(2)　右の図で，点Q，点Rはそれぞれ辺BE，辺CFを３等分する点です。この三角柱を，３つの点A，Q，Rを通る平面で切断しました。このとき，頂点Dをふくむ方の立体をYとすると，立体Yの体積は何cm^3ですか。

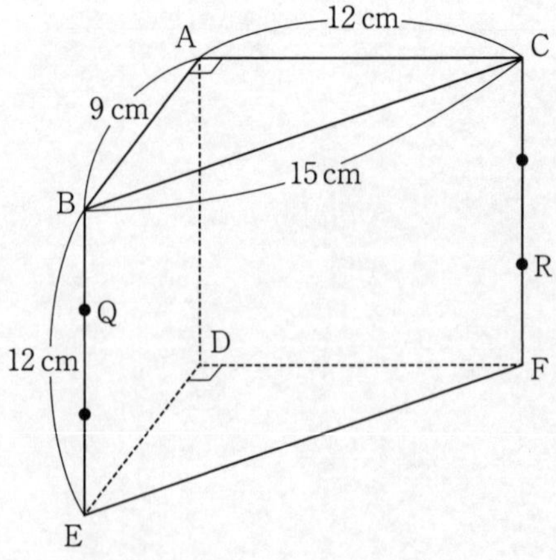

【社　会】〈第１回試験〉（30分）〈満点：50点〉

1　次の２万５千分の１の地形図を見て，あとの問いに答えなさい。

（国土地理院発行２万５千分の１地形図「堺」より作成）

(1)「履中《りちゅう》天皇陵《りょう》」から見て，「仁徳《にんとく》天皇陵」はどちらの方角に位置していますか。８方位で答えなさい。

(2) 市役所からJR「百舌鳥《もず》駅」まで，地形図上でおよそ７cmあります。実際には約何mになりますか。算用数字で答えなさい。

(3)　この地形図から読み取れる内容として正しくないものを次から１つ選び，記号で答えなさい。

ア　「大仙《だいせん》公園」の周囲約500 m以内には，博物館や図書館がある。

イ　「仁徳天皇陵」の最高地点は，地形図中で最も標高が高い。

ウ　「御陵《ごりょう》前駅」周辺には，多くの神社が見られる。

エ　「南海高野線」の線路の一部は，道路の下を通っている。

(4)　堺区は，堺市の行政区の１つで，大阪府には大阪市と堺市の２つの政令指定都市があります。このほかに，政令指定都市が２つある県名の組み合わせとして正しいものを，次から１つ選び，記号で答えなさい。

ア　静岡県・福岡県　　**イ**　静岡県・兵庫県

ウ　広島県・福岡県　　**エ**　兵庫県・広島県

(5)　この地域の沿岸部には，重化学工業の工場が集中しており，ある工業地帯の一部を形成しています。この工業地帯の名称《めいしょう》を漢字で答えなさい。

(6)　この地域の内陸部には，多くのため池が見られます。同じようにため池が多いことで知られる地域を次から１つ選び，記号で答えなさい。

ア　根釧台地　　**イ**　北上高地　　**ウ**　甲府盆地　　**エ**　讃岐《さぬき》平野

(7)　地形図中にある「仁徳天皇陵」は，「大山(大仙)古墳」ともよばれる５世紀ごろにつくられた国内最大級の古墳です。この「仁徳天皇陵」のような形の古墳は何とよばれますか。漢字で答えなさい。

(8)　戦国時代の堺のようすについて述べた文として正しくないものを次から１つ選び，記号で答えなさい。

ア　有力な商人たちによる自治が行われていた。

イ　本願寺を中心とした門前町として発展した。

ウ　日明貿易や南蛮貿易の根拠《こんきょ》地として栄えた。

エ　鉄砲が日本に伝わると，生産地となった。

(9) 地形図中の市役所では，市長を中心として地域の行政が行われ，市民には市長に対して解職請求《せいきゅう》(リコール)を行う権利が認められています。これについて述べた次の文中の ① ， ② にあてはまる語句の組み合わせとして正しいものを下から１つ選び，記号で答えなさい。

> 市民は，有権者の ① 以上の署名を集めることで， ② に対して市長の解職を請求することができる。(※ただし，有権者数が40万人以下の場合。)

ア ① 50分の１　② 議会　　**イ** ① 50分の１　② 選挙管理委員会

ウ ① ３分の１　② 議会　　**エ** ① ３分の１　② 選挙管理委員会

(10) 地形図中の()は，老人ホームを表す地図記号です。日本は2010年以降，超高齢社会(高齢者が全人口の21%を占めている)となっており，今後も高齢者率は高くなると予測されています。現在，高齢者(65歳以上)１人を支える生産年齢(15～64歳)の人の数を次から１つ選び，記号で答えなさい。

ア 約１人　**イ** 約２人

ウ 約３人　**エ** 約４人

＜2021年＞　(単位：万人)

	総人口	15歳未満	15～64歳	65歳以上
計	12522	1481	7402	3640
男	6090	759	3748	1583
女	6433	722	3654	2057

(注)表中の数値は，単位未満を四捨五入しているため，合計の数値と内訳の計が一致しない場合もあります。

(総務省の資料より作成)

2 関東地方の各都県について示した次の統計表を見て，あとの問いに答えなさい。

	面積(km^2) 2020年	人口(千人) 2019年	製造品出荷額等(億円) 2018年	農業産出額(億円) 2019年
A	6408	1934	92571	2859
B	6362	1942	92011	2361
C	3798	7350	143440	1678
D	6097	2860	130944	4302
E	5158	6259	132118	3859
F	2194	13921	78495	234
G	2416	9198	185700	655

（2021/22年版「日本国勢図会」より作成）

⑴ 右の写真は，表中のAの都県にある世界遺産を構成する資産の１つです。この資産が位置する都市を，漢字で答えなさい。

⑵ 右のグラフは，ある農産物の収《しゅう》穫《かく》量の都道府県別割合を示したものであり，グラフ中のB～Eは表中と同じ都県です。これについて述べた文として正しいものを次から１つ選び，記号で答えなさい。

ア　この農産物はレタスで，収穫量第１位の都県では酪農もさかんに行われている。

イ　この農産物はねぎで，収穫量第２位の都県には国内最高気温を記録した場所がある。

ウ　この農産物は日本なしで，収穫量第３位の都県は第１位，第２位の都県と接している。

エ　この農産物はいちごで，収穫量第４位の都県は都県名と都県庁所在地名が異なる。

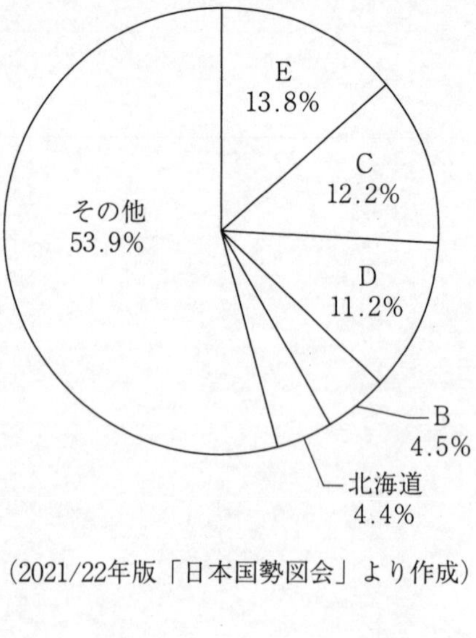

（2021/22年版「日本国勢図会」より作成）

(3) 表中のＤの都県は，臨海部に工業地域が発達しています。この地域に位置し，石油化学コンビナートがあることで知られる都市を次から１つ選び，記号で答えなさい。

ア 君津市　　**イ** 市原市　　**ウ** 川崎市　　**エ** 鹿嶋市

(4) 表中のＥの都県にある，わが国を代表する貿易港(空港)の輸入品のおもな品目別割合を示したものを，次から１つ選び，記号で答えなさい。

ア

輸入品目	百万円	％
通信機	1799021	14.1
医薬品	1695726	13.3
コンピュータ	1254726	9.8
集積回路	1020760	8.0
科学光学機器	806217	6.3

イ

輸入品目	百万円	％
石油	255394	6.3
有機化合物	138790	3.4
液化ガス	136264	3.4
衣類	118215	2.9
アルミニウム	113446	2.8

ウ

輸入品目	百万円	％
魚介《ぎょかい》類	73572	7.4
家具	57094	5.7
衣類	48202	4.8
絶縁《ぜつえん》電線・ケーブル	44893	4.5
肉類	38803	3.9

エ

輸入品目	百万円	％
衣類	908545	8.3
コンピュータ	680618	6.2
肉類	489432	4.5
魚介類	442327	4.0
音響《おんきょう》・映像機器	400754	3.6

(2021/22年版「日本国勢図会」より作成)

(5) 表中のＦの都県は，江戸時代から日本の中心都市として発展してきました。この都県について述べた次の文中の□にあてはまる語句を答えなさい。

> この都県の東部の地域は昔から洪水《こうずい》に悩《なや》まされており，現在も水害対策が課題となっている。これは，複数の河川に囲まれているうえ，地下水のくみ上げによって起こった地盤沈下《じばんちんか》などにより，この地域に海面より低い□地帯が広がっているためである。

(6) 関東地方には，国内最大の流域面積を持つ利根川が流れています。利根川の流域としてあてはまらない都県を表中から１つ選び，記号で答えなさい。

(7) 表中のＡ～Ｇの都県について述べた文として正しくないものを次から１つ選び，記号で答えなさい。

ア Ａ～Ｇの都県の面積の合計は，日本の総面積の10％以下である。

イ Ａ～Ｇの都県の人口の合計は，日本の総人口の３割をこえる。

ウ Ａ～Ｇの都県にはすべて，江戸時代に整備された五街道が通っていた。

エ Ａ～Ｇの都県のうち，関東地方以外の県と接していない都県は１つしかない。

(8) 表中の数値から読み取れる内容として正しいものを次から１つ選び，記号で答えなさい。

ア 製造品出荷額等の最も多い都県は，農業産出額が最も少ない。

イ $1\,\mathrm{km}^2$あたりの人口密度が1000人を下回る都県が４つある。

ウ 農業産出額の下位３都県の合計額は，第１位の都県を上回る。

エ 人口の下位３都県は，面積の上位３都県と同じである。

3 次の文を読んで，あとの問いに答えなさい。

日本で統一国家が形成され始めたのは，大和政権による統一が進んだ４世紀から５世紀にかけてのことである。当時の政府は，大王(のちの天皇)を中心とする有力豪族《ごうぞく》による連合政権であったと考えられている。やがて，中国の影響《えいきょう》を受けて(あ)律令制度が整備され，２官８省を中心とする役所のしくみや(い)太政大臣をトップとする官僚《かんりょう》制度のしくみが整えられていった。

平安時代になると藤原氏が政治の実権をにぎり，律令に規定されていない地位である(う)摂政や(え)関白の地位を独占して政治を動かした。なお，太政大臣をはじめとした官位や摂政・関白の地位は，形式的には近世まで継承された。

やがて武士が台頭し，(お)源頼朝による鎌倉幕府の創設をきっかけに，朝廷から征夷《せいい》大将軍に任じられた武家の棟梁《とうりょう》が政治を動かすしくみができあがった。その後，途中，何度かの中断はあったが，そのしくみは(か)室町幕府や江戸幕府に受け継がれ，江戸幕府は［　　　　　　　　］が，これは１つの政治体制による国家の支配を示しているといえる。

そして，明治維新により身分制度にもとづく封建《ほうけん》的な政治体制が改められ，憲法の制定や議会の開設により，(き)内閣制度と議会政治による新しい政治のしくみができあがった。

(1) 下線部(あ)について，律令制度の確立によって農民が負担する税や労役，兵役の義務が定められました。そうした兵役のうち，九州北部に派遣され，防衛《ぼうえい》にあたった兵士は何とよばれましたか。漢字２字で答えなさい。

(2) 下線部(い)について，太政大臣の地位につかなかった人物を次から１人選び，記号で答えなさい。

ア 藤原道長　　**イ** 平清盛　　**ウ** 足利義政　　**エ** 豊臣秀吉

(3) 下線部㋒について，初めて摂政の地位についた人物が行った内容として正しいものを次から１つ選び，記号で答えなさい。

ア 蘇我氏を倒《たお》し，大化の改新を進めた。

イ 冠位十二階の制度や，十七条の憲法を定めた。

ウ 大宝律令を中心となってまとめた。

エ 地方の国ごとに国分寺と国分尼《に》寺を建てさせた。

(4) 下線部㋓について，藤原頼通が関白の地位についていた時期に起きたできごとを次から１つ選び，記号で答えなさい。

ア 前九年の役が起きた。　　**イ** 中尊寺金色堂が建てられた。

ウ 白河上皇が院政を開始した。　　**エ** 『古今和歌集』が編さんされた。

(5) 下線部㋔について，この人物の妻であった女性は，承久の乱のさい，亡《な》き頼朝の御恩を説いて御家人たちに団結をよびかけたことで知られています。「尼《あま》将軍」ともよばれたこの女性の名を，漢字４字で答えなさい。

(6) 下線部㋕について，この幕府について述べた文として正しくないものを次から１つ選び，記号で答えなさい。

ア 将軍を補佐《ほさ》する管領には，細川氏などの有力な守護大名がついた。

イ 第３代将軍の足利義満が花の御所を造営し，そこで政治を行った。

ウ 朝廷や西国の武士を監視《かんし》する機関として，六波羅探題が置かれた。

エ 第15代将軍の足利義昭が京都から追放されたことで，滅亡《めつぼう》した。

(7) 文中の□にあてはまる内容として正しくないものを次から１つ選び，記号で答えなさい。

ア 政治や産業の要地となる地域を直接支配した

イ 朝廷に対して法令をつくり統制した

ウ 全国で通用する統一貨幣《かへい》をつくって発行した

エ 地方支配の拠点として各地に城を築き，役人を住まわせた

(8) 下線部㋖について，内閣に関する次の**ア**～**エ**のできごとを年代の古い順に並べかえ，記号で答えなさい。

ア 政党の支持を受けて成立した加藤高明内閣のもとで，普通選挙法が成立した。

イ 立憲政友会総裁の原敬が内閣総理大臣となり，初の本格的な政党内閣を組織した。

ウ 東条英機は内務大臣や陸軍大臣を兼務《けんむ》し，イギリス・アメリカとの開戦を決断した。

エ 五・一五事件で内閣総理大臣の犬養毅が暗殺されたため，内閣が総辞職した。

4　各時代の文化の特色について述べた次のA～Gの文を読んで，あとの問いに答えなさい。

A　上方を中心に，町人の力を背景として栄えたこの時期の文化は，徳川綱吉の時代の元号をとって【　　　】文化とよばれる。歌舞伎《かぶき》や人形浄瑠璃《じょうるり》が人気を集め，近松門左衛門《もんざえもん》らの作品が上演されたほか，井原西鶴《さいかく》の浮世《うきよ》草子とよばれる小説が広く読まれた。

B　仏教の影響が強い国際色豊かなこの文化の特色は，東大寺や興福寺などにある仏教彫刻《ちょうこく》や正倉院の宝物《ほうもつ》によく表れている。歴史書の『古事記』や『日本書紀』，現存する日本最古の歌集である『万葉集』もこの時代にまとめられた。

C　武士の気風に合ったこの時期の文化の特色は，東大寺南大門やそこにある「金剛《こんごう》力士像」によく表れている。この時代にはまた，新しい仏教の宗派が多く生まれ，わかりやすく実行しやすいその教えは，武士や庶民《しょみん》の間に広まっていった。

D　禅宗の影響を強く受けた，簡素で気品のあるこの時期の文化は，あとの時代に大きな影響をあたえた。連歌，茶の湯，生け花が人々の間に広まったほか，優れた水《すい》墨画《ぼくが》の作品も数多く生み出された。

E　この時代には，中国の影響を離《はな》れた日本の風土や生活に合った文化が発達した。寝殿造の貴族の屋敷《やしき》が建てられたほか，かな文字が発明されたことで文学が発達し，『源氏物語』や『枕草子』などの優れた作品が数多く生まれた。

F　この時代には，大名や豪商の気風を反映した雄大《ゆうだい》な文化が発達した。壮大《そうだい》な天守閣を持つ城が建てられ，内部は豪華な障壁画《しょうへきが》で飾られた。また，千利休が茶道を大成し，出雲の阿国の歌舞伎踊《おど》りが人気を集めたのもこの時期である。

G　江戸を中心に栄えたこの時代の町人文化は，皮肉やしゃれを好む風潮を背景に狂歌や川柳の流行を生んだ。十返舎一九の『東海道中膝栗毛』などの文学作品が人々の人気を集めたほか，錦絵《にしきえ》とよばれる多色刷りの浮世絵版画がつくられ，葛飾北斎や歌川広重らによる傑作《けっさく》が数多く生み出された。

(1)　Aの【　】にあてはまる語句を答えなさい。

(2)　Bの文化が栄えた時代のできごとを次から１つ選び，記号で答えなさい。

ア　平将門が関東で，藤原純友が瀬戸内海で乱を起こした。

イ　口分田の不足を補うために，墾田永年私財法が出された。

ウ　最澄が比叡山延暦寺を建て，天台宗の開祖となった。

エ　壬申の乱に勝利した大海人皇子が，天武天皇として即位《そくい》した。

(3)　Cの時代に生まれた新しい仏教のうち，念仏を唱えれば救われると説き，浄土宗を開いた人物を次から１人選び，記号で答えなさい。

ア　法然　　**イ**　親鸞　　**ウ**　日蓮　　**エ**　栄西

(4)　Dについて，右の写真はこの文化を代表する銀閣に隣接《りんせつ》する東求堂同仁斎《とうぐどうどうじんさい》です。この部屋に取り入れられている，現代の和風建築のもとになった建築様式は何とよばれますか。漢字で答えなさい。

(5)　Eについて，この時代には日本独自の文化が発達しましたが，その理由の１つについて述べた次の文中の□にあてはまる言葉を，10字程度で答えなさい。

> 菅原道真の進言にもとづき，朝廷が□ため。

(6)　Fについて，右の写真はこの時代に描かれた代表的な障壁画です。この作品の作者を次から１人選び，記号で答えなさい。

ア　雪舟《せっしゅう》　　**イ**　俵屋宗達《たわらやそうたつ》
ウ　尾形光琳《おがたこうりん》　　**エ**　狩野永徳《かのうえいとく》

(7)　Gについて，この時代には農民や町民の子どもに「読み・書き・そろばん」などを教える教育機関として，□が全国に広まりました。□にあてはまる語句を，漢字３字で答えなさい。

(8)　A～Gを年代の古い順に並べかえたとき，５番目になるのはどれですか。記号で答えなさい。

5 次の文を読んで，あとの問いに答えなさい。

人々が社会の中で問題なく生きていけるよう，さまざまな(あ)きまりをつくり，それにもとづいて(い)ものごとを調整し，意見の違《ちが》いや(う)対立を解消していくはたらきが政治である。

政治にはさまざまなやり方があるが，現代においては，みんなで話し合って決定するという民主主義が一般的になっており，(え)選挙で代表者を選び，代表者が集まって(お)議会を開き，ものごとを話し合って決めていくという方法が多くの国で採用されている。これを間接民主制といい，議会制民主主義，あるいは代議制ともよばれる。

政治の進め方や国のあり方を最終的に決める権限を主権といい，(か)日本国憲法は主権が国民にあることを明記している。間接民主制においては国民の代表者である(き)議員が話し合ってものごとを決めていくわけであるから，主権者である国民は普段から政治に関心を持ち，よく考えて選挙で投票する必要がある。また，候補者の多くはいずれかの(く)政党に属しているので，各政党がどのような主張をしているかということにも注意をはらうことが大切である。

(1) 下線部(あ)について，国のきまりの基本となるのが憲法です。これに関して，日本国憲法は第98条１項で「この憲法は，国の□であって，その条規に反する法律，命令，詔勅《しょうちょく》及《およ》び国務に関するその他の行為《こうい》の全部又は一部は，その効力を有しない」と定めています。□にあてはまる語句を，漢字４字で答えなさい。

(2) 下線部(い)について，調整されたことを実行するのが行政機関です。日本の行政機関のうち，厚生労働省について述べた文として正しくないものを次から１つ選び，記号で答えなさい。

ア 2001年に行われた中央省庁再編のさい，厚生省と労働省が統合されてできた。

イ 医療《いりょう》保険や年金制度，生活保護などの社会保障に関する仕事を担当している。

ウ 新型コロナウイルス感染症《かんせんしょう》の治療薬やワクチンを承認する権限を持っている。

エ 外局に消費者庁があり，悪質商法や不当な勧誘《かんゆう》などから消費者を守っている。

(3) 下線部(う)について，対立の解消は裁判所が裁判によって行います。裁判のうち，個人間や企業《きぎょう》間，あるいは個人と企業との間での権利や義務をめぐる争いを解決するものを次から１つ選び，記号で答えなさい。

ア 刑事裁判　　**イ** 弾劾裁判　　**ウ** 行政裁判　　**エ** 民事裁判

(4)　下線部㋓について，わが国の国会の場合，衆議院では１つの選挙区から１名ずつ議員を選ぶ［　①　］選挙と，政党などが獲得した票に応じて議席を配分する比例代表選挙によって，参議院では原則として都道府県ごとに議員を選出する［　②　］選挙と比例代表選挙によって，それぞれ選挙が行われます。［①］，［②］にあてはまる語句の組み合わせとして正しいものを次から１つ選び，記号で答えなさい。

ア　①　大選挙区　　②　選挙区
イ　①　大選挙区　　②　全国区
ウ　①　小選挙区　　②　選挙区
エ　①　小選挙区　　②　全国区

(5)　下線部㋔について，わが国の国会は衆議院と参議院の二院制を採用していますが，いくつかの議案では衆議院の優越が認められています。両院の議決が異なり，両院協議会を開いても意見が一致《いっち》しない場合は，衆議院の議決が国会の議決とされる議案の組み合わせとして正しいものを次から１つ選び，記号で答えなさい。

ア　予算の議決，内閣総理大臣の指名，国政調査権
イ　予算の議決，内閣総理大臣の指名，条約の承認
ウ　法律の制定，条約の承認，弾劾裁判所の設置
エ　法律の制定，内閣総理大臣の指名，弾劾裁判所の設置

(6)　下線部㋕について，日本国憲法の改正の手続きについて述べた次の文中の［　　　］にあてはまる言葉を，10字程度で答えなさい。

> 日本国憲法の改正については，両議院がそれぞれ［　　　　　　　　］の賛成により可決した場合に国会がこれを発議し，国民投票で過半数の賛成が得られれば成立する。その後，天皇が国民の名でこれを公布する。

(7) 下線部㋖について，日本は女性議員の比率が世界でも低い水準にあり，このことは2030年までに国際社会が達成するべき目標であるSDGs(持続可能な開発目標)にも関連しています。SDGsの目標のうち，女性議員の比率向上と最も関係が深いと考えられるものを次から1つ選び，記号で答えなさい。

ア

イ

ウ

エ

(国連広報センターHPより作成)

(8) 下線部㋗について，2021年9月29日に行われた自由民主党(自民党)の総裁選挙で勝利し，国会での指名を経て内閣総理大臣に就任した右の写真の人物を次から1人選び，記号で答えなさい。

ア　河野太郎　　**イ**　菅義偉
ウ　岸田文雄　　**エ**　石破茂

(首相官邸HPより作成)

【理　科】〈第１回試験〉（30分）〈満点：50点〉

1　次の問いに答えなさい。答えは，それぞれの**ア～エ**から最も適切なものを１つずつ選び，記号で答えなさい。

(1)　次のうち，おもに光の反射によって見られる現象はどれですか。

ア　池の水の深さは，実際よりも浅く見える。

イ　光ファイバーのはしから入った光は，ほぼすべてが他のはしから出てくる。

ウ　日の入りのときは，夕やけが赤色に見える。

エ　虫めがねや顕《けん》微鏡《びきょう》では，ものが大きく見える。

(2)　次のＡ～Ｄのこん虫のうち，卵のすがたで冬をこすものを組み合わせたものはどれですか。

Ａ　カマキリ　　Ｂ　ギンヤンマ　　Ｃ　モンシロチョウ　　Ｄ　コオロギ

ア　ＡとＢ　　**イ**　ＢとＣ　　**ウ**　ＡとＤ　　**エ**　ＢとＤ

(3)　次の物質のうち，水溶液《すいようえき》といえるものはいくつありますか。

牛乳	炭酸水	ソース	砂糖水

ア　１つ　　**イ**　２つ　　**ウ**　３つ　　**エ**　４つ

(4)　猛暑《もうしょ》日と熱帯夜について，正しく説明しているものはどれですか。

ア　猛暑日は最低気温が35℃以上の日，熱帯夜は夜間の最低気温が30℃以上の夜のことである。

イ　猛暑日は最低気温が35℃以上の日，熱帯夜は夜間の最高気温が30℃以上の夜のことである。

ウ　猛暑日は最高気温が35℃以上の日，熱帯夜は夜間の最低気温が25℃以上の夜のことである。

エ　猛暑日は最高気温が35℃以上の日，熱帯夜は夜間の最高気温が25℃以上の夜のことである。

(5)　信州大学の研究グループが，2019年から2021年にかけて北アルプスと中央アルプスの標高2500ｍから2600ｍの山の中で，小さな黄色の傘《かさ》をもった新種のキノコを発見しました。このキノコは，ある希少なキノコと同じなかまに分類されるということです。何というキノコのなかまですか。

ア　シイタケ　　**イ**　テングダケ　　**ウ**　マツタケ　　**エ**　エノキダケ

2　地球は，北極と南極を結ぶ直線をじくとして，１日で１回転しています。これを地球の自転といいます。また，同時に，太陽のまわりを１年で１周しています。これを地球の公転といいます。これらの動きにより，太陽や月，星などは，見かけ上特ちょうのある動きをしています。これについて，次の問いに答えなさい。

(1)　北極の上空側から見たときの，地球の自転と公転の向きについて，正しい組み合わせはどれですか。次の**ア**～**エ**から最も適切なものを１つ選び，記号で答えなさい。

ア　自転…反時計回り　　公転…時計回り
イ　自転…時計回り　　公転…反時計回り
ウ　自転…反時計回り　　公転…反時計回り
エ　自転…時計回り　　公転…時計回り

(2)　地球上で太陽を観察すると，地球の自転により，太陽は地球のまわりを１時間に何度移動するように見えますか。必要ならば小数第１位を四捨五入し，整数で答えなさい。

(3)　月の動きと見え方について，次の①，②の問いに答えなさい。

①　ある日の午後６時に真南に月が見えていました。この月は何とよばれている月ですか。次の**ア**～**エ**から最も適切なものを１つ選び，記号で答えなさい。

ア　満月　　**イ**　上弦《げん》の月　　**ウ**　下弦の月　　**エ**　新月

②　①の翌日の午後６時には，月は東，西どちらの方角に何度移動した位置に見えますか。必要ならば小数第１位を四捨五入し，整数で答えなさい。

(4)　星座をつくる星などは地球から非常に遠いところにあるため，地球の公転による見かけの動きが観察されます。同じ星が南中する時刻は，１日で何分ずつ早くなりますか，またはおそくなりますか。数字は必要ならば小数第１位を四捨五入して整数にし，解答らんの「早くなる」・「おそくなる」はどちらかを丸で囲みなさい。

3　うすい水酸化ナトリウム水溶液（Ｘ液とする）とうすい塩酸（Ｙ液とする）の中和に関する実験を行いました。これについて，あとの問いに答えなさい。

【実験】

試験管Ａ～ＦにＸ液を50 cm^3 ずつとり，Ｙ液を下の表のように体積を変えて加えた。その後おだやかに加熱して水分を蒸発させ，残った固体をじゅうぶん乾燥《かんそう》させてからその重さをはかった。その結果は表のようになった。

表

試験管	Ａ	Ｂ	Ｃ	Ｄ	Ｅ	Ｆ
Ｘ液の体積（cm^3）	50	50	50	50	50	50
加えたＹ液の体積（cm^3）	0	10	20	30	40	50
残った固体の重さ（ｇ）	1.20	1.35	1.50	1.65	1.80	1.80

(1)　実験に用いたＸ液の濃《こ》さは何％ですか。必要ならば小数第１位を四捨五入し，整数で答えなさい。ただし，Ｘ液１ cm^3 の重さは１ｇとします。

(2)　表をもとにして，加えたＹ液の体積と残った固体の重さとの関係をグラフに表します。横じくに加えたＹ液の体積，縦じくに残った固体の重さをとった解答らんのグラフに，表から値を読み取って，黒丸印（●）を６個かきなさい。

(3)　Ｘ液75 cm^3 をちょうど中和して中性にするには，Ｙ液を何 cm^3 加えるとよいですか。

(4)　Ｘ液50 cm^3 にＹ液を16 cm^3 だけ加えたとすると，残る固体の重さは何ｇになりますか。(2)のグラフをもとに，必要ならば小数第３位を四捨五入し，小数第２位までの値で答えなさい。

(5)　Ｘ液60 cm^3 にＹ液60 cm^3 を加えた混合液を加熱して水分を完全に蒸発させると，残る固体の重さは何ｇですか。必要ならば小数第３位を四捨五入し，小数第２位までの値で答えなさい。

4 太郎君は，カブトムシを飼おうとして，カブトムシについていろいろ調べました。次の文は，太郎君が調べたことの一部をまとめたものです。これについて，あとの問いに答えなさい。

○カブトムシは(　①　)に大きな角があり，えさをうばい合うときなどにこの角を使って戦う。 ○カブトムシは(　②　)やコナラの雑木林にすんでいて，夜になると，成虫はえさである(　③　)を求めて活動しはじめる。

(1) 右の図１は，カブトムシのからだを腹側(あしのついている側)から見たところを表しています。解答らんの図でむねの部分を黒くぬりつぶしなさい

図１

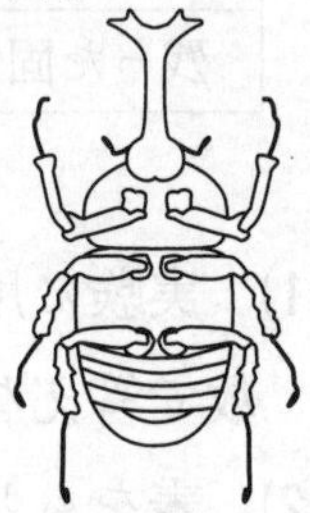

(2) 上の文中の(①)にあてはまる最も適切な語句を，次の**ア**～**ウ**から１つ選び，記号で答えなさい。

ア　オスだけ　　**イ**　メスだけ　　**ウ**　オスとメスの両方

(3) 文中の(②)，(③)にあてはまる最も適切な語句を，次の**ア**～**ク**からそれぞれ１つずつ選び，記号で答えなさい。

ア　マツ　　**イ**　クヌギ　　**ウ**　スギ　　**エ**　ケヤキ

オ　くさった葉　　**カ**　木の実　　**キ**　樹液　　**ク**　草の葉

(4) 太郎君は，カブトムシを右の図２のような飼育容器に入れてよう虫から飼うことにしました。そのさい，図２のＡには，自然界と同じように，ふ葉土を入れました。その理由は何ですか。寝床《ねどこ》になる以外の理由を，「よう虫」という語句を用いて，簡単に説明しなさい。

図２

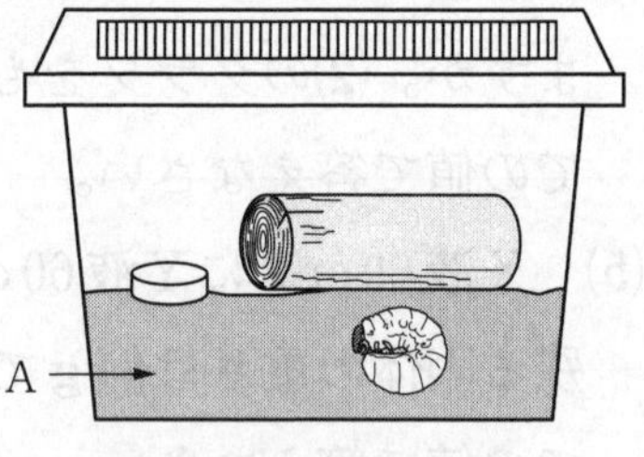

5　摩擦《まさつ》のないなめらかな水平面や斜面《しゃめん》の上を運動する台車について，次のような【実験１】，【実験２】を行いました。これについて，あとの問いに答えなさい。なお，平均の速さとは，次のような速さを意味します。

※「平均の速さ」…ある距離《きょり》を，一定の速さで進んだとしたときの速さ

【実験１】

下の図１のように，水平面上で台車を少し押《お》したあと手を放したら，台車は毎秒1.0m(以下，1.0m/秒と表す)の一定の速さでまっすぐ移動し，点Aと点Bの間を通過した。このとき，台車の先頭が点Aを通過したときからの時間と台車が進んだ速さとの関係を調べたところ，図２のグラフのような結果となった。

図１

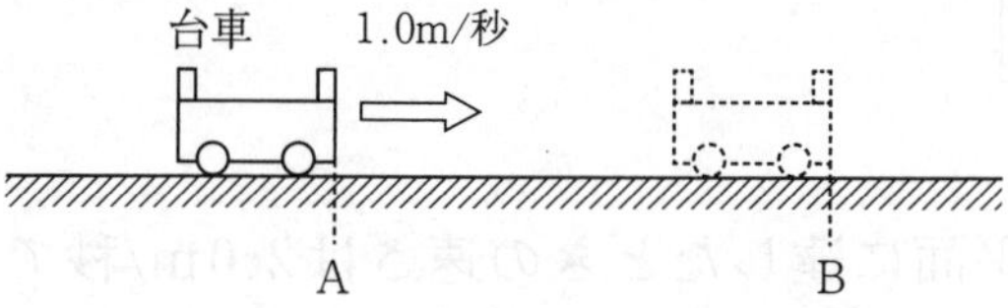

図２

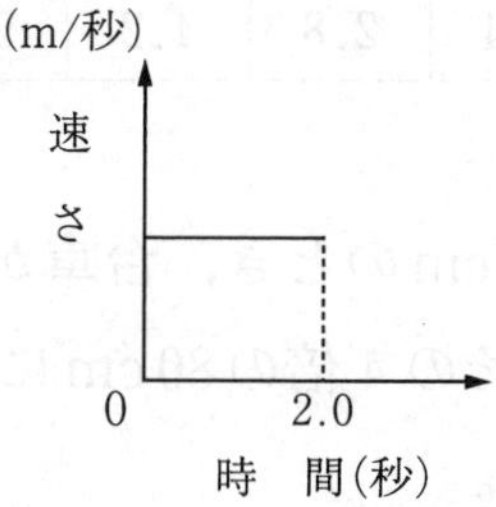

また，台車がAB間を進んだ時間は2.0秒であった。

(1)　AB間の距離は何mですか。

(2)　台車がAB間を進んだとき，進んだ時間と進んだ距離の関係を表すグラフはどのようになりますか。次の**ア**～**エ**から最も適切なものを１つ選び，記号で答えなさい。

ア

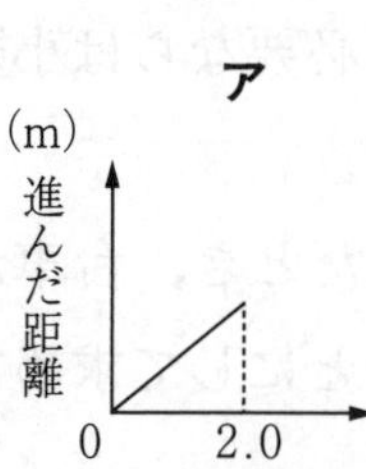

イ

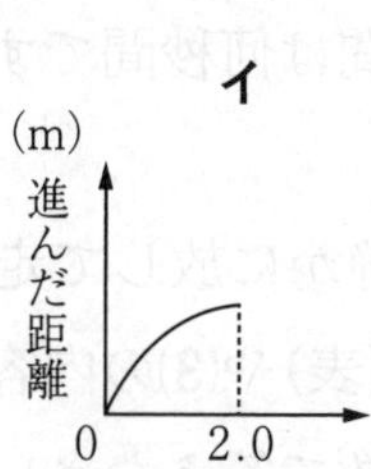

ウ

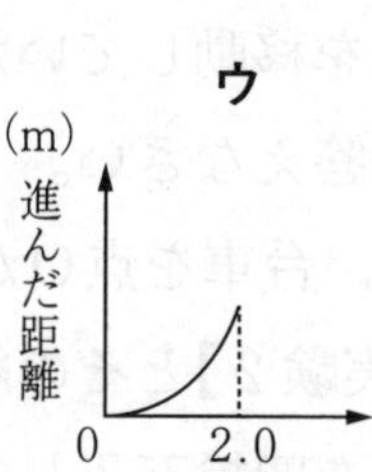

エ

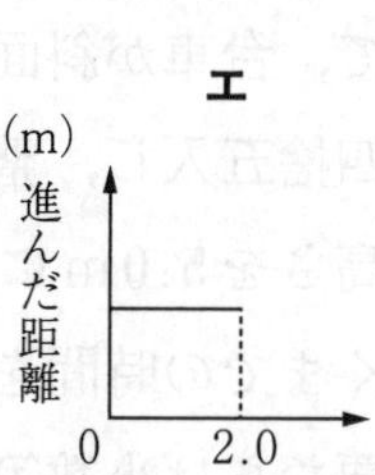

【実験２】

右の図３のような長さが10.0ｍの斜面OCとそれに続く水平面上で，【実験１】で用いた台車を斜面のいちばん上の点Oから静かに放して走らせました。

図３

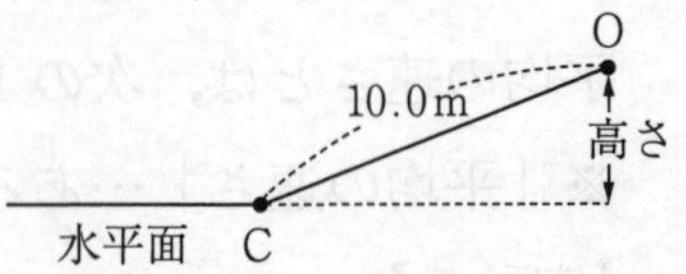

OCの長さは変えず，点Oの高さをいろいろと変えて，台車が水平面に達したときの速さを測定したところ，次の表のような結果になりました。

表

	①	②	③	④
高さ(cm)	10	40	90	160
速さ(m/秒)	1.4	2.8	4.2	5.6

(3) 点Oの高さが20cmのとき，台車が水平面に達したときの速さは2.0m/秒でした。点Oの高さをその４倍の80cmにすると台車が水平面に達したときの速さは何m/秒になりますか。

【実験２】について，斜面上を下る台車の速さは，一定の割合で増えることがわかっています。また，台車が水平面に達したときの速さの半分が，斜面を下っているときの平均の速さと等しくなっていることがわかっています。

(4) 表の①で，台車が斜面の上を移動していた時間は何秒間ですか。必要ならば小数第１位を四捨五入し，整数で答えなさい。

(5) 点Oの高さを5.0ｍにして，台車を点Oから静かに放して走らせたとき，台車が地面に着くまでの時間を，【実験２】とその結果(表)や**(3)**の内容をもとにして求めなさい。必要ならば小数第１位を四捨五入し，整数で答えなさい。

⑧ 相関関係　⑨ 相関関係

問十　――⑩「この仮説が正しい」というために最も必要なことは何ですか。文章中から二字で書き抜きなさい。

問十一　――⑪「物体の運動については、勝手な決めつけをしてしまった」とありますが、どのような決めつけをしたというのですか。それを説明した次の文の Ⅰ ・ Ⅱ にあてはまる言葉を指定字数に合わせて、文章中から書き抜きなさい。

- 土には Ⅰ（十六字） ため、土を落とすと地面に落ち、火花が上に向かっていくのは Ⅱ（十一字） からだと考えたということ。

問十二　この文章で筆者が述べている内容に合うものを次から一つ選び、記号で答えなさい。

ア　テレビ番組で「驚きの真実が明らかに！」という言い方をすると、視聴者のほぼ全員が真実ではないことを真実であると誤解してしまうので、筆者は自分が担当する番組では禁止している。

イ　ある仮説にもとづいて実験を行うときに、仮説とは異なる実験結果が出た場合は、その実験結果に合わせて仮説を修正しなければならないが、修正した仮説については、再度の検証が必要となる。

ウ　リンゴが落ちるのを見てニュートンが万有引力を発見したというエピソードは、あやふやな部分も多いけれど、ケンブリッジ大学に植えられているリンゴの子孫の木を見ると真実だとわかる。

エ　ある仮説を立てるときに注意しなければならないのは、二つのものごとが原因・結果でつながる関係であることを確認することで、そのうえで理論の発展性を意識しなければならない。

オ　光速を測るような機器がなかった時代であっても、観察をすることでアリストテレスが音速と光速の関係を解明したように、科学において最も基本となるのは観察と分析ということである。

＊STAP細胞はあります＝STAP細胞とは動物の体細胞を弱酸性の溶液《ようえき》に浸《ひた》すなどの簡単な方法で初期化し、受精卵のようにあらゆる細胞に分化する能力を獲得《かくとく》させることができるというもの。その発見が二〇一四年に発表され、注目を浴びたが、その後、他の学者による再現ができなかった。

問一 [1]～[5]にあてはまる言葉として、最も適切なものを次から一つずつ選び、それぞれ記号で答えなさい。

ア ただし　**イ** あるいは　**ウ** ところが
エ なぜなら　**オ** たとえば　**カ** では
キ だから　**ク** むしろ

問二 ――A「発します」の主語を、一文節で書き抜きなさい。

問三 ――B「段階」について、次の各問いに答えなさい。

Ⅰ「段」という漢字の部首名をひらがなで書きなさい。
Ⅱ「階」という漢字の総画数を漢数字で答えなさい。

問四 ――C「前進」、D「子孫」の対義語を、それぞれ漢字二字で書きなさい。

問五 ――①「科学の法則や理論はそのような絶対的な真理ではない」とありますが、なぜこのようにいえるのですか。その理由の説明として、最も適切なものを次から一つ選び、記号で答えなさい。

ア 科学の法則や理論は、その時点でわかっていることにすぎず、真理とはほど遠いから。
イ 絶対的な真理は、全知全能の神を崇拝《すうはい》する宗教にこそ、ふさわしいものであるから。
ウ 人間は全知全能ではないため、科学の法則や理論に関しても、真実を完璧に把握できないから。
エ 科学の法則や理論を絶対的な真理と判断し、それが誤りであった事例が、数多くあるから。
オ 科学は疑ってかかる姿勢が必要で、すべての法則や理論も、信じるに値《あたい》しないものだから。

問六 ――②「科学はどのようにして真理に近づいていくのでしょうか」とありますが、どうすることで近づいていくのですか。三つの段階を「～を繰り返すこと。」に続くように、十五字以上二十字以内で説明しなさい。

問七 ――③「仮説は、とりあえずの真理として成立する」とありますが、成立させるためにはどのようなことが必要なのですか。「再現」という言葉を使って、五十字以上六十字以内で書きなさい。

問八 ――④「こうして具体的な物事を抽象化する」とありますが、ニュートンの場合、「具体的な物事」とはどういうことを指しますか。「～こと。」に続くように、文章中から七字以内で書き抜きなさい。

問九 【⑤】～【⑨】とありますが、それぞれにあてはまる言葉の組み合わせとして、最も適切なものを次から一つ選び、記号で答えなさい。

ア ⑤ 相関関係　⑥ 因果関係　⑦ 相関関係
⑧ 因果関係　⑨ 相関関係
イ ⑤ 相関関係　⑥ 因果関係　⑦ 相関関係
⑧ 因果関係　⑨ 因果関係
ウ ⑤ 相関関係　⑥ 因果関係　⑦ 因果関係
⑧ 相関関係　⑨ 因果関係
エ ⑤ 因果関係　⑥ 相関関係　⑦ 相関関係
⑧ 因果関係　⑨ 因果関係
オ ⑤ 因果関係　⑥ 相関関係　⑦ 因果関係

導に熱心だから、勉強も熱心に教えるのではないでしょうか。この場合、先生の熱意と学力との間に因果関係がある可能性もあるわけです。

　つまり、「朝食を食べること」と「学力が高い」の間には、【⑤】があるとは言えるかもしれません。しかし、「朝食を食べるから学力が上がる」という【⑥】があるとまでは言いきれないということです。

　同じような例で、OECD（経済協力開発機構）が実施しているPISAというテストがあります。このテストは、三年に一度、世界の国々の一五歳《さい》の子どもたちが受けています。その分析《ぶんせき》から、新聞を読んでいる子ほど学力が高いという結果が出ました。

　新聞社は大喜びです。喜ぶのはいいけれど、勢いあまって「新聞を読むと、子どもの学力が上がります」と言ったら、これは科学的な態度として失格でしょう。つまり、これも【⑦】を【⑧】と取り違えているということです。

　たしかに新聞を読んでいれば、学力が上がるのかもしれない。でも、逆の解釈《かいしゃく》もできるでしょう。つまり、学力が高い子が、ニュースや新聞に関心を持つというわけです。

　統計的に「学力の高い子は、ニュースへの関心が高い」ことがわかっただけでは、「ニュースに関心を持つと、学力が高くなる」という【⑨】は導けないのです。

　相関関係と因果関係の取り違えからもわかるように、見た目だけにとらわれると、私たちは間違った仮説を持ちやすいのです。それは古代ギリシャの偉大《いだい》な哲学《てつがく》者であるアリストテレスも同じでした。

　紀元前四世紀にアリストテレスは、音は光よりもスピードが遅いことに気づきました。どうして、そのことがわかったのでしょうか。

　たとえば、稲妻《いなずま》が光ってから雷鳴《らいめい》がとどろくまで、時間差がある。ピカッと光ったのに、ゴロゴロという音が届くまでには時間がかかりますね。[5]、遠くで船を漕《こ》いでいるオールが水をバシャッと叩《たた》いた。それは瞬時に見えるけれども、そのオールが水を叩く音が自分のところで聞こえるまでには時間がかかります。

　こうしたことを観察して、アリストテレスは、音速は光速よりもずっと遅いと考えたわけです。

　当時は、光速を測るような機器はありませんから、光の具体的なスピードはわかりません。でも、観察から導いたアリストテレスの⑩この仮説が正しいことを私たちは知っています。

　しかし、観察するだけでは誤ることもあります。アリストテレスは、なぜ物が落ちるのだろうかと疑問を持ちました。考えた結果、きっとその物体にはもともと下に向かって落ちていく性質があると考えました。

　たとえば、土を落とすと地面に落ちていくのは、土は本来、下にあるのが自然な状況《じょうきょう》であり、その自然な場所に行こうとしているんだと分析したのですね。その逆のケースもあります。火花が空に向かっていく。すると、火花はそもそも空にあるのが自然であるから、上に向かっていくのだ。そういうふうに理論を立てたのです。

　現代の眼《め》からはヘンテコな理論に見えますが、それは私たちが重力や万有引力の法則を知っているからでしょう。

　紀元前四世紀の段階で、アリストテレスはさまざまな自然現象を分析して、仮説を立てました。そのなかには音速と光速の関係のように、今から見ても正しい仮説がある一方、⑪物体の運動については、勝手な決めつけをしてしまったのです。

　ただ、そのどちらもまだ「実証」という手続きには至っていません。観察をすれば、仮説はいろいろ立てられます。でも、その仮説は、さきほど説明したような検証という手続きを経て実証しないと、勝手な決めつけになってしまうということです。

（池上《いけがみ》　彰《あきら》「はじめてのサイエンス」による）

ゴが落ちるのを見て、「なぜ物は上から下に落ちるんだろう？」と疑問を持って、ここから物が落ちる理由について仮説を立てるわけです。

このとき科学者は、リンゴが落ちるという運動に注目しています。ですから、リンゴの色や香りという枝葉は捨てていることになります。そうやってさまざまな物が落ちる運動に着目し、その理由を考える。あるいは、月は落ちてこないので、その理由も考えてみる。④こうして具体的な物事を抽象化することで、万有引力の法則に行き着いたのです。

「このように、ニュートンはリンゴが落ちるのを見て、万有引力の法則を発見したと言われています。でも、このエピソードは本当でしょうか。検証していくと、じつは相当あやふやなことになってきました。

ニュートンが教えていたケンブリッジ大学トリニティカレッジの入り口のところには、万有引力の法則を発見したときに落ちてきたリンゴのD子孫の木が植えられています。観光名所にもなっていますが、これを見ると、ますます先のエピソードが真実味を帯びてきますね。

[4]調べてみると、「私はリンゴの実が落ちるのを見て万有引力の法則を発見した」と、ニュートン本人から直接聞いた人はいません。じつは、ニュートンの姪《めい》の話を聞いた人が情報元なのです。ニュートンが本当にそう言ったかどうかは確実とは言えません。後世の人が面白く物語にしただけかもしれないのです。

このように、科学的な態度とは、疑問や問いを持って物事を見るということです。そして、観察した物事を抽象化して仮説を立てることが、科学という営みの最初のプロセスです。

しかし、この仮説を立てるときに、私たちがよくやりがちな失敗があります。それは、相関関係と因果関係を取り違えてしまうということ。相関関係とは、二つのものごとが単にかかわり合う関係、因果関係とは、二つのものごとが原因・結果でつながる関係です。

二〇〇三年に、国立教育政策研究所が、毎日朝食をきちんと食べている子どもは成績がいいという研究結果を発表しました。なぜ、そんなことがわかるのでしょうか。

毎年、文部科学省は全国学力テストを実施《じっし》していて、テストと同時にアンケートも取っています。テストの結果とアンケートを照らし合わせてみると、成績のいい子どもの多くが、毎日きちんと朝食を食べていることがわかりました。この結果から、「朝食を食べると、子どもの学力が上がる」と主張する人が出てきたのです。

そういう人は、朝食を食べるときちんとした栄養が体内に入って、脳にエネルギーが送られ、それによって午前中からしっかりと勉強に集中することができるから、学力が高くなると考える。つまり、朝食と学力の間に因果関係があると考えたわけです。

たしかに、朝食を食べたほうがいいに決まっていますが、これを本当に因果関係と言えるのでしょうか。

朝食を毎朝きちんと食べているということは、規則正しい生活を送っているということです。深夜遅《おそ》くまでダラダラと起きていれば、朝、ギリギリに起きて、朝食を食べる間もなく学校に行ってしまうでしょう。

では、規則正しい生活をしているのはどういう子どもでしょうか。おそらく、そういう子どもには、規則正しい生活をさせている親がいるのではないでしょうか。そういう親は、朝食をきちんと食べさせるだけではないでしょう。それ以外に、「勉強しなさい」と言ったり塾《じゅく》に通わせたり、子どもの学習に積極的にかかわる親も多いかもしれない。そうなると、親のしつけと学力という因果関係も考える必要が出てきます。

あるいは、学校の先生が「きちんと朝食を食べましょう」と、生徒に指導をしていたら、どうでしょうか。こういう先生は、子どもの指神様だけでしょう。

科学も同様です。「真実は、もしかしたらあるかもしれない。ならば、少しでもそこに近づきたい」。科学とはこのように、限られた認《にん》識《しき》の手段を使って、少しずつ真理に近づいていこうとする営みだと思います。

では、②科学はどのようにして真理に近づいていくのでしょうか。その第一歩は、「疑うこと」から始まります。

「みんなはAだと考えているけど、本当かな？」

「なぜ、こんなことが起こるのだろう？」

自然科学であれ社会科学であれ、科学的な態度を持つ人は、まわりの意見を鵜呑《うの》みにせず、それが本当かどうかと疑い、「なぜだろう？」「どうしてだろう？」と問いをA発します。

問いを発したら、次にそれの解答(回答)のための仮説を立てます。科学という営みでは、それぞれの学者が仮説を立て、それを検討していきます。仮説というのは、文字どおり「仮につくりあげた説明」なので、それが正しいかどうかを確かめなければなりません。つまり、「検証」しなければなりません。

検証にはさまざまな方法があります。わかりやすいのは実験することです。実験をしてみて、仮説が裏づけられれば、その仮説は真理に近い説明だということができるでしょう。それでも、当然、仮説とは異なる実験結果が出てくることもあります。

仮説どおりの実験結果が出ない場合は、仮説を修正しなければなりません。そして、修正した仮説が正しいかどうか、再び検証をしてみる。このように、仮説と検証を繰《く》り返して、真理に少しでも近づこうとすることが科学という営みなのです。

［１］、仮説を検証するB段階では、一人だけが実験に成功しても、その仮説は認められません。逆に言えば、誰でも同じ手順にもとづいて実験をすれば、同じ結果が出なければいけないのです。ですから「＊ＳＴＡＰ細胞《さいぼう》はあります」と言っても、世界中の学者が実験してみて再現できなかったら、その仮説は間違っているということです。

もちろん最初の実験は、一人で行うことが多いでしょう。その実験に成功したら、実験の条件や手続きを明らかにして、誰でも再現実験をできるようにする。再現実験でも、同じような結果が出た。そうなれば③仮説は、とりあえずの真理として成立するということです。これが科学的な理論や法則ということになります。

教科書に載《の》っている「法則」「理論」にしても、最初から一〇〇パーセント正しいものと認められていたわけではありません。多くの人がチェックを重ねるなかで、徐々《じょじょ》に「正しい」と認められるようになっていったのです。

先に挙げた「万有引力の法則」にしても、一七世紀にニュートンが発見して以来、長い間「真理」として認められてきましたが、二〇世紀初頭になると、アインシュタインが提唱した重力理論に取って代わられました。アインシュタインは誰もが正しいと思っていた万有引力の法則を疑うことで、科学をさらにC前進させたのです。真理とは絶対的なものではなく、「とりあえずの真理」なのです。

［２］、科学者はどのように仮説を立てるのでしょうか。仮説を立てるうえで重要なのが、物事を抽象《ちゅうしょう》化することです。

抽象とは、具体的な物事から共通する要素を抜き出すことをいいます。共通する要素を抜き出すためには、よけいな枝葉は切り捨てていく必要がある。つまり科学者が物事を観察するときは、よけいな要素を切り捨てて、仮説になるような要素を抽象化していくわけです。

［３］、リンゴの実が木からポトンと落ちた。ふつうの人なら「リンゴの実が落ちるのは当たり前だ」ということで、わざわざ立ち止まって考えないでしょう。でもニュートンのような科学者は、リン

エ　元キャプテンの責任感から伝えた、わざと克彦のサッカーへの姿勢を否定して誇《ほこ》りを刺激《しげき》し、奮起してくれることを期待する言葉。

オ　克彦の精神的な弱さに呆れるあまり自然と口から出た、いつまでもレギュラーになれない克彦をあざ笑い、馬鹿にするような言葉。

問十二　――⑧「大地に対する敗北感めいたものは抑えようがなかった」とありますが、「大地」のどんなところに敗北感めいたものを感じていると考えられますか。適切ではないものを次から一つ選び、記号で答えなさい。

ア　PKを失敗した克彦に対して、非難するのではなくドンマイなどと声をかけ、はげましているところ。

イ　克彦のことでチームみんなが周斗を責めているなか、冷静な態度をとって騒《さわ》ぎをしずめているところ。

ウ　周斗よりも先に克彦のいそうな場所にあたりをつけて、落ちこんでいる克彦のことを見つけたところ。

エ　強いショックを受けているであろう克彦に対して、周斗に代わって謝罪の言葉をかけてくれたところ。

オ　深く落ちこんでいる克彦に対し、何ごとかを伝えることで克彦の気持ちを立ち直らせたらしいところ。

問十三　この文章の表現について説明したものとして、最も適切なものを次から一つ選び、記号で答えなさい。

ア　前半は周斗の視点で、後半は大地の視点で場面を表現することで、サッカーに対する大地と周斗の対照的な向きあい方が読み手によくわかるように表現されている。

イ　周斗が考えていることや思ったことをそのまま心の中で話す形式をとることで、それぞれの場面での周斗の気持ちのゆれ動きが捉《とら》えやすくなるよう表現されている。

ウ　以前克彦が周斗に言った言葉や克彦と遊んだ楽しい思い出をさしはさむことで、この先二度と昔の良好な関係にはもどれないとなげく周斗の絶望感が表現されている。

エ　子どもたちが本音をぶつけあう場面を物語の中心にすえることで、衝突《しょうとつ》をへて皆《みんな》で困難に打ち勝ったという心の成長が主題となっていることが巧《たく》みに表現されている。

オ　平易な言葉で書かれた短文を重ねることで、中学二年生らしいはつらつとした明るさを強調しながら、周斗たちの繊細《せんさい》な心情の動きがわかりやすく表現されている。

三　次の文章を読んで、あとの問いに答えなさい。問いの中で字数に指定のあるときは、特に指示がないかぎり、句読点や符号もその字数に含めます。

そもそも科学とは何でしょうか。

科学というと「法則」や「理論」、たとえば学校で習った「万有《ばんゆう》引力の法則」や「相対性理論」を思い出す人もいるかもしれません。私たちは法則や理論を「一〇〇パーセント正しい」と思いこんでしまいがちです。ところが、①科学の法則や理論はそのような絶対的な真理ではないのです。

テレビ番組では「驚きの真実が明らかに！」という言い方をよく使います。こういう言い方をすると、視聴《しちょう》者は一〇〇パーセント正しい絶対的な真実があるように思ってしまいますから、私が担当する番組では「そういう言い方はしないでほしい」とお願いしています。人間の物の見方は完璧《かんぺき》ではないのですから、一〇〇パーセント正しい真実を把握《はあく》することはできません。そんなことができるのは、全知全能の

ア　勝利できる絶好の機会を逃《のが》してしまった、その原因が克彦の姿勢にあると思い、怒りを覚えていた。

イ　ミスをした克彦の青ざめた顔を見ても、一切なぐさめるそぶりさえ見せないコーチに反発していた。

ウ　何の裏づけもないままに、次こそ勝利できると安直にはげましてくるコーチの言葉に呆《あき》れていた。

エ　勝利がかかる場面で克彦を起用したコーチの作戦が納得できず、ふてくされた気持ちになっていた。

オ　今日の試合の悔しさを胸に刻み、次の試合では絶対に勝利しようと新たに気持ちを切り替えていた。

問七　――③「愕然とした」とありますが、「周斗」はどういうことに愕然としたのですか。三十字以上四十字以内で書きなさい。

問八　――④「大地は手で制した」とありますが、こうした「大地」の言動から、「大地」はチームがどのようになることを望んでいたと考えられますか。本文の内容をふまえて、二十五字以上三十五字以内で書きなさい。

問九　――⑤「心がザワザワしてきた」とありますが、このときの「周斗」の気持ちを説明した次の文の［Ⅰ］～［Ⅲ］にあてはまる言葉を指定字数に合わせて、文章中から書き抜《ぬ》きなさい。

・歩から自分が［Ⅰ（五字）］のことを馬鹿にしているのではないかと指摘《してき》されたことに対して、それを否定したいが、あるいは［Ⅱ（三字）］をもっていたのではないかと考え、［Ⅲ（二字）］してしまっている。

問十　――⑥「みんなの視線が背中に刺さっているような気がしたが、振り向くことは出来なかった」とありますが、このときの「周斗」の気持ちを説明したものとして、最も適切なものを次から一つ選び、記号で答えなさい。

ア　みんながこの話題に決着をつけたいと願っていることは理解していたが、いまさら元にはもどせないとあきらめるような思いでいる。

イ　みんなが自分をわがままで自分勝手だと思っていたことにショックを受けながら、傷ついたことを気取られたくないという思いでいる。

ウ　みんなが克彦に謝罪を求めていることを強く感じながらも、自分が克彦に言ったことは絶対に正しいと確信するような思いでいる。

エ　みんなが自分と克彦を心配してくれていることに気持ちが動いたが、いまさら同情してほしくはないというかたくなな思いでいる。

オ　みんなが自分のとった言動を非難しているのはわかったが、自分の感情をおさえることもできず、意地を張るような思いでいる。

問十一　――⑦「勝手に飛び出してしまった言葉」とありますが、具体的にはどのような言葉ですか。最も適切なものを次から一つ選び、記号で答えなさい。

ア　感情がたかぶって思わず口にしてしまった、克彦の試合に対する姿勢を否定したり、サッカーをやめるよう突き放したりする言葉。

イ　怒りをおさえて冷静な気持ちで伝えた、克彦のミスに対する指摘やゴールを守るために必要な忠告など、克彦の今後につながる言葉。

ウ　克彦をはげますみんなへの反発からあえて口に出した、克彦の練習不足への非難や、その人格までも否定するような悪意のある言葉。

つまらないやきもちだって分かっている。でも、⑧大地に対する敗北感めいたものは抑《おさ》えようがなかった。

(佐藤《さとう》いつ子《こ》「キャプテンマークと銭湯と」による)

＊エール＝声援。
＊ゲキを飛ばす＝ここでは、頑張れと励ますこと。
＊フラッシュバック＝過去の出来事がよみがえってくること。
＊PK＝ペナルティキック。守備側の反則に対する罰則《ばっそく》として、攻撃《こうげき》側に与えられる。
＊ベルーガSC＝サッカークラブの名前。
＊嗚咽＝声をつまらせて泣くこと。
＊激昂＝怒りの感情をたかぶらせること。

問一 [1]～[5]にあてはまる言葉として、最も適切なものを次から一つずつ選び、それぞれ記号で答えなさい。

ア ホッと　**イ** ポンと　**ウ** ドンと
エ フワッと　**オ** スラッと　**カ** ビクンと
キ ダッと　**ク** カチンと

問二 ――A「ながら」と意味・用法が同じものを次から一つ選び、記号で答えなさい。

ア この辺りは昔ながらの建物が数多く残っている。
イ 近くにいながら友人にまったく気づかなかった。
ウ 生まれながらの天才などそうそういないはずだ。
エ 弟と一緒《いっしょ》にお茶を飲みながらテレビを見ていた。
オ 見ていながら助けようとしないのはひきょうだ。

問三 ――B「攻防」、C「失点」と熟語の組み立てが同じものを次から一つずつ選び、それぞれ記号で答えなさい。

ア 永久　**イ** 往復　**ウ** 残雪　**エ** 頭痛
オ 寄港　**カ** 強化　**キ** 国連　**ク** 無害

問四 ――D「おおむね」、E「はたと」の意味として、最も適切なものをあとから一つずつ選び、記号で答えなさい。

D「おおむね」
ア おおげさに　**イ** ざっくりと
ウ ひっきりなしに　**エ** だいたいは
オ 思いがけず

E「はたと」
ア 急に　**イ** ゆっくりと　**ウ** 静かに
エ ぎくしゃくと　**オ** すばやく

問五 ――①「走り方はぎこちなく上の空のような感じで、途中つんのめった」とありますが、このときの「克彦」の様子を説明したものとして、最も適切なものを次から一つ選び、記号で答えなさい。

ア 久しぶりに試合に出られることがうれしくて、周りの様子さえ目に入らないほどはしゃいでいる。
イ ピンチの場面で試合に出ることになったことに驚《おどろ》いたが、気持ちを必死に切り替えようとしている。
ウ 何としてもゴールを守らなければと強く思いこみ、気持ちのたかぶりのために体をふるわせている。
エ 突然交代を命じられたことで心の準備が間に合わず、何も考えられないほど落ち着きを失っている。
オ 急に交代を告げられたため、すぐに用意をして試合に参加しなければと思いあわてふためいている。

問六 ――②「周斗はみんなの返事に出遅れてしまい、そのまま黙っていた」とありますが、このときの「周斗」の気持ちを説明したものとして、最も適切なものを次から一つ選び、記号で答えなさい。

とは出来なかった。
光貴や歩が自分のことを、あんな風に思っているとは知らなかった。それに他のメンバーは黙ったままで、誰ひとりとして周斗の味方になってくれなかった。
試合会場のグラウンドから最寄《もよ》りの駅まで、大股《おおまた》で歩いた。
何度か来たことのあるグラウンドだったが、ひとりで帰ることはなかった。自宅のある駅が同じの克彦とはいつもいっしょだった。
「周斗、帰ろうぜー」といういつもの声が、頭のなかに響いた。駆け出して行った克彦の後ろ姿が目に浮《う》かぶ。
やっぱり、言い過ぎたな。でも……。
⑦勝手に飛び出してしまった言葉を取り戻《もど》したい気持ちと、あれはやっぱり仕方がなかったという気持ちがごちゃまぜになった。考えごとをしながら歩いていたせいで、赤信号をわたりかけていた。
車に派手にクラクションを鳴らされ、あわてて歩道に後ずさった。危《あや》うく接触《せっしょく》するところだった。背筋がぞっとした。そのとたん、急に克彦のことが心配になった。
かっちゃん、大丈夫《だいじょうぶ》か？
周斗はリュックからスマホを摑《つか》み出したが、克彦が何も持たずに駆け出したのを思い出して、リュックに投げ入れた。
かっちゃん、どこ行ったんだろう。かっちゃんが行きそうなところって……。
克彦はクレーンゲームが得意だったが、まさかゲームセンターに行ったとは考えにくい。
いや、もうグラウンドに戻っているんじゃないか。
周斗は早足でグラウンドに引き返しながら、ふと足を止めた。
去年の夏、この試合会場に来たときのことだ。噴水《ふんすい》がある公園を見つけて、みんなで立ち寄ったのを思い出した。
あんまり暑い日だったので、噴水池で水遊びみたいになった。駅に着いたとき、最初はみんなでいっしょだったから、びしょびしょなのも恥《は》ずかしくなかった。けれど、最後は周斗と克彦だけになって、
「俺ら、マジ浮いてね？」
「しかもこの電車、冷房《れいぼう》利き過ぎ。寒っ」
と、笑い合ったのだ。
あの噴水公園にいそうな気がする。いや、絶対にいる。
確信めいたものを感じて、周斗は噴水公園にまっしぐらに向かった。そして、克彦に会ったら、傷つけるような言い方になってしまったことを、まずはあやまろうと思った。
やがて公園の中央の噴水が見えた。その噴《ふ》き上げられた水しぶきの向こう側に、かげろうみたいに揺れる水色のユニフォームの背中が見えたとき、[4]肩を下ろした。口もとに笑《え》みが浮かんだ。
だが、丸い噴水池にそって近づこうとしたとき、Eはたと歩みが止まった。さっきは克彦の背中で見えなかったが、その向かいにはもうひとり水色のユニフォームを着た選手がいた。
大地だった。
大地は、克彦に何か話しかけている。克彦は最初うつむいていたが、突然顔を上げると、大地の顔をまっすぐ見た。食い入るようにじっと見ている。やがて大地は、克彦の肩に手を回して[5]たたいた。それが合図だったかのように、ふたりはグラウンドの方に向かって並んで歩き出した。
周斗は呆然《ぼうぜん》とふたりの後ろ姿を見送った。
去年の夏はまだいなかった大地が、どうしてこの噴水公園にあたりをつけたのかは、分からない。他のメンバーに聞いたのかも知れないし、克彦自身が以前大地に話したことがあるのかも知れない。ただ明らかなのは、周斗よりも先に、大地が克彦を見つけたということだった。

んなでどっか行かね？　かっちゃん、行こうよ」
歩《あゆむ》が言った。
周斗は③愕然《がくぜん》とした。くちびるが震えそうだった。
お前ら、悔《くや》しくないのかよ！　勝ちたくなかったのかよ。勝てた試合なんだぞ。お前らにとって今日の試合は、それくらいのものなのかよ。
「かっちゃん」
周斗の低く突《つ》き刺《さ》すような声に、みんながいっせいに振り返った。
「俺はミスを責める気はない。だけど、お前は最初からやる気なかったよな。ゴールを死ぬ気で守ろうと思ってなかったよな。俺が許せないのは、そこだ！」
克彦を励《はげ》まそうとみんなが盛り上げていた空気が、一気に［２］突き落とされた。克彦は目に当てていた腕をといた。
「周斗、いいから」
大地が言うのを、周斗は遮《さえぎ》った。
「お前、もうやめろよ」
その瞬間《しゅんかん》、克彦の真っ赤な目が見開かれた。
「サッカーなんか、やめちまえよ」
場が凍《こお》り付いた。克彦の瞳《ひとみ》の奥が鈍《にぶ》く光った。
「周斗、な、何言ってんだよ。言い過ぎだぞ」
歩が克彦と周斗の間で視線を何度も往復させた。克彦は突然《とつぜん》、［３］駆《か》け出した。
「かっちゃん！」
「かっちゃん、どこ行くんだよ」
みんなが追いかけようとするのを、④大地は手で制した。重苦しい空気が選手たちを包んだ。狭い空間にいるわけではないのに息がしづらい。
「周斗、お前さ。何様なんだよ」
ふだん穏《おだ》やかな光貴《こうき》が静寂《せいじゃく》を切った。周斗の胸がビンと震えた。
「は？」
動揺《どうよう》を隠《かく》すように、周斗は光貴を思いっきりにらみつけた。
「お前ひとりでサッカーやってんじゃないんだよ」
光貴が吐《は》き捨てるように言うと、歩まで加勢した。
「周斗ってさ、かっちゃんとか俺とか控《ひか》えの選手のこと、正直馬鹿《ばか》にしてね？」
ムードメーカーでお笑いキャラの歩の目は、笑ってなかった。周斗は一瞬言葉を失った。
馬鹿にしているつもりはなかった。でも、優越感《ゆうえつかん》は感じていなかったか？　それって馬鹿にしていることになってしまうのか？　歩に心を見透《みす》かされた？　いや、そういうのとは違《ちが》う……。
⑤心がザワザワしてきた。
「そんなわけ、ないだろ」
反論する言葉は弱々しかった。
「いや、してる。でなきゃ、かっちゃんにサッカーやめろ、なんて言えるか」
歩がだんだん＊激昂《げっこう》してきた。
「それに、周斗の態度はいつも、」
光貴が追い打ちをかけようとすると、大地が遮った。
「もうやめろ。俺たち今仲違《なかたが》いしている場合じゃないだろ。次の試合は二週間後だぞ」
大地のひとことで、静かになった。気まずい空気が続くなか、周斗はリュックのところにもどってスパイクを履《は》き替えた。着替えを黙々《もくもく》とすませると、何も言わずにその場を立ち去った。
⑥みんなの視線が背中に刺さっているような気がしたが、振り向くこ

言いたかったが、余計にプレッシャーをかける気がして言葉に出来なかった。

　まもなく、ホイッスルが鳴り響《ひび》いた。

　これが最後のＢ攻防《こうぼう》になるはずだ。

　克彦はゴールの下、ひとり立った。このときキーパーは、最高に孤《こ》独《どく》だ。仲間の援護《えんご》はない。キーパーは出来るだけ腕《うで》を広く伸《の》ばして、キッカーに対してゴールを少しでも狭《せま》く見せようとするのだが、克彦の腕は頼《たよ》りなげに萎縮《いしゅく》していた。

　ピッチから、ベンチから、応援席から、全ての視線が一点に集まった。

　周斗はつばを飲みこもうとしたが、からからに乾《かわ》いた口の中には一《いっ》滴《てき》のつばもなく、喉《のど》の奥《おく》がひきつれた。

　敵のキッカーは何度もボールの位置を確かめていた。＊ＰＫは点を決める方が圧倒的《あっとうてき》に確率が高いわけだから、キッカーの方こそプレッシャーで押《お》しつぶされそうになっているはずだ。

　キッカーは両肩《りょうかた》を上下させて深呼吸したかと思うと、助走に入った。左脚《ひだりあし》を踏み込《こ》み、右脚で蹴《け》り上げた。

　やった！

　周斗は胸の中で叫《さけ》んだ。

　ボールは克彦の真正面に飛んだ。ミスキックだ。誰《だれ》もがキャッチできると思った。キャッチできるボールだった。

　しかし、胸と両手で押さえ損《そこ》なったボールは、そのまま跳《は》ね上がった。バウンドしたボールは、無残にもゴールネット上方をくらりと揺らした。敵の選手たちが、キッカーのもとにわっとかけ寄った。

　そこで、試合終了のホイッスルが鳴り響いた。引き分けだけど、＊ベルーガＳＣは逆転勝利したような喜びようだった。ＦＣレックの選手たちは脚をひきずるようにして、審判の脇《わき》に整列した。克彦の顔は死人のように青ざめていた。

　もともとＰＫを取られてしまったのは蓮だ。Ｃ失点が誰のせいとか、そんなことは言いたくない。でも、でも……今のボールは捕《と》れただろ。

　周斗は歯ぎしりの音が出そうなくらい、奥歯をぎりりと噛《か》みしめた。

　試合終了後の柴山コーチの話は、Ｄおおむね選手たちの動きをほめていた。でも周斗の耳には何も残らなかった。

「さぁ、次の公式戦は二週間後だ。次こそ勝利を勝ち取ろう」

　気付くと締《し》めの言葉になっていた。

「ハイ！」

　②周斗はみんなの返事に出遅《でおく》れてしまい、そのまま黙《だま》っていた。

挨拶《あいさつ》が終わると、蓮は応援に来ていた両親とすぐに車で病院に向かった。応援席をちらりと見ると、もう父さんの姿も克彦の母親の姿もなかった。早々に退散したらしい。

　周斗は憮然《ぶぜん》としたまま、スパイクの紐《ひも》をゆるめた。ふと気付くと、みんなが周りにいない。知らないうちに、少し離れたところで輪が出来ていた。輪の中心は克彦だった。右腕で目を覆《おお》っている。

あいつ、泣いてんのか？

　何とかおさめようとしていた怒《いか》りが、予告なくはじけ飛んだ。同情なんか一ミリも生まれなかった。

　周斗はみんなが集まっている輪に近づいた。

「克彦、ドンマイ。切り替《か》えて、次、頑張《がんば》ろうぜ」

「そうだよ、かっちゃん。誰だってミスするし」

　大地が克彦の肩に手をのせた。克彦はその言葉に余計に＊嗚咽《おえつ》した。

「俺たち、いい線いったよな」

「うん、惜《お》しかった。次は勝てるんじゃないか」

　選手たちが克彦を慰《なぐさ》めようと、次々に口にした。

「なぁ、今日は勝てなかったけど、負けなかったわけだし、帰りにみ

二〇二二年度 専修大学松戸中学校

【国　語】〈第一回試験〉（五〇分）〈満点：一〇〇点〉

一 次の――線の漢字の読みをひらがなで書き、――線のカタカナは漢字に直して書きなさい。

① 兄はとても頼もしい存在だ。
② 地震《じしん》の兆候を観測する。
③ 厳密な調査を行う。
④ 公園の芝生がきれいだ。
⑤ 願いをココロヨく引き受ける。
⑥ 手足をばたつかせてアバれる。
⑦ この山は山菜のホウコだ。
⑧ おこづかいをチョキンする。
⑨ コショウした車を修理する。
⑩ 富士山のトウチョウに成功する。

二 次の文章を読んで、あとの問いに答えなさい。問いの中で字数に指定のあるときは、特に指示がないかぎり、句読点や符号《ふごう》もその字数に含《ふく》めます。

> 中学二年生の周斗《しゅうと》は、「FCレック」というサッカーのクラブチームでキャプテンを務めていたが、プロサッカーリーグの下部組織で強豪《きょうごう》のクラブチームから移籍《いせき》してきた大地《だいち》にキャプテンの座を奪《うば》われてしまった。この場面は、対戦相手に、ペナルティキックのチャンスを与《あた》えてしまったところである。

柴山《しばやま》コーチはとりあえず蓮《れん》をベンチに座《すわ》らせると、

「克彦《かつひこ》、蓮と交代」

ベンチに座っていた克彦に、強い眼光を向けた。克彦は電流でも通されたみたいに、体を［ 1 ］震《ふる》わせた。蓮が倒《たお》れてピッチを離《はな》れたというのに、克彦はキーパーグローブさえもまだ準備していなかった。

柴山コーチが選手交代用紙を第四審判《しんぱん》に渡《わた》すと、すぐに主審から交代が認められた。克彦はあわててキーパーグローブの片方をわきに挟《はさ》み、もう片方を右手にはめAながら走った。①走り方はぎこちなく上《うわ》の空《そら》のような感じで、途中《とちゅう》つんのめった。

そのとき、わきに挟んだグローブがグラウンドに落ちた。克彦はグローブを拾うと、背中をかがめてゴールに急いだ。周斗には、これからゴールを守る最後の砦《とりで》となる気迫《きはく》も闘志《とうし》も、まるで感じられなかった。

それでも克彦がゴールに向かう途中、選手たちは口々に＊エールを送った。

「克彦、気合い入れていこう」

大地は克彦の背中をたたいた。克彦の背中は余計にしぼんだ。

「かっちゃん、ファイト！　止めたら、お前ヒーローだぞ！」

思わず周斗が大きな声で克彦に＊ゲキを飛ばすと、克彦は今にも泣きそうな顔で振《ふ》り向いた。面長《おもなが》の顔からは血の気が失《う》せて、目は消え入りそうなろうそくの灯《ひ》みたいに、弱々しく揺《ゆ》らいでいた。

――俺《おれ》も部活だったら試合にも出れたのにな。

――ミスしても何も言われない俺よりは、まだよくね？

克彦の言葉が＊フラッシュバックした。

かっちゃん、ここ、踏《ふ》ん張れよ。分かってるか。もし止めたら、俺たち、勝てるんだぞ！

2022年度

専修大学松戸中学校 ▶解説と解答

算　数 ＜第１回試験＞（50分）＜満点：100点＞

解　答

1 (1) $\frac{2}{45}$　(2) 10　(3) $2\frac{4}{5}$　(4) 32　**2** (1) 234　(2) 19　(3) 125　(4) 20　(5) 7　**3** (1) 24km　(2) 11km　**4** (1) 1.25倍　(2) 1200円　**5** (1) 8.4cm　(2) 29cm　(3) 168cm^2　**6** (1) 182枚　(2) 242枚　**7** (1) ウ　(2) 432cm^3

解　説

1 四則計算，逆算，計算のくふう，比の性質

(1)　$36\div51\div25\times85\div54=\frac{36\times85}{51\times25\times54}=\frac{2\times1}{3\times5\times3}=\frac{2}{45}$

(2)　$\left(10-\square\times\frac{5}{6}\right)\div\frac{2}{3}=2.5$，$10-\square\times\frac{5}{6}=2.5\times\frac{2}{3}=\frac{5}{2}\times\frac{2}{3}=\frac{5}{3}$，$\square\times\frac{5}{6}=10-\frac{5}{3}=\frac{30}{3}-\frac{5}{3}=\frac{25}{3}$　よって，$\square=\frac{25}{3}\div\frac{5}{6}=\frac{25}{3}\times\frac{6}{5}=10$

(3)　$1.8\times2\frac{2}{9}-3\frac{1}{3}\div2.5+\frac{2}{15}=\frac{9}{5}\times\frac{20}{9}-\frac{10}{3}\div\frac{5}{2}+\frac{2}{15}=4-\frac{10}{3}\times\frac{2}{5}+\frac{2}{15}=4-\frac{4}{3}+\frac{2}{15}=\frac{60}{15}-\frac{20}{15}+\frac{2}{15}=\frac{42}{15}=\frac{14}{5}=2\frac{4}{5}$

(4)　$\frac{1}{N\times(N+1)}=\frac{1}{N}-\frac{1}{N+1}$となることを利用すると，$\frac{1}{1\times2}+\frac{1}{2\times3}+\frac{1}{3\times4}+\frac{1}{4\times5}=\frac{1}{1}-\frac{1}{2}+\frac{1}{2}-\frac{1}{3}+\frac{1}{3}-\frac{1}{4}+\frac{1}{4}-\frac{1}{5}=\frac{1}{1}-\frac{1}{5}=\frac{5}{5}-\frac{1}{5}=\frac{4}{5}$となるから，与《あた》えられた式は，$\frac{4}{5}$：0.625＝□：25と表すことができる。また，$A：B=C：D$のとき，$B\times C=A\times D$となるので，$0.625\times\square=\frac{4}{5}\times25$より，$0.625\times\square=20$，$\square=20\div0.625=20\div\frac{5}{8}=20\times\frac{8}{5}=32$と求められる。

2 単位の計算，仕事算，周期算，濃度《のうど》，時計算，辺の比と面積の比

(1)　１km＝1000mだから，1.8km＝1800mとなる。したがって，(1.8km＋540m)÷1000＝(1800m＋540m)÷1000＝2340m÷1000＝2.34mとわかる。さらに，１m＝100cmなので，2.34m＝234cmとなる。

(2)　１時間に行う仕事の量を１とすると，この仕事の全体の量は，１×６×11＝66となる。また，２日間で行う仕事の量は，１×(３＋４)＝７だから，66÷７＝９余り３より，２日間行うことを９回くり返し，さらに１日行ったときに終わることがわかる。よって，終わるまでの日数は，２×９＋１＝19(日間)と求められる。

(3)　(食塩の重さ)＝(食塩水の重さ)×(濃度)より，12％の食塩水250ｇに含《ふく》まれている食塩の重さは，250×0.12＝30(ｇ)とわかる。また，食塩水に水を加えても食塩の重さは変わらないから，水を加えて濃度が８％になった食塩水にも30ｇの食塩が含まれている。したがって，水を加えた後の食塩水の重さを□ｇとすると，□×0.08＝30(ｇ)と表すことができるので，□＝30÷0.08＝375(ｇ)と求められる。よって，加えた水の重さは，375－250＝125(ｇ)である。

(4)　下の図１のように，１時ちょうどに長針と短針が作る角の大きさは，360÷12×１＝30(度)である。この後，長針は１分間に，360÷60＝６(度)，短針は１分間に，30÷60＝0.5(度)の割合で動くから，長針は短針よりも１分間に，６－0.5＝5.5(度)多く動く。また，下の図２のようになるのは，１時から長針が短針よりも，30＋80＝110(度)多く動いたときなので，図２は図１の，110÷5.5＝20(分後)と求められる。よって，図２の時刻は１時20分である。

(5)　下の図３で，三角形APRの面積は，$24\times\frac{1}{2}\times\frac{2}{3}=8$ (cm²)，三角形BQPの面積は，$24\times\frac{1}{4}\times\frac{1}{2}=3$ (cm²)，三角形CRQの面積は，$24\times\frac{1}{3}\times\frac{3}{4}=6$ (cm²)である。よって，三角形PQRの面積は，24－(８＋３＋６)＝７(cm²)と求められる。

図１
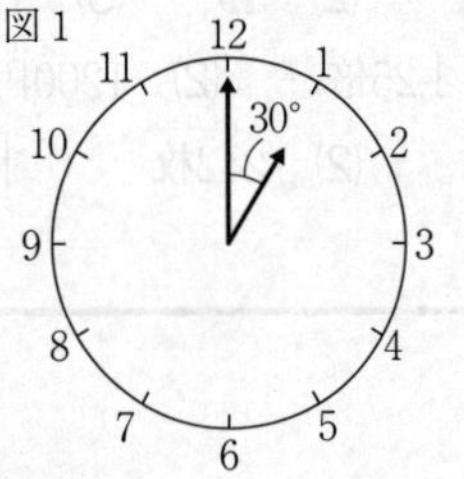

図２
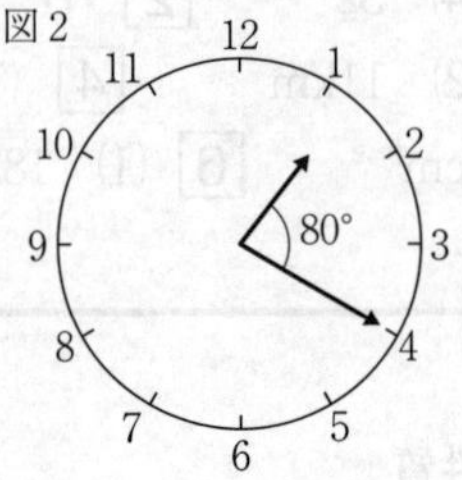

図３
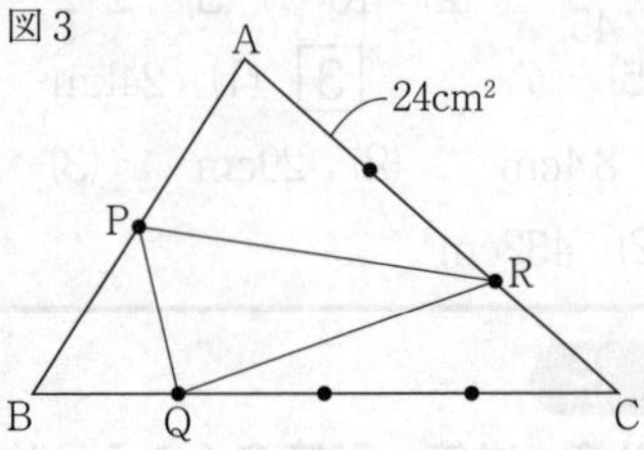

3　条件の整理

(1)　条件を図に表すと，右のようになる。よって，AF間の距離《きょり》からBF間の距離をひくと，AB間の距離は，82－58＝24(km)とわかる。

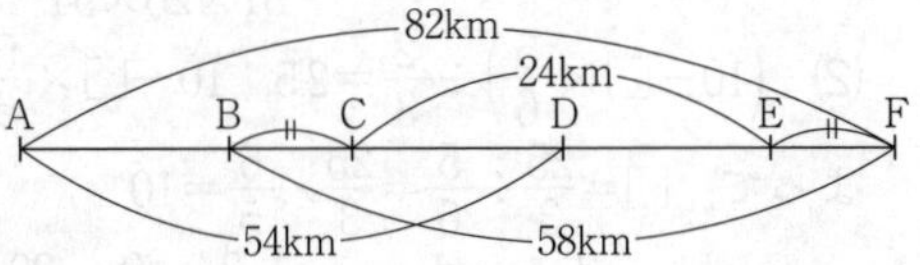

(2)　BC間とEF間の距離の和は，58－24＝34(km)だから，BC間の距離は，34÷２＝17(km)となり，CD間の距離は，54－(24＋17)＝13(km)とわかる。よって，DE間の距離は，24－13＝11(km)である。

4　売買損益，相当算

(1)　Ｂ商店の定価を①とすると，Ｂ商店の利益は，①×0.2＝0.2となる。すると，仕入れ値は，①－0.2＝0.8となるから，Ｂ商店の値段は右の図のように表すことができる。よって，Ｂ商店の定価は仕入れ値の，１÷0.8＝1.25(倍)とわかる。

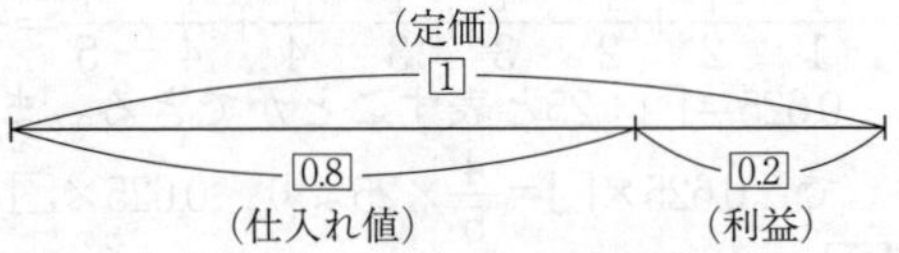

(2)　仕入れ値を１とすると，Ａ商店の定価は，１×(１＋0.3)＝1.3，Ｂ商店の定価は，１×1.25＝1.25となる。したがって，Ａ商店とＢ商店の定価の差は，1.3－1.25＝0.05であり，これが60円にあたるから，(仕入れ値)×0.05＝60(円)と表すことができる。よって，仕入れ値は，60÷0.05＝1200(円)と求められる。

5　平面図形―相似，面積

(1)　右の図のように，角Ａの大きさを○，角Ｃの大きさを●とすると，三角形ABCは直角三角形だから，○と●の和は90度になる。また，BCとDGは平行なので，角AGDの大きさも●になり，三角形FECは直角三角形だから，角FECの大きさは○になる。したがって，三角形ABCと三角形EFCは相似であり，相似比は，BC：FC＝20：８＝５：２なので，AB：EFも５：２とわかる。

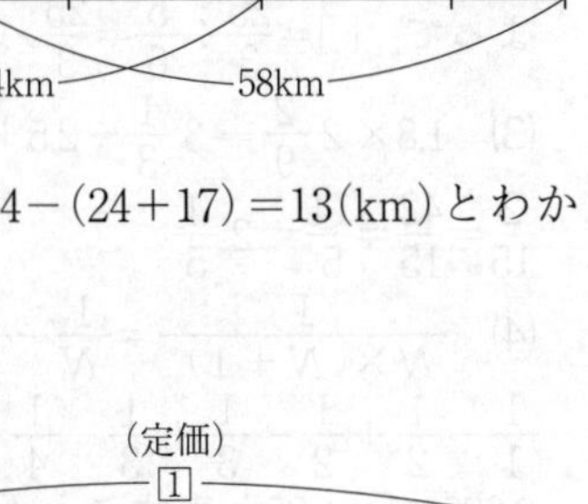

よって，EFの長さは，$21\times\frac{2}{5}=8.4$(cm)と求められるから，BEの長さも8.4cmとなる。

⑵　⑴から，ECの長さは，20－8.4＝11.6(cm)とわかる。また，AC：ECも５：２なので，ACの長さは，$11.6\times\frac{5}{2}=29$(cm)と求められる。

⑶　３つの三角形ABC，ADG，EFCは相似であり，相似比は，BC：DG：FC＝20：４：８＝５：１：２だから，面積の比は，（５×５）：（１×１）：（２×２）＝25：１：４となる。したがって，五角形DBEFGの面積は三角形ABCの面積の，$(25-1-4)\div25=\frac{4}{5}$(倍)とわかる。また，三角形ABCの面積は，20×21÷２＝210(cm^2)なので，五角形DBEFGの面積は，$210\times\frac{4}{5}=168$(cm^2)と求められる。

6　つるかめ算

⑴　５円玉６枚と10円玉１枚を合わせたものを「セット」とすると，１セットの金額の合計は，５×６＋10×１＝40(円)，重さの合計は，3.75×６＋4.5×１＝27(ｇ)になる。はじめに，すべて１円玉だとすると，金額の合計が542円だから，１円玉の枚数は，542÷１＝542(枚)となる。すると，重さの合計は，１×542＝542(ｇ)になるので，実際よりも，542－425＝117(ｇ)重くなる。次に，１円玉を「セット」と交換《こうかん》することを考える。このとき，金額の合計が変わらないようにするためには，１円玉40枚と１セットを交換すればよい。すると，１回交換するごとに重さの合計は，１×40－27＝13(ｇ)ずつ軽くなるから，117ｇ軽くするためには，117÷13＝９(回)交換すればよいことがわかる。よって，１円玉の枚数は，542－40×９＝182(枚)と求められる。

⑵　５円玉の枚数を18枚減らして５円玉と10円玉の枚数を同じにすると，金額の合計は，542－５×18＝452(円)，重さの合計は，425－3.75×18＝357.5(ｇ)になる。また，５円玉１枚と10円玉１枚を合わせたものを「セット」とすると，１セットの金額の合計は，５×１＋10×１＝15(円)，重さの合計は，3.75×１＋4.5×１＝8.25(ｇ)になる。⑴と同様に，すべて１円玉だとすると，１円玉の枚数は，452÷１＝452(枚)なので，重さの合計は，１×452＝452(ｇ)となり，実際よりも，452－357.5＝94.5(ｇ)重くなる。また，１円玉15枚と１セットを交換するごとに，重さの合計は，１×15－8.25＝6.75(ｇ)ずつ軽くなるから，94.5÷6.75＝14(回)交換すればよいことがわかる。よって，１円玉の枚数は，452－15×14＝242(枚)と求められる。

7　立体図形―分割，体積

⑴　切断面は右の図１の三角形AEPになる。四角すいE－ADFPは，底面積(台形ADFPの面積)が，（６＋12）×12÷２＝108(cm^2)であり，高さが９cmだから，体積は，108×９÷３＝324(cm^3)となる。よって，これを１つの式で表したものはウである。

図１

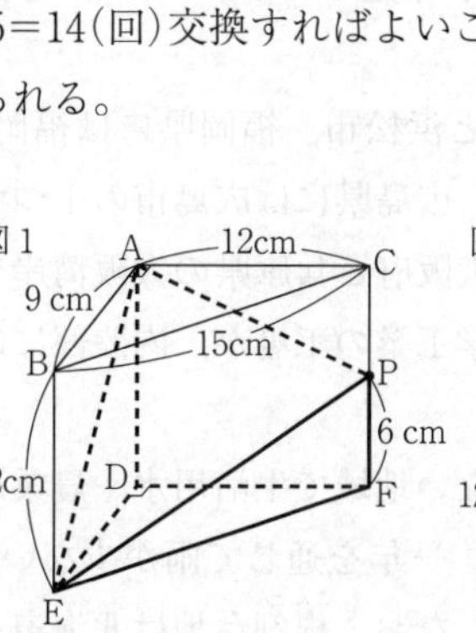

図２

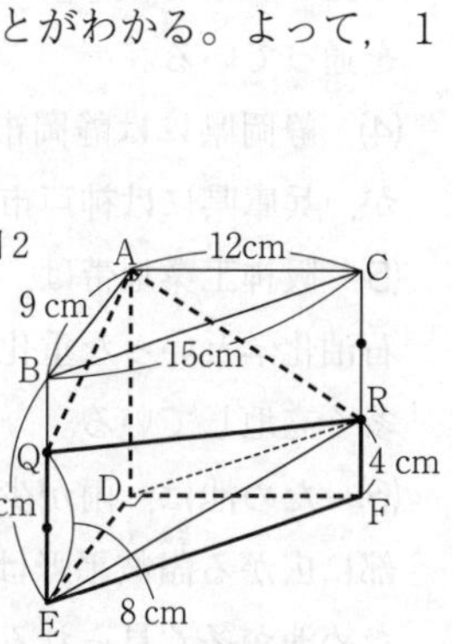

⑵　切断面は右上の図２の三角形AQRになる。次郎君の考え方を参考にして，三角形DEFを底面とする三角すいR－DEFと，四角形AQEDを底面とする四角すいR－AQEDに分けて体積を求める。三角すいR－DEFは，底面積が，12×９÷２＝54(cm^2)であり，高さが４cmなので，体積は，54×４÷３＝72(cm^3)となる。また，四角すいR－AQEDは，底面積が，（８＋12）×９÷２＝90

(cm^2)であり，高さが12cmだから，体積は，$90\times12\div3=360(cm^3)$とわかる。よって，立体Yの体積は，$72+360=432(cm^3)$と求められる。

社　会　＜第1回試験＞(30分)＜満点：50点＞

解　答

[1] (1) 北東　(2) 1750(m)　(3) ウ　(4) ア　(5) 阪神(工業地帯)　(6) エ　(7) 前方後円墳　(8) イ　(9) エ　(10) イ　[2] (1) 日光(市)　(2) イ　(3) エ　(4) ア　(5) ゼロメートル　(6) G　(7) ウ　(8) エ　[3] (1) 防人　(2) ウ　(3) イ　(4) ア　(5) 北条政子　(6) ウ　(7) エ　(8) イ→ア→エ→ウ　[4] (1) 元禄　(2) イ　(3) ア　(4) 書院造　(5) (例)　遣唐使の派遣を停止した　(6) エ　(7) 寺子屋　(8) F　[5] (1) 最高法規　(2) エ　(3) エ　(4) ウ　(5) イ　(6) 総議員の3分の2以上　(7) イ　(8) ウ

解　説

[1] 地形図を題材にした問題

(1) この地形図には方位記号が示されていないので，地形図の上が北，右が東，下が南，左が西にあたる。「履《り》中《ちゅう》天皇陵《りょう》」から見て「仁徳《にんとく》天皇陵」は右上にあり，これは北東にあたる。

(2) 実際の距離は，(地形図上の長さ)×(縮尺の分母)で求められる。示された地形図の縮尺は2万5千分の1なので，地形図上の7cmの実際の距離は，7×25000＝175000cm＝1750mになる。

(3) ア 「大仙公園」の東や北に博物館(血)や図書館(🕮)が見られる。なお，2万5千分の1の地形図では，500mは2cmで表される。　イ 「仁徳天皇陵」の墳丘《ふんきゅう》にある，標高44mを示す標高点(・44)が，地形図中で最も高い地点である。　ウ 「御陵駅前」の周辺には，神社(⛩)はあまり見られず寺院(卍)が多く見られる。　エ 「南海高野線」は，「仁徳天皇陵」の北で道路の下を通っている。

(4) 静岡県には静岡市と浜松市，福岡県には福岡市と北九州市という2つの政令指定都市があるが，兵庫県には神戸市，広島県には広島市の1つずつしか政令指定都市がない。

(5) 阪神工業地帯は，大阪府と兵庫県の大阪湾岸を中心に発達した工業地帯で，沿岸部には鉄鋼や石油化学といった重化学工業の工場が，内陸部には家庭用電化製品などをつくる機械工業の工場が多く立地している。

(6) ため池は，雨が少ない地域で生活用水や農業用水を確保するためにつくられてきた。香川県北部に広がる讃岐《さぬき》平野は，一年を通じて雨が少ないことを特徴《とくちょう》とする瀬戸内の気候に属しており，ため池が多く見られる。なお，根釧《こんせん》台地は北海道，北上高地は岩手県，甲府盆地は山梨県にある。

(7) 前方後円墳は，方形(四角形)と円形を組み合わせた形の古墳で，大規模な古墳の多くはこの形をしている。「仁徳天皇陵」は大仙(大山)古墳ともよばれる，日本最大の前方後円墳である。

(8) 堺は室町時代の勘合《かんごう》(日明)貿易や戦国時代の南蛮《なんばん》貿易で栄えた港町で，戦国時代には会合衆《えごう》とよばれる有力な商人たちによる自治が行われた。また，鉄砲が伝わると，国内有数の鉄砲の産地となった。本願寺とよばれる寺院は全国各地にあり，堺にも本願寺別院があるが，門前町として発達したとはいえない。

(9)　市民が市長の解職請求(リコール)を行う場合，有権者の３分の１以上の署名(有権者数が40万人以下の場合)を集めて選挙管理員会に提出する。その後，住民投票で過半数の賛成が得られると，解職が成立する。

(10)　生産年齢の人口は7402万人，高齢者の人口は3640万人なので，7402万÷3640万＝2.03…より，およそ２人の生産年齢の人で，１人の高齢者を支えていることになる。

2　関東地方の各都県の地理についての問題

(1)　写真は日光東照宮の陽明門を写したもので，日光東照宮は栃木県北西部の日光市にある。

(2)　ねぎは，近郊農業がさかんな関東地方各県での生産がさかんで，収穫《しゅうかく》量はＥの千葉県が全国第１位，Ｃの埼玉県が第２位，Ｄの茨城県が第３位となっている。埼玉県熊谷《くまがや》市では，2018年に観測史上国内最高気温となる41.1℃を記録した。なお，アについて，レタスの収穫量は中部地方の長野県が全国第１位だが，長野県はそれほど酪農がさかんではない。ウについて，日本なしの収穫量は茨城県，千葉県，栃木県が全国の第１～３位を占《し》めるが，栃木県は千葉県と接していない。エについて，いちごの収穫量は栃木県が全国第１位で，以下，福岡・熊本・長崎という九州地方の各県が続く。沖縄県をのぞく九州地方の各県は，県名と県庁所在地名がすべて同じである。統計資料は『日本国勢図会』2021／22年版による(以下同じ)。

(3)　Ｄは茨城県で，県南東部で太平洋に面する鹿嶋《かしま》市と隣接《りんせつ》する神栖《かみす》市には，鹿島臨海工業地域が形成されている。鹿島臨海工業地域には，大型船が着岸できるように遠浅の海を掘《ほ》って造成された掘り込《こ》み港があり，製鉄所や石油化学コンビナートが立地している。君津市と市原市は千葉県，川崎市は神奈川県にある工業都市。

(4)　Ｅは千葉県で，北部には日本最大の貿易額をほこる成田国際空港がある。航空機による輸送であるため，輸入品目は小型・軽量な割に高価な通信機や医薬品，集積回路などが上位を占めている。なお，イは横浜港(神奈川県)，ウは博多港(福岡県)，エは東京港。

(5)　Ｆは東京都で，東部には荒《あら》川や隅田《すみだ》川，中川などが集中して流れている。また，この地域は明治時代以降，住宅地・工場用地として発展し，地下水のくみ上げが続けられた。これによって地盤《じばん》が沈下《ちんか》し，海面よりも土地の標高が低いゼロメートル地帯が広がるようになった。

(6)　利根川は越後《えちご》山脈の大水上《おおみなかみ》山を水源として関東平野をおおむね北西から南東へと流れ，千葉県銚子《ちょうし》市で太平洋に注ぐ。その流域面積は国内で最も広いが，Ｇの神奈川県は流域にふくまれない。

(7)　江戸時代に整備された五街道は，江戸日本橋(東京都)を起点として各地を結び，埼玉県・茨城県・栃木県には日光街道と奥州街道(栃木県宇都宮市までは同じ道)が，埼玉県と群馬県には中山道が，神奈川県には甲州街道と東海道が通っていたが，千葉県には通っていなかった。

(8)　ア　製造品出荷額等はＧの神奈川県が最も多く，農業産出額はＦの東京都が最も少ない。
イ　人口密度は，(人口)÷(面積)で求められる。ここでは，統計表中の人口の数値を面積の数値で割ったとき，１に満たない都県が，１km^2あたりの人口密度が1000人を下回っていることになる。ここから，Ａの栃木県，Ｂの群馬県，Ｄの茨城県の３つだけが，これにあてはまるとわかる。
ウ　農業産出額の少ないＦの東京都，Ｇの神奈川県，Ｃの埼玉県の合計額は2567億円で，最も多いＤの茨城県の4302億円を下回る。　エ　面積は，Ａの栃木県，Ｂの群馬県，Ｄの茨城県の順に大きく，人口は，Ａの栃木県，Ｂの群馬県，Ｄの茨城県の順に少ないので，正しい。

3 各時代の歴史的なことがらについての問題

⑴　律令制度のもとで，人々にはさまざまな税や労役・兵役の義務が課された。このうち，３年間九州北部の防衛にあたる兵役は防人《さきもり》とよばれ，多くは東国の人々の中から選ばれた。旅程が長く，装備や食料も自分で負担しなくてはならなかったため，かなり重い負担となった。

⑵　太政《だいじょう》大臣は朝廷における行政上の最高官職で，皇族や藤原道長のような貴族(公家)がこれを務めた。武士としては，1167年に就任した平清盛が最初で，室町幕府の第３代将軍足利義満や豊臣秀吉，江戸幕府の初代将軍徳川家康などがこの地位についた。室町幕府の第８代将軍足利義政は，死後に太政大臣の地位がおくられ，生前はこの地位につくことがなかった。

⑶　摂政《せっしょう》は，天皇が幼少のときや女性のとき，天皇を補佐して政治を行う要職で，聖徳太子は最初の摂政になったともいわれており，推古天皇の政治を助けた。聖徳太子は天皇中心の国づくりを目指し，603年に冠位十二階の制度を，604年に十七条の憲法を定めた。なお，アについて，大化の改新は中大兄《なかのおおえの》皇子(のちの天智天皇)と中臣鎌足《なかとみのかまたり》が中心となって進めた。ウについて，大宝律令は刑部《おさかべ》親王や藤原不比等《ふひと》らによってまとめられ，701年に完成した．エは奈良時代に聖武天皇が行ったことである。

⑷　関白は，成人した天皇の政治を補佐する役職で，藤原頼通《よりみち》は1019年に関白になった。アは1051年，イは1124年，ウは1086年，エは905年ごろのできごとである。

⑸　北条政子は，鎌倉幕府の初代将軍源頼朝の妻で，頼朝が亡くなったあとも，北条一族とともに幕政に深くかかわって「尼《あま》将軍」とよばれた。1221年に後鳥羽《ごとば》上皇が承久《じょうきゅう》の乱を起こすと，動揺《どうよう》する御家人に頼朝の御恩の深さを説いて団結をよびかけ，幕府軍を勝利に導いた。

⑹　ウは鎌倉幕府にあてはまることがらで，室町幕府は京都にあったため，関東地方をまとめる出先機関として鎌倉府を設置した。

⑺　江戸幕府の支配体制は幕藩体制とよばれ，幕府が各地を治める大名を統制し，大名が藩を支配するしくみであった。

⑻　アは1925年，イは1918年，ウは1941年，エは1932年のできごとなので，年代の古い順にイ→ア→エ→ウとなる。

4 各時代の文化についての問題

⑴　江戸時代前半，第５代将軍徳川綱吉が政治を行っていたころには，上方とよばれた京都・大坂(大阪)の町人をおもな担《にな》い手として，元禄文化が栄えた。

⑵　Ｂは，奈良時代に栄えた天平文化について説明している。この時代の743年には，口分田の不足を補うため，新たに開墾《かいこん》した土地の永久私有を認める墾田永年私財法が出された。なお，アとウは平安時代，エは飛鳥時代のできごと。

⑶　Ｃの時代は，鎌倉時代にあたる。鎌倉時代には，わかりやすく実践《じっせん》しやすい新しい仏教の宗派が広まり，法然《ほうねん》が浄土《じょうど》宗を，親鸞《しんらん》が浄土真宗を，日蓮《にちれん》が日蓮宗(法華《ほっけ》宗)を，栄西が臨済宗を，道元が曹洞《そうとう》宗を，一遍《いっぺん》が時宗《じしゅう》を開いた。

⑷　Ｄは，室町時代に栄えた東山文化について説明している。このころには，ふすま・あかり障子・床《とこ》の間などを備え，現在の和風建築のもとになった，書院造という建築様式が登場した。書院造の建築物としては，室町幕府の第８代将軍足利義政が京都東山に建てた銀閣(慈照《じしょう》寺)や，これに隣接する東求堂同仁斎《とうぐどうどうじんさい》が有名。

(5)　Ｅは，平安時代に栄えた国風文化について説明している。平安時代前半の894年，菅原道真は唐(中国)のおとろえや航海の危険などを理由に遣唐使の停止を進言し，受け入れられた。これによって中国の影響《えいきょう》が少なくなったため，日本人の生活や慣習にあった国風文化が栄えたとされる。

(6)　Ｆは，安土桃山時代の文化について説明している。写真は，この時期に活躍《かつやく》した絵師・狩野《かのう》永徳の代表作「唐獅子図屏風《からじしずびょうぶ》」である。なお，雪舟《せっしゅう》は室町時代に水墨《すいぼく》画を大成した絵師，俵屋《たわらや》宗達《そうたつ》は江戸時代初期に活躍した絵師，尾形光琳《おがたこうりん》は江戸時代に栄えた元禄文化のころに活躍した絵師。

(7)　Ｇは，江戸時代後半に栄えた化政文化について説明している。江戸時代には，農民や町民の子どものための教育機関として全国に寺子屋がつくられ，「読み・書き・そろばん」などが教えられた。

(8)　年代の古い順に，Ｂ→Ｅ→Ｃ→Ｄ→Ｆ→Ａ→Ｇとなる。

5　日本国憲法や政治についての問題

(1)　日本国憲法は第98条１項で「この憲法は，国の最高法規であって，その条規に反する法律，命令，詔勅《しょうちょく》(天皇の命令)及《およ》び国務に関するその他の行為の全部又《また》は一部は，その効力を有しない」と定めている。

(2)　消費者庁は内閣府の外局の１つで，多様な消費者問題に対応し，消費者の利益を守ることなどを目的として，2009年に設置された。

(3)　犯罪を裁く裁判を刑事裁判というのに対し，個人間や企業間など，国民どうしの対立を裁く裁判を民事裁判という。なお，弾劾《だんがい》裁判は，不適切な言動のあった裁判官を裁くための裁判で，国会内に弾劾裁判所が設置される。行政裁判は，国や地方公共団体の行為について判断する裁判である。

(4)　衆議院の選挙制度は小選挙区比例代表並立制とよばれ，１つの選挙区から１名の議員を選ぶ小選挙区制と，全国を11のブロックに分け，政党が得票数に応じて議席を獲得するという比例代表制を併用している。一方，参議院の選挙では，原則として都道府県を単位とする(２つの県を合わせて１つの選挙区とする合区が２つある)選挙区選挙と，全国を１つの単位とする比例代表制を併用している(2022年６月現在)。

(5)　衆議院には，いくつかの議決において参議院よりも強い権限が認められている(衆議院の優越)が，国政調査権の行使，弾劾裁判所の設置，憲法改正の発議については適用されない。

(6)　日本国憲法の改正は，衆・参各議院の総議員の３分の２以上の賛成をもって国会が発議(国民に提案)する。その後，国民投票が行われ，有効投票の過半数が賛成した場合，憲法改正が承認される。改正された憲法は，天皇が国民の名で公布する。

(7)　ジェンダーとは，「男らしさ」「女らしさ」のような，社会的・慣習的につくられた性差のことで，SDGs(持続可能な開発目標)では目標５として「ジェンダー平等を実現しよう」がかかげられている。日本では，女性議員や，企業における女性管理職が少ないなど，ジェンダーの不平等を解決することが課題となっている。

(8)　2021年９月，菅義偉《すがよしひで》首相の辞職を受けて自由民主党(自民党)の総裁選挙が行われ，写真の岸田文雄が勝利した。このあと，国会で内閣総理大臣の指名が行われ，岸田文雄が第100代内閣総理大臣に選出された。

理　科　＜第１回試験＞（30分）＜満点：50点＞

解　答

1 (1) イ　(2) ウ　(3) イ　(4) ウ　(5) ウ　2 (1) ウ　(2) 15度　(3) ① イ　② 東に12度　(4) ４分ずつ早くなる　3 (1) ２％　(2) 解説の図を参照のこと。　(3) 60cm^3　(4) 1.44ｇ　(5) 2.16ｇ　4 (1) 解説の図を参照のこと。　(2) ア　(3) ② イ　③ キ　(4) （例）ふ葉土がよう虫のえさになるから。　5 (1) 2.0m　(2) ア　(3) 4.0m/秒　(4) 14秒間　(5) ２秒

解　説

1 小問集合

(1) 光は，ガラスや水の中から空気中へ，境界面に対してななめに進むとき，境界面に近づくように屈折《くっせつ》する。このとき，光の入射角がある値より大きくなると，光は空気中には出ていかずにすべて境界面で反射して，再びガラス中にもどる。この現象は全反射とよばれ，光ファイバーはこの性質を利用して光を伝える。なお，アとエは光の屈折による。ウは，太陽光が大気中を通過するとき，太陽光にふくまれる青色の光は大気によって散らばりやすく，赤色の光だけが届くために起こる。

(2) 卵のすがたで冬をこすのは，カマキリとコオロギである。ギンヤンマは幼虫，モンシロチョウはさなぎのすがたで冬をこす。

(3) 水溶液《すいようえき》は透明《とうめい》である（色がついていてもよい）。炭酸水と砂糖水は無色透明なので水溶液といえるが，透明ではない牛乳とソースは水溶液とはいえない。

(4) １日の最高気温が25℃以上の日を夏日，30℃以上の日を真夏日，35℃以上の日を猛暑《もうしょ》日とよぶ。また，熱帯夜とは夜間の最低気温が25℃以上の夜のことである。

(5) 2021年，信州大学の研究グループが，マツタケと同じなかまに分類される新種のキノコを発見したことを発表した。このキノコは小さな黄色いかさを持ち，北アルプスや中央アルプスの標高2500～2600ｍにあるハイマツ林の中で見つかった。

2 地球の自転・公転と太陽や月の動きについての問題

(1) 地球は西から東の向きに自転していて，これを北極の上空側から見ると反時計回りに見える。地球が太陽のまわりを公転する向きも自転と同じく，北極の上空側から見て反時計回りである。

(2) 地球の自転により，太陽は24時間で地球のまわりを１周しているように見える。よって，１時間では，360÷24＝15（度）移動するように見える。

(3) ① 午後６時に太陽は西の地平線付近にあるので，このとき真南にある月は日本から見ると右半分が光っている半月で，これを上弦《じょうげん》の月という。なお，真南にくるのは，満月が真夜中（午前０時）ごろ，下弦の月が日の出（午前６時）ごろ，新月が正午ごろとなる。　② 月の満ち欠けの周期は約30日なので，毎日同じ時刻に月を観察し続けると，月の位置は１日あたり約，360÷30＝12（度）東に移動するように見える。

(4) 地球が北極の上空側から見て反時計回りに公転しているため，南の空の星を毎日同じ時刻に観察し続けると，その星の位置は１日あたり，360÷365＝0.986…より，約１度ずつ西に移動してい

く。したがって，地球が１度自転するのにおよそ，24×60÷360＝４（分）かかるので，ある星が南中する時刻は１日で４分ずつ早くなる。

3 水溶液の中和についての問題

⑴　試験管ＡにはＸ液50cm³だけが入っているので，これを加熱して残った1.20ｇの固体は，Ｘ液50cm³にとけていた水酸化ナトリウムである。よって，Ｘ液50cm³の重さは50ｇなので，Ｘ液の濃《こ》さは，1.20÷50×100＝2.4より，２％である。

⑵　表の値にしたがって黒丸印を６個かくと，右の図のようになる。加えたＹ液の体積が40cm³以下ではそれぞれの黒丸印が右上がりの直線上にあり，加えたＹ液の体積が40cm³以上ではそれぞれの黒丸印が横じくに平行な直線上にある。

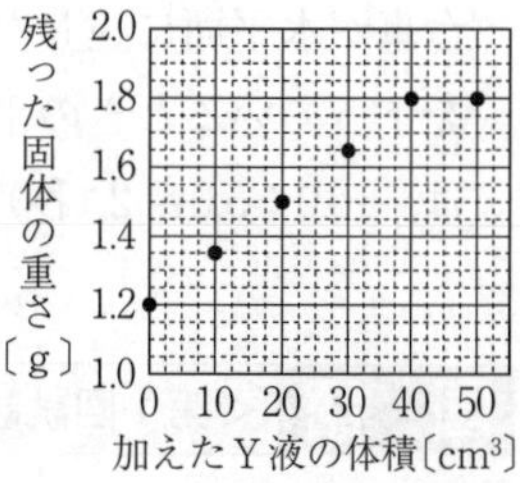

⑶　加えたＹ液の体積が40cm³以下では，Ｙ液が10cm³増えるごとに，残った固体の重さは0.15ｇずつ増えている。また，加えたＹ液の体積が40cm³以上では，Ｙ液が増えても残った固体の重さは一定となっていて，これはＸ液がすべて中和されていることを示している。よって，Ｘ液50cm³はＹ液40cm³とちょうど中和し，このとき1.80ｇの固体が中和によりできることがわかる。このことから，Ｘ液75cm³とちょうど中和するＹ液の体積は，$75\times\frac{40}{50}=60$(cm³)と求められる。

⑷　加えたＹ液の体積が40cm³以下なので，Ｙ液を16cm³加えると，残った固体の重さは1.20ｇよりも，$0.15\times\frac{16}{10}=0.24$(ｇ)増えて，1.20＋0.24＝1.44(ｇ)となる。

⑸　Ｘ液60cm³とちょうど中和するＹ液の体積は，$40\times\frac{60}{50}=48$(cm³)で，このとき中和によって，$1.80\times\frac{60}{50}=2.16$(ｇ)の固体ができる。一方，中和後にはＹ液が，60－48＝12(cm³)あまるが，Ｙ液は気体がとけた水溶液なので，加熱しても固体は残らない。したがって，残る固体の重さは2.16ｇである。

4 カブトムシについての問題

⑴　カブトムシはこん虫なので，からだが頭，むね，腹の３つに分かれており，あしはむねについている。よって，むねの部分を黒くぬると，右の図のようになる。

⑵　カブトムシの場合，大きな角があるのはオスだけで，メスには角がない。

⑶　カブトムシの成虫はクヌギやコナラなどの樹液をえさとしているので，クヌギやコナラなどが生えている雑木林にすんでいる。

⑷　カブトムシのよう虫は樹木の下にたまったふ葉土(くさった葉などが混ざった土)の中にいて，ふ葉土をえさとしている。

5 台車の運動についての問題

⑴　台車は1.0m/秒の一定の速さで，AB間を2.0秒で進んだので，AB間の距離《きょり》は，1.0×2.0＝2.0(m)である。

⑵　一定の速さで進んでいるので，進んだ距離は進んだ時間に比例する。したがって，進んだ時間と進んだ距離の関係を表すグラフは，原点(ゼロの点)から出る右上がりの直線となる。

⑶　実験２の結果の表より，点Ｏの高さが４倍(＝２×２)，９倍(＝３×３)，16倍(＝４×４)になると，台車が水平面に達したときの速さは２倍，３倍，４倍となっていることがわかる。したがっ

て，点Ｏの高さを20cmの４倍の80cmにすると，台車が水平面に達したときの速さは２倍の，2.0×２＝4.0（m/秒）になると考えられる。

⑷　表の①では，台車が水平面に達したときの速さが1.4m/秒なので，斜面《しゃめん》を下っているときの平均の速さは，1.4÷２＝0.7（m/秒）である。したがって，台車が斜面の上を移動していた時間は，10.0÷0.7＝14.2…より，14秒間と求められる。

⑸　点Ｏの高さを5.0m（＝500cm）にすると，これは20cmの，500÷20＝25（倍）（＝５×５）なので，台車が水平面に達したときの速さは，⑶より，2.0×５＝10.0（m/秒）とわかる。したがって，斜面を下っているときの平均の速さは，10.0÷２＝5.0（m/秒）なので，台車が斜面の上を移動する時間は，10.0÷5.0＝２（秒）となる。

国　語　＜第１回試験＞（50分）＜満点：100点＞

解　答

一　①　たの（もしい）　②　ちょうこう　③　げんみつ　④　しばふ　⑤～⑩　下記を参照のこと。　二　問１　１　カ　２　ウ　３　キ　４　ア　５　イ　問２　エ　問３　Ｂ　イ　Ｃ　オ　問４　Ｄ　エ　Ｅ　ア　問５　エ　問６　ア　問７　（例）　みんなが勝てた試合を引き分けてしまったことに悔しさを感じていないこと。　問８　（例）　みんなが仲違いせずに一丸となり，次の試合に向けて切り替えること。　問９　Ⅰ　控えの選手　Ⅱ　優越感　Ⅲ　動揺　問10　オ　問11　ア　問12　エ　問13　イ

三　問１　１　ア　２　カ　３　オ　４　ウ　５　イ　問２　人は　問３　Ⅰ　るまた（ほこづくり）　Ⅱ　十二（画）　問４　Ｃ　後退　Ｄ　先祖（祖先）　問５　ウ　問６　（例）　疑いを持ち，仮説を立て，検証すること（を繰り返すこと。）　問７　（例）　一人仮説を証明する実験に成功したら，実験の条件や手続きを明らかにして，誰が再現実験をしても同じ結果が出ること。　問８　リンゴが落ちる（こと。）　問９　イ　問10　実証　問11　Ⅰ　下に向かって落ちていく性質がある　Ⅱ　空にあるのが自然である　問12　イ

●漢字の書き取り

一　⑤　快（く）　⑥　暴（れる）　⑦　宝庫　⑧　貯金　⑨　故障　⑩　登頂

解　説

一　漢字の読みと書き取り

①　音読みは「ライ」で，「信頼」などの熟語がある。訓読みには，ほかに「たよ（る）」がある。　②　何かが起こる前ぶれ。　③　細かい点まで厳しく目を行き届かせているさま。　④　芝《しば》がじゅうたんのように一面に生えているところ。　⑤　音読みは「カイ」で，「快晴」などの熟語がある。　⑥　音読みは「ボウ」で，「乱暴」などの熟語がある。　⑦　貴重なものがたくさんある場所。　⑧　金銭をためておくこと。　⑨　機械などの一部に異常が起こって，正常にはたらかなくなること。　⑩　山の頂上に登ること。

二　出典は佐藤《さとう》いつ子の『キャプテンマークと銭湯と』による。サッカーのクラブチームに属する中学校二年生の周斗《しゅうと》は，試合でミスをした克彦《かつひこ》のことをみんなの前で責めるが，逆に日ごろの態度

のことなどをみんなに非難されてしまう。

問１　**1**　交代を告げられた克彦が，緊張によって「電流でも通されたみたい」に体を震《ふる》わせた場面なので，体をはねるように動かすようすを表す「ビクンと」が入る。　**2**　みんなが克彦を励《はげ》まそうと盛り上げていた空気が，周斗の言葉によって「一気に」突《つ》き落とされた場面なので，重いものが落ちるようすを表す「ドンと」が入る。　**3**「サッカーなんか，やめちまえよ」と言われた克彦が，その場から突然《とつぜん》「駆《か》け出した」場面なので，勢いよく走り出すようすを表す「ダッと」が入る。　**4**　克彦のことを心配して探していた周斗が，噴水《ふんすい》のところで「水色のユニフォーム」を見つけた場面なので，安心する気持ちを表す「ホッと」が入る。　**5**　大地が，手を回していた克彦の肩《かた》をたたく場面なので，ものを軽くたたくようすを表す「ポンと」が入る。

問２　Ａの「ながら」は，キーパーグローブをつけようとしている動作と，走るという動作が同時に行われていることを表している。同じ用法の「ながら」は，お茶を飲むという動作とテレビを見るという動作が同時に行われていることを表すエである。

問３　**Ｂ**「攻防」は，反対の意味を持つ漢字で組み立てられている熟語。同じ組み立てなのは，「往復」である。　**Ｃ**「失点」は，“点を失う”という意味で，上の漢字が動作を表し，下の漢字が動作の対象を表す組み立てとなっている。同じ構成の熟語は，“港に寄る”という意味の「寄港」。

問４　**Ｄ**「おおむね」は，“だいたい”という意味。その状態が大部分になることを表すときに用いられる。　**Ｅ**「はたと」は，“急に”という意味。動作などが急に変わるときに用いられる。

問５　克彦は，「蓮《れん》が倒《たお》れてピッチを離《はな》れたというのに」もかかわらず，キーパーグローブをつけようともしていなかった。克彦は，急に交代を告げられたので，心の準備ができておらず，冷静に行動できなかったのである。

問６　少し後で，周斗は「ゴールを死ぬ気で守ろうと思ってなかった」ことを「許せない」と言って，克彦を責めている。周斗は，「やる気」のないプレーで，勝てる試合が引き分けになってしまったことに怒《いか》りを感じていたので，コーチの言葉が耳に入ってこなかったのである。

問７　周斗は，みんなの輪の中で泣いている克彦を見て，「何とかおさめようとしていた怒り」が再びこみ上げてきた。そして，勝てたはずの試合が引き分けになったことを悔《くや》しがるどころか，みんなで克彦をなぐさめていたので，「くちびるが震えそう」になるくらい驚《おどろ》き，「悔しくないのかよ！　勝ちたくなかったのかよ」と，心の中でさけんだのである。

問８　歩《あゆむ》や光貴《こうき》が，周斗の言動を責めているときに，「もうやめろ」と言って「大地が遮《さえぎ》った」場面に着目する。大地は，「今仲違《なかたが》いしている場合じゃないだろ」と言って，みんなの気持ちをまとめ，二週間後の次の試合に向けて，チームが一つになることを望んでいるのである。

問９　Ⅰ～Ⅲ　ふだんは穏《おだ》やかな光貴から「何様なんだよ」と言われた周斗は，「胸がビン」と震えるくらい「動揺《どうよう》」している。また，ムードメーカーである歩に，真剣《しんけん》な表情で「控《ひか》えの選手のこと，正直馬鹿《ばか》にしてね？」と言われ，そんなつもりはなかったが，「優越感《ゆうえつかん》」は感じていたのではないか，いや，そうではない，といろいろ考え，動揺したのである。

問10　周斗は，みんなの非難の視線が背中に向けられているとわかっていたが，日ごろの態度のことを責められたり，「誰《だれ》ひとりとして」自分の味方になってくれなかったりしたので，今さら謝ることもできず，かたくなな気持ちになっている。

問11　周斗は，再び怒りがこみ上げてきたときに発してしまった「お前は最初からやる気なかったよな」や「サッカーなんか，やめちまえよ」という言葉を，少し冷静になった今では「やっぱり，言い過ぎたな」と後悔《こうかい》している。

問12　大地は，泣いている克彦に「ドンマイ。切り替《か》えて，次，頑張《がんば》ろうぜ」などと声をかけ，さらに走り去った克彦の居場所を見つけて言葉をかけ，二人でグラウンドに戻《もど》っていったので，アとウとオの内容は本文に合っている。また，歩や光貴が周斗を責めているときも，「もうやめろ」と言い，次の試合に向けてみんなの気持ちを一つにしようとしているので，イも正しい。エは，大地が声を克彦にかけたのは，周斗の代わりに謝ろうとしたわけではないので誤り。

問13　克彦に対する怒りやみんなに責められたときの動揺，さらには大地に対する「やきもち」や「敗北感」など，周斗の思いが，心の中で話しているような形で書かれており，心情の変化が読者に伝わるような工夫がされている。

三　**出典は池上 彰《いけがみあきら》の『はじめてのサイエンス』による。**科学とはどういうものか，また，科学がどのようにして真理に近づいていくのかについて説明されている。

問１　**１**「仮説と検証」をくり返すことで「真理」に近づこうとする営みが「科学」だが，仮説を検証する段階では，「一人だけが実験に成功しても，その仮説は認められ」ないという文脈になる。よって，前のことがらに，ある条件や例外などをつけ加えなければならない場合に用いる「ただし」が入る。　**２**　ニュートンの「万有引力の法則」が，アインシュタインの「重力理論」に取って代わられたという話題をふまえたうえで，科学者がどのように仮説を立てるのかという話題に続いている。よって，前のことがらを受けて，それをふまえながら次のことを導く働きの「では」が入る。　**３**「仮説になるような要素を抽象化」するということを説明するために，リンゴの実が木から落ちるのを見て仮説を立てたニュートンの例があげられている。よって，具体的な例をあげるときに用いる「たとえば」が入る。　**４**　ケンブリッジ大学にリンゴの木があるため，リンゴの実が落ちるのを見てニュートンが万有引力の法則を発見したという「エピソードが真実味を帯びて」くるものの，実際には，ニュートンから直接的にそのエピソードを聞いた人はいないという文脈になる。よって，前のことがらを受けて，期待に反することがらを導く「ところが」が入る。　**５**　音が光よりも遅《おそ》いということを説明するために，稲妻《いなずま》に関する時間差の例と，オールが水をたたいたときの時間差の例が並べてあげられている。よって，同類のことがらを並べ立て，いろいろな場合があることを表す「あるいは」が入る。

問２「なぜだろう？」「どうしてだろう？」と問いを発するのは，「科学的な態度を持つ人」なので，主語は「人は」となる。

問３　**Ⅰ**「段」の部首は，「殳」の部分で，「るまた」。「ほこづくり」ともいう。　**Ⅱ**　まず，こざとへん「阝」を三画で書いた後，続いて「比」を四画，最後に「白」を五画で書くので，総画数は十二画となる。

問４　**Ｃ**「前進」は，前へ進むこと。対義語は，後ろへ退くことを表す「後退」。　**Ｄ**「子孫」は，子や孫のこと。対義語は，その家系の過去の人々のことを表す「先祖」。

問５　次の段落に，「全知全能の神様」とはちがい，「人間の物の見方は完璧《かんぺき》ではない」とあるように，「法則や理論」であっても「絶対的な真実」とは言いきれないのである。

問６　すぐ後で，「第一歩は，『疑うこと』から始ま」ると述べている。その次に，「問いを発したら，次にそれの解答(回答)のための仮説」を立て，そして，その仮説が正しいかどうか，実験などをして「検証」することが必要となると説明している。

問７　「そうなれば」とあるので，前の部分に注目する。仮説を検証するための実験に一人だけが成功しても，その仮説は認められず，その仮説が「とりあえずの真理として成立」するためには，「実験の条件や手続きを明らかに」したうえで，誰が行う再現実験においても「同じような結果」が出ることが必要である。

問８　ニュートンは，木から「リンゴが落ちる」という具体的な事象を見て，「さまざまな物が落ちる運動」に着目して「抽象《ちゅうしょう》化《か》」し，物が落ちる理由について考えている。

問９　「相関関係」は「二つのものごとが単にかかわり合う関係」で，「因果関係」は「二つのものごとが原因・結果でつながる関係」である。毎日朝食を食べている子どもは成績がいいという研究結果が出ても，「朝食を食べること」が「原因」となって，「学力が高い」という「結果」が出ているとは言いきれないので，⑤には「相関関係」，⑥には「因果関係」が入る。これと同じように，「新聞を読む」ことと「学力が高い」ことは原因と結果の関係になってはいないので，⑦には「相関関係」，⑧には「因果関係」が入る。つまり，「ニュースに関心を持つ」ことが原因となって「学力が高くなる」という結果は導けないので，⑨には「因果関係」が入る。

問10　アリストテレスの例をあげ，「観察をすれば，仮説はいろいろ立てられ」るが，「検証という手続き」を経た「実証」が必要となると説明している。

問11　Ⅰ　アリストテレスは，土は「下にあるのが自然な状況《じょうきょう》」だから，土には「下に向かって落ちていく性質がある」と決めつけた。　Ⅱ　火花は「空にあるのが自然である」ため，火花は「上に向かっていくのだ」と決めつけた。

問12　仮説を立てたら，正しいかどうかを確かめるために「検証」を行わなければならないが，「仮説どおりの実験結果が出ない場合」は，「仮説を修正」し，「修正した仮説が正しいかどうか，再び検証をしてみる」ことが「科学という営み」だと本文に述べられているので，イが正しい。

Memo

2022年度　専修大学松戸中学校

〔電　話〕　047(362)9102
〔所在地〕　〒271－8585　千葉県松戸市上本郷２－3621
〔交　通〕　JR常磐線 ― 北松戸駅より徒歩10分

【算　数】〈第２回試験〉（50分）〈満点：100点〉

1　次の□にあてはまる数を求めなさい。

(1) $\frac{2}{5}+2\frac{4}{5}\div 2\frac{1}{10}-\frac{5}{6}=\square$

(2) $(10.4\times 6-2.9\times 8)\div 0.14=\square$

(3) $\frac{15}{17}\div\frac{91}{95}\div 5\frac{10}{13}\times 2\frac{13}{19}=\square$

(4) $\frac{23+\square}{59+\square}=\frac{5}{9}$　（□には同じ数が入ります）

2　次の□にあてはまる数を求めなさい。

(1) $34000\,\mathrm{mg}+0.28\,\mathrm{kg}=\square\,\mathrm{g}$

(2) 定価が150円の品物があります。この品物を，午前中は定価で売り，午後は定価の２割引きで売ったところ，合わせて56個売れて，１日の売り上げは7290円になりました。このとき，午前中に売れた品物の個数は□個です。

(3) Ａ地点からＢ地点まで行くには，｛バス，電車，ロープウェイ，遊覧船｝の４通りの交通手段があり，Ｂ地点からＣ地点まで行くには，｛バス，電車，遊覧船｝の３通りの交通手段があります。Ａ地点からＢ地点を経由してＣ地点まで行くとき，少なくとも１回はバスを利用する行き方は□通りあります。

(4) $\frac{11}{37}$を小数で表したとき，小数第2022位の数字は□です。

(5) 右の図で，ABとCDは平行で，同じ印をつけた角の大きさはそれぞれ同じです。このとき，角ABDの大きさは□度です。

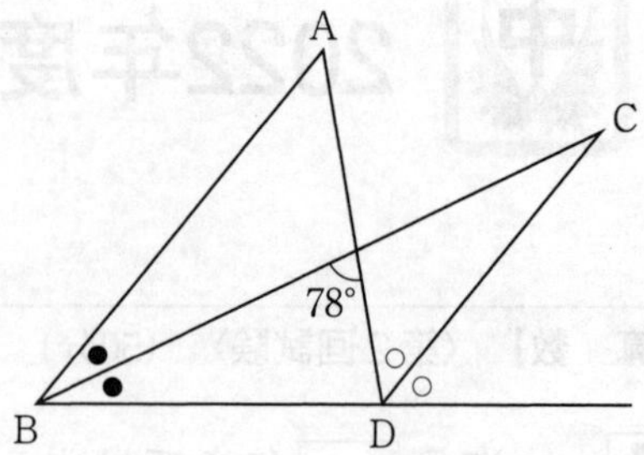

3 右の図のように，たてと横に一定の間かくで並んだ道があります。この道を通って，A地点からB地点まで最短距離《きょり》で進みます。

このとき，次の各問いに答えなさい。

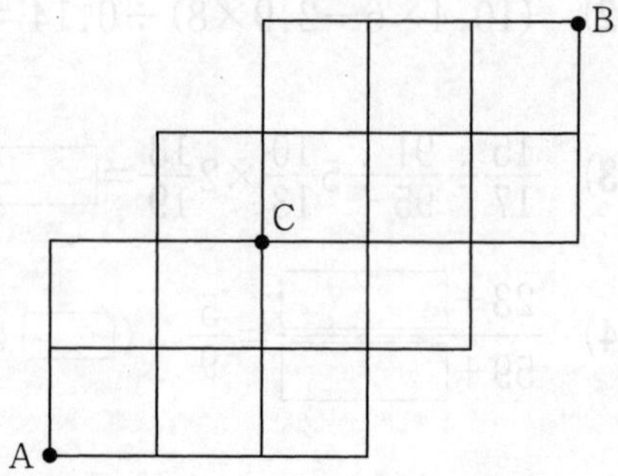

(1) 全部で何通りの道順がありますか。

(2) (1)のうち，C地点を通らない道順は何通りありますか。

4　太郎君の家の前は一本道で，北へ進むとおじさんの家があり，南へ進むと交番とおばさんの家があります。ある日，太郎君と妹は同時に家を出発して，太郎君は自転車でおばさんの家へ，妹は歩いておじさんの家へ，それぞれ贈《おく》り物を届けに向かいました。妹は，贈り物を届けて家に帰る途中《とちゅう》でお財布を拾ったため，交番に届けてから家に帰りました。また，太郎君は，おばさんから預かった荷物をおじさんの家に届けてから家に帰ったところ，２人は同時に家に着きました。下のグラフは，２人が家を出発してからの時間と，２人の家からの道のりの関係を表したもので，おじさんの家，おばさんの家，交番にいた時間はすべて２分です。また，太郎君の速さは毎分100ｍ，妹の速さは毎分60ｍです。

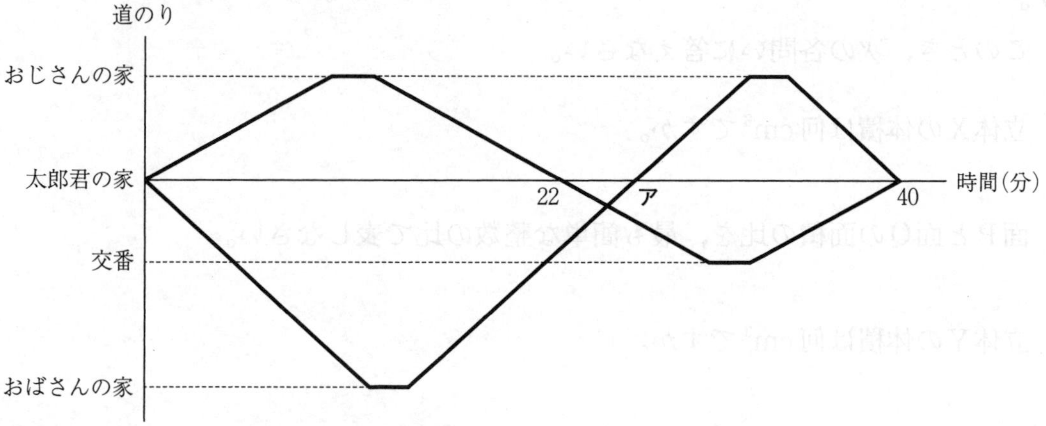

　このとき，次の各問いに答えなさい。

(1)　グラフの**ア**にあてはまる数を求めなさい。

(2)　２人がすれちがったのは，太郎君の家から何ｍ離《はな》れた地点ですか。

5　右の図は１辺の長さが６cmの立方体です。点Ｉは辺AD上の点で，AIの長さは４cmです。この立方体を３つの点Ａ，Ｃ，Ｆを通る平面で切ったとき，切り口の面をＰ，頂点Ｈをふくむ方の立体をＸとします。また，もとの立方体を，Ｉを通り面Ｐに平行な平面で切ったとき，切り口の面をＱ，頂点Ｈをふくむ方の立体をＹとします。

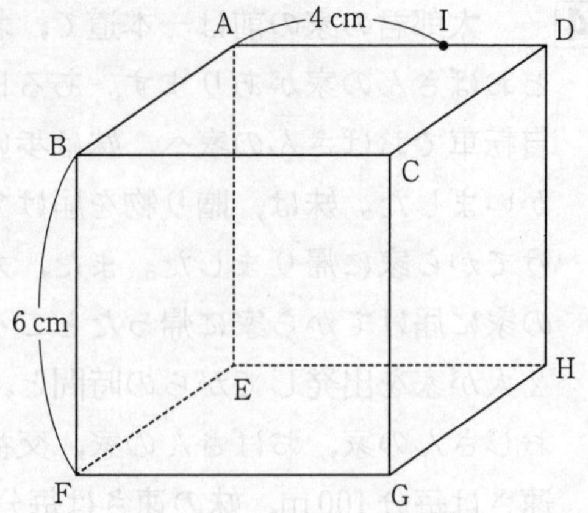

このとき，次の各問いに答えなさい。

(1)　立体Ｘの体積は何cm^3ですか。

(2)　面Ｐと面Ｑの面積の比を，最も簡単な整数の比で表しなさい。

(3)　立体Ｙの体積は何cm^3ですか。

6　2022や7757のように，４けたの整数のうち，３つの数字が同じで，１つの数字だけが異なる数について考えます。

このとき，次の各問いに答えなさい。

(1)　2022は，小さい方からかぞえて何番目の数ですか。

(2)　このような数は全部で何個ありますか。

7　右の図のように，半径４cmの円Ｏのまわりを，半径１cmの円Ｐが時計まわりですべらずに転がります。

円Ｐが円Ｏのまわりを１周してもとの位置にもどるまでの円Ｐの回転数について，Ｔ先生とＭさんが考えています。なお，円Ｐには矢印がかいてあり，はじめ，矢印は円Ｏの中心の方向（下向き）を向いています。

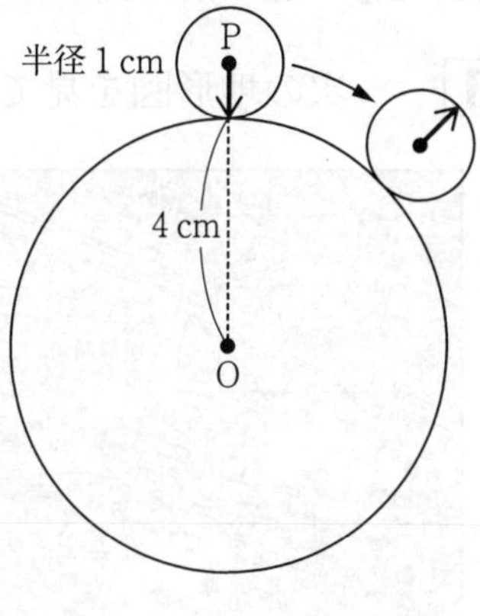

Ｔ先生：円Ｐがもとの位置にもどるまでに，円Ｐは何回転すると思いますか？

Ｍさん：半径の比が４：１ですから，４回転だと思います。

Ｔ先生：それでは考えてみましょう。右の図を見てください。はじめ，円Ｐにかかれた矢印は円Ｏの中心の方向を向いています。円Ｐが１回転するのは，この図のように，矢印の向きが再びはじめと同じ下向きになったときと考えられます。

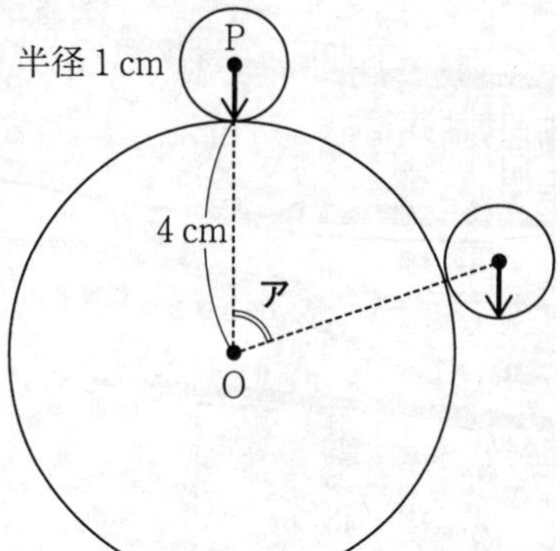

Ｍさん：なるほど，その通りですね…。

Ｔ先生：この図で，**ア**の角の大きさは何度ですか？

Ｍさん：２つの矢印の向きが同じですから，**ア**の角の大きさは□度です。

Ｔ先生：そうなりますね。このことを利用すれば，もとの位置にもどるまでの円Ｐの回転数を求められると思います。

このとき，次の各問いに答えなさい。

(1)　□にあてはまる数を求めなさい。

(2)　円Ｏはそのままで，円Ｐとは異なる大きさの円Ｑを転がしたところ，円Ｑはもとの位置にもどるまでに2.5回転しました。このとき，円Ｑの半径は何cmですか。

【社　会】〈第２回試験〉（30分）〈満点：50点〉

1　次の地形図を見て，あとの問いに答えなさい。

（国土地理院発行２万５千分の１地形図「高知」より作成）

(1)　松子さんは地形図を手がかりにして，「高知城跡」から「高知駅」まで行くことにしました。これについて述べた次の文を読んで，下の問いに答えなさい。

高知城の周りには$_A$裁判所や$_B$保健所などがあり，県の中心部であることを実感できる。大通りに面する場所には標高を示す印があり，交差点の向かい側には$_C$消防署と市役所があった。この交差点から$_D$寺院の前を通り過ぎながらしばらくまっすぐ歩くと，路面電車の走る国道にぶつかった。この通りに沿って北に歩くと，高知駅に着いた。高知城跡からおよそ２kmを，約30分かけて歩いた。

① 下線部Ａ～Ｄには，正しくないものが１つふくまれています。その記号を選び，正しい語句を答えなさい。

② 松子さんが歩いた距離《きょり》は，地形図上では約何cmで表されますか。算用数字で答えなさい。

⑵ 高知県について述べた文として正しくないものを次から１つ選び，記号で答えなさい。

ア かつおの一本釣《づ》りがさかんで，全国有数の水揚《みずあ》げ量をほこる。

イ 大規模な工業地帯がないことから，製造品出荷額等が四国で最も少ない。

ウ 野菜の促成栽培《そくせいさいばい》がさかんで，なすの収穫《しゅうかく》量は全国で最も多い。

エ 北部を流れる川は四国で最も長い川で，各県に水を供給している。

⑶ 高知市の西側に位置する「いの町」は，ある伝統的工芸品の産地として知られています。その伝統的工芸品として正しいものを次から１つ選び，記号で答えなさい。

ア 和紙　　**イ** 漆器《しっき》　　**ウ** 陶磁器《とうじき》　　**エ** 絹織物

⑷ 高知市の雨温図としてあてはまるものを次から１つ選び，記号で答えなさい。

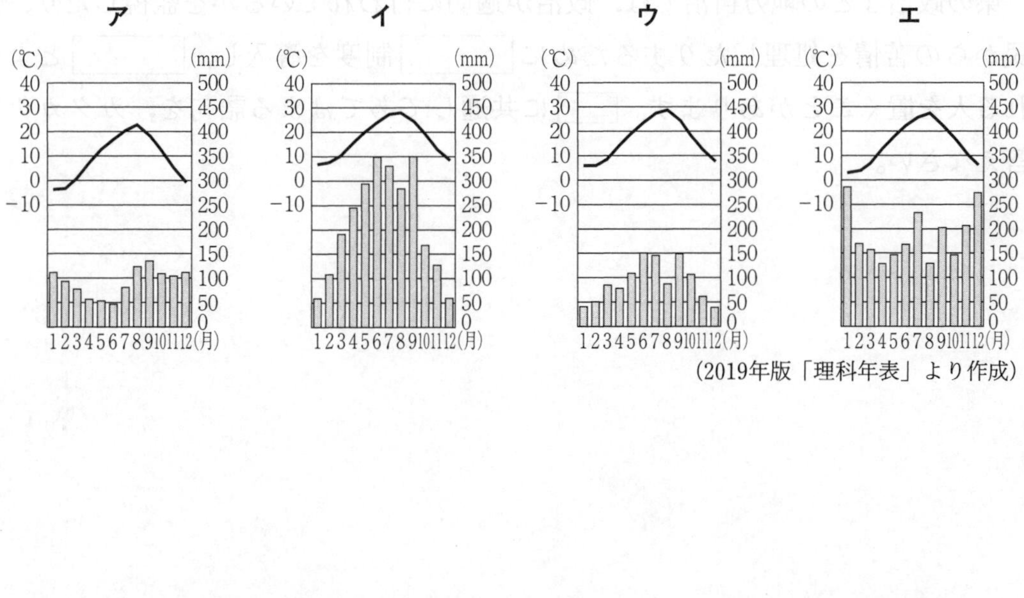

（2019年版「理科年表」より作成）

(5) 地形図中の右下にある博物館(血)は，自由民権記念館です。この記念館には，立志社の機関紙など，自由民権運動に代表される明治時代の政治や民衆運動に関するさまざまな資料が展示されています。これに関して，次の問いに答えなさい。

① 1874年にこの地で立志社を結成するなどし，自由民権運動を中心となって推し進めた人物を次から１人選び，記号で答えなさい。

ア 中江兆民　　**イ** 大隈重信　　**ウ** 板垣退助　　**エ** 福沢諭吉

② ①の人物が自由党を結成したのと同じ年のできごとを次から１つ選び，記号で答えなさい。

ア 西南戦争が起こった。　　**イ** 国会開設の詔《みことのり》が出された。

ウ 内閣制度が創設された。　　**エ** 第１回衆議院議員総選挙が実施《じっし》された。

(6) 地形図上にある県庁では，県の政治の中心として，さまざまな仕事が行われています。これに関して，次の問いに答えなさい。

① 県庁で政治の指揮をとるのが県知事です。県知事の被《ひ》選挙権は[X]であたえられます。また，県知事は住民の直接選挙によって選ばれることから強い権限が認められており，[Y]。[X]，[Y]にあてはまる語句と言葉の組み合わせとして正しいものを次から１つ選び，記号で答えなさい。

ア X　満25歳　　Y　議会の議決にやり直しを求めることができます

イ X　満25歳　　Y　いつでも議会を解散することができます

ウ X　満30歳　　Y　議会の議決にやり直しを求めることができます

エ X　満30歳　　Y　いつでも議会を解散することができます

② 県の政治などの地方自治では，政治が適切に行われているかを監視《かんし》したり，住民からの苦情を処理したりするために[　　]制度を導入し，[　　]とよばれる人を置くことがあります。[　]に共通してあてはまる語句を，カタカナで答えなさい。

2　各地の河川について述べた次の文を読んで，あとの問いに答えなさい。

A　山形県を南から北に貫《つらぬ》くように流れるこの川は，日本三大急流の１つとして知られる。上〜中流域には３つのおもな盆地が形成されており，下流域に広がる平野は国内有数の水田単作地帯となっている。

B　筑紫次郎ともよばれるこの川は，九州地方の４県を流れている。下流域に広がる平野には低湿地が多く，クリークとよばれる排水《はいすい》路がつくられてきた。

C　四国三郎ともよばれるこの川は，東に流れ，紀伊水道に注いでいる。上流につくられた早明浦《さめうら》ダムは四国最大のダムで，その水は各地の生活用水や農業用水，工業用水など，さまざまな方法で利用されている。

D　富山県の山間部を水源とするこの川の流域には，多くのダムや水力発電所がある。峡谷《きょうこく》を走る鉄道と山地を貫くトンネルや道路が建設されたことから，付近一帯は多くの人が訪れる観光地となった。

E　東北地方最大の湖を水源の１つとするこの川は，西に流れ，日本海に注いでいる。また，この川の中流域では1965年に，化学工場の排水にふくまれていた有機水銀を原因とする公害病が確認《かくにん》された。

F　諏訪《すわ》湖を水源とするこの川は，［　①　］と［　②　］の間を流れ，遠州灘《なだ》に注いでいる。流域では林業がさかんであり，また，長野自動車道，新東名高速道路，［　③　］，［　④　］という４つの高速道路がこの川を横切っている。

G　京阪神地方に生活用水や工業用水などを供給しているこの川の水源は，近畿の水がめとよばれる琵琶湖などである。長さはそれほど長くないが，琵琶湖が水系にふくまれることや，支流が多いことから，［　　　　］ことが特色となっており，第１位の利根川の半分近くある。

(1)　Aの下線部について，３つの盆地の組み合わせとして正しいものを次から１つ選び，記号で答えなさい。

ア　横手盆地・新庄盆地・北上盆地　　　**イ**　横手盆地・北上盆地・山形盆地

ウ　山形盆地・米沢盆地・会津盆地　　　**エ**　新庄盆地・山形盆地・米沢盆地

(2)　Bの河川の流域にあり，絣《かすり》の着物やタイヤの生産がさかんなことで知られる都市を次から１つ選び，記号で答えなさい。

ア　久留米市　　**イ**　佐世保市　　**ウ**　島原市　　**エ**　八代市

(3)　Cの河川の名を，漢字で答えなさい。

(4)　Ｄの下線部について，富山県を流れる河川として正しくないものを次から１つ選び，記号で答えなさい。

ア 常願寺川　　**イ** 神通川　　**ウ** 九頭竜川　　**エ** 庄川

(5)　Ｅの下線部について，明治時代の初め，この湖の水を郡山盆地などに引く安積疏《あさかそ》水《すい》がつくられ，その水は地域の開発に大きく貢献《こうけん》しました。この湖の名を，漢字で答えなさい。

(6)　Ｆの文中の［①］～［④］にあてはまる語句の組み合わせとして正しいものを次から１つ選び，記号で答えなさい。

ア　①　木曽山脈　　②　赤石山脈　　③　関越自動車道　　④　東名高速道路
イ　①　木曽山脈　　②　赤石山脈　　③　中央自動車道　　④　東名高速道路
ウ　①　飛驒山脈　　②　木曽山脈　　③　関越自動車道　　④　中央自動車道
エ　①　飛驒山脈　　②　木曽山脈　　③　中央自動車道　　④　東名高速道路

(7)　Ｇの［　　］にあてはまる言葉を，10字以内で答えなさい。

(8)　Ａ～Ｇをその河口の位置で見たとき，北から２番目にあたるものを１つ選び，記号で答えなさい。

3　　次のＡ～Ｈは，さまざまな時代に出された法令やきまりの一部であり，現代の言葉づかいに改めている部分もあります。これを読んで，あとの問いに答えなさい。

Ａ　聞くところによると，墾田は養老七年(723年)に出したきまりによって，期限が来ると国に返すことになっている。そのため農民はなまけてしまい，土地がまた荒《あ》れてしまうという。今後は墾田の私有を認め，三世一身を論ずることなく，永久に取り上げることのないようにしなさい。

Ｂ　一．諸国の［　　　　］の仕事について
　　右大将家(頼朝)のときに定められたことは，京都や鎌倉の警護《けいご》にあたることを御家人に命じること，謀反《むほん》人や殺害人を取りしまることである。

Ｃ　駿河・遠江両国の家臣たちは，自分勝手に他国から嫁《よめ》をもらったり，婿《むこ》を迎《むか》えたり，娘《むすめ》を嫁に出すことは，今後禁止する。

Ｄ　一．加納(岐阜)の市場に移り住んでくる者は，織田領内のどこでも自由に往来してよい。また，屋敷《やしき》地にかかる年貢《ねんぐ》や諸役を免除《めんじょ》する。
　一．楽市・楽座とするので，承知して商売をすること。

Ｅ　一．文武弓馬の道を，もっぱらたしなむこと。

一．大名は，領国と江戸に交替《こうたい》に居住すること。毎年夏，四月中に参勤すること。

F　(外国人が)近年は各地に小舟で乗り寄せて薪《まき》や水・食料を求め，去年(1824年)には(常陸や薩摩に)勝手に上陸し，あるいは廻船《かいせん》の米穀や島の野牛を奪《うば》いとるなど，乱暴な行為《こうい》が増えている。……今後はどこの港においても外国船が入港したことを発見したら，有無を言わさずひたすら打ちはらうこと。

G　第一条　大日本帝国ハ万世一系ノ天皇之《これ》ヲ統治ス
　　第三条　天皇ハ神聖ニシテ侵《おか》スヘ(べ)カラス(ず)
　　第十一条　天皇ハ陸海軍ヲ統帥《とうすい》ス

H　第一条　国体を変革し，または私有財産制度を否認することを目的として結社を組織し，または情を知りてこれに加入したる者は，十年以下の懲役《ちょうえき》または禁錮《きんこ》に処す。

(1)　Aは743年に出された法令で，これにより新たに開墾した土地の永久私有が認められました。朝廷がこのような法令を出した理由の１つについて述べた次の文中の□にあてはまる言葉を，「農民」「口分田」という語句を用いて15字程度で答えなさい。

人口が増加したことなどから，□ため。

(2)　Bは北条泰時によって定められた最初の武家法として知られる法令の一部です。□にあてはまる，源頼朝が国ごとに置き，御家人をその職に任じた役職の名称を，漢字で答えなさい。

(3)　Cは駿河(静岡県)を根拠地とした戦国大名が，領国支配のために定めた法令の一部です。この戦国大名を次から１つ選び，記号で答えなさい。

ア　今川氏　　**イ**　武田氏　　**ウ**　上杉氏　　**エ**　伊達氏

(4)　Dを定めた人物が琵琶湖のほとりに築き，天下統一の根拠地とした城の名を，漢字で答えなさい。

(5)　Eは江戸幕府の第３代将軍によって定められたものです。この将軍の在任期間中のできごととして正しいものを次から１つ選び，記号で答えなさい。

ア　公事方御定書が定められた。　　**イ**　ポルトガル船の来航を禁止した。

ウ　生類憐《あわれ》みの令が出された。　　**エ**　大坂冬の陣・夏の陣が起きた。

(6)　Fは1825年に出された法令で，これにもとづき1837年には，浦賀に来航したアメリカ商船モリソン号が撃退《げきたい》されるという事件が起こりました。このできごとに関連して，幕府の鎖国政策を批判したとして処罰《しょばつ》された人物を次から１人選び，記号で答えなさい。

ア　杉田玄白　　**イ**　吉田松陰　　**ウ**　高野長英　　**エ**　大塩平八郎

(7)　Gは大日本帝国憲法の一部です。憲法発布の式典のようすを描《えが》いた右の絵にも描かれている，この憲法が発布されたときに内閣総理大臣を務めていた人物を次から１人選び，記号で答えなさい。

ア　伊藤博文　　**イ**　大隈重信

ウ　山県有朋　　**エ**　黒田清隆

(8)　Hは社会主義運動の取りしまりを目的として1925年に制定された法律です。この法律の名を，漢字５字で答えなさい。

4　日本にある世界文化遺産の中には，歴史とかかわりの深いものが多くあります。その一部についてまとめた次の表を見て，あとの問いに答えなさい。

	世界文化遺産の名称	所在地(都道府県)	登録年
A	姫路城	兵庫県	1993年
B	古都京都の文化財	京都府・滋賀県	1994年
C	原爆ドーム	広島県	1996年
D	厳島《いつくしま》神社	広島県	1996年
E	琉球王国のグスク及《およ》び関連遺産群	沖縄県	2000年
F	富岡製糸場と絹産業遺産群	群馬県	2014年
G	百舌鳥《もず》・古市古墳群	□	2019年
H	北海道・北東北の縄文遺跡群	秋田県・岩手県など	2021年

(1)　Ａは17世紀初め，池田輝政が居城としていた城です。当時の文化について述べた文として正しいものを次から１つ選び，記号で答えなさい。

ア　松尾芭蕉が俳諧《はいかい》紀行文『奥の細道』を著した。

イ　出雲の阿国による歌舞伎踊《おど》りが人気を集めた。

ウ　雪舟《せっしゅう》が日本風の水墨画《すいぼくが》を大成させた。

エ　葛飾北斎が浮世絵《うきよえ》版画集「富嶽《ふがく》三十六景」を描いた。

(2)　Ｂの構成資産の１つである二条城は，1867年10月，徳川慶喜が行った□の舞台《ぶたい》ともなりました。□にあてはまる「政権を朝廷に返上すること」を意味する語句を，漢字４字で答えなさい。

(3)　Ｃは広島に投下された原子爆弾《ばくだん》によって被爆した広島県産業奨励《しょうれい》館の焼け跡です。広島に原子爆弾が投下された日よりあとのできごとを次から１つ選び，記号で答えなさい。

ア　サイパン島が占領《せんりょう》された。　　**イ**　東京大空襲《くうしゅう》が起こった。

ウ　ソ連が日本に宣戦布告した。　　**エ**　アメリカ軍が沖縄島に上陸した。

(4)　Ｄは平氏が一族の氏神として保護したことで知られますが，もとは□国の一宮であった神社でした。□にあてはまる旧国名を次から１つ選び，記号で答えなさい。

ア　安芸　　**イ**　備後　　**ウ**　周防　　**エ**　長門

(5)　Ｅについて，右の写真はその構成資産として登録されている，第二次世界大戦後に復元された首里城の正殿《せいでん》(2019年に焼失)です。首里城は初め，1429年に琉球を統一した中山王の□によって整備されました。□にあてはまる人物を，次から１人選び，記号で答えなさい。

ア　李成桂《りせいけい》　　**イ**　尚巴志《しょうはし》　　**ウ**　毛沢東《もうたくとう》　　**エ**　安重根《あんじゅうぐん》

(6)　Ｆについて，富岡製糸場が操業を開始したのと同じ年に，新橋－□間に日本で最初の鉄道が開通しました。□にあてはまる地名を，漢字２字で答えなさい。

(7)　Ｇの□にあてはまる都道府県名を，漢字で答えなさい。

(8)　Ｈは４道県に点在する17の縄文時代の遺跡で構成されています。そのうちの１つである青森県の三内丸山遺跡について述べた文として**正しくないもの**を次から１つ選び，記号で答えなさい。

ア　縄文時代中期の集落跡で，最大で数百人が居住していたと考えられている。

イ　竪穴住居や高床式の倉庫などが復元され，土器や土偶などが多数出土している。

ウ　周辺でクリやクルミ，マメなどを栽培していた跡が見つかっている。

エ　この時代の国内最大規模の環濠《かんごう》集落跡で，周囲に濠《ほり》や柵《さく》がめぐらされている。

5　次の文を読んで，あとの問いに答えなさい。

今年(2022年)は，1972年にスウェーデンのストックホルムで国連人間環境《かんきょう》会議が開かれてちょうど50年にあたる。環境問題に関する初めての大規模な政府間の会合であったこの会議には，113か国の代表が参加し，「かけがえのない[　　　]」というスローガンのもと，多くの話し合いが行われ，「人間環境宣言」などが採択《さいたく》された。また，国連は同年，(あ)国連環境計画を設立した。

その20年後の1992年には，ブラジルのリオデジャネイロで国連環境開発会議が開催《かいさい》された。「[　　　]サミット」ともよばれるこの会議では，「持続可能な開発」のスローガンのもと，さまざまな話し合いが行われ，「環境と開発に関するリオ宣言」などが採択され，気候変動枠組《わくぐみ》条約(地球温暖化防止条約)などの(い)条約が調印された。気候変動枠組条約については，1995年以来，毎年，その締約《ていやく》国による会議が開かれており，2015年の第21回締約国会議(COP21)では，(う)地球温暖化の進行を食い止めるためにすべての国や地域がとるべき2020年以降の行動指針などを定めた合意書が調印された。

2019年にスペインのマドリードで開催された第25回締約国会議(COP25)には，日本から(え)環境大臣や関係する各省庁の職員らも出席したが，温室効果ガスの排出量の削《さく》減《げん》についての具体的な数値目標について，参加国の合意にはいたらなかった。

(1)　文中の[　　　]に共通してあてはまる語句を，漢字で答えなさい。

(2)　下線部(あ)に関して，次の問いに答えなさい。

①　国連環境計画の英語の略称を次から１つ選び，記号で答えなさい。

ア　UNESCO　　**イ**　UNHCR　　**ウ**　UNEP　　**エ**　UNICEF

② 国連環境計画は国連の機関の１つです。国連の主要機関の１つである安全保障理事会の常任理事国のうち，最も新しく常任理事国となった国を次から１つ選び，記号で答えなさい。

ア イギリス　**イ** フランス　**ウ** 中国　**エ** ロシア

(3) 下線部ⓘについて，条約が日本国内で効力を持つまでの手続きについて述べた次の文中の［　　］にあてはまる内容を，10字以内で答えなさい。

> 条約は，内閣が締結したものを［　　　　］ことが必要で，天皇の認証などを経て効力を持つようになる。

(4) 下線部ⓤに関して，次の問いに答えなさい。

① この合意書は，会議が開かれた都市の名にちなんで［　　］とよばれています。［　　］にあてはまる語句を次から１つ選び，記号で答えなさい。

ア 京都議定書　**イ** パリ協定
ウ ワシントン条約　**エ** モントリオール議定書

② ①の合意書について，アメリカ合衆国は2017年に当時の大統領が離脱《りだつ》を表明し，2020年に正式に離脱しましたが，2020年11月の大統領選に勝利した新たな大統領により，2021年２月に正式に復帰しました。離脱と復帰を表明した大統領の名と所属する政党名の組み合わせとして正しいものを次から１つ選び，記号で答えなさい。

ア 離脱：トランプ―民主党　復帰：バイデン―共和党
イ 離脱：トランプ―共和党　復帰：バイデン―民主党
ウ 離脱：オ バ マ―民主党　復帰：トランプ―共和党
エ 離脱：オ バ マ―共和党　復帰：トランプ―民主党

(5) 下線部ⓔに関して，次の問いに答えなさい。

① 環境大臣は国務大臣の１人です。日本国憲法第66条２項では国務大臣は［ a ］でなければならないことが，第68条では，内閣総理大臣が国務大臣を任命することと，その［ b ］は国会議員でなければならないことが，それぞれ定められています。［ a ］，［ b ］にあてはまる語句の組み合わせとして正しいものを次から１つ選び，記号で答えなさい。

ア a 日本国民　b 過半数　**イ** a 日本国民　b ３分の２以上
ウ a 文民　b 過半数　**エ** a 文民　b ３分の２以上

② 環境大臣は環境省のトップです。環境省は2001年の中央省庁再編のさい，庁から省に格上げされました。同様に2007年，庁から省に格上げされた省庁を次から１つ選び，記号で答えなさい。

ア 財務省　**イ** 経済産業省　**ウ** 総務省　**エ** 防衛省

(6) 気候変動は大きな問題となっており，2015年に国連で採択されたSDGs(持続可能な開発目標)でも「13 気候変動に具体的な対策を」として設定されています。気候変動やSDGsについて述べた文として正しくないものを次から１つ選び，記号で答えなさい。

ア SDGsには，2030年までに先進国が達成するべき17の目標が示されている。

イ 気候変動は貧困や飢《き》餓《が》など，SDGsのほかの目標とも関連している。

ウ 二酸化炭素やメタンなどの温室効果ガスが，気候変動の要因とされている。

エ 気候変動によって，国土がなくなる危機にさらされている国もある。

【理　科】〈第２回試験〉(30分)〈満点：50点〉

1　次の問いに答えなさい。答えは，それぞれの**ア～エ**から最も適切なものを１つずつ選び，記号で答えなさい。

(1)　磁石の力を利用した器具または装置はどれですか。

ア　モーター　　**イ**　燃料電池　　**ウ**　アイロン　　**エ**　LED電球

(2)　秋に種から芽を出し，葉を地面の上に出したすがたで冬をこす植物はどれですか。

ア　イネ　　**イ**　ホウセンカ

ウ　アサガオ　　**エ**　アブラナ

(3)　右の図のように川が曲がって流れているところで，X側の岸にたくさんのブロックが置かれていました。その理由として適切なのはどれですか。

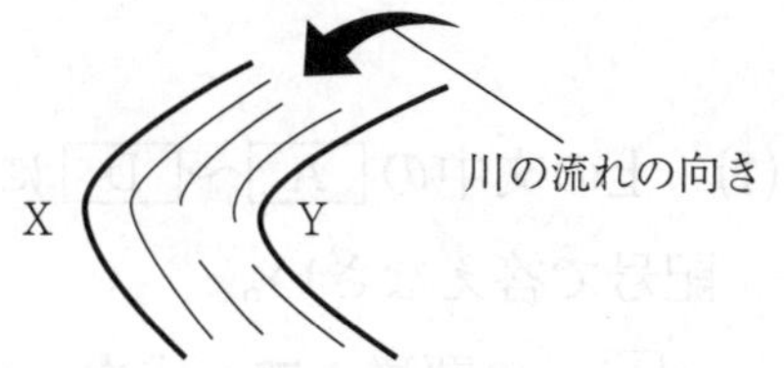

ア　川の魚などの生物のすみかをつくるため。

イ　しばらくあとにＸＹ間に橋をつくるため。

ウ　川はばをせまくして，流れを速くするため。

エ　川岸がけずられていくのを防ぐため。

(4)　うすい塩酸とうすい水酸化ナトリウム水溶液《すいようえき》を４：５の体積の比で混ぜるとちょうど中和して中性になるとき，うすい水酸化ナトリウム水溶液60 cm^3 を中和して中性にするには，うすい塩酸が何 cm^3 必要ですか。

ア　75 cm^3　　**イ**　60 cm^3　　**ウ**　48 cm^3　　**エ**　36 cm^3

(5)　2021年７月，海洋研究開発機構の研究グループは，2013年に海洋地球研究船「みらい」で行った北極海での調査で採取した植物プランクトンをくわしく調べたところ，体内に□と同じ成分をつくってたくわえる藻類《そうるい》を発見したと発表しました。□にあてはまる言葉は何ですか。

ア　サラダ油　　**イ**　バター　　**ウ**　ガソリン　　**エ**　ごま油

2　次の文を読んで，あとの問いに答えなさい。

モンシロチョウは，寒い冬を[A]のすがたでこします。春になると，菜の花畑や①キャベツ畑などで，成虫がさかんに飛び回るのが見られるようになります。②モンシロチョウのよう虫は，卵のからを破って出てきます。ふ化した直後は黄色のからだをしていますが，葉を食べるようになるとまもなく[B]色になります。[B]色になったよう虫は，[C]とよばれます。ふ化後のよう虫はだっ皮をしながら成長し，やがて口から糸を出してからだを木の枝などに固定し，[D]になります。[D]になったあと，背中を破って成虫が出てきます。これを羽化といいます。

(1)　上の文中の[A]～[D]にあてはまる語句を，それぞれの語群から１つずつ選び，記号で答えなさい。

[A]の語群：**ア**　成虫　　**イ**　さなぎ　　**ウ**　卵　　**エ**　よう虫

[B]の語群：**ア**　白　　**イ**　黒　　**ウ**　緑　　**エ**　こげ茶

[C]の語群：**ア**　アオムシ　　**イ**　ケゴ　　**ウ**　ヤゴ　　**エ**　ウジ

[D]の語群：**ア**　３令よう虫　　**イ**　４令よう虫　　**ウ**　５令よう虫　　**エ**　さなぎ

(2)　下線部①について，モンシロチョウの成虫は，キャベツ畑ではおもに何をしていますか。次の**ア**～**エ**から最も適切なものを１つ選び，記号で答えなさい。

ア　卵を産みつけている。

イ　キャベツの種を運んでいる。

ウ　葉に集まる小さい虫を食べている。

エ　葉のしるをすっている。

(3)　下線部②について，よう虫は卵のからを破って外に出てきたすぐあとに，まず何をしますか。次の**ア**～**エ**から最も適切なものを１つ選び，記号で答えなさい。

ア　卵を産みつけていた葉の上のつゆをすう。

イ　卵を産みつけていた葉を食べる。

ウ　卵のからを食べる。

エ　１回目のだっ皮をする。

(4)　ある広いキャベツ畑で，10匹《ぴき》のモンシロチョウを捕《つか》まえて印をつけて放しました。数日後，再びモンシロチョウを12匹捕まえたところ，印のついたモンシロチョウが２匹見つかりました。このキャベツ畑には，何匹のモンシロチョウがいると考えられますか。ただし，この期間にモンシロチョウで新たに生まれたり死んだりしたものや，キャベツ畑から外へ出たり外から入ってきたりしたものはいないものとします。

3　アルコール水溶液の性質やその濃度《のうど》について，次の問いに答えなさい。

(1)　同じ温度のアルコールと水をそれぞれふくませた綿で手などをふくと，アルコールの方が冷たく感じます。その理由として最も適切なのはどれですか。次の**ア**～**エ**から１つ選び，記号で答えなさい。

ア　アルコールは水より蒸発しやすいから。
イ　アルコールは水よりこおりやすいから。
ウ　アルコールは水よりねばりけが強いから。
エ　アルコールは水よりも皮ふの神経をマヒさせやすいから。

(2)　アルコールを試験管に入れて温めるとき，炎《ほのお》を直接試験管にあてて加熱してはいけません。それはなぜですか。その理由を，「気体」という語句を用いて簡単に説明しなさい。

(3)　エタノールなどのアルコールは，手指の消毒によく用いられています。消毒に用いるエタノールは，少量の場合，濃度が高すぎると効果が下がるといわれます。それはなぜですか。次の**ア**～**エ**から最も適切なものを１つ選び，記号で答えなさい。

ア　エタノールは濃度が低いほど消毒のはたらきが強いから。
イ　濃度が高すぎると，十分に消毒する前に蒸発してしまうから。
ウ　濃度が高すぎると，十分に消毒する前に皮ふにしみこんでしまうから。
エ　エタノールは水と結びつくことで消毒のはたらきをもつから。

(4)　消毒用のエタノールは，70％くらいの濃度が適当であるとされていますが，この場合の濃度は，体積の割合による濃度です。水30 cm^3 とエタノール(無水エタノール)70 cm^3 を混ぜ合わせたとき，この水溶液は重さの割合で何％の濃度になりますか。必要ならば小数第１位を四捨五入し，整数で答えなさい。ただし，１ cm^3 あたりの重さは，エタノール(無水エタノール)が0.8ｇ，水が１ｇであるものとします。

(5) エタノールには，トウモロコシやサトウキビなどの植物からつくられているものもあります。これをバイオエタノールといいます。バイオエタノールを燃料とした場合，大気中の二酸化炭素の増加にはつながらないと考えられます。その理由として最も適切なものを次の**ア**～**エ**から１つ選び，記号で答えなさい。

ア　バイオエタノールの利用の割合が少ないから。

イ　バイオエタノールは，燃えても二酸化炭素を出さないから。

ウ　バイオエタノールの材料は，植物が光合成によりつくり出したものだから。

エ　バイオエタノールは，酸素でなく二酸化炭素と結びついて燃えるから。

4　川底に静止しているれき(石)や砂，どろが，川の流れによって動き始めるときの流れる速さを「初動流速」といい，川の流れで運ばれているものが，たい積し始めるときの流れる速さを「たい積流速」といいます。下の図は，川底に静止しているれき(石)や砂，どろについて，初動流速とたい積流速が土砂の粒《つぶ》の直径によってどのように変化するかを表したグラフです。これについて，あとの問いに答えなさい。

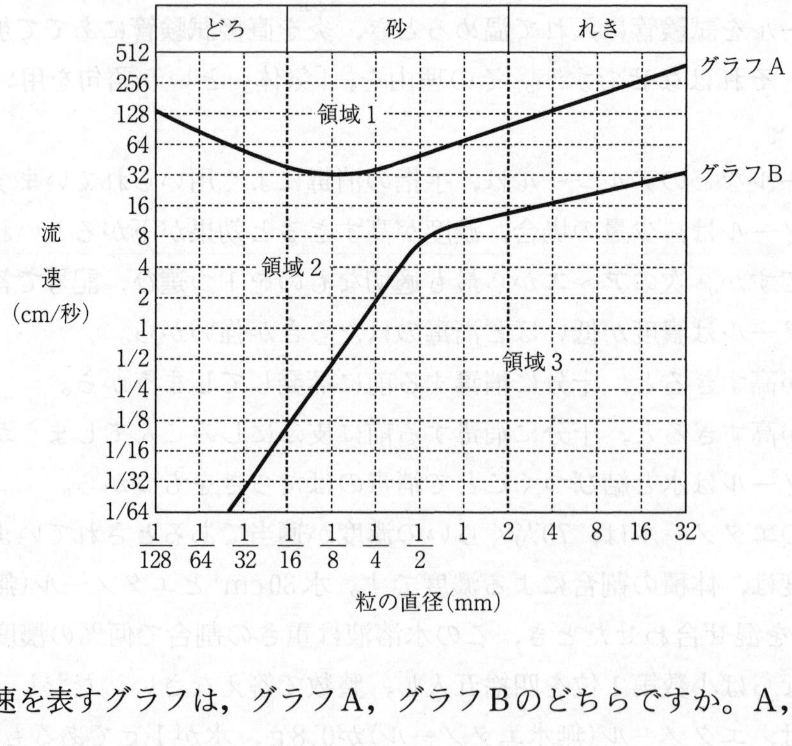

(1) 初動流速を表すグラフは，グラフA，グラフBのどちらですか。A，Bの記号で答えなさい。

(2) 実験用に3つの水路をつくり，粒の直径が$\frac{1}{32}$mmのどろ，$\frac{1}{8}$mmの砂，8mmのれきをそれぞれ別々の水路の底に平らに置きました。次に，流速が0cm/秒の状態から少しずつ速くなるように，同時に水を流し始めました。前のページの図によると，このとき粒が動き始める順はどのようになりますか。次の**ア**～**エ**から最も適切なものを1つ選び，記号で答えなさい。

ア　どろ→れき→砂　　　　**イ**　れき→砂→どろ

ウ　砂→どろ→れき　　　　**エ**　砂→れき→どろ

(3) 前のページの図の領域1と領域2についての説明として，適切なのはどれですか。次の**ア**～**ウ**からそれぞれ1つずつ選び，記号で答えなさい。

ア　たい積していたものも動いていたものも運ぱんされている。

イ　運ぱんされていたものがたい積する。

ウ　運ぱんされていたものは動き続け，たい積していたものは止まっている。

(4) 川の流速が16cm/秒のとき，川の流れで運ばれていたものが，たい積することがあるのはどれですか。次の**ア**～**ウ**から最も適切なものを1つ選び，記号で答えなさい。

ア　れき　　　**イ**　砂　　　**ウ**　どろ

5 右の図１のような，表側の面にＡ～Ｄの４個の端子《たんし》がついた直方体の箱があり，箱の内側で２本の導線によってつながれています。箱の中の導線のつながり方を調べるため，右上の図２のようにかん電池と豆電球を導線でつないだ装置を用意し，導線のはしＱとはしＲを図１の箱の表側にある端子Ａ～Ｄの２か所を選んでそれぞれつなぎ，豆電球Ｐの明かりがつくかどうか実験してみました。その結果は，下の表のようになりました。ただし，結果の一部は示されていません。

図１

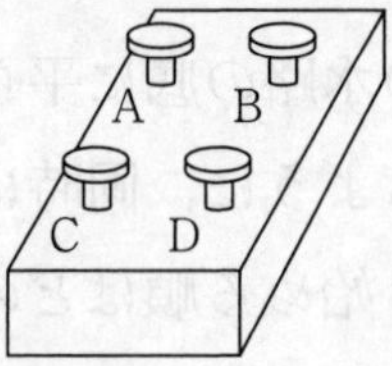

図２

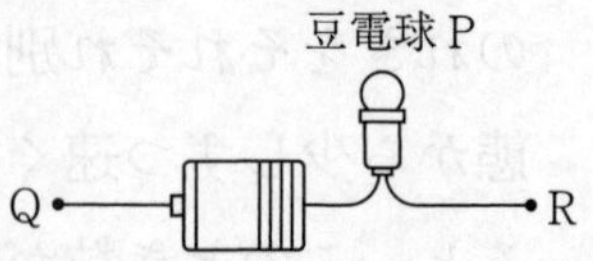

表

Ｑをつないだ端子	Ｒをつないだ端子	豆電球Ｐのつき方
Ａ	Ｂ	（ ｉ ）
Ａ	Ｃ	○
Ａ	Ｄ	（ ii ）
Ｂ	Ｃ	×
Ｂ	Ｄ	×
Ｃ	Ｄ	○

※○…明かりがついた。　×…明かりがつかなかった。

(1) 表の空らん（ ｉ ），（ ii ）には，どちらの記号があてはまりますか。解答らんに○または×をそれぞれ書きなさい。どちらか決まらない（２通り考えられる）場合は△を書きなさい。

(2) 箱の中の導線のつながり方として考えられるものが３つあります。それらを，右の例にならって解答らんの図に導線をかきこみなさい。

例

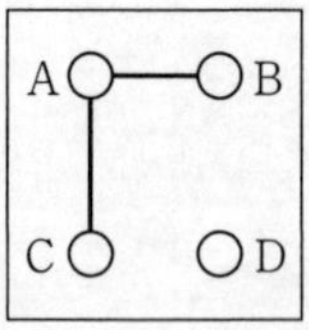

イ　昔とは異なり現代社会は、お金さえあればいつでもどこでも食事ができるために可能になった現象であり、便利ではあるが、それ以外の利点は少ないと考えている。

ウ　家族が仕事や遊びなどにかまけ、家族で食事をすることをないがしろにしたために起こった現象であり、家族崩壊《ほうかい》の原因ともなりかねないと考えている。

エ　家庭で子供が一人で食事をしていても不自然とは感じないような家庭環境《かんきょう》になったために現れた現象であり、親が責任を放棄《ほうき》しているかのように見えると考えている。

オ　本来的に共食をする人間にとって、時代の流れの中で生まれてきた異例な現象であり、共食という行為が果たしてきた役割を思うと残念なことだと考えている。

問十三　この文章の論の展開の仕方を説明したものとして、最も適切なものを次から一つ選び、記号で答えなさい。

ア　科学的側面と歴史的側面から共食について分析《ぶんせき》し、その分析を通して自分の論の正当性を証明しながら、共食の特殊《とくしゅ》性について論じている。

イ　霊長類社会学者の論考や日本の歴史資料を紹介《しょうかい》するなど、幅広く論拠を集めて、人間社会の構築に果たした共食の役割について論じている。

ウ　集団における共食の意味について抽象的な思索《しさく》を展開しつつ、儀式における具体的な事例も紹介することで、共食の正当性について論じている。

エ　家族という社会学的研究を通し、言語の獲得という文化史的研究に触れ、共食と社会についての思考を展開し、共食の役割の問題点を論じている。

オ　人間にとって家族と共食することが不可避であることを生物学的に考察し、かつ歴史学的にも証明したうえで、共食の必要性を論じている。

エ　しかも　　オ　つまり　　カ　なぜなら
キ　それゆえ　ク　では

問二　——Ａ「出現」、Ｂ「母乳」と熟語の組み立てが同じものを次から一つずつ選び、それぞれ記号で答えなさい。
ア　保養　イ　善悪　ウ　水源　エ　帰国
オ　国営　カ　知的　キ　不測　ク　特急

問三　——Ｃ「要点」について、次の各問いに答えなさい。
Ⅰ　「要」という漢字の総画数を漢数字で答えなさい。
Ⅱ　「点」という漢字の部首名をひらがなで書きなさい。

問四　——Ｄ「同時に」という言葉が直接かかる部分を、次から一つ選び、記号で答えなさい。
ア　複雑な　　イ　構成して
ウ　アイデンティティを　　エ　維持しつつ
オ　生きています

問五　次の一文は文章中の【ア】～【オ】のどの部分に入るのが適切ですか。一つ選び、記号で答えなさい。

これによって、二人は心を同じくした、という盟約を果たしたことになるのです。

問六　——①「彼らの食事行動のうちで、人間と大きく異なる点」とありますが、この違いについての説明として、最も適切なものを次から一つ選び、記号で答えなさい。
ア　霊長類は、力の強い者が食べ物を独占することが多いが、人間は、権力者が食べ物を独占することはない。
イ　霊長類は、得た食べ物を仲間のもとへ持ち運ぶが、人間は、食べ物を得た場所で消費してしまう。
ウ　霊長類は、基本的に個体単位で食事をするが、人間は、ふつう家族や集団とともに食事をする。
エ　霊長類は、物乞いされても食べ物を分け与えないが、人間は、物乞いを受けた場合は食べ物を分配する。
オ　霊長類は、必ず個体単位で採食するが、人間は、ごくまれに狩猟のための集団を編成し、採食する。

問七　——②「仲間たちあるいは家族で一緒に食事をすること」とありますが、このことはどのような働きをしていますか。その働きを三十字以上四十字以内で説明しなさい。

問八　——③「それぞれの集団に共通する文化」とありますが、ここでの食事に関する「文化」とは具体的には何ですか。文章中から五字で書き抜きなさい。

問九　——④「同じ釜の飯を食う」とありますが、これはどのような人に対して、どのような意味を表す言葉ですか。文章中の言葉を使って、三十字以上四十字以内で説明しなさい。

問十　⑤ にあてはまる言葉として、最も適切なものを次から一つ選び、記号で答えなさい。
ア　優越感　イ　満足感　ウ　義務感
エ　一体感　オ　生活感

問十一　——⑥「一味神水という儀式」とありますが、これはどのような場合に行われる儀式ですか。「～場合」に続くようにそれぞれ十字と十五字で、文章中から二つ書き抜きなさい。

問十二　——⑦「孤食という現象」とありますが、この現象に対する筆者の考えを説明したものとして、最も適切なものを次から一つ選び、記号で答えなさい。
ア　人間社会の分業化があまりにも進んだことによって生み出された現象であり、歴史的に見れば異例な現象であるが、時代の流れとしては仕方がないと考えている。

の＊僧兵《そうへい》たち一〇〇〇人が、比叡山延暦寺《ひえいざんえんりゃくじ》に＊神輿《しんよ》を担《かつ》いで、＊強訴《ごうそ》を行った時の様子が描かれています。この時、彼らは白山神社の前で、起請文を書いて一味神水を行っています。まさに強訴の参加者が、実力行使を目の前にして、心を同じくするために神の水を飲む、という一種の共食を行ったもので、互《たが》いの団結を図るための誓約行為でした。これに類似《るいじ》する儀式は、すでに古代にもあり、『続日本紀《しょくにほんぎ》』天平《てんぴょう》宝字元（七五七）年七月四日条には、当時の政界の実力者・藤原仲麻呂《なかまろ》を倒《たお》そうとする反乱計画が起こった時に、橘《たちばなの》奈良麻呂をはじめとする人々が、太政《だいじょう》官院の庭で、おたがいに塩汁《しおじる》をすすりあって、武力決起を誓い合ったことが記されています。

　このほか、中世においては、一揆《いっき》や強訴などの過激な行動に限らず、嘘や偽《いつわ》りなどがあってはならない場面でも、一味神水が実施《じっし》されています。［４］荘園《しょうえん》などでは、大検注という年貢《ねんぐ》徴収のための土地丈量《じょうりょう》が、しばしば行われますが、この時にも荘園領主は、大検注を不正なく実施するため、村人たちに一種の共食行為である一味神水を強要しています。

　こうした共食の観念は、食物が重要な位置を占《し》めた古い時代ほど強く、さらに食物を調理するための火が、非常に重要な問題となります。『古事記』には、日本を生んだイザナミとイザナキの物語に、死者の世界である黄泉《よみ》の国に迷いこんだイザナミが、死者と同じ火で煮《に》炊きした食物を摂《と》ったために、生者の世界に戻れない、という話があります。食物を調理する火に対する信仰《しんこう》は、世界の諸民族に共通する点が多く、非常に古いものと考えられます。

　このように、共食という行為は、人間相互《そうご》の関係を緊密《きんみつ》にするために、非常に大きな役割を果たしています。それは人間は一人では生きられず、必ず家族や組織という集団で、それぞれに分業を受け持ちながら生活していく必要があるからです。そして食という最も基本的な部分に、その原型が反映されている、と考えてよいでしょう。

　それゆえ人間は共食する動物であるのです。ところが現代社会は、余りにも分業化が進み過ぎたために、⑦孤食という現象を生み出しました。これは歴史的に見て、きわめて異例な行動です。ほとんど何時《いつ》でも何処《どこ》でも、お金さえあれば、一人で食事をすることが可能な社会となりました。また家族同士でも、それぞれの仕事や遊びなどの関係で、おたがいに食事時間を合わせることが難しくなっています。

　しかし人間は、本来的に共食をする動物で、そのなかで、つまり家庭で子供たちは、食べるという行為を学んでいくのです。一人前になった場合でも、食べながら仲間や家族あるいは恋人《こいびと》と、心を通わせ合っていくのです。孤食が不自然ではなくなってきた今日、私たちは、一緒に食べるという共食の意味を、根本から見つめ直す必要があるのではないでしょうか。

（原田信男《はらだのぶを》「食べるって何？」による。問題作成上、一部省略した。）

＊ベースキャンプ＝ここでは、家や村落など、家族や集団が定住している場所のこと。
＊ボノボ＝チンパンジーの一種。
＊アイデンティティ＝自分は自分であるという自覚。
＊セレモニー＝儀式。
＊筑紫＝古代の九州地方。
＊僧兵＝中世の大寺院で、武芸をみがき、仏法守護の名目で戦闘に従事した僧。
＊神輿＝おみこし。祭礼などで、神体を安置してかつぐ。
＊強訴＝仏法の権威《けんい》をかざして朝廷に強引な要求をしてくる行為。

問一　［１］～［４］にあてはまる言葉として、最も適切なものを次から一つずつ選び、それぞれ記号で答えなさい。

ア　すると　**イ**　ところが　**ウ**　たとえば

彼らのアイデンティティとなり、それを得るための文化体系が、その集団の共通性を形成したからです。つまり共食は、集団としての結びつきを確認しつつ、これをより強固にすると同時に、その社会性を高める働きをしている、とみなすことができます。

　やや抽象《ちゅうしょう》的な話になったので、少し具体的に共食の意味について考えてみましょう。最もわかりやすい日本語として、〝④同じ釜《かま》の飯を食う〟という表現があります。いうまでもなく親しい人間関係にあることを意味します。同じ釜で炊《た》いた飯を食べる、ということは一緒に食事をする、つまり共食という行為が、親密さの表現となっているのです。

　しかも、これは毎日食事をともにする家族には用いず、それ以外の人間でも、とくに近しい関係にある場合に使います。家族以外の人間との距離《きょり》が、共食という尺度によって測られることになります。しかも家族をつくろうとする男女が、出会って親しくなれば、デートの際に一緒に食事をしますが、これはきわめて自然なことなのです。

【 ア 】

　同じ場所で同じようなものを、ほぼ同時に体内にとりいれるということが、二人を親密にさせる最も重要な行為なのです。そして、めでたく結婚《けっこん》となった場合、式の重要な＊セレモニーの一つとして、二人で同時に盃《さかずき》を交わし合う三三九度があります。【 イ 】

　さらに、それを親族や友人たちが認めるために、披露宴《ひろうえん》という場を設定して、新郎新婦を囲んで全員一緒に食事をします。結婚式に限らず、さまざまな儀式《ぎしき》の際には、かならず食事が供されます。これは、その参加者が共食によって、心を同じくすることを意味します。もちろん食事はおいしく楽しくありますが、そうした雰囲気を共有するだけではなく、同じ食べ物を、それぞれの体内に取り入れることで、みんなが ⑤ を覚えるのです。

　こうした共食の意義は、人間の起源と同じように古いものでしょうが、これを日本の歴史的に確かめてみましょう。『日本書紀』には、六世紀に起こった磐井《いわい》の乱に関する記述があります。＊筑紫《ちくし》の国造《くにのみやつこ》とされる磐井氏が反乱を起こしますが、その鎮圧《ちんあつ》を命じられた大伴《おおともの》金村《かなむら》は、磐井の知人でした。金村は、任務ゆえに磐井を殺しますが、その時に昔を思い出し、磐井とは〝かつては同じ食器で食事をした仲〟であったことを強調しています。【 ウ 】

　さらに同書の雄略《ゆうりゃく》天皇一四(四七〇)年一〇月一七日条には、共食《あえたけ》者《びと》に関する記事があります。これに関しては、異国からの使者を迎えた時に、これを接待する役目で、『延喜《えんぎ》式』治部《じぶ》省には、共食者二名を置くことが定められています。【 エ 】

　これは単なる饗応《きょうおう》ではなく、言葉の通じにくい外国人に対し、一緒に食事をすることで、おたがいの心を通じ合わせるための国交儀礼なのです。国や言葉を異にしていても、また初対面であっても、まさに共食という行為が、双方《そうほう》の意思を疎通《そつう》させる、と古くから考えられていたことを、如実《にょじつ》に示すセレモニーなのです。【 オ 】

　また一味という言葉をご存じかと思います。〝悪党一味〟などと時代劇で使われますが、これは中世に使われた一味同心に由来します。同じものを食べる、 3 一つの味を皆《みな》で確かめることによって、心を同じくして、物事に立ち向かうことを意味します。同じ目的をもって、同一の行動を取るときなどに、共食することが重要なのです。

　とくに中世には、⑥一味神水《じんすい》という儀式がありました。これは神前で、志を同じくする者同士が、神水を飲んで全員で誓約《せいやく》することを指します。ただの水ではなく、一緒に行動するという誓《ちか》いを立てた旨《むね》を記した起請文《きしょうもん》を、焼いて灰にし、それを神社で汲《く》んだ水に浮かべて、これを全員が飲むのです。堅《かた》い団結を必要とする時などに行われます。

『源平盛衰《せいすい》記』という本には、安元三(一一七七)年に、加賀(石川県)

う行動様式を手に入れたために、彼らよりもはるかに広範囲《はんい》に動き回り、さまざまな食べ物を集めて、仲間のもとへ持ち運ぶことが可能となりました。

　もちろん哺乳類や鳥類も、子供のところへ食物の一部を持ち帰りますが、それは基本的に一時的なものにしかすぎません。つまり恒常《こうじょう》的な家族を形成しない人間以外の動物は、やはり個体単位の採食法が食事行動の基本なのです。

　しかし人間は家族内や集団内での分業を前提として生活するため、食物を獲得《かくとく》した場所で消費せずに、＊ベースキャンプに持ち帰って、家族や集団を単位として共食をする、という特徴があります。こうした問題については、霊長類社会学者・山極寿一《やまぎわじゅいち》さんが、くわしく論じていますので、その成果によって、C要点を押さえておきたいと思います。

　類人猿《るいじんえん》のなかでも、チンパンジーや＊ボノボは、人間と同じように食物を分配します。こうした分配行動が生活の前提となると、単に力の強い者が食物をつねに独占《どくせん》するわけにはいきません。それぞれの個体間での複雑な関係のなかで、食物を分け与え合うことが、彼らの暗黙のルールとなるからです。ただ類人猿は、食物の物乞《ものご》いを受けた場合にのみ、その所有者が分配という行動をとります。

[1]人間の場合には、類人猿と明確に異なって、相手に乞われなくても、自ら食物を与えるところに特徴がある、とされています。基本的に霊長類は、集団で生活することにより、自らの生活を守り発展させてきました。なかでも人間は、オスとメスが持続的な配偶関係を保つと同時に、オスを中心としたさまざまな集団に属することで、食物などを手に入れる社会を形成してきました。

　つまりオスたちが集団で獲得してきた食べ物を、メスや子供たちに当然のこととして分配する、というシステムを持っています。まさに相手に乞われなくても、つねに食物を分配すべき最小の単位として、家族を形づくるということになります。そして最も効率よく、こうした家族や集団を養いうる食物は、いうまでもなく大きな動物の肉でした。

　これについては、動物的運動能力の限界から、人間は集団的な社会性を高めることによって、大型獣《じゅう》の捕獲《ほかく》が可能となりました。[2]、家族の主要な食物獲得者となるオスたちによって、狩猟《しゅりょう》のための集団が編成されることになります。これは当然のことながら、ベースキャンプでまつ家族の分もふくめて、獲物《えもの》の肉を分配することが前提となります。

　こうして人間は、一対のオス・メスを中心とした家族という単位集団を基礎《きそ》とするとともに、D同時にさまざまに複雑な集団を構成して、それぞれに＊アイデンティティを維持しつつ生きています。しかも、その最も基本的な活動としては、採食行動に中心がありましたから、②仲間たちあるいは家族で一緒に食事をすること、つまり共食が不可《ふか》避《ひ》な行為《こうい》となるのです。

　そして、そこでは舌が重要な役割を果たしました。乞われなくても、その食物を分け与えるべきか否《いな》か、をオスたちは舌で判断しなくてはなりません。つまり集めた食べ物の味覚を確かめた上で、食物の分配を行い、一緒に食事をとるのです。それゆえ食物の獲得や処理のスタイルによって、③それぞれの集団に共通する文化が生まれました。

　ところで言語自体は、舌の自由な使用を前提として生まれたものです。さらに狩猟などの集団行動や知識・技術の伝達に、言語は不可欠でした。むしろ言語の使用によって、高度な集団生活を営み、社会性を高めることが可能となった、と考えねばなりません。

　それゆえ結果的にも、仲間たちの間には、同じような味覚の体系が共有されることになりました。まさに舌による共通の味覚の確認が、

問十三 ――⑧「俊介の胸を刺す、小さな棘がびっしりと付着した言葉」とありますが、どのような言葉ですか。その説明として適切ではないものを次から一つ選び、記号で答えなさい。

ア 中学受験がもたらす悪い面を並べ立て、自分を受験からどうにか遠ざけようと画策する、悪意ある言葉。

イ 六年生という時期に過酷な挑戦をしなければならないことへ疑問を呈《てい》し、受験に迷いを生じさせる言葉。

ウ 大変な手間をかけても良い結果にならなければ意味はないだろうという、受験を思いとどまらせる言葉。

エ 勉強するチャンスはこの先いくらでもあるのだから、今無理をしてまで頑張る必要はないとさとす言葉。

オ 中学受験をすることに意味を見出せないまわりの大人たちからの、受験を否定するような無神経な言葉。

問十四 この文章で描《えが》かれている内容について説明したものとして、最も適切なものを次から一つ選び、記号で答えなさい。

ア 東駒を受験するという向こう見ずともいえる決断をした俊介のあせりや後悔《こうかい》を感じながらも、力になれることが見つからず、無力感に打ちひしがれている加地先生の思いが描かれている。

イ 美音が先天性風疹症候群をわずらって生まれたことに同情し、東駒合格が美音の希望になると思い孤独《こどく》な戦いをしていた俊介が、加地先生や店のおばあさんと触れあい、いやされていく様子が描かれている。

ウ 先天性風疹症候群のせいで耳が聴こえない美音のことが気がかりで、勉強が手につかないと弱音を吐いた俊介に対し、今は東駒合格だけを考えるべきだと厳しく指導する加地先生の姿が描かれている。

エ 美音に対して負い目を強く感じ、弱音を吐くことなど許されないとかたくなに思い続けてきた俊介が、加地先生のはげましの言葉によって、その苦しみからすっかり解放される様子が描かれている。

オ 美音につらい人生を強いてしまったという自責の念から自分を追い込むように東駒受験を決意した俊介の苦悩を受け止め、前向きに中学受験をさせたいと願う加地先生の思いが描かれている。

三 次の文章を読んで、あとの問いに答えなさい。問いの中で字数に指定のあるときは、特に指示がないかぎり、句読点や符号もその字数に含めます。

家族という問題を考えるには、やはりまた人間以前の哺乳《ほにゅう》動物、なかでも霊長類《れいちょうるい》の集団生活に立ち帰る必要があります。なぜ人間にだけ家族が生まれたのか、という問題です。まず考えるべきは、大量絶《ぜつ》滅《めつ》で爬虫類《はちゅうるい》が滅《ほろ》びたのちに、新たにA出現してきた哺乳類は、卵生ではなく胎生《たいせい》という戦略を選んだ、ということなのです。

つまり卵のように一度にたくさんは産まずに、少ない子供を胎内で確実に育てます。とくに霊長類は、原則として一回に一子しか産みませんから、これを大切に成長させるためには、自立するまで親が食事の面倒《めんどう》をみなければなりません。もちろん霊長類は、一対のオスとメスを基本とするのではなく、さまざまな集団を形成しますが、なかでも①彼《かれ》らの食事行動のうちで、人間と大きく異なる点に注目しなければなりません。

彼らは、女系集団でB母乳を積極的に与《あた》えながら子供を育てますが、基本的に食事は個体単位の行動で、集団で動いていても、食べ物は得た場所で消費してしまいます。ところが人間は、完全な二足歩行とい

イ　サッカーでも中学受験でも目標達成までの大変さを知らずに大きなことを口にしていた点では同じだということ。

ウ　サッカーでも中学受験でも実のところ自分の実力ではとうてい及《およ》ばないと意識していたことが同じだということ。

エ　サッカーでも中学受験でも自分が持つ優《すぐ》れた能力にうぬぼれ、他人を見下してばかりいた点が同じだということ。

オ　サッカーでも中学受験でも自分の夢を実現するには並々ならぬ努力をしなければならない点で同じだということ。

問八　――③「変えたいからです」とありますが、「俊介」はどういう自分からどういう自分になりたいと思ったのですか。五十字以上六十字以内で説明しなさい。

問九　――④「加地先生は両目を大きく見開いた」とありますが、このときの「加地先生」の気持ちとして、最も適切なものを次から一つ選び、記号で答えなさい。

ア　俊介が東駒にこだわる理由が、実に利己的なものだったため、わずかにとまどいを覚えている。

イ　俊介が東駒にこだわる理由が、あまりにも大げさなものだったので、あきれ果てている。

ウ　俊介が東駒にこだわる理由が、ずいぶんと深刻なものであったので、対応に苦慮《くりょ》している。

エ　俊介が東駒にこだわる理由が、予想もしていなかったものだったので、びっくりしている。

オ　俊介が東駒にこだわる理由が、とてもしっかりと考えたものだったために、感心している。

問十　――⑤「話す勇気もない」とありますが、「俊介」は誰に何を話すとどうなると想像して話す勇気がないのですか。四十字以上五十字以内で説明しなさい。

問十一　――⑥「そういう子どもには必ず、金の角が生えてくる」とありますが、「金の角」の説明として、最も適切なものを次から一つ選び、記号で答えなさい。

ア　まったく他人を寄せ付けないほどの敵意をむき出しにした子どもにだけ見ることができる、並外れた勉強の才能。

イ　冷静でいながらもどこか情熱を秘《ひ》めた雰囲気《ふんいき》を持つ子どもからうかがい知ることができる、得体《えたい》の知れない能力。

ウ　物静かでありながらも一本芯《しん》が通っている子どもにだけ見ることができる、誰の意見にも左右されないこだわり。

エ　何も言わずとも体全体に闘志《とうし》をみなぎらせている子どもからうかがえる、これから先、大きく成長できる可能性。

オ　一つの物事を突《つ》き詰め、自信に溢れている子どもにだけ見ることができる、将来何らかの分野で成功するきざし。

問十二　――⑦「先生の言葉を聞いたとたん、涙がまた溢れてきた」とありますが、このときの「俊介」の様子を説明したものとして、最も適切なものを次から一つ選び、記号で答えなさい。

ア　加地先生の言葉によってしんどい思いを自覚できたが、それでもなお美音のために頑張ろうと自分を追い込んでいる。

イ　加地先生にしんどさを共有してもらったことで悩みが晴れ、東駒に合格するために気持ちを切り替えようと思い直している。

ウ　重圧に一人で苦しんできた自分のしんどい思いを加地先生に受け止めてもらったことで、救われたような思いがしている。

エ　しんどい人生と決めつけた加地先生に反発しつつ、自分ができる精一杯のことをしようと、東駒合格への決意を新たにしている。

オ　美音へのつぐないから東駒合格を目標に頑張ってきたが、加地先生の言葉でもう頑張れないと思い、心がくじけている。

勉強を頑張りたいなら、中学に入ってからでも遅《おそ》くないって。

頭の中にこびりついて離《はな》れなくなっていた豊田《とよだ》先生や智也《ともや》のお父さんの言葉を、俊介はもう一度口の中で唱えてみた。⑧俊介の胸を刺《さ》す、小さな棘《とげ》がびっしりと付着した言葉。

「もちろんだ。じゃないと、中学受験の塾講師なんてやらないだろう？　おれは、中学受験には意味があると思ってる。人は挑むことで自分を変えることができるんだ。十二歳でそんな気持ちになれる中学受験に、意味がないわけがない」

先生はそう言って微笑《ほほえ》むと、そろそろ塾に戻るぞと立ち上がった。

（藤岡陽子《ふじおかようこ》「金の角持つ子どもたち」による）

＊スツール＝背もたれのない一人用のいす。
＊鷹揚に＝小さいことにこだわらない様子。
＊美音＝俊介の妹。俊介と同じ広綾小学校で、放課後には隣接《りんせつ》する学童保育に通っている。
＊白内障＝目の中の水晶体《すいしょうたい》が白くにごって視力が低下する病気。
＊征ちゃん＝俊介の友だち。

問一　［1］～［4］にあてはまる言葉として、最も適切なものを次から一つずつ選び、それぞれ記号で答えなさい。

ア　そっと　**イ**　じっとりと　**ウ**　くるりと
エ　ぐっすりと　**オ**　ぱっと　**カ**　ぐらりと
キ　きゅっと　**ク**　みっちりと

問二　［A］と［B］にあてはまる言葉として、最も適切なものを次から一つずつ選び、それぞれ記号で答えなさい。

ア　丁　**イ**　品　**ウ**　反　**エ**　頭
オ　脚　**カ**　食　**キ**　組　**ク**　基

問三　――C「から」と意味・用法が同じものを次から一つ選び、記号で答えなさい。

ア　家から最寄《もよ》りの駅までは十分ばかりだ。
イ　用意ができた人から出発してください。
ウ　おもしろいからこの本を読んでみなよ。
エ　使用済みペットボトルから繊維《せんい》を作る。
オ　最終局面になってからが本当の勝負だ。

問四　――D「ふいの」、E「えらく」の意味として、最も適切なものをあとから一つずつ選び、記号で答えなさい。

D　「ふいの」
ア　強烈《きょうれつ》な　**イ**　素早い　**ウ**　重々しい
エ　思いがけない　**オ**　鮮《あざ》やかな

E　「えらく」
ア　少しだけ　**イ**　わざとらしく
ウ　よそよそしく　**エ**　ひんぱんに
オ　とんでもなく

問五　次の一文は文章中の【ア】～【オ】のどの部分に入るのが適切ですか。一つ選び、記号で答えなさい。

> それ以上言葉が続かず、そのうちに声を出す力がなくなった。

問六　――①「やっぱり今日はこのまま休んでしまおうか」とありますが、このように「俊介」が思ってしまったのはなぜですか。「～から。」に続くように、文章中から八字で書き抜きなさい。

問七　――②「サッカーを始めた五歳の時に『日本代表に入る』と豪語していたのと同じ」とありますが、どのようなことが同じだというのですか。最も適切なものを次から一つ選び、記号で答えなさい。

ア　サッカーでも中学受験でもとにかく高い目標をかかげ、それに向けて挑戦しようとする姿勢が同じだということ。

の時点の学力よりもむしろ、子どもの性質を重要視するところがあるんだ。それでおれは、おまえなら絶対に伸びると思った。こういう仕事をしていると、時々巡《めぐ》り合うんだ。黙っているのに顔から、全身から、負けん気が立ちのぼっているような子に出逢《であ》う。おまえはそんなやつだった。⑥そういう子どもには必ず、金の角が生えてくる。だからおれはおまえに、勉強を教えてみたいと思った」

知らない間に頬《ほお》を伝っていた涙《なみだ》を手の甲《こう》で拭《ぬぐ》ってから、俊介はゆっくりと顔を上げる。

「先生はいつも……金の角って言うよね」

加地先生がそんなふうに見てくれていたなんて、全然知らなかった。人より遅れて塾に入った自分には、角も生えないだろうと諦《あきら》めていたのだ。

「おれが合格だと伝えたら、お母さんすごく驚いてたな。涙浮かべて、おまえのことを頑張《がんば》り屋なんだって言ってたよ」

涙ぐむお母さんの顔が、俊介の頭の中にすぐに浮かぶ。お母さんは、俊介や美音が褒《ほ》められるとすごく喜ぶ。自分が褒められているような、とても嬉《うれ》しそうな顔をする。

「お母さんの言葉は嘘《うそ》じゃなかったよ。四月に入塾してからこの半年間、おまえは本当によく頑張ってる。おまえの急成長は、Ｐアカ新宿校の講師陣《じん》の間でも話題になってるくらいだ。でも今日、おまえがどうしてこんなに頑張れるのかがわかったよ」

先生はいったん口をつぐみ、静かに息を吐《は》き出した。

「俊介おまえ、しんどい人生だな」

⑦先生の言葉を聞いたとたん、涙がまた溢れてきた。抑《おさ》えようとして、でもどうやっても泣き声が漏《も》れ出てしまう。先生の言ったとおりだった。これまでずっとしんどかった。でもしんどいなんてことを口にしたらいけないと思っていた。自分が弱音を口にするなんて許されないと、怯《おび》えていた。先天性風疹症候群という病気を初めて知った時。幼稚園での記憶が、その病気と結びついた時。そこからほんとに……しんどくてたまらなかった。だから頑張るしかなかったのだ。必死に頑張って、美音を守れる強い兄ちゃんになって、それだけが自分のできる精一杯《せいいっぱい》だと思って生きてきた。でもサッカーがだめになって、もうどうすればこれ以上頑張れるのかわからなくなった時に、東駒のことを倫太郎《りんたろう》から聞いた。日本で一番難しい中学校に挑《いど》んで、もし合格したなら、自分を許せるかもしれないと思ったのだ。

「なあ俊介、その年でそんな大きなものを背負うなよ。……おまえの気持ちが、おれにはわかるよ。先生にも守らなきゃならない家族がいる。でもおまえはその年で、そんな大きなものを背負う必要はない」

先生の手がテーブルの向こう側から伸びてきて、俊介の頭をそっとつかむ。

「俊介は賢《かしこ》い。努力もできる。ただ東駒は最難関だ。あと半年でおまえの学力が東駒レベルまで上がるかどうか、正直なところおれにもわからない。でもこの受験がおまえを少しでも楽にしてくれるなら、おれも全力で教える。応援《おうえん》するんじゃなくて一緒に挑戦《ちょうせん》する」

俊介はテーブルの上に置いてあったおしぼりを手に取って、両目に強く押し当てた。それからおしぼりで頬を拭い、鼻水を拭い、口元を拭ってから前を向いた。目を開くと、いままで涙で歪《ゆが》んでいた先生の顔がはっきり見えた。

「先生は……中学受験をすることに意味があると思いますか？」

みんなに、ここまで過酷《かこく》な受験勉強をさせることに納得できないの。だって六年生の夏休みは、人生で一度きりしかないんだから。

中学受験なんてなんの意味もないって言ってたぞ。

金と時間を使って塾に通っても、合格しなかったらどうせ広綾《こうりょう》中に行くんだ。

「いや、知らないな」

「赤ちゃんの病気です。妊婦《にんぷ》さんが風疹に罹《かか》ったら、そういう病気の赤ちゃんが生まれてくることがあって……。心疾患《しんしっかん》とか＊白内障《はくないしょう》とか……難聴《なんちょう》とかが、代表的な症状で……」

俊介の体に赤い発疹が出ているのに気づいたのは、幼稚《ようち》園の担任の先生だった。

──俊ちゃん、ここ痒《かゆ》くない？　ほら、小さな赤い点々があるでしょう。

先生は俊介の両袖《りょうそで》をまくり上げ、首を傾《かし》げた。そしてそのまま園内の医務室に俊介を連れていき、他の先生にも、皮膚《ひふ》に散らばる赤い点々を見せた。発疹を見た先生たちは俊介の上着を脱《ぬ》がせて腹や背中も確認《かくにん》し、体温を測った。その日俊介は教室には戻《もど》してもらえず、迎《むか》えに来てくれたお父さんと一緒にいつも通っている小児《しょうに》科《か》医院を受診《じゅしん》した。お医者さんは俊介の首に触れ、耳の下に触れ、「風疹ですね。間違いないでしょう」と頷いた。風疹の症状に特徴《とくちょう》的なリンパ節の腫《しゅ》脹《ちょう》がありますね、と。

「おれが四歳の時に風疹に罹って、それをお母さんに……」

うつしたんです、と言おうとして喉《のど》が詰まった。【　オ　】

「俊介が風疹に罹って、それを妊婦だったお母さんにうつした。そういうことか？　その話は誰から聞いたんだ、お父さんかお母さんがおまえに話したのか？」

俊介は俯《うつむ》いたまま、大きく首を横に振る。お父さんとお母さんが話したわけじゃない。

「おまえがこのことを、妹さんの耳が聴こえない原因を知ってるってことを、ご両親はご存知なのか？」

俊介はもう一度首を左右に振る。お父さんとお母さんはいまも、俊介がなにも知らないと思っている。だから自分もなにも知らないふりを続けている。⑤話す勇気もない。

偶然《ぐうぜん》、聞いてしまったのだ。

四年前の夏の日、家族で＊征《せい》ちゃんのおじいちゃんの牧場に遊びに行った時に大人たちが話をしているのを、耳にしてしまった。

──わかったわ。征にも厳しく言い聞かせとく。でも……美音ちゃんの難聴の原因が、幼稚園で流行《はや》った風疹だったってこと、誰が広めたのかしらね。幼稚園で風疹が流行ることなんてよくあることなのに……。誰も悪くないのに、本当に酷《ひど》い噂話《うわさばなし》をする人がいるわね。

プール遊びをしていて、全身から水滴《すいてき》を滴《したた》らせ、俊介は居間の縁側《えんがわ》に上半身を乗り出していた。お母さん、水鉄砲《でっぽう》取って。そう叫ぼうとしたら、征ちゃんのお母さんの言葉が、聞こえてきた。言っていることの意味はよくわからなかったのに、自分にとってとても怖《おそ》ろしい話だということはわかった。「誰も悪くないのに」の「誰も」は、自分のことなのだと、なぜか直感で気づいた。「俊ちゃんは悪くないのに」と、おばさんは言いたかったのだ。

テーブルの隅《すみ》に視線を落としたまま黙りこくっていると、

「おまえが入塾テストを受けた時、担当していたのはおれだったんだ。憶《おぼ》えてるか？」

と加地先生が聞いてきた。下を向いたまま、俊介は頷く。

「入塾テストの結果を、おれからおまえのお母さんに説明したんだ。何点だったかな？　点数ははっきりと憶えてないけど、あんまり良くはなかったな。それでお母さんもEえらく恐縮《きょうしゅく》してて、これじゃあ入塾は無理ですね、って帰ろうとしてたんだ」

その話はお母さんから聞いた気がする。でも帰ろうとしたことは、知らなかった。

「おれはおまえを合格にした。合格点には達してなかったけど、そんなことは正直なところさほど関係ない。成績が伸《の》びるかどうかは、そ運ばれてきたハムサンドを食べながら先生が質問を重ねてきた。一口が大きくて、もうすでに半分を食べ終えている。

「五歳《さい》の時に始めたから……七年間」

「ふごいな。七年間もシャッカーやってはのか」

口の中をいっぱいにしながら喋《しゃべ》るので、なにを言っているのかわからない。我慢《がまん》できずに笑ってしまった。先生も笑い返しながら、五分もかけずにハムサンドを食べ切ってしまった。

「だからだな。おまえは本当に根性《こんじょう》があるよ。どうだ俊介、東駒は遠いか？」

「……うん、遠い」

【　イ　】

「あんな難しい学校、他にないな」

「うん……他にない」

東駒以外は受験するつもりはなく、落ちたら地元の公立中学校に行く。入塾の時に加地先生にはそう伝えたとお母さんが言っていた。東駒しか受けないなんて、現実をなにもわかっていない入塾前だから言えたことだ。②サッカーを始めた五歳の時に「日本代表に入る」と豪《ごう》語《ご》していたのと同じ。でも加地先生から志望校についてなにか言われたことは、一度もなかった。

「なんで東駒なんだ？」

「……将来ロボットを作りたい　C　からです」

「それだけが目的なら、他にもいろいろな学校があるだろ。中高一貫《いっかん》の優秀《ゆうしゅう》な国公立の中学が、都内にはたくさんある。東駒にそこまでこだわる理由はなんなんだ？」

そこまでこだわる理由、と言われ、俊介は下を向いた。自分の手をじっと見つめ、右手の中指に貼《は》ってある絆創膏《ばんそうこう》に触《ふ》れる。「ペンダコが痛そうだから」とお母さんが昨日の夜に巻いてくれた絆創膏……。右手の親指でペンダコをなぞりながら、俊介は再び黙る。

でもいまのこの気持ちを誰《だれ》かに話さないと、心が破裂《はれつ》しそうだった。俊介はゆっくりと顔を上げ、口元にきゅっと力を入れる。

「生き方を③変えたいからです」

長い沈黙《ちんもく》の後、俊介がようやくそう答えると、④加地先生は両目を大きく見開いた。口をすぼませ、　D　ふいのパンチを食らったような表情で俊介を見返してくる。

「なんだ俊介、おまえ、えらく大人びたことを言うな」

「ほんとのことです」

【　ウ　】加地先生がコーヒーのおかわりを頼《たの》むと、一緒にプラスチックのコップに入ったオレンジジュースが運ばれてきた。おばあさんが「あたしからのサービスだよ」と俊介の前に置いてくれる。

「おまえは、いまの自分が嫌なのか？」

困ったような顔をして加地先生が聞いてくる。加地先生がこんな顔をするのは珍《めずら》しい。

「はい、おれは……自分が嫌《きら》いです」

加地先生が真剣《しんけん》に聞いてきたので、自分も真剣に答えた。誤魔化《ごまか》すことも流すこともできたけれど、それはしなかった。

「そうか……。理由を聞いてもいいか」

しばらく考えた後、俊介は頷いた。急に足が震《ふる》えてきたので、両手で両膝《りょうひざ》を強くつかんだまま、加地先生の顔を見る。

「おれ、妹がいるんです。いま一年生で、同じ小学校に通ってるんだけど、生まれつき耳が聴《き》こえないんです。先生は……先天性風疹《ふうしん》症《しょう》候群《こうぐん》って知ってますか？」

【　エ　】コップに浮かぶ氷がぶつかり、カランという小さな音を立てた。オレンジジュースは＊美音《みおん》も大好きだ。ファミレスのドリンクバーでも、オレンジジュースばかり飲んでいる。

きに溢《あふ》れ出そうになった。顔を見られるのが嫌《いや》で、慌《あわ》てて下を向く。

「俊介、飯食ったか？」

加地先生が俊介の腕《うで》をそっとつかみ、優《やさ》しい声で聞いてきた。人の波から俊介を庇《かば》うように、すぐそばに立つ。俊介が顔を伏《ふ》せたまま首を横に振ると、「おれいま空き時間なんだ。一緒《いっしょ》に食いに行くか」と先生が背中を軽く押《お》してきた。その力に素直《すなお》に従う。

Pアカデミーの建物がある大通りから、一筋奥《おく》に入り込《こ》んだところにある小さなビルの前で、先生が立ち止まった。「ここでいいか？」と擦《す》りガラスの嵌《は》まった古いドアを押し、慣れた様子で店の中に入っていく。＊スツールが五［A］並ぶカウンター席と、四人掛《が》けのテーブル席が二つあるだけの狭《せま》い店内には、加地先生と俊介以外に客はいなかった。

「いらっしゃい、今日もハムサンドとホットコーヒーでいいの？」

テーブル席に座ると、腰《こし》の曲がったおばあさんがテーブルまで水を持ってきてくれた。

「うん、おれはそれで。俊介は……あ、おばさん、この子うちの生徒なんだけど、ここで弁当食っていいかな。悪いんだけど」

「ああいいよ。気にせずお食べ」

＊鷹揚《おうよう》に頷《うなず》くと、おばあさんがカウンターの奥に向かって「ホットとハムサンド一つ」としゃがれ声で叫《さけ》ぶ。

「古い店だけど、居心地はなかなかいいんだ」

ゆっくりとした足取りで立ち去ろうとしていたおばあさんが、［2］振り返り、

「加地くん、古いは余計だよ」

とコントのような間合いで言い返す。

「弁当、先に食っていいぞ。腹減っただろ」

「うん……」

床《ゆか》に置いたリュックから弁当を取り出すと、俊介はテーブルの上に［3］載《の》せた。お母さんが朝早くに起きて作ってくれた弁当だったので、どこかで食べないと、と思っていたのだ。

「いただきます」

胸の前で手を合わせてから蓋《ふた》を開けると、俊介の大好きな豚肉《ぶたにく》の野菜巻きがぎっしりと詰《つ》められていた。にんじんといんげんを豚肉で巻いて、甘辛《あまから》い焼肉のタレをからめて炒《いた》めたものだ。

「お、うまそうだな。お母さんが作ってくれたのか」

「うん」

「いつも思うけど、お母さんっていうのは偉大《いだい》な存在だな。こうして子どものために手間暇《ひま》かけて弁当を作ってくれて。あたりまえじゃないぞ、感謝しろよ、俊介」

「……うん」

【ア】冷めても美味《おい》しいものを、とお母さんは毎日メニューを工夫《くふう》してくれる。俊介の好きな肉料理は必ず一［B］入れてくれるし、お弁当を食べる休憩《きゅうけい》時間が十五分しかないので、食べやすいようにとご飯はおにぎりにしてある。

「俊介、今日はどうした？」

弁当を食べ終えると、加地先生が聞いてきた。この店に来た時から遅刻の原因を聞かれることはわかっていたが、なにをどう話せばいいかがわからず、俊介はしばらく口をつぐんだまま黙《だま》っていた。

「疲《つか》れたのか」

加地先生が口元に笑《え》みを浮《う》かべた。その笑顔に、頭の中で考えていたいくつもの言い訳が、［4］どこかに消えてしまう。

「わかんない。学校の先生にも、疲れて見えるって言われたけど」

体力的にはまだいける。でも気力が萎《な》えている。

「俊介はサッカーやってたんだよな。何年間やってたんだ？」

二〇二二年度 専修大学松戸中学校

【国　語】〈**第二回試験**〉（五〇分）〈満点：一〇〇点〉

一 次の――線の漢字の読みをひらがなで書き、――線のカタカナは漢字に直して書きなさい。

① 他者を敬う精神を忘れない。
② 省庁の建物が多くある地区。
③ 趣味《しゅみ》を楽しむことが活力の源泉だ。
④ 波止場に出かけて船を見る。
⑤ 研究会のために講師をマネく。
⑥ 小物などの雑貨をアキナう。
⑦ 科学の発展におけるコウロウをたたえる。
⑧ 真実はソウバン明らかになるだろう。
⑨ 物事をアンイに考えてはいけない。
⑩ 文化イサンを保護する。

二 次の文章を読んで、あとの問いに答えなさい。問いの中で字数に指定のあるときは、特に指示がないかぎり、句読点や符号《ふごう》もその字数に含《ふく》めます。

> 小学校六年生の俊介《しゅんすけ》は、日本でも最難関といわれている国立の東栄大学附属駒込《ふぞくこまごめ》中学校（東駒）を受験するために、「Ｐアカデミー」という学習塾《じゅく》に通っている。この日は小学校の担任の先生から呼び出されたり、以前入っていたサッカークラブの友達から誘《さそ》われたりして、遅《おく》れて塾に向かっているところである。

電車が新宿駅に着いた時、外の景色は夕暮れ色に染まっていた。仕事帰りらしい大人たちとすれ違《ちが》いながら、俊介は重い足取りで改札を抜《ぬ》ける。

いま頃《ごろ》Ｂ組では二限目の理科が終わり、三限目の国語の漢字テストが始まっているだろう。こんな中途半端《ちゅうとはんぱ》な時間に顔を出したら、漢字テストを避《さ》けるために遅刻《ちこく》したと思われるかもしれない。①やっぱり今日はこのまま休んでしまおうか、と雑踏《ざっとう》の中でふと足を止めた時だった。

「俊介」

人混みの中から自分を呼ぶ声が聞こえた。驚《おどろ》いて、行き交《か》う人の中で立ち止まると、

「俊介、なにしてるんだ」

後ろから声がして、振《ふ》り向くと加地《かじ》先生が立っていた。いま一番会いたくない人に見つかってしまったことにみぞおちが［ 1 ］痛む。

「なんだ、どうした」

「ちょっと遅れてしま……って」

先生と目を合わせたとたん、ここまで必死に堪《こら》えていたものがいっ

2022年度

専修大学松戸中学校　▶解説と解答

算　数　＜第２回試験＞（50分）＜満点：100点＞

解　答

[1] (1) $\frac{9}{10}$　(2) 280　(3) $\frac{3}{7}$　(4) 22　[2] (1) 314　(2) 19　(3) 6　(4) 7　(5) 52　[3] (1) 108通り　(2) 48通り　[4] (1) 26　(2) 150m　[5] (1) $180cm^3$　(2) 9：13　(3) $81\frac{1}{3}cm^3$　[6] (1) 38番目　(2) 324個　[7] (1) 72　(2) $2\frac{2}{3}$cm

解　説

[1] 四則計算，比の性質

(1) $\frac{2}{5}+2\frac{4}{5}\div2\frac{1}{10}-\frac{5}{6}=\frac{2}{5}+\frac{14}{5}\div\frac{21}{10}-\frac{5}{6}=\frac{2}{5}+\frac{14}{5}\times\frac{10}{21}-\frac{5}{6}=\frac{2}{5}+\frac{4}{3}-\frac{5}{6}=\frac{12}{30}+\frac{40}{30}-\frac{25}{30}=\frac{27}{30}=\frac{9}{10}$

(2) $(10.4\times6-2.9\times8)\div0.14=(62.4-23.2)\div0.14=39.2\div0.14=280$

(3) $\frac{15}{17}\div\frac{91}{95}\div5\frac{10}{13}\times2\frac{13}{19}=\frac{15}{17}\div\frac{91}{95}\div\frac{75}{13}\times\frac{51}{19}=\frac{15}{17}\times\frac{95}{91}\times\frac{13}{75}\times\frac{51}{19}=\frac{3}{7}$

(4) 図に表すと右のようになる。この図で，⑨－⑤＝④にあたる大きさが，59－23＝36だから，①にあたる大きさは，36÷４＝９とわかる。よって，⑤にあたる大きさは，９×５＝45なので，□＝45－23＝22と求められる。

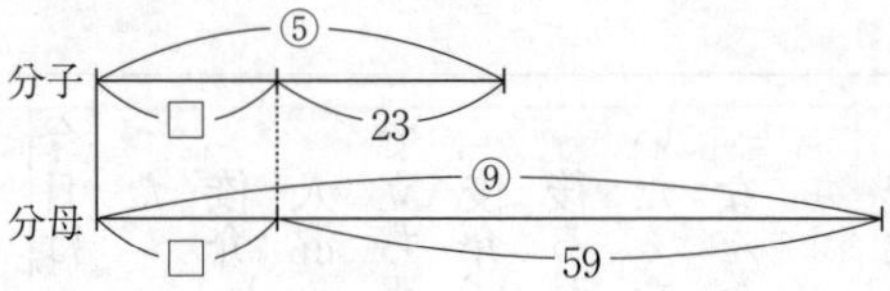

[2] 単位の計算，つるかめ算，場合の数，周期算，角度

(1) １g＝1000mgだから，34000mg＝34gとなり，１kg＝1000gなので，0.28kg＝280gとなる。よって，34000mg＋0.28kg＝34g＋280g＝314gとわかる。

(2) 午後の値段は，150×（１－0.2）＝120(円)である。１個120円で56個売ったとすると，売り上げは，120×56＝6720(円)となり，実際よりも，7290－6720＝570(円)少なくなる。１個120円のかわりに１個150円で売ると，売り上げは１個あたり，150－120＝30(円)ずつ増えるから，１個150円で売った個数は，570÷30＝19(個)とわかる。つまり，午前中に売れた個数は19個である。

(3) すべての行き方は，４×３＝12(通り)ある。そのうち，バスを利用しない行き方は，A地点からB地点までは３通り，B地点からC地点までは２通りあるので，全部で，３×２＝６(通り)とわかる。よって，少なくとも１回はバスを利用する行き方は，12－６＝６(通り)である。

(4) $\frac{11}{37}$＝11÷37＝0.297297…より，小数点以下には２，９，７の３個の数字がくり返されることがわかる。2022÷３＝674より，小数第2022位までにはちょうど674回くり返されるから，小数第2022位の数字は，くり返しの最後の数字である７とわかる。

(5) 下の図で，ABとCDは平行なので，角ABCと角BCDの大きさは等しい。したがって，角BCD

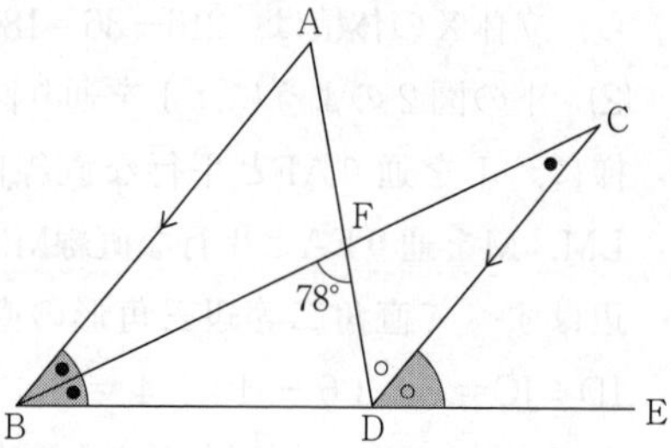

の大きさは●になる。また，角ABEと角CDEの大きさも等しいから，角CDEの大きさは●２個分になることがわかる。つまり，○の大きさは●２個分の大きさと等しくなる。また，三角形FDCで，角FDC＋角DCF＝角DFBという関係があるので，角DFBの大きさは，○＋●＝●×２＋●＝●×３となる。これが78度にあたるから，●＝78÷３＝26(度)となり，角ABDの大きさは，26×２＝52(度)と求められる。

3 場合の数

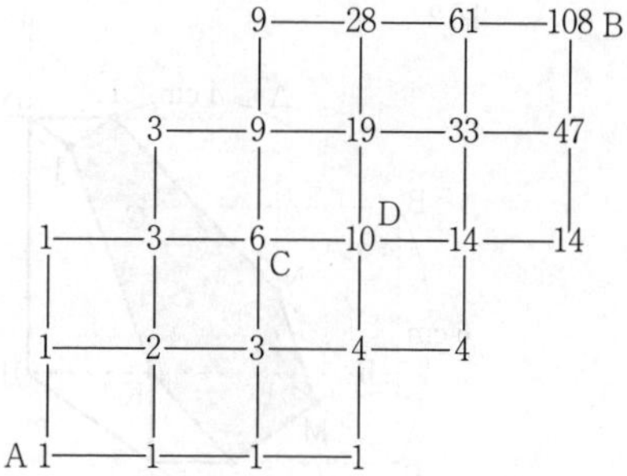

⑴ 交差点ごとに道順の数を加えていくと右の図のようになるから，全部で108通りとわかる。

⑵ 右の図から，Ａ地点からＣ地点までの道順は６通りとわかる。また，Ｃ地点からＢ地点までの道順は，Ａ地点からＤ地点までの道順と同じなので，10通りあることがわかる。よって，Ａ地点からＣ地点を通ってＢ地点まで行く道順は，６×10＝60(通り)だから，Ｃ地点を通らない道順は，108－60＝48(通り)と求められる。

4 グラフ―旅人算

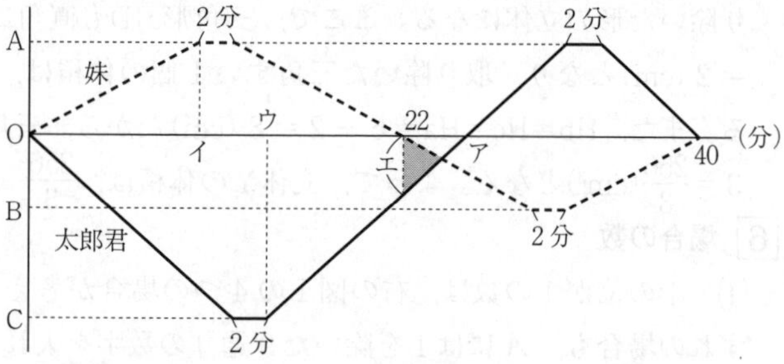

⑴ 太郎君の家，おじさんの家，交番，おばさんの家をそれぞれO，A，B，Cとすると，グラフは右のようになる。妹がOA間の往復にかかった時間は，22－２＝20(分)だから，OA間の片道にかかった時間(イ)は，20÷２＝10(分)であり，OA間の道のりは，60×10＝600(m)とわかる。よって，太郎君がOA間の片道にかかった時間は，600÷100＝６(分)なので，ア＝40－(６＋２＋６)＝26(分)と求められる。

⑵ 太郎君がOC間の往復にかかった時間は，26－２＝24(分)だから，OC間の片道にかかった時間は，24÷２＝12(分)であり，OC間の道のりは，100×12＝1200(m)とわかる。また，ウ＝12＋２＝14(分)なので，太郎君がウ分後から22分後までの間に進んだ道のりは，100×(22－14)＝800(m)となり，エ＝1200－800＝400(m)と求められる。したがって，かげの部分の時間は，400÷(60＋100)＝$\frac{5}{2}$(分)だから，かげの部分で妹が進んだ道のりは，60×$\frac{5}{2}$＝150(m)とわかる。つまり，２人がすれちがったのは太郎君の家から150m離《はな》れた地点である。

5 立体図形―分割，相似，体積

図１

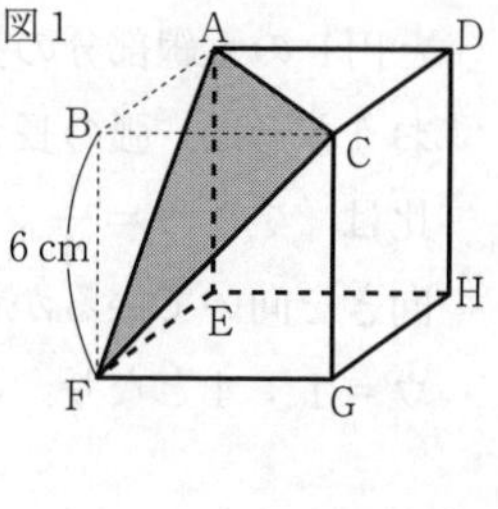

⑴ 立体Ｘは右の図１のような立体である(かげをつけた面がＰ)。これは，もとの立方体から三角すいF－ABCを取り除いたものと考えることができる。また，もとの立方体の体積は，６×６×６＝216(cm^3)であり，三角すいF－ABCの体積は，６×６÷２×６÷３＝36(cm^3)だか

ら，立体Ｘの体積は，216−36＝180(cm^3)とわかる。

⑵　下の図２のように，Ｉを通り図１のACと平行な直線を引き，辺CDと交わる点をＪとする。同様に，Ｊを通りAFと平行な直線JK，Ｋを通りCFと平行な直線KL，Ｌを通りCAと平行な直線LM，Ｍを通りFAと平行な直線MNを引くと，面Ｑは六角形IJKLMNとなる。また，面Ｐと面Ｑの辺はすべて直角二等辺三角形の直角をはさまない辺であり，長さの比は，AC：IJ：JK＝AD：ID：JC＝６：（６－４）：４＝３：１：２なので，面Ｐと面Ｑは下の図３のようになる。図３で，１辺の長さが①の正三角形の面積を１とすると，面Ｐの面積は，１×３×３＝９となる。また，１辺の長さが，①＋②＋①＝④の正三角形の面積は，１×４×４＝16だから，面Ｑの面積は，16－１×３＝13とわかる。よって，面Ｐと面Ｑの面積の比は９：13である。

図２

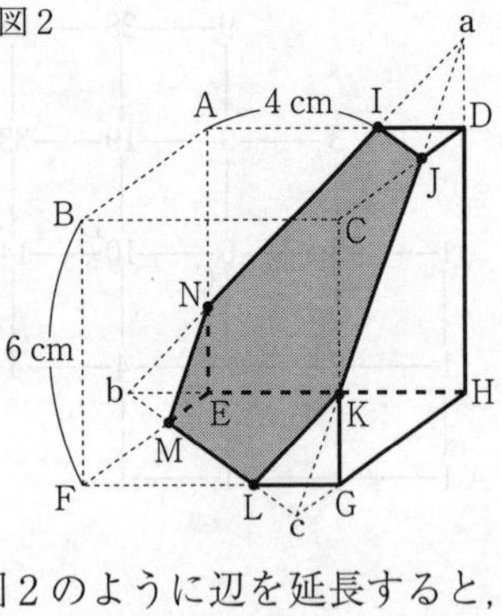

図３

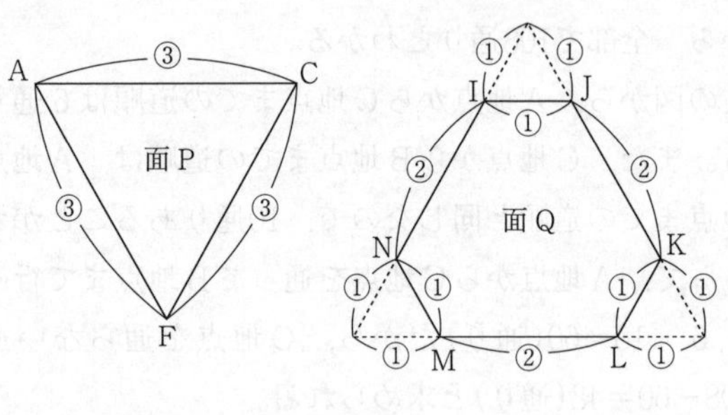

⑶　図２のように辺を延長すると，立体Ｙは，三角すいａ－Hbcから，３つの合同な三角すいを取り除いた形の立体になる。ここで，三角形aJDも直角二等辺三角形なので，DI＝DJ＝Da＝６－４＝２(cm)となり，取り除いた三角すい１個の体積は，２×２÷２×２÷３＝$\frac{4}{3}$(cm^3)と求められる。また，Hb＝Hc＝Ha＝６＋２＝８(cm)だから，三角すいａ－Hbcの体積は，８×８÷２×８÷３＝$\frac{256}{3}$(cm^3)となる。よって，立体Ｙの体積は，$\frac{256}{3}-\frac{4}{3}\times 3=\frac{244}{3}=81\frac{1}{3}$($cm^3$)とわかる。

6　場合の数

⑴　千の位が１の数は，右の図１の４つの場合が考えられる。いずれの場合も，Aには１を除いた９通りの数字を入れることができるから，千の位が１の数は，９×４＝36(個)ある。また，千の位が２の数は小さい方から順に，2000，2022，…となるので，2022は小さい方からかぞえて，36＋２＝38(番目)の数とわかる。

図１

・１１１A
・１１A１
・１A１１
・１AAA

図２

・$AAAB$
・$AABA$
・$ABAA$
・$ABBB$

⑵　右上の図２の４つの場合が考えられる。いずれの場合も，Aには０を除いた９通りの数字を入れることができ，BにはAに入れた数字を除いた９通りの数字を入れることができる。よって，このような数は全部で，(９×９)×４＝324(個)ある。

7　平面図形―図形の移動，角度，比の性質

⑴　右の図で，円Ｏの太線部分を円Ｐの太線部分が転がるから，円Ｏと円Ｐの太線部分の長さは等しい。したがって，かげをつけた２つのおうぎ形は，弧《こ》の長さが等しく，半径の比が４：１なので，中心角の比は，ア：ウ＝$\frac{1}{4}$：$\frac{1}{1}$＝１：４とわかる。また，２つの矢印は同じ向きを向いているから，アとイの角の大きさは等しい。すると，イ：ウ＝１：４となり，この和が360度なので，イ＝360×$\frac{1}{1+4}$＝72(度)

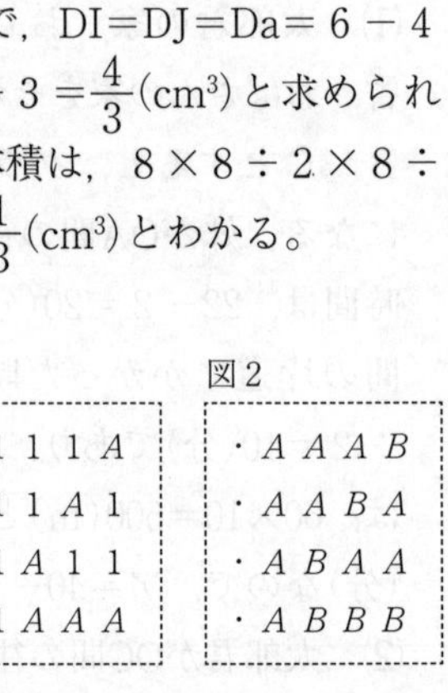

と求められる。よって，アの角の大きさも72度である。

(2) 円Ｐが１回転するごとにアの角の大きさは72度ずつ大きくなるから，360÷72＝５より，円Ｐがもとの位置にもどるまでに円Ｐは５回転することがわかる。同様に考えると，円Ｑがもとの位置にもどるまでに円Ｑは2.5回転するので，円Ｑが１回転したときのア(＝イ)の角の大きさは，360÷2.5＝144(度)とわかる。すると，ウの角の大きさは，360－144＝216(度)になるから，ア：ウ＝144：216＝２：３より，円Ｏと円Ｑの半径の比は，$\frac{1}{2}:\frac{1}{3}=3:2$とわかる。よって，円Ｑの半径は，$4\times\frac{2}{3}=\frac{8}{3}=2\frac{2}{3}$(cm)と求められる。

社　会　＜第２回試験＞（30分）＜満点：50点＞

解　答

1 (1) ① Ｄ／(例) 神社　② ８(cm)　(2) エ　(3) ア　(4) イ　(5) ① ウ　② イ　(6) ① ウ　② オンブズマン　2 (1) エ　(2) ア　(3) 吉野川　(4) ウ　(5) 猪苗代湖　(6) イ　(7) (例) 流域面積がとても広い　(8) Ｅ　3 (1) (例) 農民に支給する口分田が不足した　(2) 守護　(3) ア　(4) 安土城　(5) イ　(6) ウ　(7) エ　(8) 治安維持法　4 (1) イ　(2) 大政奉還　(3) ウ　(4) ア　(5) イ　(6) 横浜　(7) 大阪府　(8) エ　5 (1) 地球　(2) ① ウ　② エ　(3) (例) 国会が承認する　(4) ① イ　② イ　(5) ① ウ　② エ　(6) ア

解　説

1 地形図を題材にした問題

(1) ① 文に従って歩くと，「高知城跡」の南側(下側)にある標高3.2mの水準点(⊡)と，市役所(◎)，消防署(Y)の間の通りを，国道にぶつかるまで東(右)に歩くことになる。この通り沿いには，博物館(血)や神社(⛩)，交番(X)は見られるが，寺院(卍)は見られない。なお，裁判所は(介)，保健所は(⊕)で表される。　② 地形図上の長さは，(実際の距離)÷(縮尺の分母)で求めることができ，示された地形図の縮尺は２万5000分の１，２km＝2000m＝200000cmなので，200000÷25000＝８(cm)となる。

(2) 高知県北部には吉野川(194km)が流れているが，四国で最も長いのは高知県西部を流れる四万十《しまんと》川(196km)である。

(3) 高知県いの町は伝統的な和紙の産地として知られ，いの町や土佐市などでつくられる和紙は高知県の旧国名をとって土佐和紙とよばれる。

(4) 高知市は，梅雨や台風の影響《えいきょう》で夏の降水量が多いが，冬は降水量が少ない太平洋側の気候に属しているので，イが選べる。なお，アは札幌市(北海道)，ウは高松市(香川県)，エは福井市の雨温図。

(5) ① 1874年に憲法の制定や国会開設などを求めて政府に民撰議院設立の建白書を提出し，自由民権運動の指導者となった板垣退助は土佐藩(高知県)出身の政治家で，同年に地元で政治結社である立志社を結成した。　② 自由民権運動の高まりをおさえられなくなった明治政府は1881年，国会開設の詔《みことのり》(勅諭)を出して国民に約10年後の国会開設を約束した。これを受けて同年，板垣退助は自由党を結成した。なお，アは1877年，ウは1885年，エは1890年のできごと。

(6)　①　X　都道府県知事と参議院議員は満30歳，それ以外の議員と市区町村長は満25歳で被選挙権(立候補する権利)があたえられる。　Y　都道府県知事・市区町村長といった地方公共団体の首長は，住民による直接選挙で選ばれるため，議会の議決に対し，やり直しを求める権限が認められている。なお，都道府県議会が知事の不信任案を可決した場合，知事は10日以内に議会を解散できる。　②　政治が適切に行われているかを監視したり，住民の苦情を処理したりするしくみをオンブズマン(オンブズパーソン)制度といい，一部の地方公共団体で取り入れられている。

2　国土についての問題

(1)　Aの文は，最上川について説明している。最上川は山形県を南から北へと向かって流れ，米沢盆地・山形盆地を通る。その後，新庄《しんじょう》盆地で流れを北西に変え，庄内平野の酒田市で日本海に注ぐ。なお，横手盆地は秋田県，北上盆地は岩手県，会津盆地は福島県にある。

(2)　福岡県南西部に位置する久留米《くるめ》市は，伝統的工芸品の久留米絣《がすり》の産地として知られるほか，タイヤの生産もさかんに行われている。Bの「この川」は筑後《ちくご》川で，下流域には福岡県と佐賀県にまたがる筑紫《つくし》平野が広がっている。なお，佐世保《させぼ》市と島原市は長崎県，八代《やつしろ》市は熊本県の都市。

(3)　吉野川は瓶ヶ森《かめがもり》(高知県)を水源として四国をおおむね西から東へと流れ，徳島市で紀伊水道に注ぐ。四国を代表する川として「四国三郎」ともよばれ，讃岐《さぬき》平野(香川県)に引かれた香川用水の水源となっている。

(4)　九頭竜《くずりゅう》川は福井県東部を水源として福井県内をおおむね北西へと流れ，日本海に注ぐ。Dは黒部川について説明した文で，常願寺川・神通《じんづう》川・庄川と同様，富山湾に注ぐ。

(5)　猪苗代《いなわしろ》湖は福島県中部に広がる東北地方最大の湖で，全国でも４番目に大きい。また，安積疏《あさかそ》水《すい》の水源ともなっている。Eの「この川」は阿賀野《あがの》川(福島県内では阿賀川とよばれる)で，流域ではかつて四大公害病の１つに数えられる新潟(第二)水俣《みなまた》病が発生した。

(6)　Fの文は，天竜川について説明している。天竜川は，長野県中央部の諏訪《すわ》湖を水源として南へ流れ，木曽山脈(中央アルプス)と赤石山脈(南アルプス)の間に伊那《いな》谷(伊那盆地)を形成する。その後，静岡県西部を南へと流れて遠州灘(太平洋)に注ぐ。中央高地を通って東京都と愛知県を結ぶ中央自動車道や，太平洋側を通って東京都と愛知県を結ぶ東名高速道路などが，天竜川を横切っている。なお，飛騨《ひだ》山脈(北アルプス)は長野県西部に連なり，岐阜県・富山県・新潟県との県境となっている。また，関越自動車道は東京都と新潟県を結ぶ高速道路で，長野県は通らない。

(7)　第１位が利根川であることから，流域面積についての内容が入ると考えられる。Gは淀《よど》川について説明した文で，淀川は水源となっている琵琶湖(滋賀県)や数多くの支流が水系にふくまれることから，長さの割に流域面積がとても大きいことが特色となっている。

(8)　河口はそれぞれ，Aの最上川が山形県，Bの筑後川が福岡県・佐賀県，Cの吉野川が徳島県，Dの黒部川が富山県，Eの阿賀野川が新潟県，Fの天竜川が静岡県，Gの淀川が大阪府にある。これらを北から順に並べると，A→E→D→G→F→C→Bとなる。

3　各時代の法令を題材とした問題

(1)　奈良時代には，人口の増加などによって農民に支給する口分田が不足するようになった。そこで，朝廷は723年，新たに開墾《かいこん》した土地の３代までの私有を認める三世一身の法を出したが，効果が上がらなかったため，743年には墾田永年私財法を出し，新たに開墾した土地の永久私有を認めた。これによって公地公民の原則はくずれ，有力貴族や寺社はのちに荘園とよばれる私有地を広げていった。

⑵　1185年，源頼朝は国ごとに守護，荘園・公領ごとに地頭を置くことを朝廷から認められた。守護には御家人が任じられ，御家人に京都の警護を命じる大番催促《さいそく》，謀反《むほん》人や殺害人の取りしまりなどを仕事とした。なお，Ｂは鎌倉幕府の第３代執権北条泰時《やすとき》が1232年に定めた御成敗《ごせいばい》式目(貞永《じょうえい》式目)の一部である。

⑶　今川氏は，駿河《するが》(静岡県中部)を根拠《こんきょ》地として東海地方に勢力を広げていった戦国大名で，1560年の桶狭間《おけはざま》の戦いで今川義元が織田信長に敗れると，おとろえていった。Ｃは「今川仮名《かな》目録」とよばれる法令で，戦国大名が領国支配を強化するために出した分国法の１つである。なお，武田氏は甲斐《かい》国(山梨県)，上杉氏は越後国(新潟県)，伊達《だて》氏は東北地方を根拠地とした戦国大名。

⑷　織田信長は1576年，天下統一事業の拠点として，琵琶湖東岸で安土《あづち》城の築城を始めた。そして，翌77年には安土城下にＤの楽市令を出し，商工業の自由な発展をうながした。なお，安土城は1579年にほぼ完成したが，1582年の本能寺の変で信長が亡くなった直後に焼失した。

⑸　江戸幕府の第３代将軍徳川家光は1635年に武家諸法度《しょはっと》を改定し，大名の参勤交代を制度化した(Ｅの２つ目の条文)。家光はこの４年後の1639年にポルトガル船の来航を禁じ，1641年には平戸のオランダ商館を長崎の出島に移して，鎖国体制を確立した。なお，アは第８代将軍徳川吉宗のときの1742年，ウは第５代将軍徳川綱吉のときの1685年(最初の法令が出された年)，エは第２代将軍徳川秀忠のときの1614，1615年のできごと。

⑹　1837年，アメリカ商船のモリソン号が，日本人漂流《ひょうりゅう》民を送り届けるとともに，通商を求めて浦賀(神奈川県)に来航したが，1825年にＦの外国船打払令が出されていたため，砲撃《ほうげき》を受けて追い払われた(モリソン号事件)。蘭学《らんがく》者の高野長英や渡辺崋山《かざん》は，この幕府の対外政策を著書で批判したため，1839年の蛮社《ばんしゃ》の獄《ごく》で処罰《しょばつ》された。

⑺　Ｇの大日本帝国憲法は，天皇が臣民(天皇に従う国民)にあたえるという形で1889年２月11日に発布された。このときの式典では，第２代内閣総理大臣の黒田清隆が，明治天皇から憲法を受け取った。

⑻　1925年，加藤高明内閣は普通選挙法を成立させたが，これにともなって活発化することが予想された社会主義運動を取りしまるため，Ｈの治安維持法を制定した。治安維持法は次第に厳しい内容に改正されていったが，太平洋戦争終結後の1945年に廃止された。

4　日本の世界文化遺産を題材とした歴史の問題

⑴　姫路《ひめじ》城(兵庫県)は17世紀初めごろ，池田輝政《てるまさ》によって「白鷺《しらさぎ》城」とよばれるような優美な姿に改築された。この時期には出雲《いずも》の阿国《おくに》が京都で歌舞伎踊《かぶきおど》りを始め，江戸時代にはこれが歌舞伎として大成された。なお，アは17世紀後半～18世紀初め(江戸時代)，ウは15世紀(室町時代)，エは19世紀(江戸時代)のできごと。

⑵　1867年，江戸幕府の第15代将軍徳川慶喜《よしのぶ》は，前土佐藩主山内容堂(豊信)のすすめに従い，二条城(京都府)で大政奉還を行って政権を朝廷に返上した。これによって江戸幕府はほろび，およそ700年続いた武士の世の中も終わった。

⑶　太平洋戦争末期の1945年８月６日，広島に原子爆弾が投下され，多くの尊い命が失われた。アは1944年，イは1945年３月10日，ウは1945年８月８日，エは1945年４月１日のできごとである。

(4) 厳島《いつくしま》神社は広島県廿日市《はつかいち》市にあり，この地域をふくむ広島県西部はかつて安芸《あき》国とよばれていた。平安時代末，瀬戸内海航路の安全と一族の繁栄《はんえい》を願った平清盛は，安芸国の一宮であった厳島神社を現在のような豪華な社殿に改築し，「平家納経」を納めるなどしてあつく信仰した。なお，備後《びんご》は広島県東部，周防《すおう》は山口県東部，長門《ながと》は山口県西部の旧国名。

(5) 1429年，中山王の尚巴志《しょうはし》は北山と南山を従えて沖縄島を統一し，琉球《りゅうきゅう》王国を建国した。なお，李成桂《りせいけい》は1392年に(李氏)朝鮮を建国した人物，毛沢東《もうたくとう》は1949年に中華人民共和国(中国)を建国した人物，安重根は1909年に伊藤博文を暗殺した人物。

(6) 1872年，新橋(東京都)と，当時最大の貿易港であった横浜(神奈川県)の間で，日本初の鉄道が開通した。この年には官営の富岡製糸場(群馬県)が操業を開始するなど，明治政府の殖産興業政策が実現されるようになっていった。

(7) 2019年，大阪府の堺《さかい》市にある百舌鳥《もず》古墳群と，藤井寺市・羽曳野《はびきの》市にある古市古墳群が，「百舌鳥・古市古墳群―古代日本の墳墓群―」としてユネスコ(国連教育科学文化機関)の世界文化遺産に登録された。

(8) 周囲に濠《ほり》や柵《さく》をめぐらした環濠《かんごう》集落は，集落どうしの争いが起こるようになった弥生時代に出現した。弥生時代の大規模環濠集落の跡としては，佐賀県の吉野ヶ里遺跡がよく知られる。

5 地球環境についての問題

(1) 1972年にスウェーデンのストックホルムで行われた国連人間環境会議では，「かけがえのない地球」がスローガン(標語)としてかかげられた。その20年後の1992年にブラジルのリオデジャネイロで行われた国連環境開発会議は「地球サミット」の名で知られ，気候変動枠組《わくぐみ》条約，生物多様性条約などが調印された。

(2) ① 環境問題に対応する国際機関である国連環境計画は，UNEPと略される。なお，UNESCO(ユネスコ)は国連教育科学文化機関，UNHCRは国連難民高等弁務官事務所の略称。UNICEF(ユニセフ)は国連児童基金の通称。　② 安全保障理事会は，1945年の国連創設当初，アメリカ合衆国・イギリス・フランス・中華民国・ソビエト連邦(ソ連)の５か国で構成されていた。その後，1971年に中華民国の代表権が中華人民共和国に移され，1991年にはソ連の解体を受けてロシアが代表権を引き継《つ》いだ。

(3) 条約は，内閣が外国と結んだものを事前または事後に国会が承認することで，国内での効力を持つようになる。

(4) ① 2015年，フランスの首都パリで気候変動枠組条約第21回締約《ていやく》国会議(COP21)が開かれ，地球温暖化防止のための国際的な取り決めであるパリ協定が採択《さいたく》された。なお，京都議定書は1997年に採択された地球温暖化防止のための取り決めで，先進国に温室効果ガスの削減《さくげん》目標が定められた。ワシントン条約という名の条約としては，絶滅《ぜつめつ》のおそれのある野生動植物の保護を目的とした条約がよく知られる。モントリオール議定書は，フロンガスなど，オゾン層を破壊《はかい》する物質を規制するための議定書である。　② 2020年にアメリカ合衆国の大統領選挙が行われ，民主党のバイデン候補が現職で共和党のトランプ候補を破って勝利した。2021年１月には第46代大統領としてバイデン大統領が就任し，トランプ政権が離脱《りだつ》を表明したパリ協定への復帰を宣言した。なお，オバマはトランプの前のアメリカ合衆国大統領で，民主党に属していた。

(5) ① 文民とは，軍人ではない人と，職業軍人としての経歴を持たない人と解釈《かいしゃく》されており，日本国憲法では，内閣を構成する国務大臣は文民でなければならないと定めている。また，国務大臣の過半数は国会議員でなければならない。　② 2007年，内閣府の下にあった防衛庁が，防衛省へと格上げされた。ア～ウはもともと省であった機関が再編・改称されたものである。

(6) SDGs（持続可能な開発目標）には，先進国・発展途上国を問わず，2030年までに国際社会が達成するべき17の目標（ゴール）が示されている。

理　科　＜第２回試験＞（30分）＜満点：50点＞

解　答

1 (1) ア　(2) エ　(3) エ　(4) ウ　(5) ウ　2 (1) A イ　B ウ　C ア　D エ　(2) ア　(3) ウ　(4) 60匹　3 (1) ア　(2)（例） アルコールは気体になりやすく，その気体が燃えやすいから。　(3) イ　(4) 65％　(5) ウ　4 (1) グラフA　(2) ウ　(3) **領域１**…ア　**領域２**…ウ　(4) ア　5 (1) (i) ×　(ii) ○　(2) 解説の図を参照のこと。

解　説

1 小問集合

(1) モーターは，電流が磁石から受ける力を利用して回転する。なお，燃料電池は水素と酸素が結びついて水になる化学反応を利用して発電する装置，アイロンは電熱線に電流を流して発熱させる装置，LED電球は電流を光に変える器具である。

(2) アブラナは秋に種から芽を出し，葉を地面にはりつくように四方に広げて冬をこす。このようなすがたをロゼットといい，ナズナ，タンポポ，オオバコなどの植物でも見られる。

(3) Xのような，曲がって流れる川の外側は水の流れが速いので，岸がけずられるのを防ぐためにブロックなどが置かれることがある。

(4) うすい塩酸とうすい水酸化ナトリウム水溶液《すいようえき》を４：５の体積比で混ぜたときに中性になるので，うすい水酸化ナトリウム水溶液60cm^3を中和するのに必要なうすい塩酸は，$60\times\frac{4}{5}=48$(cm^3)となる。

(5) 海洋研究開発機構，豊橋技術科学大学などの研究グループは，海洋地球研究船「みらい」が採取した植物プランクトンが，ガソリンと同じ成分をつくる能力を持つことを発見した。この植物プランクトンは太平洋や大西洋の海域で広く生育することがわかっている。

2 モンシロチョウについての問題

(1) **A** モンシロチョウは，茶色などのさなぎのすがたで，木の枝などにくっついて冬をこす。　**B，C** モンシロチョウのよう虫は，キャベツやコマツナなどの葉を食べて緑色になり，その色からアオムシとよばれる。　**D** ふ化後のよう虫はだっ皮をくりかえしながら成長したのち，からだを木の枝などに固定して，さなぎになる。

(2) モンシロチョウのよう虫はキャベツなどの葉をえさとするので，モンシロチョウの成虫はキャベツなどの葉の裏に卵を産みつける。

(3) モンシロチョウは卵からふ化してすぐに，まず卵のからを食べる。そのあとはキャベツやアブラナの葉を食べながら成長する。

(4)　モンシロチョウの総数と最初に捕《つか》まえて印をつけたモンシロチョウの数の比は，その後に捕まえたモンシロチョウの数とその中の印がついたモンシロチョウの数の比と同じだと考えられる。つまり，(全体のモンシロチョウの数)：(印をつけたモンシロチョウの数)＝(数日後に捕まえたモンシロチョウの数)：(数日後に捕まえたモンシロチョウのうち印がついている数)となる。よって，(全体のモンシロチョウの数)：10＝12：２より，全体のモンシロチョウの数は，10×12÷２＝60(匹《ぴき》)だと考えられる。

3 エタノールについての問題

(1)　アルコールは水より蒸発しやすく，蒸発するときに皮ふから熱をうばうため，手などをふいたとき，水よりも冷たく感じる。

(2)　アルコールは蒸発しやすく，気化した気体は引火しやすいので，直接加熱せずに，アルコールを入れた試験管を水を入れたビーカーの中に入れ，そのビーカーを加熱して温める。

(3)　水はエタノールより蒸発しにくいので，消毒用のエタノールは水を加えて濃度《のうど》を低くすることで蒸発しにくくしている。エタノールの濃度が高すぎると，すぐに蒸発してしまい，エタノールが細菌《さいきん》やウイルスにふれる時間が短くなるため，十分に消毒できない。

(4)　水１cm^3あたりの重さは１ｇなので，水30cm^3の重さは30ｇ，エタノール１cm^3あたりの重さは0.8ｇなので，エタノール70cm^3の重さは，70×0.8＝56(ｇ)となる。これらを混ぜ合わせたときのエタノールの重さの割合は，56÷(56＋30)×100＝65.1…より，65％と求められる。

(5)　バイオエタノールはサトウキビのかすやトウモロコシなどの植物を原料にしてつくったエタノールのことで，植物が成長するときに光合成によって吸収する二酸化炭素の量と，燃やしたときに排出《はいしゅつ》する二酸化炭素の量が等しくなることから，大気中の二酸化炭素の増加につながらないエネルギーとされている。

4 川の流速と流れる水のはたらきについての問題

(1)　流れの速いところでは，小さな粒《つぶ》は流されて，大きな石がたい積している。たい積したものが川の流れによって動き始めるときの速さ(初動流速)は，運ばれているものがたい積し始めるときの速さ(たい積流速)より速いと考えられるので，初動流速を表すグラフはＡとなる。

(2)　初動流速のグラフＡより，流速を速めていったとき，流速32cm/秒で直径$\frac{1}{8}$mmの砂が動き始め，続いて，流速60cm/秒くらいで直径$\frac{1}{32}$mmのどろが動き出す。最後に，流速200cm/秒くらいで，直径８mmのれきが動き出すことがわかる。

(3)　グラフＡより速い流速(領域１)では，たい積していた粒が動き始め，動いていたものは運ぱんされ続ける。領域２では，グラフＡの初動流速に達していないので，たい積していたものはそのまま止まっている。また，グラフＢのたい積流速を上回っているので，運ぱんされていたものはたい積せずに運ぱんされ続ける。なお，グラフＢより遅《おそ》い流速(領域３)では，たい積していたものはそのままで，運ぱんされていたものはたい積する。

(4)　グラフより，流速16cm/秒のときは，どろや砂は領域２にあり，運ぱんされていたものは運ぱんされ続け，たい積していたものは止まっている。一方，れきのうち直径が４mm以上のものは領域３に含《ふく》まれており，流されていたものがたい積する。

5 電流回路についての問題

⑴，⑵　図１の箱の内側でつながれている導線は２本であり，ＱとＲをそれぞれ端子《たんし》Ａと端子Ｃまたは端子Ｃと端子Ｄにつなぐと豆電球Ｐはつき，ＱとＲをそれぞれ端子Ｂと端子Ｃまたは端子Ｂと端子Ｄにつなぐと豆電球Ｐがつかないつなぎ方は，右の図に示した３通りとなる。よって，ＱとＲをそれぞれ端子Ａと端子Ｂにつないでも豆電球Ｐはつかないが，端子Ａと端子Ｄにつなぐと豆電球Ｐはつく。

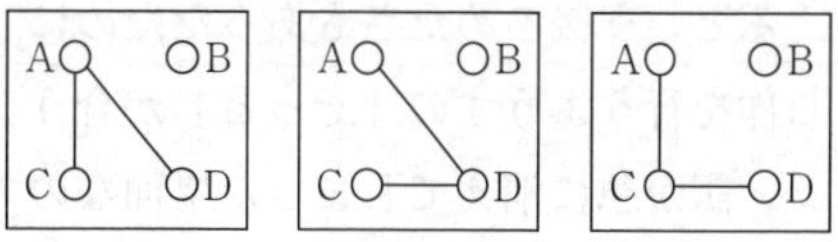

国　語　＜第２回試験＞（50分）＜満点：100点＞

解　答

一　①　うやま(う)　②　しょうちょう　③　げんせん　④　はとば　⑤～⑩　下記を参照のこと。　二　問１　１　キ　２　ウ　３　ア　４　オ　問２　Ａ　オ　Ｂ　イ　問３　ウ　問４　Ｄ　エ　Ｅ　オ　問５　オ　問６　気力が萎えている(から。)　問７　イ　問８　(例)　美音の難聴の原因について自分を責めていてしんどがっていただけの自分から，美音を守れる強い自分になりたいと思った。　問９　エ　問10　(例)　両親に美音の難聴の原因が自分にあると知っていることを話せば，お互い今の関係のままではいられなくなる。　問11　エ　問12　ウ　問13　ア　問14　オ　三　問１　１　イ　２　キ　３　オ　４　ウ　問２　Ａ　ア　Ｂ　ウ　問３　Ⅰ　九(画)　Ⅱ　れんが(れっか)　問４　イ　問５　イ　問６　ウ　問７　(例)　集団としての結びつきを確認し，強固にすると同時に，その社会性を高める働き。　問８　味覚の体系　問９　(例)　家族以外のとくに近しい関係にある人間に対して，親密であるという意味を表す言葉。　問10　エ　問11　堅い団結を必要とする(場合)／嘘や偽りなどがあってはならない(場合)　問12　オ　問13　イ

●漢字の書き取り

一　⑤　招(く)　⑥　商(う)　⑦　功労　⑧　早晩　⑨　安易　⑩　遺産

解　説

一　漢字の読みと書き取り

①　音読みは「ケイ」で，「尊敬」などの熟語がある。　②　財務省など「省」のつく役所と，消防庁など「庁」のつく役所をまとめた呼び名。　③　物事が発生するもと。　④　船着き場として造られた，海に細長く突き出した場所。　⑤　音読みは「ショウ」で，「招待」などの熟語がある。　⑥　音読みは「ショウ」で，「商業」などの熟語がある。　⑦　功績とそのための努力。　⑧　“いずれ”，“遅かれ早かれ”という意味。　⑨　たやすいこと。　⑩　ある人の死後に残された財産。「文化遺産」とは，歴史的な価値があるものとして継承されてきた過去の文化や文化財のこと。

二　出典は藤岡陽子《ふじおかようこ》の『金の角持つ子どもたち』による。遅《おく》れて学習塾《じゅく》に向かおうとしていた俊介《しゅんすけ》は，途中《とちゅう》で加地《かじ》先生に会い，誘《さそ》われて入った店で，それまでの苦しい思いを打ち明ける。

問１　**１**　「みぞおち」が痛んでいる場面なので，強くしめるようすを表す「きゅっと」が入る。　**２**　立ち去ろうとしていたおばあさんが振《ふ》り返る場面なので，「くるりと」が合う。　**３**　店の中で自分の弁当を食べるという遠慮《えんりょ》や，母親が早起きして作ってくれた弁当を塾以外の場所で食べるという後ろめたさもあったために，俊介は静かに弁当を置いたと考えられる。よって，静かに動作を行うようすの「そっと」が合う。　**４**　加地先生の笑顔《えがお》を見たとたんに，遅刻《ちこく》したことの言い訳が急に消えてしまった場面なので「ぱっと」が入る。

問２　**A**　「スツール」など，いすを数えるときは「脚《きゃく》」を用いる。　**B**　弁当のおかずなど，料理を数えるときは「品」を用いる。

問３　「ロボットを作りたいからです」の「から」は理由を表しているので，「おもしろいからこの本を読んでみなよ」の「から」と同じ意味である。

問４　**D**　「ふいの」は，“思いがけず”という意味。予期しない物事が突然起こったようすを表すときに用いられる。　**E**　「えらく」は，程度がはなはだしいようすを表す“非常に”“たいそう”などと同じ意味で用いられる。

問５　戻す一文に「それ以上言葉が続かず」とあることから，俊介が，美音《みおん》の耳が生まれつき聴こえなくなった理由を説明するために，自分が「四歳《さい》の時に風疹《ふうしん》に罹《かか》って，それをお母さんに……」と言いながら，「喉《のど》が詰《つ》まっ」てしまった箇所に入る。

問６　加地先生が，食事をしながら，俊介に遅刻した理由をたずねようとしている場面に着目する。先生に「疲《つか》れたのか」と聞かれ，俊介は心の中で「体力的にはまだいける。でも気力が萎《な》えている」と感じている。はっきりとした理由はないものの，気力がないので塾を休んでしまおうかと思ったのだと考えられる。

問７　「豪語《ごうご》」は，自信がありそうなようすで大きなことを言うこと。五歳の時にサッカーの「日本代表に入る」と言ったのと，入塾前に難関校の「東駒《とうこま》しか受けない」と言ったのは，どちらも実現させる大変さをわかっていないで大きなことを言ったという点で同じといえる。

問８　ぼう線⑦の段落に注目する。妹の難聴《なんちょう》の原因が自分にあると知った俊介は，「これまでずっとしんどかった」し，「しんどい」という弱音を口にすることも許されないと思い，頑張《がんば》ってきた。そして，「美音を守れる強い兄ちゃん」になることが「自分のできる精一杯《せいいっぱい》」だと思い，東駒に合格したら「自分を許せるかもしれないと思った」と書かれている。

問９　加地先生は，俊介が東駒を志望している理由が，「生き方を変えたい」という「えらく大人びた」意外なことだったので，驚《おどろ》いていると考えられる。

問10　今でも，お父さんとお母さんは「俊介がなにも知らない」と思っており，「自分もなにも知らないふりを続けている」ので，両親も自分に期待してくれているし，心配もかけていないと俊介は思っている。だから，妹の難聴の原因を知っていることを両親に話すと，今の家族の関係がくずれてしまうのではないかと，俊介は心配していると考えられる。

問11　加地先生は，俊介に「おまえなら絶対に伸《の》びると思った」と言い，俊介のように「黙《だま》っているのに顔から，全身から，負けん気が立ちのぼっているような子」には「必ず，金の角が生えてくる」とも言った。加地先生の言う「金の角」は，自ら勉強に対する意欲を持ち，負けたくないという気性を備えている子だと考えられるので，エの内容が合う。

問12　俊介は「いまのこの気持ちを誰《だれ》かに話さないと，心が破裂《はれつ》しそうだった」と感じていたので，妹の難聴のことを打ち明けた。それまで一人で苦しんできたが，その「しんどい」思いを「俊介おまえ，しんどい人生だな」と加地先生に受け止めてもらえたので，初めて救いの手を差しのべられたような思いになり，涙《なみだ》を流したのだと考えられる。

問13　「ここまで過酷《かこく》な受験勉強をさせることに納得できない」「合格しなかったらどうせ広綾《こうりょう》中に行くんだ」などの気持ちをくじく言葉や，「勉強を頑張りたいなら，中学に入ってからでも遅《おそ》くない」「中学受験なんてなんの意味もない」などの無神経な言葉は，受験勉強をがんばっている俊介の心を傷つけるものであると考えられる。よって，イ，ウ，エ，オは適切である。アは，周囲の人に悪意があるということは本文からは読みとれないので，正しくない。

問14　妹の難聴の原因が自分にあることを知り，自分を責め，苦しみながら難関校を目指している俊介の苦しい思いを，「その年でそんな大きなものを背負うなよ」と受け止め，受験については「一緒《いっしょ》に挑戦《ちょうせん》する」という言葉ではげましている加地先生の強い思いが描《えが》かれているので，オの内容が合う。

三　**出典は原田信男《はらだのぶお》の『食べるって何？―食育の原点』による。**人間社会における共食の役割や重要性について，さまざまな資料や論考を紹介《しょうかい》しながら説明している。

問１　**１**　類人猿《るいじんえん》が，「食物の物乞《ものご》いを受けた場合」だけ「所有者が分配という行動」をとるのに対して，人間の場合は「類人猿と明確に異なって，相手に乞われなくても，自ら食物を与《あた》える」という文脈になる。よって，前のことがらを受けて，後に対立することがらを述べるときに用いる「ところが」が入る。　**２**　集団的な社会性を高めた人間は，「大型獣《じゅう》の捕獲《ほかく》」が可能になったため，オスたちによって「狩猟《しゅりょう》のための集団が編成されること」になる，という文脈になる。よって，前のことがらを理由として，後にその結果をつなげるときに用いる「それゆえ」が入る。　**３**　「同じものを食べる」ということを「一つの味を皆《みな》で確かめる」と言いかえているので，“要するに”という意味の「つまり」が入る。　**４**　「嘘《うそ》や偽《いつわ》りなどがあってはならない場面」で，「一味神水《じんすい》」が行われたことを説明するために，荘園《しょうえん》での年貢《ねんぐ》徴収《ちょうしゅう》のことが述べられている。よって，具体的な例をあげるときに用いる「たとえば」が入る。

問２　**A**　「出現」と「保養」は，似た意味の漢字を重ねた組み立ての熟語。　**B**　「母乳」と「水源」は，上の漢字が下の漢字を修飾《しゅうしょく》する組み立ての熟語。

問３　**Ⅰ**　「要」の総画数は九画。　**Ⅱ**　「点」の部首は，下の部分で，れんが。れっかともいう。

問４　ことばのかかり受けでは，直接つなげてみて意味のまとまる部分が答えになる。「同時に」→「構成して」とすると意味がまとまる。

問５　結婚式のとき，「二人で同時に盃《さかずき》を交わし合う三三九度」を行うことによって，「二人は心を同じくした，という盟約を果たしたことになる」とすると文脈が通じるので，イに入る。

問６　ぼう線①の次の段落で，霊長《れいちょう》類の食事行動は，基本的に「個体単位」なので，「食べ物は得た場所で消費」するが，人間は，さまざまな食べ物を集めて，家族など「仲間のもと」へ持ち運んで共に食べると説明されている。

問７　続く部分で「つまり共食」と言いかえていることから，ぼう線②は「共食」を指すとわかる。三段落後の「それゆえ結果的にも～」で始まる段落に，共食は「集団としての結びつきを確認」しつつ，その結びつきを「より強固にすると同時に，その社会性を高める働き」をしていると述べられている。

問８ オスが，「集めた食べ物の味覚を確かめた上で，食物の分配を行い，一緒に食事をとる」ことによって，仲間たちの間には「同じような味覚の体系が共有」され，「共通の味覚の確認が，彼らのアイデンティティ」となると述べられているので，「味覚の体系」が食事に関する「文化」ということができる。

問９ 同じ段落と次の段落で，「同じ釜《かま》の飯を食う」は，家族以外の「とくに近しい関係」にある人に用いる表現で，「親密」な人間関係を表す場合に用いられると説明されている。

問10 三三九度は，結婚《けっこん》する二人が「心を同じくした」と約束するものであり，披露宴《ひろうえん》などの儀《ぎ》式《しき》の際に「共食」が行われるのは「心を同じくすること」を意味する。つまり，共食に参加した人の心が一つになるので，「一体感」が入る。

問11 「一味神水」は，『源平盛衰《せいすい》記』や『続日本紀《しょくにほんぎ》』での例にあるように「堅《かた》い団結を必要とする」時に行われるだけでなく，そのほかに，荘園で「大検注を不正なく実施する」という「嘘や偽りなどがあってはならない」場面で行われていたと述べられている。

問12 「共食」は，「人間相互《そうご》の関係を緊密《きんみつ》にするために，非常に大きな役割を果たして」いるのに，現代社会では「孤食が不自然ではなくなって」きている。人間は本来的に共食をする動物であり，筆者は「共食の意味を，根本から見つめ直す必要がある」と説いているので，オの内容が合う。

問13 霊長類社会学者の説を紹介《しょうかい》したり，『日本書紀』『延喜《えんぎ》式』などの歴史資料から参考部分を引用したりするなどして，幅広い観点から論を展開し，「共食」が社会的生活を営む人間には大切だということを論じている文章なので，イの内容が合う。

当社発行物の無断使用は固くお断りいたします。御使用の前はまずご相談ください。

当社発行物には500点余の首都圏中・高過去問をはじめ、6点の学校案内、そのほかいくつかの情報誌などがございます。その多くが年度版で、限られたスタッフが来るべき受験シーズン前に余裕を持って受験生へ届けられるよう、日夜作業にあたり出版を重ねております。

最近、通塾生ご父母や塾内部からの告発によって、いくつかの塾が許諾なしに当社過去問を複写（コピー）し生徒に配布、授業等にも使用していることが発覚し、その一部が紛争、係争に至っております。過去問には原著作者や管理団体、代行出版等のほか、当社に著作権がございます。当社としましては、著作権侵害の発覚に対しては著作権を有するこれらの著作権関係者にその事実を開示して、マスコミにリリースする場合や法的な措置を取る場合がございます。その事例としましては、毎年当社過去問の発行を待って自由にシステム化使用していたＡ塾、個別教室でコピーを生徒に解かせ指導していたＢ塾、冊子化していたＣ社、生徒の希望によって書籍の過去問代わりにコピーを配布していたＤ塾などがあります。

当社発行物の全部もしくは一部を無断使用することは固くお断りいたします。

当社コンテンツの中にはリーズナブルな設定で紙面の利用を許諾している塾もたくさんございますので、ご希望の方は、お気軽にご相談くださいますようお願いします。同時に、当社発行物を無断で使用している会社などにつきましての情報もお寄せいただければ幸いです。

株式会社 声の教育社

2025年度用
中学スーパー過去問

■編集人 声の教育社・編集部
■発行所 株式会社 声の教育社

〒162-0814 東京都新宿区新小川町8-15
☎03-5261-5061(代) FAX03-5261-5062
https://www.koenokyoikusha.co.jp

カコを追いかけ
ミライをつかめ
「今の説明、もう一回」を何度でも
web過去問
ストリーミング配信による入試問題の解説動画
もっと古いカコモンないの？
カコ過去問
「さらにカコの」過去問をHPに掲載（DL）
声の教育社
詳しくはこちらから

ストリーミング配信による入試問題の解説動画

2025年度用web過去問　ラインナップ

■ 男子・女子・共学（全動画）見放題
36,080円（税込）

■ 男子・共学 見放題
29,480円（税込）

■ 女子・共学 見放題
28,490円（税込）

● 中学受験「声教web過去問（過去問プラス・過去問ライブ）」（算数・社会・理科・国語）

3〜5年間 **24校**

過去問プラス

麻布中学校	桜蔭中学校	開成中学校	慶應義塾中等部	渋谷教育学園渋谷中学校
女子学院中学校	筑波大学附属駒場中学校	豊島岡女子学園中学校	広尾学園中学校	三田国際学園中学校
早稲田中学校	浅野中学校	慶應義塾普通部	聖光学院中学校	市川中学校
渋谷教育学園幕張中学校	栄東中学校			

過去問ライブ

栄光学園中学校	サレジオ学院中学校	中央大学附属横浜中学校	桐蔭学園中等教育学校	東京都市大学付属中学校
フェリス女学院中学校	法政大学第二中学校			

● 中学受験「オンライン過去問塾」（算数・社会・理科）

3〜5年間 **50校以上**

東京	青山学院中等部	東京	国学院大学久我山中学校	東京	明治大学付属明治中学校	千葉	芝浦工業大学柏中学校	埼玉	栄東中学校
	麻布中学校		渋谷教育学園渋谷中学校		早稲田中学校		渋谷教育学園幕張中学校		淑徳与野中学校
	跡見学園中学校		城北中学校		都立中高一貫校 共同作成問題		昭和学院秀英中学校		西武学園文理中学校
	江戸川女子中学校		女子学院中学校		都立大泉高校附属中学校		専修大学松戸中学校		獨協埼玉中学校
	桜蔭中学校		巣鴨中学校		都立白鷗高校附属中学校		東邦大学付属東邦中学校		立教新座中学校
	鷗友学園女子中学校		桐朋中学校		都立両国高校附属中学校		千葉日本大学第一中学校	茨城	江戸川学園取手中学校
	大妻中学校		豊島岡女子学園中学校	神奈川	神奈川大学附属中学校		東海大学付属浦安中等部		土浦日本大学中等教育学校
	海城中学校		日本大学第三中学校		桐光学園中学校		麗澤中学校		茗渓学園中学校
	開成中学校		雙葉中学校		県立相模原・平塚中等教育学校		県立千葉・東葛飾中学校		
	開智日本橋中学校		本郷中学校		市立南高校附属中学校		市立稲毛国際中等教育学校		
	吉祥女子中学校		三輪田学園中学校	千葉	市川中学校	埼玉	浦和明の星女子中学校		
	共立女子中学校		武蔵中学校		国府台女子学院中学部		開智中学校		

web過去問 Q&A

過去問が動画化！
声の教育社の編集者や中高受験のプロ講師など、
過去問を知りつくしたスタッフが動画で解説します。

Q **どこで購入できますか？**

A 声の教育社のHPでお買い求めいただけます。

Q **受講にあたり、テキストは必要ですか？**

A 基本的には過去問題集がお手元にあることを前提としたコンテンツとなっております。

Q **全問解説ですか？**

A 「オンライン過去問塾」シリーズは基本的に全問解説ですが、国語の解説はございません。「声教web過去問」シリーズは合格のカギとなる問題をピックアップして解説するもので、全問解説ではございません。なお、「声教web過去問」と「オンライン過去問塾」のいずれでも取り上げられている学校がありますが、授業は別の講師によるもので、同一のコンテンツではございません。

Q **動画はいつまで視聴できますか？**

A ご購入年度２月末までご視聴いただけます。
複数年視聴するためには年度が変わるたびに購入が必要となります。

よくある解答用紙のご質問

01

実物のサイズにできない

拡大率にしたがってコピーすると，「解答欄」が実物大になります。配点などを含むため，用紙は実物よりも大きくなることがあります。

02

A3用紙に収まらない

拡大率164％以上の解答用紙は実物のサイズ（「出題傾向＆対策」をご覧ください）が大きいために，Ａ３に収まらない場合があります。

03

拡大率が書かれていない

複数ページにわたる解答用紙は，いずれかのページに拡大率を記載しています。どこにも表記がない場合は，正確な拡大率が不明です。

04

１ページに２つある

１ページに２つ解答用紙が掲載されている場合は，正確な拡大率が不明です。ほかの試験回の同じ教科をご参考になさってください。

専修大学松戸中学校

【別冊】入試問題解答用紙編

解答用紙は本体からていねいに抜きとり、別冊としてご使用ください。

※　実際の解答欄の大きさで練習するには、指定の倍率で拡大コピーしてください。なお、ページの上下に小社作成の見出しや配点を記載しているため、コピー後の用紙サイズが実物の解答用紙と異なる場合があります。

●入試結果表

年度	回	項目		国語	算数	社会	理科	4科合計	合格者
2024	第１回	配点(満点)		100	100	50	50	300	最高点
		合格者平均点	男	67.6	70.8	37.0	40.9	216.3	268
			女	72.4	67.9	35.1	40.1	215.5	
		受験者平均点	男	61.3	61.6	32.9	36.7	192.5	最低点
			女	65.7	59.9	30.7	35.7	192.0	男 201
		キミの得点							女 201
	第２回	配点(満点)		100	100	50	50	300	最高点
		合格者平均点	男	63.3	72.8	33.3	39.0	208.4	254
			女	72.3	64.7	34.7	37.6	209.3	
		受験者平均点	男	55.8	53.9	28.7	32.6	171.0	最低点
			女	61.4	49.1	27.9	31.1	169.5	男 193
		キミの得点							女 193
2023	第１回	配点(満点)		100	100	50	50	300	最高点
		合格者平均点	男	71.5	78.2	36.0	39.7	225.4	273
			女	76.7	74.7	34.4	39.3	225.1	
		受験者平均点	男	65.2	67.7	32.1	36.0	201.0	最低点
			女	71.4	64.4	30.7	35.6	202.1	男 210
		キミの得点							女 210
	第２回	配点(満点)		100	100	50	50	300	最高点
		合格者平均点	男	68.2	75.4	36.2	32.8	212.6	242
			女	71.2	73.0	35.3	34.2	213.7	
		受験者平均点	男	60.8	58.2	31.4	26.9	177.3	最低点
			女	63.5	54.0	29.7	26.6	173.8	男 200
		キミの得点							女 200
2022	第１回	配点(満点)		100	100	50	50	300	最高点
		合格者平均点	男	73.1	75.2	37.7	35.1	221.1	266
			女	76.4	72.5	37.9	33.7	220.5	
		受験者平均点	男	67.7	61.6	34.4	31.8	195.5	最低点
			女	71.4	58.8	34.0	29.8	194.0	男 203
		キミの得点							女 203
	第２回	配点(満点)		100	100	50	50	300	最高点
		合格者平均点	男	68.8	60.2	35.8	36.9	201.7	247
			女	72.1	57.8	34.5	37.0	201.4	
		受験者平均点	男	60.5	47.0	28.7	31.5	167.7	最低点
			女	63.9	44.5	27.2	30.8	166.4	男 189
		キミの得点							女 189

※　表中のデータは学校公表のものです。ただし、４科合計は各教科の平均点を合計したものなので、目安としてご覧ください。

声の教育社

２０２４年度　　専修大学松戸中学校

算数解答用紙　第１回

番号		氏名	

評点	／100

1	(1)		(2)		(3)		(4)	

2	(1)		(2)		(3)	
	(4)		(5)			

3	(1)	cm³	(2)	cm²

4	(1)	cm²	(2)	cm²

5	(1)	通り	(2)	通り

6	(1)	倍	(2)	毎秒　　m	(3)	m

7	(1)		(2)	

（注）この解答用紙は実物大です。

〔算　数〕100点(推定配点)

1～7　各５点×20

２０２４年度　専修大学松戸中学校

社会解答用紙　第１回

番号		氏名		評点	／50

1

(1)　(2)　m　(3)　(4)　(5)

(6)　(7)　(8)　(9)

2

(1)　(2)　川　(3)

(4)　(5)　山地

(6)　20

(7)　(8)

3

(1)　(2)　(3)　(4)

(5)　(6)　→　→　→

(7)　事件　(8)

4

(1)　(2)　(3)

(4)　→　→　→　(5)　(6)

(7)　(8)

5

(1)　市　(2)　(3)

(4)　(5)　(6)　(7)

(8)　15

(注)　この解答用紙は実物を縮小してあります。Ｂ５→Ａ４(115%)に拡大コピーすると、ほぼ実物大の解答欄になります。

〔社　会〕50点(推定配点)

1　(1)～(6)　各１点×6　(7)　２点　(8)，(9)　各１点×2　2　(1)～(5)　各１点×5　(6)　２点　(7)　1点　(8)　２点　3　(1)～(5)　各１点×5　(6)，(7)　各２点×2＜(6)は完答＞　(8)　１点　4　(1)，(2)　各１点×2　(3)，(4)　各２点×2＜(4)は完答＞　(5)～(8)　各１点×4　5　(1)　２点　(2)～(7)　各１点×6　(8)　２点

2024年度　専修大学松戸中学校

理科解答用紙　第1回

番号		氏名		評点	／50

1	(1)		(2)		(3)		(4)		(5)	

2	(1)		(2) 北		東	
	(3)		(4)		(5)	

3	(1)					
	(2)	記号				
		理由				
	(3)		(4)		(5)	

4	(1)	A	C	
	(2)			
	(3)		(4)	

5	(1)	右の図
	(2)	cm
	(3)	cm
	(4)	g
	(5)	g

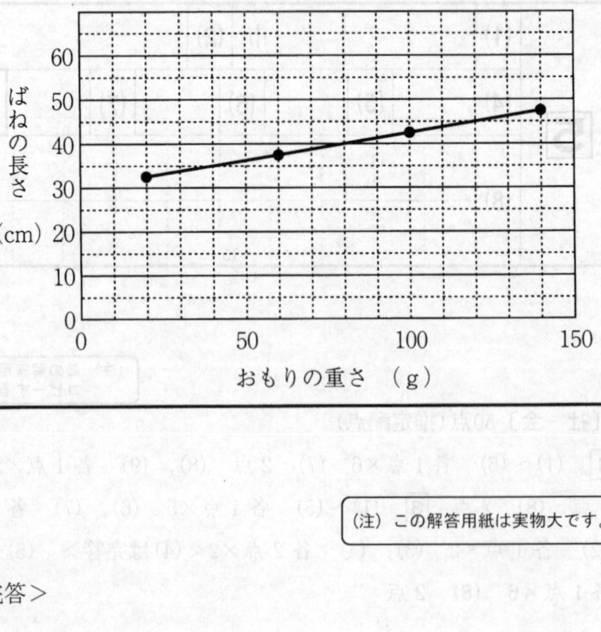

(注)　この解答用紙は実物大です。

〔理　科〕50点(推定配点)

1～5　各2点×25＜2の(2)，3の(2)は完答＞

2024年度 専修大学松戸中学校

国語解答用紙 第一回

番号		氏名		評点	/100

一

①	う	②		③		④		⑤	う
⑥	しく	⑦		⑧		⑨		⑩	

二

問一 1 2 3 4 5

問二 問三 B C 問四 D E

問五 I II 問六

問七 (45, 55)

問八 問九

問十 (30, 40)

問十一 問十二

三

問一 1 2 3 4 5

問二 I 画 II 画目 問三

問四 問五 問六

問七 (35, 45)

問八 問九

問十 〜

問十一 問十二

問十三 (30, 40)

問十四

（注）この解答用紙は実物を縮小してあります。B5→A3（163%）に拡大コピーすると、ほぼ実物大の解答欄になります。

〔国　語〕100点(推定配点)

一 各2点×10 二 問1〜問6 各2点×13 問7 3点 問8, 問9 各2点×2 問10 3点 問11, 問12 各2点×2 三 問1〜問6 各2点×11 問7 3点 問8〜問12 各2点×5 問13 3点 問14 2点

2024年度　専修大学松戸中学校

算数解答用紙　第2回

番号		氏名		評点	／100

1	(1)		(2)		(3)		(4)	

2	(1)		(2)		(3)	
	(4)		(5)			

3	(1)	個	(2)	面

4	(1)	分後	(2)	分後

5	(1)	通り	(2)	cm^2

6	(1)	時　分	(2)	人	(3)	時　分

7	(1)		(2)	

（注）この解答用紙は実物大です。

〔算　数〕100点(推定配点)

1～7　各5点×20

２０２４年度　　専修大学松戸中学校

社会解答用紙　第２回

番号		氏名		評点	／50

1

(1)　(2)　(3)　(4)

(5)　(6)　(7) ①

10　②

2

(1)　(2)　(3)　(4)　(5)

(6)　(7)　(8)

3

(1)　(2)　(3)　(4)

(5)　→　→　→　(6)

(7)　(8)

4

(1)　(2)　(3)

15

(4)　(5)　(6)　→　→　→

(7)　(8)

5

(1)　制度　(2) ①　②

(2) ③　(3)

(4) ①

20　②

(5)

（注）この解答用紙は実物を縮小してあります。Ｂ５→Ａ４（115%）に拡大コピーすると、ほぼ実物大の解答欄になります。

〔社　会〕50点（推定配点）

1　(1)～(5)　各１点×5　(6)　２点　(7)　①　２点　②　１点　2　(1)～(5)　各１点×5　(6)　２点＜完答＞　(7)　１点　(8)　２点＜完答＞　3　(1)～(4)　各１点×4　(5), (6)　各２点×2＜(5)は完答＞　(7), (8)　各１点×2　4　(1), (2)　各１点×2　(3)　２点　(4), (5)　各１点×2　(6)　２点＜完答＞　(7), (8)　各１点×2　5　(1)～(3)　各１点×5　(4)　①　２点　②　１点　(5)　２点

2024年度　専修大学松戸中学校

理科解答用紙　第2回	番号		氏名		評点	／50

1	(1)		(2)		(3)		(4)		(5)	

2	(1)		(2)	cm³	(3)		(4)	倍
	(5)							

3	(1)		(2)		(3)		(4)		(5)	

4	(1)	右の図
	(2)	
	(3)	
	(4)	%
	(5)	g

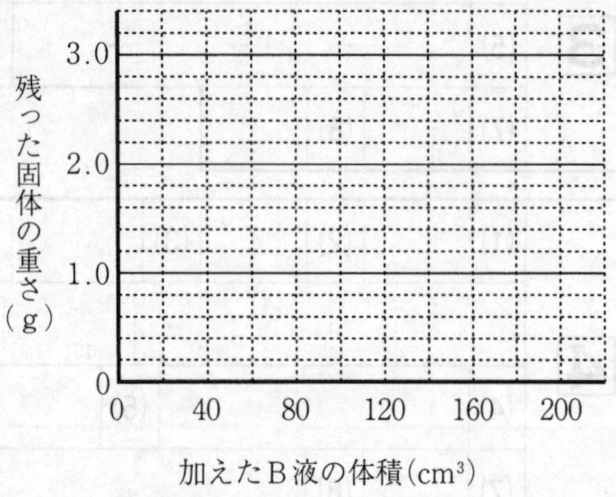

5	(1)		(2)		(3)		(4)		(5)	

（注）この解答用紙は実物大です。

〔理　科〕50点(推定配点)

1～5　各２点×25

2024年度　専修大学松戸中学校

国語解答用紙　第二回

番号　　氏名　　評点　/100

一
①　②　ぐ　③　④　⑤　つて
⑥　⑦　た　⑧　⑨　⑩

二
問一　1　2　3　4　5
問二　A　B
問三　C　D
問四　問五
問六　I　II
問七
問八　45　55
問九
問十　30　40
問十一　問十二

三
問一　1　2　3　4　5
問二　問三
問四　I　画　II
問五　問六　問七　問八
問九　50　60
問十
問十一　I　II
問十二　50　60
問十三

(注)この解答用紙は実物を縮小してあります。B５→Ａ３(163%)に拡大コピーすると、ほぼ実物大の解答欄になります。

〔国　語〕100点(推定配点)

一　各２点×10　二　問１～問７　各２点×14　問８　３点　問９　２点　問10　３点　問11, 問12　各２点×２　三　問１～問８　各２点×13　問９　３点　問10, 問11　各２点×３　問12　３点　問13　２点

2023年度　専修大学松戸中学校

算数解答用紙　第1回

番号		氏名		評点	／100

1	(1)		(2)		(3)		(4)	

2	(1)		(2)		(3)	
	(4)		(5)			

3	(1)	日目	(2)	日目

4	(1)	才	(2)	才

5	(1)	：	(2)	：

6	(1)	毎秒　　cm	(2)	cm	(3)	秒後

7	(1)	cm^2	(2)	分後

（注）この解答用紙は実物大です。

〔算　数〕100点(推定配点)

1～7　各5点×20

２０２３年度　　専修大学松戸中学校

社会解答用紙　第１回

番号		氏名		評点	／50

1

(1)		(2)		(3)		(4)	県
(5)		(6)		(7)		(8)	① 　②
							15

2

(1)		(2)		(3)	遺跡	(4)	
(5)		(6)	県	(7)		(8)	・

3

(1)		(2)		(3)	
(4)	→ → →	(5)			
(6)	20				
(7)		(8)			

4

(1)	の乱	(2)		(3)		(4)	
(5)		(6)		(7)		(8)	

5

(1)		(2)		(3)		(4)	
(5)	分の	(6)		(7)		(8)	

(注) この解答用紙は実物大です。

〔社　会〕50点(推定配点)

1　(1)〜(7)　各１点×7　(8)　①　１点　②　２点　2　(1)〜(5)　各１点×5　(6)　２点　(7)　１点　(8)　２点<完答>　3　(1)〜(3)　各１点×3　(4)　２点<完答>　(5)　１点　(6)　２点　(7), (8)　各１点×2　4　(1)　２点　(2)〜(7)　各１点×6　(8)　２点　5　(1)〜(6)　各１点×6　(7), (8)　各２点×2

2023年度　専修大学松戸中学校

理科解答用紙　第１回

番号		氏名		評点	／50

1

(1)		(2)		(3)		(4)		(5)	

2

(1)	①		②				
(2)	③		④		(3)		(4)

3

(1)		(2)	A		C
(3)					
(4)	右の図				
(5)					

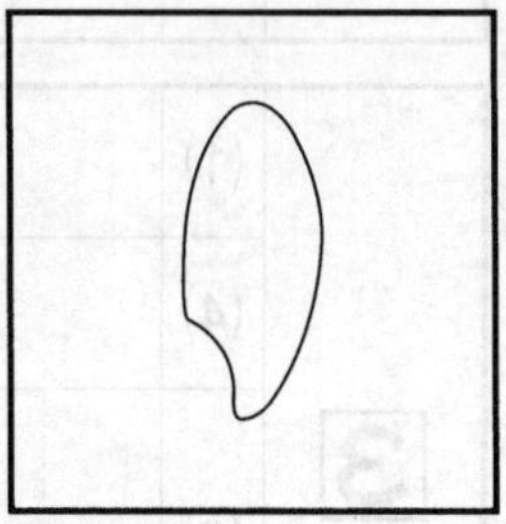

4

(1)	%	(2)	g	(3)	g
(4)		(5)	g		

5

(1)				
(2)	①		②	
(3)	①	cm	②	cm

(注) この解答用紙は実物大です。

〔理　科〕50点(推定配点)

1　各２点×５　2　(1)，(2)　各１点×４　(3)，(4)　各２点×２　3～5　各２点×16

二〇二三年度　専修大学松戸中学校

国語解答用紙　第一回

番号		氏名		評点	/100

一

①	② ぴた	③	④	⑤ れる
⑥	⑦ がって	⑧	⑨	⑩

二

問一　1　2　3　4

問二　問三　B　C　問四　D　E

問五　問六　問七　問八

問九　I　II　問十

問十一　70　80

問十二　25　35

問十三

三

問一　1　2　3　4　5

問二　A　D　問三

問四　I　II　画

問五

問六　問七

問八　25　35

問九　I　II

問十　30　40

問十一

問十二

（注）この解答用紙は実物を縮小してあります。B５→Ａ３（163％）に拡大コピーすると、ほぼ実物大の解答欄になります。

〔国　語〕100点（推定配点）

一　各２点×10　二　問１～問10　各２点×16　問11，問12　各３点×２　問13　２点　三　問１～問７　各２点×13　問８　３点　問９　各２点×２　問10　３点　問11，問12　各２点×２

2023年度　　専修大学松戸中学校

算数解答用紙　第２回

番号		氏名		評点	／100

1	(1)		(2)		(3)		(4)	

2	(1)		(2)		(3)	
	(4)		(5)			

3	(1)	才	(2)	日間

4	(1)	種類	(2)	種類

5	(1)	：	(2)	番

6	(1)	cm^3	(2)	cm^3	(3)	cm^3

7	(1)	個	(2)	

（注）この解答用紙は実物大です。

〔算　数〕100点(推定配点)

1～7　各５点×20

2023年度　専修大学松戸中学校

社会解答用紙　第2回

番号		氏名		評点	／50

1

(1) ①　②　cm　(2)　(3)
(4)　(5)　(6)
(7)　10　15

2

(1)　10　15
(2)　(3)　(4)
(5)　(6)　(7)　(8)

3

(1)　(2)　(3)　(4)
(5)　→　→　→
(6)　10
(7)　(8)　年

4

(1)　→　→　→　(2)
(3)　(4)
(5)　(6)　(7)　(8)

5

(1)　権　(2)　(3)
(4) ①　②　(5)　(6)
(7) ①　②

（注）この解答用紙は実物を縮小してあります。B５→Ａ４(115%)に拡大コピーすると、ほぼ実物大の解答欄になります。

〔社　会〕50点(推定配点)

1　(1)～(5)　各１点×６　(6)，(7)　各２点×２　2　(1)　２点　(2)～(7)　各１点×６　(8)　２点　3　(1)～(4)　各１点×４　(5)，(6)　各２点×２＜(5)は完答＞　(7)，(8)　各１点×２　4　(1)　２点＜完答＞　(2)，(3)　各１点×２　(4)　２点　(5)～(8)　各１点×４　5　(1)～(6)　各１点×７　(7)　①　１点　②　２点

２０２３年度　　専修大学松戸中学校

理科解答用紙　第２回

番号		氏名		評点	／50

1

(1)		(2)		(3)		(4)		(5)	

2

(1)		(2)	
(3)	名前		はたらきではないもの
(4)	①	②	

3

(1)	→ →	(2)	g
(3)	① g	② %	(4) g

4

(1)		(2)		(3) P hPa Q hPa
(4)	記号			
	理由			
(5)	右上の図			

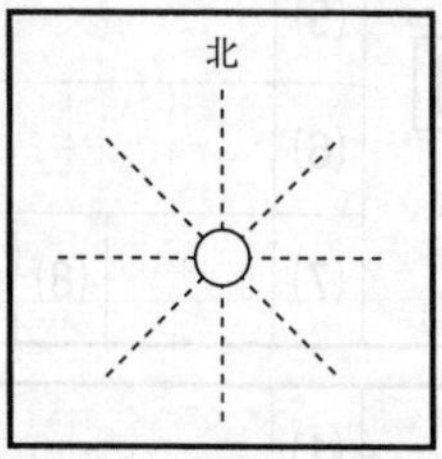

5

(1)	
(2)	Ω
(3)	右の図
(4)	A
(5)	A

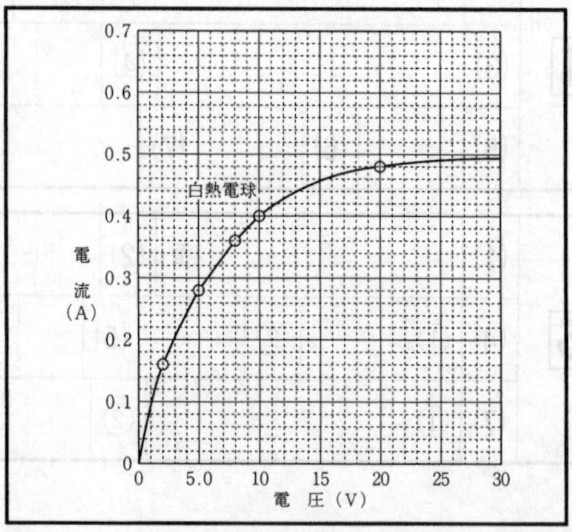

（注）この解答用紙は実物を縮小してあります。Ｂ５→Ａ４(115%)に拡大コピーすると、ほぼ実物大の解答欄になります。

［理　科］50点(推定配点)

1～3　各２点×15＜2の(3)，3の(1)は完答＞　4　(1)，(2)　各２点×２　(3)　各１点×２　(4)，(5)　各２点×２＜(4)は完答＞　5　各２点×５

二〇二三年度　専修大学松戸中学校

国語解答用紙　第一回

番号　　氏名　　評点 /100

一

①　　る
②
③
④
⑤　　しい
⑥　　れない
⑦
⑧
⑨
⑩

二

問一　1　2　3　4　5
問二
問三　B　C
問四　D　E
問五
問六　（50）（60）
問七
問八　（20）（30）
問九
問十
問十一
問十二
問十三

三

問一　1　2　3　4　5
問二　I　　画目　II
問三　B　C
問四
問五
問六　I　II
問七　　ということ。
問八　（50）（60）
問九　(1)　～　存在。　(2)　～
問十　（35）（45）
問十一

（注）この解答用紙は実物を縮小してあります。B５→A３（163%）に拡大コピーすると、ほぼ実物大の解答欄になります。

〔国　語〕100点(推定配点)

一　各２点×10　二　問１～問５　各２点×11　問６　３点　問７　２点　問８　３点　問９～問13　各２点×５　三　問１～問７　各２点×14　問８　３点　問９　各２点×２　問10　３点　問11　２点

2022年度　　専修大学松戸中学校

算数解答用紙　第1回

番号		氏名		評点	／100

1	(1)		(2)		(3)		(4)	

2	(1)		(2)		(3)	
	(4)		(5)			

3	(1)	km	(2)	km

4	(1)	倍	(2)	円

5	(1)	cm	(2)	cm	(3)	cm^2

6	(1)	枚	(2)	枚

7	(1)		(2)	cm^3

（注）この解答用紙は実物大です。

〔算　数〕100点(推定配点)

1～7　各5点×20

２０２２年度　専修大学松戸中学校

社会解答用紙　第１回

番号		氏名		評点	／50

1

(1)　(2)　m　(3)　(4)

(5)　工業地帯　(6)　(7)

(8)　(9)　(10)

2

(1)　市　(2)　(3)　(4)

(5)　(6)　(7)　(8)

3

(1)　(2)　(3)　(4)

(5)　(6)　(7)

(8)　→　→　→

4

(1)　(2)

(3)　(4)

(5)　10

(6)　(7)　(8)

5

(1)　(2)　(3)

(4)　(5)

(6)　10

(7)　(8)

(注) この解答用紙は実物大です。

〔社　会〕50点(推定配点)

1　各１点×10　2　(1)　２点　(2)～(4)　各１点×３　(5)　２点　(6)～(8)　各１点×３　3　(1)～(4)　各１点×４　(5)　２点　(6), (7)　各１点×２　(8)　２点＜完答＞　4　(1)～(4)　各１点×４　(5)　２点　(6)　１点　(7)　２点　(8)　１点　5　(1)　２点　(2)～(5)　各１点×４　(6)　２点　(7), (8)　各１点×２

２０２２年度　専修大学松戸中学校

理科解答用紙　第１回

番号		氏名		評点	／50

1

(1)		(2)		(3)		(4)		(5)	

2

(1)		(2)	度
(3)	①	②	に　　度
(4)	分ずつ　早くなる・おそくなる		

3

(1)	%
(2)	右の図
(3)	cm^3
(4)	g
(5)	g

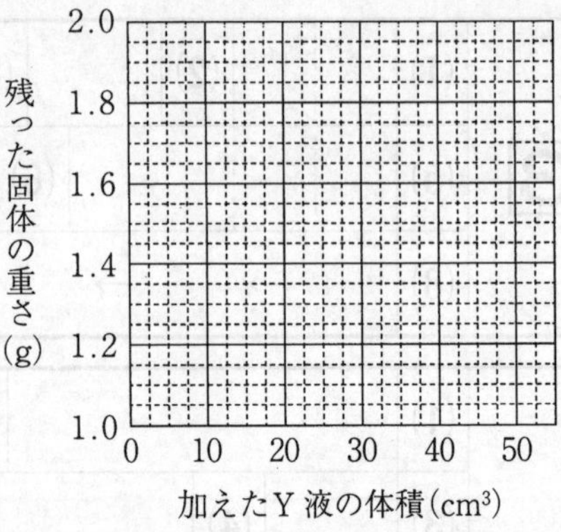

4

(1)	右の図	(2)	
(3)	②	③	
(4)			

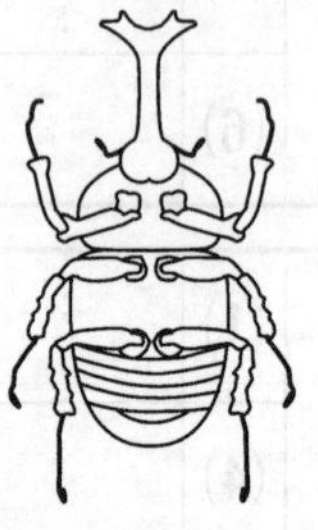

5

(1)	m	(2)		(3)	m/秒
(4)	秒間	(5)	秒		

（注）この解答用紙は実物大です。

〔理　科〕50点(推定配点)

1～5　各２点×25

二〇二二年度　専修大学松戸中学校

国語解答用紙　第一回

番号　　氏名　　評点　／100

一

① もしい　② 　③ 　④ 　⑤ く
⑥ れる　⑦ 　⑧ 　⑨ 　⑩

二

問一　1　2　3　4　5
問二　問三　B　C
問四　D　E
問五　問六
問七　30　40
問八　25　35
問九　I　II　III
問十　問十一
問十二　問十三

三

問一　1　2　3　4　5
問二
問三　I　II　画
問四　C　D　問五
問六　を繰り返すこと。　15　20
問七　50　60
問八　こと。　問九　問十
問十一　I　II
問十二

（注）この解答用紙は実物を縮小してあります。B5→A3（163%）に拡大コピーすると、ほぼ実物大の解答欄になります。

〔国　語〕100点(推定配点)

一　各２点×10　二　問１～問６　各２点×12　問７，問８　各３点×２　問９～問13　各２点×５＜問９は完答＞　三　問１～問５　各２点×11　問６，問７　各３点×２　問８～問12　各２点×６

2022年度　専修大学松戸中学校

算数解答用紙　第2回

番号		氏名		評点	／100

1	(1)		(2)		(3)		(4)	

2	(1)		(2)		(3)	
	(4)		(5)			

3	(1)	通り	(2)	通り

4	(1)		(2)	m

5	(1)	cm^3	(2)	：	(3)	cm^3

6	(1)	番目	(2)	個

7	(1)		(2)	cm

〔算　数〕100点(推定配点)

1～7　各5点×20

(注)この解答用紙は実物大です。

２０２２年度　専修大学松戸中学校

社会解答用紙　第２回

番号　　氏名　　評点　／50

1

(1) ① 記号　語句
② cm
(2)　(3)　(4)　(5) ①　②
(6) ①　②

2

(1)　(2)　(3)
(4)　(5)　(6)
(7) 10　(8)

3

(1) 15
(2)　(3)　(4)
(5)　(6)　(7)　(8)

4

(1)　(2)　(3)　(4)
(5)　(6)　(7)　(8)

5

(1)　(2) ①　②
(3) 10
(4) ①　②　(5) ①　②　(6)

〔社　会〕50点(推定配点)

1 (1) ① 1点<完答> ② 2点 (2)～(6) 各1点×7 2 (1)～(6) 各1点×6 (7), (8) 各2点×2 3 (1) 2点 (2)～(7) 各1点×6 (8) 2点 4 (1)～(6) 各1点×6 (7), (8) 各2点×2 5 (1), (2) 各1点×3 (3) 2点 (4)～(6) 各1点×5

２０２２年度　専修大学松戸中学校

理科解答用紙　第２回

番号　　氏名　　評点　／50

1

(1)　(2)　(3)　(4)　(5)

2

(1) A　B　C　D
(2)　(3)　(4) 匹

3

(1)
(2)
(3)　(4) %　(5)

4

(1) グラフ　(2)
(3) 領域１　領域２
(4)

5

(1) (i)　(ii)
(2)

A○　○B
C○　○D

A○　○B
C○　○D

A○　○B
C○　○D

〔理　科〕50点(推定配点)

1 各2点×5 2 (1) 各1点×4 (2)～(4) 各2点×3 3～5 各2点×15

二〇二三年度　専修大学松戸中学校

国語解答用紙　第一回

番号　氏名　評点 /100

一

①　②う　③　④　⑤く

⑥　⑦う　⑧　⑨　⑩

二

問一　1　2　3　4

問二　A　B

問三

問四　D　E

問五

問六　から。

問七

問八　（50）（60）

問九

問十　（40）（50）

問十一

問十二

問十三

問十四

三

問一　1　2　3　4

問二　A　B

問三　I　II　画

問四

問五

問六

問七　（30）（40）

問八

問九　（30）（40）

問十

問十一　場合　場合

問十二

問十三

（注）この解答用紙は実物を縮小してあります。Ｂ５→Ａ３（163％）に拡大コピーすると、ほぼ実物大の解答欄になります。

〔国　語〕100点（推定配点）

□一　各２点×10　□二　問１〜問７　各２点×12　問８　３点　問９　２点　問10　３点　問11〜問14　各２点×４　□三　問１〜問６　各２点×11　問７　３点　問８　２点　問９　３点　問10〜問13　各２点×５

東京都／神奈川県／千葉県／埼玉県／茨城県／栃木県ほか

2025年度用
声の教育社版

中学受験案内

■全校を見開き2ページでワイドに紹介！

■中学～高校までの授業内容をはじめ部活や行事など、6年間の学校生活を凝縮！

■偏差値・併願校から学費・卒業後の進路まで、知っておきたい情報が満載！

私立・国公立353校掲載

Ⅰ 首都圏（東京・神奈川・千葉・埼玉・その他）の私立・国公立中学校の受験情報を掲載。

合格情報
近年の倍率推移・偏差値による合格分布予想グラフ・入試ホット情報ほか

学校情報
授業、施設、特色、ICT機器の活用、併設大学への内部進学状況と併設高校からの主な大学進学実績ほか

入試ガイド
募集人員、試験科目、試験日、願書受付期間、合格発表日、学費ほか

Ⅱ 資　料

(1)私立・国公立中学の合格基準一覧表（四谷大塚、首都圏模試、サピックス）
(2)主要中学早わかりマップ
(3)各校の制服カラー写真
(4)奨学金・特待生制度，帰国生受け入れ校，部活動一覧

Ⅲ 大学進学資料

(1)併設高校の主要大学合格状況一覧
(2)併設・系列大学への内部進学状況と条件

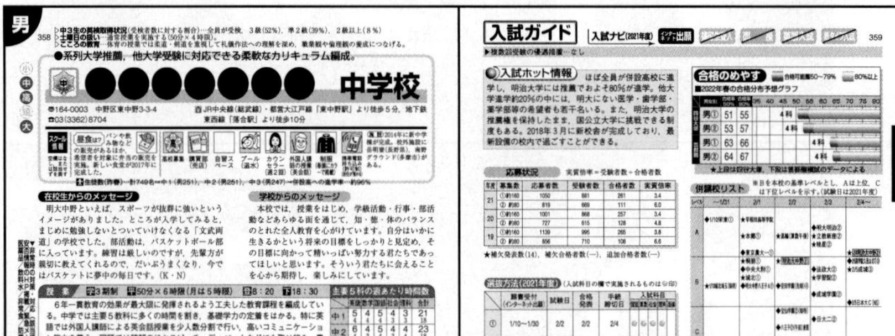

志望校・併願校をこの1冊で選ぶ！決める!!

過去問で君の夢を応援します
声の教育社

〒162-0814　東京都新宿区新小川町8-15
TEL.03-5261-5061　FAX.03-5261-5062
https://www.koenokyoikusha.co.jp